Leben Lernen
Klett-Cotta

ZU DIESEM BUCH

Über alle Unterschiede in den therapeutischen Richtungen hinweg gibt es zahlreiche grundsätzliche Fragen und Probleme, mit denen ausgebildete Psychologen zu Beginn ihrer praktischen Tätigkeit konfrontiert sind. Sowohl in der psychologischen Beratung als auch in der Therapie haben sie von der ersten Stunde an Entscheidungen zu treffen, die Erfolg oder Misslingen der Sitzungen maßgeblich mitbestimmen: Was ist beim Erstinterview zu beachten? Wie können Therapieziele mit den Klienten festgelegt werden? Wie kann ein Therapieplan aussehen? Wie ist mit »schwierigen« Klienten umzugehen?

Das Buch, das konsequent aus dem Blickwinkel der vielfältigen Anforderungen in der Praxis geschrieben ist, hilft bei Grundsatz- und Strukturierungsfragen, gibt aber auch ein Fülle von Anregungen für die konkrete Gestaltung einer Stunde: etwa zur Arbeit mit Träumen, zum Rollenspiel oder zur Körperarbeit. Ebenso kann der Leser auf zahlreiche strukturierte, von den Autoren erprobte Übungen zurückgreifen, z. B. zur Kommunikation und Selbstkonfrontation, zur Konfliktlösungsfähigkeit und zur Steigerung der Kreativität.

Professor Dr. Brigitte Eckstein
ist ausgebildete Individualpsychologische Beraterin, führte u. a. Beratungen für arbeits- und prüfungsblockierte Studenten im In- und Ausland durch. Sie arbeitet in ihrer Praxis körperorientiert und meist mit einer Kombination von Einzel- bzw. Partnerberatung und Gruppensetting.

Bernard Fröhlig
ist als Individualpsychologischer Berater am Alfred-Adler-Institut ausgebildet. Er hat langjährige Erfahrung in Einzelberatung und moderiert zusammen mit Brigitte Eckstein seit über 20 Jahren Selbsterfahrungsgruppen.

Alle Bücher aus der Reihe »Leben Lernen« finden sich unter www.klett-cotta.de/lebenlernen

Brigitte Eckstein
Bernard Fröhlig

Praxishandbuch der Beratung und Psychotherapie

Eine Arbeitshilfe für den Anfang

Klett-Cotta

Leben Lernen 136

Klett-Cotta
www.klett-cotta.de
© J. G. Cotta'sche Buchhandlung Nachfolger GmbH, gegr. 1659,
Stuttgart 2000
Alle Rechte vorbehalten
Fotomechanische Wiedergabe
nur mit Genehmigung des Verlages
Printed in Germany
Umschlag: Hemm & Mader, Stuttgart
Titelbild: © Bettina Schinko, Tausendblauwerk, München
Satz: PC-Print, München
Auf holz- und säurefreiem Werkdruckpapier gedruckt
und gebunden von Gutmann + Co., Talheim
ISBN 978-3-608-89046-4

Dritte Auflage, 2007

Bibliographische Information der Deutschen Nationalbibliothek
Die Deutsche Nationalbibliothek verzeichnet diese Publikation in der
Deutschen Nationalbibliographie; detaillierte bibliographische
Daten sind im Internet über <http://dnb.d-nb.de> abrufbar

Inhalt

Danksagung   11

1. *Ehe es losgehen kann*   13
1.1 Mit Ihnen selbst fängt es an   13
   1.1.1 Wie gehen Sie mit sich selbst um?   13
   1.1.2 Ihre Ambitionen und Ängste als Therapeut/Berater   14
   1.1.3 Ihr Bild vom Patienten   17
1.2 Oft ausgespart – der Körper   17
1.3 Ein Minimum an Theorie   18
   1.3.1 Der Minimalkonsens über Grundannahmen und Ziele von Psychotherapie   19
   1.3.2 Konfliktaufdeckung, Konfliktverdeckung, Stützung und Training   21
   1.3.3 Einzeltherapie und/oder Gruppe?   23
   1.3.4 Kurztherapien   24
   1.3.5 Übertragung, Gegenübertragung, Widerstand   26
1.4 Entscheidungen, die fällig werden   28
   1.4.1 Die Auswahl der Patienten   28
   1.4.2 »Formale Entscheidungen« I – Selbstdarstellung in Person und Praxis   31
   1.4.3 »Formale Entscheidungen« II – Honorare und Zahlungsmodi   33
   1.4.4 Arbeitsmittel/Arbeitshilfen   35

2. *Einzeltherapie*   39
2.1 Eine Therapie beginnt   39
   2.1.1 Anfang vor dem Anfang: das Kontaktgespräch   39
   2.1.2 Das Erstinterview   40
2.2 Der »Normalverlauf« einer Therapie   43
   2.2.1 Eine »normale« Therapie   44

2.2.2	Das Ende einer Therapie	47
2.2.3	»Abnorme« Therapieverläufe	48
2.3	Kurztherapien und »Beratungen«	50
2.3.1	Indikation	51
2.3.2	»Normalverlauf«	51
2.3.3	Beratung bei Konflikt- und Entscheidungsproblemen	54
2.3.4	Beratung in »Lebenskrisen«	56
2.4	Wenn das Gespräch nicht laufen will	57
2.4.1	Arbeit mit »schwierigen Patienten«: Schweigern, Unglaubwürdigen, Schwätzern und einigen anderen	57
2.4.2	Ein kleiner Exkurs über Sprache und Sprachgewohnheiten	63
2.5	Themenangebote	66
2.5.1	Kindheitserinnerungen	67
2.5.2	Geschwisterposition und Familienkonstellation	69
2.5.3	Lebensläufe	72
2.5.4	Wünsche	74
2.5.5	»Selbstgespräche«	76
2.5.6	Märchen und Märchenphantasien	78
2.5.7	Träume und Tagträume	82
2.5.8	Bilanzen	86
2.5.9	Themen für die »kleine« Psychotherapie	90
2.5.10	Zum Thema »Angst«	95
3.	*Partnerberatung/Ehetherapie*	98
3.1	Ziele, Risiken, Indikationen und Möglichkeiten der Partnerberatung	98
3.1.1	Ziele und Risiken	98
3.1.2	Indikationen	101
3.1.3	Mancherlei Möglichkeiten	102
3.2	Ein Exkurs über »Hypotheken«	103
3.2.1	Der »Himmel voller Geigen«	103

3.2.2	»Geheimverträge«	104
3.2.3	Heirat aus »unzureichenden Gründen«	105
3.2.4	Einflüsse der Eltern/Schwiegereltern	107

3.3 Triadische Partnerberatung   110

    3.3.1 Kontaktaufnahme und erste Sitzung   110
    3.3.2 »Normalverlauf« der Partnerberatung   115
    3.3.3 »Trennungshilfe«   120

3.4 Partner-Beratung in dyadischer Arbeit   123

    3.4.1 Parallele dyadische Sitzungen   123
    3.4.2 Arbeit mit nur einem Partner   128

4. *Gruppenarbeit*   132

4.1 Gruppenarbeit – verschiedene Möglichkeiten   132

    4.1.1 Einige Fakten vorab   132
    4.1.2 Vielerlei Ansätze   134
    4.1.3 Was vorher zu entscheiden ist   138

4.2 Gruppenrollen und Gruppenverläufe   141

    4.2.1 Gruppenphasen – Gruppenverläufe   141
    4.2.2 Gruppenrollen   143

4.3 »Schwierige« Teilnehmer, »schwierige« Gruppen, schwierige Situationen   145

    4.3.1 »Schwierige« Teilnehmer   145
    4.3.2 »Schwierige« Gruppen   148
    4.3.3 Schwierige Situationen   152

4.4 Modelle für die Durchführung von Gruppenveranstaltungen   156

    4.4.1 Therapie/Subtherapie/Tiefenpsychologie   156
       4.4.1.1 »Nach Art des Hauses« (ambulante subtherapeutische Gruppen)   157
       4.4.1.2 Ambulante Gruppe für »Kopatienten«   159
       4.4.1.3 Umgang mit Verlusten (Ambulante Gruppen)   161
       4.4.1.4 Umgang mit Verlusten (Klausur-Wochenende)   164

4.4.1.5 Nach der Trennung (Ambulante
       Gruppen) 166
4.4.1.6 Traum-Workshop (Wochenend-Seminar,
       gegebenenfalls verlängert) 167
4.4.2 »Allgemeines« und berufsbezogenes Verhaltens-
      training 169
   4.4.2.1 Kommunikationstraining
          (Wochenend-Seminar) 170
   4.4.2.2 Selbstbehauptungstraining
          (Wochenend-Seminar) 172
   4.4.2.3 Interview-Techniken für Lehrer/
          angehende Lehrer bzw. Ärzte
          (Workshop) 176

5. *Hilfsmethoden, Spiele, Übungen und Materialien* 180
   5.1 Hilfsmethoden in der Einzeltherapie 180
       5.1.1 »Rollenspiel« in der Einzelsitzung 180
       5.1.2 Malen, Zeichnen, Modellieren 183
       5.1.3 Körperarbeit 186
            5.1.3.1 Eutonie 187
            5.1.3.2 Aggression und »kreatives Kämpfen« 193
            5.1.3.3 Einige weitere Möglichkeiten 196
       5.1.4 Sonden 198
       5.1.5 Hausaufgaben 202
   5.2 Übungen und Hausaufgaben für die Partnerberatung 208
       5.2.1 Empathie-Übungen 208
       5.2.2 »Ich mag an dir .../Es würde mich freuen...« 211
       5.2.3 Kommunikations- und Konfliktlösungs-
             Übungen 215
       5.2.4 Körperbezogene und ähnliche Übungen 220
            5.2.4.1 Ritualisierte Kämpfe – Kreatives
                    Kämpfen 220
            5.2.4.2 »Miteinander« – Eutonie und Shiatsu 224
       5.2.5 Zeichnen und Konstellieren 225
       5.2.6 Phantasiereisen 226
       5.2.7 Hausaufgaben für Paare 228

5.3 Hilfsmethoden, Übungen, Spiele und Materialien für
    Gruppen   237
  5.3.1 Das Handwerkszeug I: Gespräch und
        Rollenspiel   238
    5.3.1.1 Hilfsmethoden für Großgruppen   238
    5.3.1.2 Das Gespräch und seine Strukturierung   240
    5.3.1.3 Lebendes Bild und Rollenspiel   242
  5.3.2 Das Handwerkszeug II:
        eine Auswahl von Übungen   248
    5.3.2.1 Übungen zur Eröffnung, zum Kennen-
            lernen und zum Abschluss   249
      5.3.2.1.1 Übungen zum Einstieg und zum
                Kennenlernen   250
      5.3.2.1.2 Übungen zum Gruppenabschluss   253
    5.3.2.2 Imaginative und meditative Übungen   255
      5.3.2.2.1 Kurzformen   257
      5.3.2.2.2 Größere Phantasiereisen   259
      5.3.2.2.3 Große Phantasiereisen   260
      5.3.2.2.4 Meditationen zu Selbstbild und
                Ich-Ideal   261
    5.3.2.3 Körperbezogene und andere nonverbale
            Übungen   263
      5.3.2.3.1 Körpererfahrung   263
      5.3.2.3.2 Kampfspiele – »kreatives Kämpfen«   266
      5.3.2.3.3 Verschiedene weitere nonverbale
                Übungen   268
    5.3.2.4 Übungen zur Selbstkonfrontation   274
    5.3.2.5 Sonden in Gruppen   281
    5.3.2.6 Übungen zur Verbesserung der
            Kommunikation   282
    5.3.2.7 Übungen zur Selbstbehauptung,
            Kooperation und Konfliktfähigkeit   291
      5.3.2.7.1 Übungen zur Selbstbehauptung   291
      5.3.2.7.2 Übungen zur Kooperation und
                Kompromissfindung   300

5.3.2.8	Übungen zum Kreativitätstraining	304
5.3.2.8.1	Zur Demonstration von Selbstbehinderung	307
5.3.2.9	Übungen für Paargruppen	310
5.4	Fragebogen	322
5.4.1	Fragebogen in der Einzeltherapie und in der Partnerberatung	324
5.4.2	Fragebogen für die Gruppenarbeit	331

6. Zu guter Letzt — 348

  6.1 Dem Therapeuten ins Stammbuch — 348
  6.2 Eine Liste von »Erlaubern« — 348
  6.3 »Wer die Wahrheit sagt ...« — 349

7. Anhang — 352

  1. Verzeichnis der Übungen — 352
  2. Verzeichnis der Phantasiereisen — 354

Literaturverzeichnis — 355

Sachregister — 358

Danksagung

Mein Dank gilt den Klienten und Gruppenteilnehmern, von denen ich mindestens so viel gelernt haben dürfte wie sie von mir. Er gilt den Komoderatoren, die mich mehr oder weniger geduldig in vielen Gruppensitzungen ertragen haben. Auch den Ausbildern gilt mein Dank, obwohl ich von einigen eher lernte, wie ich es lieber nicht machen wollte.
Besonders danke ich Bernard Fröhlig, dem langjährigen Gefährten vieler Gruppen. Gemeinsam haben wir unseren speziellen Arbeitsstil entwickelt – und ohne ihn wäre dieses Buch nicht bis zur Druckreife gediehen.

Brigitte Eckstein

Weiter danken wir dem Verlag und speziell der Lektorin, Frau Dr. Treml, für intensive und geduldige Betreuung.

Brigitte Eckstein
Bernard Fröhlig

1. Ehe es losgehen kann

1.1 Mit Ihnen selbst fängt es an

Die wichtigste Botschaft, die wir dem Neurotiker, dem Entmutigten, dem Ehrgeizigen zu vermitteln haben, ist, dass der Mensch trotz aller Angefochtenheit und Preisgegebenheit vertrauensvoll und im Gleichgewicht mit sich und den anderen leben kann. Wir selbst sind Vehikel dieser Botschaft: Nur wer selbst mutig, vertrauensvoll und ausgeglichen ist, kann andere ermutigen und ihnen helfen, ihr Gleichgewicht wiederzufinden. Daher fangen wir bei Ihnen selbst an.

1.1.1 Wie gehen Sie mit sich selbst um?

Solange wir versuchen, »eine Rolle zu spielen«, Eindruck zu machen, uns darzustellen, solange wir nicht mit uns und unseren Möglichkeiten in Frieden leben (was nichts mit Resignation zu tun hat), solange bleiben unsere Therapieerfolge fragwürdig. Wie ist das mit Ihnen? Mögen Sie sich selbst? Schätzen Sie andere (vereinzelte, manche, viele, die meisten) höher ein als sich selbst (und in welcher Hinsicht)? In der etwas hemdsärmeligen Terminologie der Transaktionsanalyse: Fühlen Sie sich o. k. – oder nur mit Einschränkungen und unter Vorbehalt?
Was möchten/müssten Sie »eigentlich« an Ihrem Leben ändern, um mit sich selbst zufriedener zu sein? Und da nur Gedachtes meist unverbindlich bleibt, sind schriftliche Notizen zu empfehlen: »Ich würde viel lieber ... / Eigentlich sollte (müsste) ich ... / Eigentlich dürfte ich gar nicht ... / Mich stört, dass ich ...«. Und was ganz konkret und im Detail haben Sie getan/tun Sie, um zu ändern, woran Sie sich stören?
Und falls es nur halbherzige Versuche waren (oder gar keine), was müssten Sie tun und was dürften Sie nicht mehr tun, wenn das, was Sie stört und belastet, beseitigt wäre (was ist dabei Ihr »geheimer Gewinn«?)? Sollten Sie »Ihre Probleme« vielleicht als Alibi

1. Ehe es losgehen kann

für Ihnen nicht ausreichende Leistungen brauchen? Möchten Sie vielleicht »besser« sein als Kollege X (als Ihr Vater war, als ...)? Vielleicht stellen Sie derartige Fragen zwar Ihren Patienten, betrachten sie aber für sich selbst als Zumutung? *Aha?*
Und wie gehen Sie mit Ihren körperlichen Bedürfnissen um? Malträtieren Sie sich mit Hetze, Schlafentzug, Kaffee- und Nikotinmissbrauch, ...? Was würden Sie einem Patienten empfehlen, der mit solchen Befunden zu Ihnen kommt? Was tun Sie für sich selbst, damit Ihren Patienten/Klienten ein ausgeruhter, ausbalancierter, gelassener und dem Leben vertrauensvoll zugewandter Mensch gegenübersitzt?

1.1.2 Ihre Ambitionen und Ängste als Therapeut[1]/Berater

Wann sind/wären Sie mit Ihren therapeutischen Erfolgen zufrieden; wann betrachten Sie eine Therapie überhaupt als »erfolgreich«? Wenn der Patient besser mit sich, seinem Leben, seiner Umgebung zurechtkommt oder erst wenn er ...? Und wie rasch müssen Sie Erfolg haben, um ihn noch als »Erfolg« zu erleben? Wie viele abgebrochene Therapien können Sie ohne Belastung Ihres Selbstbewusstseins verkraften? Welche »Antreiber« spuken in Ihrem Kopf:
- »Sei (rasch, immer) erfolgreich – mach keine Fehler – verliere nie die Geduld – zeige keine Unsicherheit, Ratlosigkeit oder Angst – lehne niemanden ab ...«

(Liste bitte ergänzen!).

Noch deutlicher kann es durch »Ergänzungstests« werden:
- Wenn ich bei einer Therapie nicht weiterkomme/zu einem Patienten keine Beziehung bekomme/Fehler mache (gemacht habe)/(rasch, besonders) erfolgreich bin/...

---

[1] Im Folgenden steht »Therapeut« abkürzend für »Therapeut und/oder Berater«, wie »Therapie« abkürzend für »Therapie und/oder Subtherapie (Neurosenprophylaxe) und/oder Beratung«. Im Übrigen ist es nicht gleichgültig, ob Sie Ihr Gegenüber als »Patienten« (d. h. krank) oder als Klienten betrachten.

1.1 Mit Ihnen selbst fängt es an

- ... denke/fühle/glaube/hoffe/fürchte/... ich, dass ...
- Ein guter Therapeut könnte/dürfte/würde/müsste ...
- Das Schlimmste, was mir bei einer Therapie passieren könnte, wäre ...

Denken Sie bei raschen Erfolgen, dass die Störung nur leicht gewesen sein kann, und rechnen Sie sich verzögerte oder »unzureichende« Erfolge als eigenes Versagen an (das Ihren Kollegen nicht passiert wäre ...)? Oder gehen alle Erfolge auf Ihr Konto, während die »Misserfolge« am mangelnden Einsatz des Patienten liegen?

Unsere Vorstellungen, was in einer Therapie möglich ist und daher auch uns (und natürlich in jedem Fall) möglich sein »sollte«, sind oft unrealistisch. Wir sind nicht verpflichtet, es mit allen Patienten und mit allen gleich gut »zu können«; und Sie vergeben sich nichts, wenn Sie einen Patienten an einen Kollegen überweisen.

Solange »Erfolg« bzw. »Misserfolg« Ihr Selbstbild affizieren, kann ein Patient Sie manipulieren, indem er Ihnen »Erfolge« zukommen lässt oder vorenthält. Es ist legitim, sich über Erfolge zu freuen und über Misserfolge enttäuscht zu sein. Genauso ist es legitim, dass Sie vom Patienten respektiert und gemocht werden möchten. Je offener und selbstverständlicher Sie damit umgehen, desto weniger manipulierbar sind Sie. Es ist wichtig, dass wir zu unseren Ängsten und Versuchungen bei der Arbeit, zu unserer Angefochtenheit, Begrenztheit und Fehlbarkeit stehen. Wie soll der Patient lernen, mit seinen Grenzen zu leben und auf »Fassaden« zu verzichten, wenn sein Therapeut selbst »besser« sein/sich »besser« machen möchte, als er ist? Haben Sie vielleicht Ihre Ziele zu hoch gesteckt (vgl. Watzlawick[2, 3])?

Viele der berufsbezogenen Ängste haben mit dem Anspruch zu tun, eigentlich »besser« sein zu müssen: Ängste vor Verlust von Selbstwertgefühl und von Zuwendung bei eventuellem »Versagen«. Hinzu kommen Schuldängste: Angst, dem Patienten »etwas schuldig zu bleiben«, ihn vielleicht sogar zu schädigen. Was wäre

---

[2] Paul Watzlawick, Münchhausens Zopf, München 1992, S. 100
[3] Paul Watzlawick, Die Möglichkeit des Andersseins, Bern/Stuttgart/Toronto ⁴1991, S. 60/61

1. Ehe es losgehen kann

das Schlimmste, was Ihnen bei einer Therapie passieren könnte? Der Suizid eines depressiven Patienten? Das »Scheitern« einer Ehe, die Sie hatten sanieren wollen? Ein in einer strapaziösen Therapie- oder Gruppensitzung ausgelöster Schlaganfall? Die psychotische Dekompensation eines vermeintlichen Neurotikers in Ihrer Praxis, die dazu führt, dass Sie die Polizei oder die Nervenklinik alarmieren müssen? Und was für eine Katastrophe wäre das tatsächlich?

Vielleicht schreiben wir uns auch mehr Einfluss und Verantwortung zu, als uns zukommt. Außer bei bestimmten psychiatrischen Befunden bleibt der Patient für sein Leben und dessen Gestaltung verantwortlich. Ein vielleicht manipulativer Suizidversuch ist seine Entscheidung. Wir sind verantwortlich dafür, dem Patienten nach bestem Wissen und Können Erfahrungs- und Reifungsmöglichkeiten zu bieten und keine Therapie zu übernehmen, die unsere Kompetenzen übersteigt (was sich mitunter erst im Nachhinein herausstellt oder problematisch wird, wenn kein Kompetenterer verfügbar ist). Wir sind verantwortlich dafür, den Patienten gegebenenfalls darauf hinzuweisen, dass seine somatischen Symptome ärztliche Behandlung erfordern. Zum Arzt gehen muss er selbst. Wir sind verantwortlich dafür, bei »fehlgeschlagenen« Therapien, besonders bei zu Schaden gekommenen Patienten, mit Balint-Gruppe und/oder Kontrollanalytiker Versäumnisse zu klären, um eine Wiederholung zu vermeiden. Wir sind dafür verantwortlich, durch Weiterbildung und Kontrollanalyse unsere Kompetenz zu erhalten und zu verbessern.

Darüber hinaus können wir uns nur dem Kummer stellen, wenn eine Therapie erfolglos blieb (oder erst sehr verspätet wirkte), ohne uns damit für die weitere Arbeit zu lähmen. Und falls wir trotz sorgfältiger Arbeit den Vorwand für einen Suizid/Suizidversuch geliefert haben: Einen Anlass hätte es früher oder später von anderer Seite gegeben. Wir sind fehlbar und begrenzt in unseren Möglichkeiten. Wir können nicht immer gewinnen. Aber häufig gewinnen wir doch, zusammen mit den Patienten.

1.1.3 Ihr Bild vom Patienten

Aus Einzelerfahrungen und Berichten Dritter bilden wir ein für unsere Persönlichkeit typisches vorurteilhaftes Bild vom »Patienten«, das unsere Wahrnehmung des konkreten einzelnen Patienten beeinflusst und so unsere berufliche Handlungsfähigkeit einschränkt. Die Tatsache »einzelne Patienten sind ...« wird implizit verallgemeinert zu »(alle/fast alle) Patienten sind ...«. Eigene Projektionen können zu Fehlwahrnehmungen und schließlich zu selbsterfüllenden Prophezeiungen führen.
Wieder kann ein »Ergänzungstest« zur Klärung helfen:
- Patienten sind meist (oft/manchmal) ...
- Patienten sollten eigentlich (dürften eigentlich gar nicht) ...
- Patienten erwarten von mir (immer/meist/oft/manchmal) ...
- ich liebe es (es stört mich) besonders, wenn Patienten ...

Patienten sind ja keine einheitliche Population. Vielleicht haben Sie Vorurteile nur oder vor allem gegenüber langhaarigen jungen Männern, gegenüber Studienräten, Spitzenverdienern, Stotterern oder Kassenpatienten ... Wenn Sie wissen, wem gegenüber Sie zu welchen Vorurteilen neigen, können Sie Ihre möglicherweise verzerrte Wahrnehmung (vielleicht mit Hilfe von Balint-Gruppe oder Kontrollanalytiker) überprüfen und korrigieren. Oder sind Sie überzeugt, keine Vorurteile zu haben (das allerdings wäre alarmierend)? Versuchen Sie immer wieder, Ihre Wahrnehmung konkreter Patienten wie von »Patienten« als Gruppe mit der Wahrnehmung durch andere zu vergleichen, und helfen Sie sich dabei durch den Ansatz »ich sehe (bzw. höre), dass der Patient ..., und ich denke, dass er ...«, um Ihre Vorstellung auf die zugrunde liegende Wahrnehmung zurückzuführen.

1.2 Oft ausgespart – der Körper

Auch für den PSYCHOtherapeuten empfiehlt es sich, die menschliche Körperlichkeit nicht zu vergessen – ein zusätzliches Angebot an »Körperarbeit« (z. B. Eutonie, Autogenes Training o. Ä.) ist oft

1. Ehe es losgehen kann

hilfreich und wird in manchen Schulen selbstverständlich eingesetzt. Bei ganzheitlichen Ansätzen wie Bioenergetik, Hakomi oder Focusing wird der Körper von vornherein in die Therapie mit einbezogen. Nutzen Sie in der therapeutischen Arbeit Körperempfindungen und -wahrnehmungen? Sind Sie vertraut genug mit Ihrem eigenen Körper, um an seinen Ver- bzw. Entspannungen abzulesen, wann Sie beunruhigt oder betroffen sind, den Patienten bedrängen, ablehnen oder aufgeben, wann Sie sich zurückziehen? Beachten Sie die körperlichen Reaktionen des Patienten, die in Haltung, Mimik, Gestik, in Atmung, Verspannung und Erschlaffung verbindlicher sind als seine Worte? In fast allen Belangen sind Sie auf die subjektiv verzerrten Angaben des Patienten angewiesen. Seine Körperlichkeit jedoch haben Sie vor Augen.

Im Umgang mit seinem Körper können Sie den Patienten zudem mit der Art seines Umgangs mit Realität konfrontieren – z. B. die Verspannungen und den motorischen Überaufwand demonstrieren, Teilaspekte der überaufwändigen Lebensstrategie des Neurotikers. Ähnlich wird im Bereich des Körperlichen offenkundig, zu welchem Einsatz für seine »Heilung« der Patient bereit ist, etwa zum Verzicht auf gesundheitsschädigende Verwöhnung (Überernährung, Bewegungsmangel, Nikotinmissbrauch) bzw. gesundheitsschädigende Selbstüberforderung. Wer seinen Körper vernachlässigt oder missbraucht, sollte keine fröhliche und mutige »Seele« »darin« erwarten... (wobei »Körper« und »Seele« nicht Teile, sondern Aspekte des Ganzen sind).

1.3 Ein Minimum an Theorie

»Was in der Therapie möglich ist, wird viel mehr durch die Natur der betreffenden Schulmeinung, also der Theorie, bestimmt, als durch die Gegebenheiten der menschlichen Seele.«

Paul Watzlawick[4]

---

[4] Paul Watzlawick, Die Möglichkeit des Andersseins, Bern/Stuttgart/Toronto ⁴1991, S. 98

1.3 Ein Minimum an Theorie

Therapeuten unterschiedlicher Schulen betreiben erfolgreich Therapie – wahrscheinlich sind sogar für verschiedene Patienten, je nach Gegebenheiten, verschiedene Theorien »richtig«, d. h. bieten den jeweils zweckmäßigsten Ansatz. Wie viel Theorie (bzw. wie wenig) ist für erfolgreiche therapeutische Arbeit unverzichtbar? Möglicherweise ist es gerade das Stück, in dem die Schulen übereinstimmen, und vielleicht weniger eine (durch Tatsachen »beweisbare« oder widerlegbare) »Theorie«, als ein Axiom, ein bestimmtes, optimistisches Menschenbild, dessen Zweckmäßigkeit durch den Erfolg ausgewiesen ist.

1.3.1 Der Minimalkonsens über Grundannahmen und Ziele von Psychotherapie

Die verschiedenen therapeutischen Schulen stimmen im Wesentlichen darin überein, dass der Mensch in den ersten etwa fünf Lebensjahren bestimmte Ansichten über sich, »die anderen« und »die Welt« ausbildet und sein weiteres Leben auf Grund dieser Vorstellungen, entsprechend den von außen gegebenen Möglichkeiten, gestaltet. Mit diesen Vorstellungen nicht übereinstimmende Realität wird aus der Wahrnehmung ausgeblendet bzw. umgedeutet, sodass das einmal etablierte Welt- und Menschenbild sich selbst stabilisiert und kaum noch ohne therapeutische Hilfe verändert werden kann. Nicht realitätsgerechte Welt- und Menschenbilder und die entsprechenden unzweckmäßigen Zielsetzungen und/oder Lebensstrategien können zu »Störungen« bis hin zur manifesten Neurose (mitunter sogar Psychose) führen, wobei die Entwicklung manifester Symptome gehäuft in »Krisenzeiten« (Pubertät, Lebensmitte, Pensionierung, Trennung, Scheidung u. a.) erfolgt. Die Therapie wird umso aufwändiger, je länger die Störungen bestehen – sozialmedizinisch wäre eine gezielte Neurosenprophylaxe sinnvoll.
Weiter besteht zwischen vielen Schulen (vgl. etwa Kraiker und Peter[5]) Übereinstimmung, dass

---

[5] Christoph Kraiker, Burkhard Peter (Hg.), Psychotherapieführer, München ⁴1994

1. Ehe es losgehen kann

- der Mensch nicht hilfloses »Opfer« seines »Schicksals« (u. a. »Erbanlagen«, »Prägungen«) und/oder seiner »Triebe« ist, sondern Entscheidungsspielraum hat und (zumindest mit-)gestaltend sein »Geschick« konstelliert
- der Mensch ein soziales Wesen ist, das die Balance zwischen den eigenen Bedürfnissen und denen der anderen finden muss
- Neurosen und »subneurotische Störungen« Versuche sind, Lebensaufgaben mit unzweckmäßigen Mitteln zu lösen
- der Mensch über beträchtliche Selbstentfaltungs- und Selbstheilungskräfte verfügt, die der Therapeut freizusetzen sucht in Anleitung zur Selbsthilfe
- das Ziel der »mündige«, verantwortlich selbst entscheidende Mensch ist
- der Therapeut daher eine partnerschaftliche und nicht eine »Eltern-Kind«-Beziehung zum Patienten anstreben sollte.

Konkret bedeutet das, dass der Patient
- in temporären Krisensituationen/nach schweren Verlusten (bei »abnormen Trauerreaktionen«) zeitweilig zu stützen ist, bis er den Verlust in sein Leben integriert und sein Gleichgewicht wiedergewonnen hat
- in Konfliktsituationen in Strategien der Konfliktlösung, der Kompromissfindung und der Entscheidungsfindung einzuüben ist
- bei (sub-)neurotischen Störungen, gegebenenfalls auch Psychosen (zur Psychotherapie von Psychosen siehe z. B. Elrod[6], Gregory Bateson[7] sowie Watzlawick)[8], Einsicht in seine Lebensirrtümer, Fehlhaltungen und unzweckmäßigen Verhaltensweisen gewinnen, die entsprechenden Konsequenzen für veränderte Zielsetzungen und Lebensstrategien ziehen und alternative Verhaltensweisen erproben und einüben muss, wozu fast immer eine Korrektur seiner verzerrten Wahrnehmung und/oder Interpretation (vgl. Watzlawick[8]) nötig ist.

---

[6] Norman Elrod, Kriterien der Besserung in der Psychotherapie, München ²1974
[7] Gregory Bateson u. a., in Don D. Jackson u. a., Schizophrenie und Familie, Frankfurt/Main 1969
[8] Paul Watzlawick, Münchhausens Zopf, München 1992

Der Therapeut muss den Patienten bei anstehenden Entscheidungen auf Realitätsverkennung bzw. -verleugnung hinweisen, Alternativen aufzeigen und die Implikationen der verschiedenen Möglichkeiten mit ihm erarbeiten. Auf keinen Fall jedoch sollte er dem Patienten »raten«, ihm die Entscheidung und damit die Verantwortung abnehmen (was eine große Versuchung sein kann, wenn der Patient gravierende Fehlentscheidungen zu treffen scheint). Der Therapeut stellt seine Erfahrung und Kompetenz zur Verfügung, doch muss der Patient seine Probleme selbst lösen. Erliegen Sie nicht der Versuchung, Lasten und Verantwortung des Patienten auf den eigenen Rücken umzuladen.

1.3.2 Konfliktaufdeckung, Konfliktverdeckung, Stützung und Training

Ein ungelöster Lebenskonflikt, selbst bzw. gerade ein latenter, legt psychische Energien fest, engt den Handlungsspielraum ein und kann zudem jederzeit manifest werden und zu Komplikationen führen. Insofern könnte es sinnvoll scheinen, in der Therapie prinzipiell konfliktaufdeckend zu arbeiten. Alle latenten Konflikte aufzudecken, ist jedoch zeit- und kostenaufwändig und oft unnötig. Watzlawick[9] warnt sogar ausdrücklich vor dem Versuch der »vollständigen, totalen Lösung eines Problems« und empfiehlt, es bei einem »unaufgelösten Rest« zu belassen. Oft reicht die Bearbeitung *der* Konflikte, die mit den bestehenden Beschwerden zusammenhängen (»Fokaltherapie«), während im Bereich anderer Konflikte mitunter sogar verdeckend zu arbeiten ist. Die Konfliktaufdeckung (Vermittlung von »Einsichten«) ist zu ergänzen durch die Erarbeitung und das Training zweckmäßiger Verhaltensweisen (z. B. Verbesserung der Kommunikations-, Kompromiss- und Selbstbehauptungsfähigkeit). Bei psychosomatischen Störungen ergänzen Entspannungsmethoden wie Autogenes Training, Yoga, Eutonie oder Meditation die Bearbeitung des verursa-

---

[9] Paul Watzlawick, Die Möglichkeit des Andersseins, Bern/Stuttgart/Toronto [4]1991, S. 61

1. Ehe es losgehen kann

chenden Konflikts. Die erfolgreiche Lösung *eines* Konflikts/Problems kann den Patienten so ermutigen, dass er zur eigenständigen Lösung weiterer befähigt wird.
Der fokal auf die akuten Beschwerden zielende Ansatz kann zu einer raschen Besserung der Symptome führen, die den Patienten ermutigt, sein Vertrauen in Therapie und Therapeut steigert und damit selbstverstärkend wirkt. Da »das Symptom selbst neurotisiert« (selbstverstärkend wirkt, »neurotische Spirale«), kann eine echte Überwindung der Neurose, nicht nur eine »Symptomheilung«, resultieren. Andererseits besteht die Gefahr, dass der Patient sich mit der Beseitigung der Symptome zufrieden gibt und die notwendigen Veränderungen/Reifungsschritte versäumt (»Besserung« bei nicht angezielter/erreichter »Heilung«).
Die Verdeckung selbst wesentlicher Konflikte kann angezeigt sein, wenn z. B. der Patient momentan durch eine aufdeckende Therapie überfordert wäre, wenn mit der Aufdeckung das labile Gleichgewicht einer neurotischen Familie bei fehlender Möglichkeit einer Familientherapie zusammenbräche, oder wenn der konfliktträchtige Zustand (etwa bei der Pflege eines unheilbar kranken Familienmitgliedes) ohnehin seinem Ende entgegengeht. Weiter kann Konfliktverdeckung mitunter – zumindest zeitweise – in Selbsterfahrungs- und Therapiegruppen nötig werden. Immer jedoch sollten Sie überprüfen, ob Ihre Entscheidung zur Ver- statt zur Aufdeckung mit Ihrer eigenen Person (etwa einer gewissen Konfliktscheu) zusammenhängen könnte.
Bei verdeckender Arbeit bleiben als therapeutische Maßnahmen Stütze und Training. In seltenen (!) Ausnahmefällen kann »Stütze« vorübergehend bis zu konkreter Hilfe z. B. bei Stellen- oder Wohnungssuche gehen, wobei immer die Gefahr besteht, dabei einem Verwöhnungsanspruch des Patienten unzulässig entgegenzukommen. Meist besteht die Stütze in der Stärkung des Selbstbewusstseins des Patienten, also eigentlich einer Form des Trainings, und Anleitung zu freundlicherem Umgang mit sich selbst, wenn nötig unter vorherigem Abbau von »Antreibern« und »Verboten« (etwa internalisierten elterlichen Ge- und Verboten wie »gib für dich kein Geld aus«). Und wenn Sie für einen Patienten nichts anderes tun können, können Sie ihn zumindest mitfühlend (nicht bemitleidend!) anhören, seinem Selbstmitleid entgegenwirken und seine

Selbststabilisierung durch Methoden wie Autogenes Training, Yoga o. Ä. fördern.
Die Indikation für verdeckende bzw. (fokal) aufdeckende Therapie hängt außer von den Gegebenheiten des Patienten und Ihrem eigenen Arbeitsstil auch von der psychotherapeutischen Versorgung am Ort ab. Bei Unterversorgung wird die knappe Kapazität für »akute Fälle« und Notfälle gebraucht, sodass die personal- und kostenintensive »große« Therapie die Ausnahme bleiben sollte.

1.3.3. Einzeltherapie und/oder Gruppe?

Bei leichteren Störungen und vor allem in der Neurosenprophylaxe (im »subakuten Stadium der Neurose«) kann Gruppentherapie/-subtherapie (»Selbsterfahrungsgruppe«) die Einzeltherapie ersetzen bzw. eine Kurztherapie ergänzen. Die Gruppe re-aktualisiert unbearbeitete Konflikte und bietet Zuwendung und Stütze, sie vermittelt Erfahrungs- und Trainingsmöglichkeiten, die in der Einzeltherapie fehlen. Sie ist weit mehr als eine »therapeutische Sparmaßnahme«. Der Therapeut, sonst auf die Berichte des Patienten angewiesen, erlebt ihn in aktuellen Konfliktsituationen und kann ihn in diesen unmittelbar mit seinem Erleben und Verhalten konfrontieren. Wo durchführbar, ist eine auf den jeweiligen Patienten abgestimmte Kombination von Einzel- und Gruppentherapie die beste Lösung. Mitunter muss zunächst in Einzeltherapie die Gruppenfähigkeit (wieder-)hergestellt werden, oder es sind die in der Gruppe gemachten Erfahrungen in parallellaufender Einzeltherapie zu intensivieren und aufzuarbeiten.
Variabel sind dabei die Gruppengröße (von der »Minigruppe« mit nur drei bis fünf Teilnehmern für Borderline- und psychotische Patienten über die »normale« Therapiegruppe mit acht bis zwölf bis zur größeren Selbsterfahrungsgruppe mit 16 Teilnehmern), die Frequenz (meist eine Sitzung wöchentlich, in Kliniken mitunter täglich), die Dauer der einzelnen Sitzung (von einer Stunde bis zum nicht unbedenklichen einmaligen 24-Stunden-Marathon) und die Zahl der Sitzungen insgesamt (von 10 oder weniger in kurzen »Trainings« bis zu über 100 in Gruppen, die mehrere Jahre zusammenbleiben). Damit ist ein breites Spektrum von Möglichkeiten

1. Ehe es losgehen kann

für fast jeden Bedarf gegeben. Während sich generell eine Mischung der Teilnehmer nach Geschlecht, Alter, Beruf und Symptomatik empfiehlt, kann es mitunter zweckmäßig sein, wenig belastbare, ängstliche Teilnehmer zunächst in kleinen und über nur kurze Sitzungen geführten Gruppen zusammenzufassen. Allerdings könnte (besonders bei Einzelkindern und verwöhnten Jüngsten) hinter »Gruppenangst« ein Verwöhnungsanspruch stehen.

1.3.4 Kurztherapien

Während die »Große Therapie« zunächst die Genese einer Störung zu klären sucht, gehen die Vertreter der Kurztherapien (bis zur »Single-Session-Therapie«[10]) von unzweckmäßigem *Verhalten* aus, das es durch sinnvolleres zu ersetzen gilt. Sie zielen auf »Veränderungen, die eine praktikable und relativ unmittelbare Lösung ermöglichen«, nicht auf ein aufwändiges »seelisches Großreinemachen«, sondern zunächst einmal auf möglichst rasche Entlastung. Ermutigung des Patienten durch Hinweis auf seine »Stärken« und Abbau von Schuld- und Schamgefühlen spielen eine große Rolle und schaffen rasche Erleichterung, während die Einwilligung des Patienten in eine mehrjährige Langzeittherapie oft zu seiner weiteren Entmutigung beiträgt.

Analytiker, die sich nur mit »großer« Therapie befassen, rechnen eine mit 40 bis 50 Sitzungen abgeschlossene Therapie noch zu den »Kurztherapien« und veranschlagen für ihre eigene Arbeit (allerdings bei entsprechend schweren Befunden) 100, 200 oder noch mehr Sitzungen (wobei sie möglichst mehrere Sitzungen pro Woche durchführen). In der »kleinen« Psychotherapie, besonders bei fokalem Ansatz[11], wären 40 Sitzungen bereits viel. Letzten Endes definiert die Krankenkasse, was eine »Kurztherapie« ist, wobei schließlich die Grenze zwischen »Kurztherapie« und »Therapie« genauso fließend ist wie die zwischen »Therapie« und »Beratung«. Übrigens steigen Patient wie Therapeut oft engagierter ein und ar-

---

[10] Moshe Talmon, Schluss mit den endlosen Sitzungen, München 1996
[11] R. Lachauer, Der Fokus in der Psychotherapie, Pfeiffer bei Klett-Cotta, Stuttgart, ²1999

1.3 Ein Minimum an Theorie

beiten konzentrierter, wenn ihnen für ihr Therapieziel nur relativ wenige Sitzungen zur Verfügung stehen[12]. Weiss und Haertel-Weiss z. B., Vertreter der systemischen Therapie, also fokal arbeitend, geben ein Mittel von 5 bis 8 benötigten Sitzungen (Dauer 50 bis 60 Minuten) an. Sie wählen meist vier Wochen Sitzungsabstand, sodass die angezielten Veränderungen nicht *zu* schnell erfolgen.

Große Therapie/Langzeittherapie ist sicher weit seltener indiziert, als früher angenommen wurde, und selbst bei schweren Befunden kann mit fokaler Arbeit in Kurztherapie oft wenigstens eine deutliche Linderung der Beschwerden erreicht werden. Dabei steht die Fokaltherapie keineswegs im Widerspruch zum allgemeinen Therapieziel der »verbesserten Mündigkeit« (»Individuation«). Vielleicht möchte der Patient seine Symptome überwinden, weil sie ihn in seiner Verantwortlichkeit und Mündigkeit einschränken. Zu den Möglichkeiten und Erfolgen von Kurztherapien, auch und gerade bei »schweren (›psychotischen‹) Störungen«, siehe Watzlawick[13]. Übrigens führt Watzlawick die so oft »benötigte« überlange Therapiedauer auf schlichtweg »utopische« Therapieziele zurück (»... zielen Sie nicht auf völlige Überwindung, sondern nur auf deutliche Besserung der Symptome«/»... belassen Sie dem Patienten einen ›unaufgelösten Rest‹ zu eigener Bearbeitung«) sowie auf die »unnötige Pflichtübung« der detaillierten Exploration der tiefenpsychologischen, frühkindlichen Wurzeln neurotischer/psychotischer Störungen.

Unter sonst vergleichbaren Bedingungen nimmt die benötigte Therapiedauer im Allgemeinen mit dem Lebensalter des Patienten zu, da sich Haltung und Verhaltensweisen bei Älteren dauerhafter eingeschliffen und fixiert haben. Kurztherapie bietet sich vor allem an für jüngere Patienten bei erst seit kurzem aufgetretenen Störungen, die nur wenige der wichtigen Lebensbereiche betreffen. Richten Sie sich in Zweifelsfällen zunächst auf eine Kurztherapie ein und vereinbaren Sie eine »Bilanz« nach 10 oder 12 Sitzungen, in

---

[12] Thomas Weiss, Gabriele Haertel-Weiss, Familientherapie ohne Familie, München/Zürich ³1995, S. 81
[13] Paul Watzlawick, Die Möglichkeit des Andersseins, Bern/Stuttgart/Toronto ⁴1991; Münchhausens Zopf, München 1992

1. Ehe es losgehen kann

der über die Form und Dauer eventueller Weiterarbeit entschieden wird. Die verfrühte Entscheidung zur Langzeittherapie könnte Patient und/oder Therapeut in die Versuchung führen, sich bei der Therapie Zeit zu lassen.

Eine Sonderform der »Kurztherapie« ist die »Kurz*zeit*-Therapie« mit Sitzungen von nur 20 Minuten Dauer, im Gegensatz zu den »normalen«, mindestens 50 Minuten dauernden Sitzungen. Sie gestattet u. a., den Patienten bei gleicher Gesamt-Sitzungsdauer (vergleichbaren Kosten) über eine längere Zeitspanne zu begleiten und – wo nötig – zu stützen. Die Sitzungsfrequenz dürfte dabei zweckmäßig bei zwei Wochen liegen, wohl ein minimaler Abstand, damit der Patient auch mit neuen Verhaltensweisen experimentieren kann. Es empfiehlt sich, den Patienten jeweils am gleichen Wochentag zur gleichen Zeit zu sehen.

1.3.5 Übertragung, Gegenübertragung, Widerstand

»Übertragung« und »Gegenübertragung« – die Gesamtheit wechselseitiger Phantasien, Erwartungen, Wünsche und Gefühle zwischen Patient und Therapeut – können zu Komplikationen in der therapeutischen Arbeit führen, vor allem, wenn dem Therapeuten seine Gegenübertragung unbewusst bleibt. In der Übertragung identifiziert der Patient den Therapeuten oft unbewusst mit wichtigen Konfliktpartnern, z. B. Elternfiguren, auch wenn der Therapeut keine Züge dieser Bezugspersonen aufweist. Eine starke emotionale Reaktion des Therapeuten darauf zeigt, dass die ihm zugeschriebenen Züge zumindest teilweise abgelehnten Aspekten seiner selbst entsprechen oder als konfliktträchtige Züge eigener Bezugspersonen für ihn wichtig sind. Patient und Therapeut nehmen abgelehnte eigene Anteile überhöht am anderen, auf ihn projizierend, wahr, und ihr gegen den anderen gerichteter Zorn oder Ärger gilt eigentlich der eigenen Person.

Je besser der Therapeut mit seinen eigenen Konflikten und Versuchungen umgehen kann, desto weniger belasten Übertragung und Gegenübertragung die therapeutische Arbeit. Immer besteht die Gefahr, dass der Therapeut eigene Probleme mit denen des Patienten vermengt und diesen zum Objekt eigener Bedürfnisse macht.

1.3 Ein Minimum an Theorie

Starke emotionale Reaktionen (und sei es der Wunsch, dem Patienten »zu helfen«) sollten Sie immer als Alarmsignal beachten und in Kontrollanalyse/Balintgruppe aufarbeiten – ganz besonders, wenn Problematiken von Patient und Therapeut in einer (komplementären) »Schlüssel-Schloss-Beziehung« stehen (z. B. gegenabhängig vs. autoritär, Verwöhnungsanspruch vs. Helfersyndrom). *Der Therapeut könnte sogar eigene Behandlungsfehler dem Patienten als »Widerstand« anlasten,* z. B. wenn er den Patienten falsch eingeschätzt, bevormundet, eingeschüchtert, überfordert hat und diese Einsicht abzuwehren sucht. »Widerstand« sollte immer ernst genommen werden, und fast immer hat die Arbeit am Widerstand Vorrang vor anderen Themen. Auf seine Schutzfunktion gegenüber einer möglichen psychischen Dekompensation/Destabilisierung des Patienten weist u. a. Dieckmann[14] sehr eindringlich hin. Er empfiehlt, Widerstand möglichst zu respektieren. Noch weiter geht Kurtz[15], Begründer der »Hakomi«-Therapie und Vertreter der »Gewaltfreiheit« in der Therapie: »Wenn der Klient Widerstand leistet, hat er allen Grund dazu« (l. c., S. 98). Widerstand beruht fast immer auf Angst, meist Angst vor schmerzlichen Einsichten – und diese Angst wird nicht geringer, wenn Sie den Klienten bedrängen.

Oft äußert sich der Widerstand in typischen »Abwehrstrategien«, deren plötzliches Auftreten zeigt, dass Sie ein beunruhigendes Thema angeschnitten haben. Dazu gehören Unaufmerksamkeit und plötzliches »Unverständnis« (»Abwehr durch ›Dummheit‹«) – oder umgekehrt der Übergang zum Theoretisieren, Intellektualisieren bzw. Rationalisieren (»Ausweichen in den Kopf«). Auch durch Selbstvorwürfe lassen sich Veränderungen blockieren: Wer seine »Schattenanteile« ablehnt und bekämpft, blendet sie aus der Wahrnehmung aus und kann sie nicht bearbeiten. Die Akzeptanz durch den Therapeuten kann dem Patienten zur Selbstakzeptanz helfen. Auch Sonden »Es ist menschlich, ... zu sein (zu haben)« sind oft hilfreich. Mitunter lassen sich Selbstvorwürfe auch ent-

---

[14] Hans Dieckmann, Methoden der Analytischen Psychologie, Olten 1979
[15] Ron Kurtz, Hakomi – eine körperorientierte Psychotherapie, München 1994

kräften durch die Anweisung »Das sagen Sie bitte gleich noch mal, aber im Brustton höchster Selbstzufriedenheit und mit hoch erhobenem Kopf!«

Auch das »Produzieren« und Ausagieren von Gefühlen ist eine Abwehrstrategie, die besonders in Gruppen bzw. bei einem unerfahrenen Therapeuten/Moderator viel Aufmerksamkeit und Zuwendung einbringt, ohne dass an dem Gefühl gearbeitet würde. Anzusprechen ist dann auch der Stellenwert des Dramatisierens in der Lebensstrategie des Patienten. – Schließlich be- oder verhindern Ungeduld, Anstrengung und Gewaltsamkeit die in der Therapie angezielte Selbsterforschung und -veränderung: »Das Selbst lässt sich nicht im Sturm nehmen« – wobei es sich um Ihre eigene Ungeduld nicht weniger als um die des Patienten handeln kann ... Hilfreich ist z. B. die Frage: »Was würde es Ihnen erleichtern (einfacher machen), darüber zu sprechen?«

An Ihrem Umgang mit seinem »Widerstand« zeigt sich, wie weit Sie den Patienten als selbst-verantwortlich ernst nehmen (übrigens – Sie selbst lassen sich wahrscheinlich auch nicht gern gegen inneren Widerstand zu etwas überreden, drängen oder nötigen!) – Zur Überwindung von Widerstand durch »therapeutische Doppelbindung« (Billigung und Verstärkung des Widerstands) s. Watzlawick[16]. – Im Übrigen sei auf die Speziallliteratur verwiesen.

1.4 Entscheidungen, die fällig werden

Zu Berufsbeginn, speziell mit der Eröffnung einer Praxis, werden einige Entscheidungen fällig, die nicht immer bewusst genug getroffen und oft nicht genug überprüft werden.

1.4.1 Die Auswahl der Patienten

Als frei Praktizierende können wir unsere Klientel in gewissem Umfang aussuchen. Selbst innerhalb einer Institution haben wir

---

[16] Paul Watzlawick, Die Möglichkeit des Andersseins. Bern/Stuttgart/Toronto ⁴1991, Münchhausens Zopf, München 1992

1.4 Entscheidungen, die fällig werden

die Freiheit, Patienten zurückzuweisen, deren Behandlung wir nur unter schweren Vorbehalten übernehmen könnten. Es ist kein Makel, sondern Anerkennung der eigenen Grenzen, einen Patienten abzugeben oder weiterzuverweisen; und besonders zu Berufsbeginn sollten Sie nicht ohne Supervision mit Patienten arbeiten, gegen die Sie voreingenommen sind. Ein Ergänzungstest mag helfen, Vorurteile gegenüber bestimmten Berufs-, Alters- oder Bevölkerungsgruppen bewusst zu machen:
Gegenüber einer/einem
- Hilfsarbeiter/Analphabeten/Langzeitarbeitslosen/Arbeitsscheuen/Verarmten/einer Prostituierten/...
- Arzt/Psychologen/Manager/Studienrat/Polizisten/Spitzenverdiener/...
- Behinderten (»Krüppel«)/Entstellten/Blinden/Stotterer/Krebskranken/...
- Depressiven/Suizidalen/Verwöhnten/Verwahrlosten/Vorbestraften/Süchtigen/»Perversen«/...
- Orientalen/Negern/Juden/Araber/Türken/Sachsen/Bayern/...
- »Sexbombe«/»Anorexie« (Behandeln Sie »Fälle«/Krankheiten oder Patienten?)/...
- Geschiedenen/ledigen Mutter/...
- Teenager (»grünen Jungen«?)/Alternden (»Oma/Opa«, »alte Schachtel/alter Knacker«?)/...
- Choleriker/Weinerlichen/Rechthaberischen/Pedanten/Schwätzer/...
- Mohammedaner/Heiden/...

denke/fühle/hoffe/fürchte/... ich, dass ...

- Ich glaube, die würden von mir denken/hoffen/erwarten/fürchten/...

Sicher fallen Ihnen auf der Liste fehlende Gruppen/Berufe/Eigenschaften ein, die es sich lohnt zu notieren. Welche Gefühle lösen die jeweiligen Stichworte bei Ihnen aus? Bei welchen haben Sie sich geärgert, dass man Ihnen da Vorurteile »unterstellt«? Gerade bei denen wäre es wichtig, nachzudenken und zu -spüren.
Übrigens kann ein Vorurteil auch schädlich sein, wenn es die Wahrnehmung ins Positive verzerrt, wenn Sie etwa in einem Vor-

1. Ehe es losgehen kann

bestraften/einer Prostituierten *ausschließlich* ein »Opfer der Gesellschaft« sehen (und ihnen damit die Eigenverantwortlichkeit absprechen).

Besonders zu Beginn Ihrer Arbeit sind Sie gut beraten, sich nicht auf die kraft- und zeitaufwändige Behandlung von Suchtkranken, Verwahrlosten oder Verwöhnten mit ihren zweifelhaften Erfolgsaussichten zu kaprizieren. Wenn gerade »schwierige Fälle« (!) Sie reizen (vielleicht, um mit den Erfolgen umso mehr zu glänzen?), könnten Sie eine schmerzliche Bauchlandung – auch zu Lasten des Patienten – vorprogrammiert haben.

Problematisch kann es mit »akuten Notfällen« werden, die eigentlich in die Hand eines (nur leider nicht verfügbaren) Erfahreneren gehörten: das Dilemma zwischen unterlassener Hilfeleistung und (zumindest formaler) Kompetenzüberschreitung. Übernehmen Sie eventuell die »Notfallversorgung« mit dem Hinweis, dass baldmöglichst eine andere Lösung (z. B. in einer psychosomatischen Klinik) gefunden werden muss.

Mitunter müssen Sie zu Ihrer eigenen Sicherheit die Übernahme der Behandlung von Auflagen abhängig machen: einer ärztlichen, speziell einer psychiatrischen Untersuchung (»Es wird uns beide beruhigen, somatische Befunde ausgeschlossen zu wissen!«), einer Ernährungs- oder sonstigen Umstellung der Lebensgewohnheiten bis hin zur Aufnahme einer geregelten Arbeit. All dies mag im Interesse des Patienten liegen, liegt aber auch in *Ihrem* Interesse: Wie stehen Sie da, wenn sich unter Ihren Augen ein Patient etwa mit Alkohol, Tabletten oder Fehlernährung zugrunde richtet! Sich dagegen zu sichern, ist legitim, doch halten Sie die Bedürfnisse des Patienten und Ihre eigenen Anliegen auseinander! Mit Ihren Auflagen treffen Sie auch eine Auswahl unter den Patienten bezüglich der Anerkennung Ihrer Autorität, und durch Ihre Auflagen können Sie sich in einen Machtkampf mit dem Patienten verwickeln.

Wollen Sie Patienten annehmen, die »unmotiviert« scheinen, vielleicht sogar nur beweisen möchten, dass ihnen nicht zu helfen ist bzw. dass sie jeden Therapeuten austricksen können? Oder Patienten, die auf Veranlassung, auf Drängen von Ehepartnern, Arbeitgebern oder Eltern kommen? Selbst bei anfänglich fehlender Motivation wird mancher Patient schließlich doch noch zur Mitarbeit gewonnen – aber möchten Sie sich darauf einlassen? Sechs

Sitzungen (einschließlich Erstinterview zur Erhebung der Anamnese) honorieren die meisten Kassen, ehe ein Antrag auf Kostenübernahme gestellt werden muss. Nach diesem »Probelauf« sollten Sie die Erfolgsaussichten abschätzen können. Probleme ergeben sich, wenn Sie danach trotz besserer Einsicht nicht mehr das Herz haben, den Patienten zurückzuweisen, oder wenn Sie sich in einen Machtkampf mit ihm verstrickt haben (»... und dich kriege ich doch noch therapiert!«). Sie tun weder sich noch dem Patienten einen Gefallen, eine Therapie zu übernehmen, die Ihnen fragwürdig oder gar zuwider ist.

Auch die Übernahme von Partner-Therapien, bei denen man so leicht »zwischen die Fronten« geraten kann, ist zu bedenken, ebenso wie die Kombination von Einzel- und Gruppentherapie, bei der vor allem der Berufsanfänger besser mit einem Kotherapeuten zusammenarbeitet. Der bringt meist eigene Patienten in die Gruppe mit, mit denen Sie sich möglicherweise schwer tun.

Was Sie leisten können, erfahren Sie jedoch nur, wenn Sie sich darauf einlassen und bei kompetenter Supervision sollte es kaum ein Risiko geben, wohl aber mitunter schmerzhafte Einsichten.

1.4.2 »Formale Entscheidungen« I – Selbstdarstellung in Person und Praxis

Eine Auswahl unter den Patienten treffen wir auch mit unserer persönlichen Aufmachung (Kleidung usw.) wie mit der Aufmachung unserer Praxis. Eine gediegen oder gar kostspielig eingerichtete Praxis mit »Vorzimmer«, streng korrekte oder betont lässige Kleidung sprechen bestimmte Bevölkerungsschichten bzw. Altersklassen an und schrecken andere eher ab. Darüber hinaus gibt das eher nüchterne oder mehr anheimelnde und warme Arbeitszimmer gewisse Verhaltensnormen vor wie »lasse dich nicht gehen« oder »hier darfst du du selbst sein«. Welche Botschaften vermittelt Ihre Praxis oder Ihr Arbeitsraum und welche Konsequenzen dürfte das haben? Und – ist es das, was Sie dem Patienten »eigentlich« vermitteln möchten? Welcher Gesamteindruck ergibt sich: sachlich-nüchtern und peinlich aufgeräumt? Leicht schlampig bis chaotisch? Imponierend mit Fachbibliothek und vielen Ak-

1. Ehe es losgehen kann

tenordnern hinter Glas und Diktiergerät auf dem hypermodernen Schreibtisch (und *wem* soll es imponieren?)? Und wie wirkt das auf einen vielleicht ohnehin Entmutigten oder Bekümmerten? Mit Beleuchtung und Mobiliar geben Sie implizit dem Patienten die erwartete Haltung und Distanz vor: Der Schreibtisch als »Barriere«, der eher unbequeme und harte Stuhl und die helle Beleuchtung ermutigen nicht dazu, Tränen und Kummer freien Lauf zu lassen. Was immer Sie bieten mögen, nach Anteilnahme und weitgehender Akzeptanz sieht es nicht aus. Auch der Ihnen frei gegenüberstehende Stuhl mag dem Patienten das Gefühl geben, schutzlos Ihren »alles durchdringenden« Blicken preisgegeben zu sein. Besser ist eine nicht zu bequeme Sitzgarnitur (zu weiche Sitzmöbel fordern zur Regression heraus), auf der der Patient Stellung und Distanz zu Ihnen selbst bestimmen kann. Ein niedriger Couchtisch vermittelt eine beruhigende Abgrenzung, ohne als Barriere zu wirken. Der Patient sollte sich ebenso wie Sie in der von Ihnen geschaffenen Umgebung wohl fühlen können.
Ähnliches gilt für Ihre Kleidung/Gesamtaufmachung (Haar- und Barttracht, Make-up, Schmuck). Sollten Sie sich in der Aufmachung, die der angezielten Klientel (speziell einer Oberschicht-Klientel) entspricht, nicht so recht wohl fühlen, so wäre die Auswahl eben dieser Klientel besser noch einmal zu überdenken. Mit der Kleidung drücken Sie eine Lebenshaltung aus, die vom Patienten, wenn auch meist nicht bewusst, als Aufforderung (z. B. »man läuft nicht schlampig herum!«) oder sogar als Vorwurf erlebt werden kann (wo liegt für Sie die Grenze, wenn Patienten in provokativ schlampiger Kleidung erscheinen?).
Wie wollen Sie es in Ihrer Praxis mit dem Rauchen und vielleicht sogar mit einer Tasse Kaffee halten? Zumindest nach einem emotionalen Durchbruch ist ein heißer Tee von Nutzen. Generell bietet die Tasse Kaffee dem Patienten eine milde Rückzugsmöglichkeit und die Überbrückung einer Gesprächspause: einerseits günstig zum Angstabbau, andererseits vielleicht einem Verwöhnungsanspruch zu sehr entgegenkommend. Gleiches gilt für das Rauchen. Nikotin hilft zu momentanem Spannungsabbau und wirkt damit u. U. in Richtung »Problemverdeckung«. Ich habe in vielen Jahren mit striktem Rauchverbot und Kaffee-Angebot keine schlechten Erfahrungen gemacht. Im Übrigen ist es eine Frage der

Höflichkeit, sich auch selbst an ein eventuell ausgesprochenes Rauchverbot zu halten!

Eine weitere, vorab zu klärende Entscheidung ist die über Telefonrufe während der Sitzungen. Falls ein »Vorzimmer« nur die »wirklich dringlichen« Anrufe zu Ihnen durchstellt (immerhin kann es sich um Notfälle handeln!) wie wird mit »nicht dringlichen« Anrufern umgegangen? Wird – von Sekretärin oder dem automatischen Anrufbeantworter – Ihre Wichtigkeit durch die Aufforderung betont, zwischen 19.15 und 19.45 Uhr noch einmal anzurufen, oder wird ein Rückruf Ihrerseits angeboten, da »Sie jetzt leider nicht verfügbar sind«? Entschuldigen Sie sich auf jeden Fall bei dem Patienten, dessen Sitzung durch einen Anruf unterbrochen wurde!

Schließlich noch eine ganz wichtige und schon gar nicht mehr »formale« Entscheidung: Wie lang sind Ihre Sitzungen (meist 50 Minuten), wie genau halten Sie die Zeit ein und welche Schwierigkeiten haben Sie dabei vielleicht? »Die Zeit ist um« ist eine gute Formel, um eine Sitzung zu beenden. Und wie viel Zeit lassen Sie sich zwischen den Sitzungen für ein Kurzprotokoll, um abklingen zu lassen und sich neu einzustimmen? Und *wenn* Sie in Verzug geraten (in Notfällen kann es Gründe geben, einen Patienten nicht pünktlich zu verabschieden), welche Wartezeiten halten Sie für die pünktlich Gekommenen für zumutbar? Und schließlich: Wie voll wollen Sie Ihren Terminkalender maximal packen, wie viel Zeit für unvorhergesehene Notfälle reservieren?

1.4.3 »Formale Entscheidungen« II – Honorare und Zahlungsmodi

»Es ist ein alter, allgemein ärztlicher Usus, dass das Honorar für eine Behandlung dem Vermögen des Patienten angepasst sein soll ...«　　　　　　　　　　　　　　　Hans Dieckmann[17]

Wie stehen Sie zu Therapien auf Krankenschein (noch vor knapp 20 Jahren galten sie als »nutzlos«)? Was denken und fühlen Sie,

---

[17] Hans Dieckmann, Methoden der Analytischen Psychologie, Olten 1979, S. 89

1. Ehe es losgehen kann

wenn Kollegen Spitzenhonorare kassieren (200,– DM pro Sitzung und darüber) oder Gratistherapien durchführen? Wie oft haben Sie bei den Ihnen gezahlten Sätzen ein »schlechtes Gewissen«, wie oft fühlen Sie sich unterbezahlt und ausgenutzt? Ist es Ihnen peinlich, mit den Patienten über Honorare zu sprechen, geschweige denn, sie sich »auf die Hand« zahlen zu lassen? Würden Sie den ganzen Finanz»kram« am liebsten über ein Büro abwickeln lassen?

Feste Gebührensätze benachteiligen bei Selbstzahlern die sozial Schwachen, eine »gleitende Gebührenskala« hat andere Nachteile: Sie müssen das Honorar mit dem Patienten aushandeln. Der große Vorteil dabei: Sie erleben den Patienten in einer echten Konfliktsituation, da er weder schäbig dastehen noch unnötig viel zahlen möchte. Wie und mit welchen Strategien vertritt er dabei seine Interessen? Wie geht er mit sich und mit Ihnen um? Wie fühlen Sie sich dabei?

Der Jungianer Dieckmann[18] empfiehlt aus überzeugenden Gründen, dem Patienten zu überlassen, nach der Höhe des Honorars zu fragen. Mir scheint es korrekter, besonders bei gleitender Gebührenskala, das Honorar zu Ende der ersten Sitzung auszuhandeln und unter Umständen darauf hinzuweisen, dass mit einer Änderung der finanziellen Situation des Patienten (z. B. Beginn oder Ende einer Arbeitslosigkeit) das Honorar erneut zu verhandeln ist. Übrigens können »Anerkennungshonorare« sozial Schwacher auch an eine caritative Institution überwiesen oder bei dieser als caritativer Dienst abgeleistet werden.

Die Vereinbarung eines Ausfallhonorars für nicht rechtzeitig abgesagte Termine (z. B. der halbe Stundensatz) erspart mitunter späteren Ärger. Barzahlung zu Ende jeder Sitzung erleichtert den Überblick und spart Verdruss mit säumigen Zahlern; zudem verbessert sie meist auch die Motivation des Patienten zur Mitarbeit und zur Äußerung eventueller Unzufriedenheit (schließlich möchte er »etwas haben« für sein Geld). Nicht auf »höherer Gewalt« beruhende Verspätung des Patienten geht prinzipiell zu dessen Lasten.

---

[18] Hans Dieckmann, Methoden der Analytischen Psychologie, Olten 1979

Geld hat Symbolcharakter, der bei bargeldloser Zahlung fehlt, und Sie können am Umgang mit Ihren Forderungen viel über sich selbst erfahren. Zu hohe Forderungen (vor allem, wenn ein Therapiebedürftiger sie nur schwer aufbringen kann und Sie gut situiert sind) belasten das therapeutische Verhältnis, aber auch Gratistherapien sind nicht unproblematisch (bei Therapien auf Krankenschein zahlt der Patient ja zumindest seine Krankenkassenbeiträge): Wenn sie nicht einem Verwöhnungsanspruch entgegenkommen, dürfte der Patient zumindest das Gefühl entwickeln, Ihnen etwas schuldig zu sein – ebenfalls eine Belastung der Beziehung (vgl. auch Dieckmann[19]).

1.4.4 Arbeitsmittel/Arbeitshilfen

Auch die Entscheidung über Ihre »materiellen Hilfsmittel« (Arbeitsmittel) steht zu Beginn Ihrer Arbeit an.
Wichtigstes Hilfsmittel für Ihre Selbstkontrolle sind die während der Sitzung aufgenommenen Notizen und die Gedächtnisprotokolle als Unterlagen über den Therapieverlauf. Besonders Erinnerungslücken und Passagen, die starke Emotionen bei Ihnen auslösen, geben Hinweise auf Ihre Gegenübertragung. Manche Patienten fühlen sich nur ernst genommen, wenn Sie sich während der Sitzung Notizen machen, andere sind davon irritiert. Tonbandaufnahmen der Sitzungen (nie ohne Einverständnis des Patienten!) sind zeitaufwändig in der Aufarbeitung.
Eine Ton- oder Videobandaufnahme zur Dokumentation von Stimme und Sprechweise, von Haltung, Mimik und Gestik des Patienten in einer der ersten Sitzungen (in der ersten Sitzung wären sie eine zu große Irritation) können im Vergleich mit späteren Aufnahmen Veränderungen/Therapieerfolge verdeutlichen. Vom Patienten erzählte Kindheitserinnerungen verändern sich während der Therapie oft in wichtigen Details, die nur bei wortgetreuer Aufzeichnung – eben per Band – sicher zu erfassen sind. Schließ-

---

[19] Hans Dieckmann, Methoden der Analytischen Psychologie, Olten 1979, speziell Kapitel 5

1. Ehe es losgehen kann

lich können Bandaufnahmen vom Patienten berichteter Dialoge (z. B. Streit) nach der Hilfs-Ich-Technik bearbeitet bzw. zum Verhaltenstraining benutzt werden. Wenn Sie dem Patienten den Zweck der Aufnahme erklären, wird er sein Einverständnis kaum verweigern. Fragwürdig sind Aufnahmen, um einem Rechthaberischen zu beweisen, was er gesagt bzw. nicht gesagt hat. Besser bearbeiten Sie seine Rechthaberei direkt – und fragen sich, ob und gegebenenfalls warum Sie ihn auf seinen »Fehlern« festnageln wollen.

Mit Fragebogen als Arbeitsmittel können Sie (besonders bei Kurztherapien) zeitsparend persönliche Daten (Geschwisterkonstellation, Kindheitserinnerungen, Träume) erheben oder dem Patienten gewisse »Hausaufgaben« stellen. Der Patient kann seine Aussagen zu Hause in Ruhe überlegen und formulieren, sie allerdings dabei auch »frisieren«, und seine Emotionen werden – im Gegensatz zum mündlichen Bericht – meist nicht deutlich.

»Offene Fragebogen« (der Patient antwortet in eigenen Worten, ausführlicher oder kürzer) erlauben ihm, peinliche oder schmerzliche Aussagen zu vermeiden, ohne direkt zu »verweigern« oder die Unwahrheit zu sagen, im Gegensatz zu »geschlossenen« Fragen (Ja/Nein-Antworten, skalierten Fragebogen, Fragen nach konkreten Daten). In der Auswahl der Fragen und der Art, in der Sie die Antwort erbitten oder fordern (!), kann neben dem legitimen Informationsbedürfnis unterschwellig ein Machtanspruch mitlaufen, der deutlich wird, wenn ein Patient den Fragebogen oder einen angeforderten Lebenslauf verschleppt oder verweigert. Oft hilft es dann, die Hintergründe der Weigerung (vielleicht Angst oder Scham) mit ihm aufzuarbeiten. Auch könnten Patienten sich durch Fragebogen zum »Fall« oder Forschungsobjekt degradiert fühlen und sie daher ablehnen.

Wenn Sie dem Patienten Ihre Schlussfolgerungen aus den von ihm gegebenen Informationen weitgehend mitteilen, machen Sie ihn zum Partner und wirken einer Eltern-Kind-Beziehung mit ihm entgegen: Ein Informationsvorsprung ist immer auch ein Machtvorsprung. Fragebogen, die lediglich der Selbstkonfrontation/Selbstinformation des Patienten dienen, gehen nicht an Sie zurück; aufgearbeitet werden lediglich die beim Ausfüllen ausgelösten Emotionen und Einsichten (»Was ist Ihnen dabei ein- bzw. aufge-

1.4 Entscheidungen, die fällig werden

fallen/was haben Sie dabei erlebt, wie sich gefühlt?«). Derartige Fragebogen (oft bei Gruppenarbeit verwendet) dürfen »indiskreter« sein als die zur Information des Therapeuten dienenden. Mit skalierten Fragebogen (0–100%) wie »Ich bin mit mir (mit den Therapiefortschritten) zufrieden/Ich fühle mich o. k.« können besonders in der Verhaltenstherapie die Therapiefortschritte laufend erfasst werden, was bei deutlicher Aufwärts-Entwicklung die Fortschritte selbstverstärkend macht und Patient wie Therapeut ermutigt. Bei verzögerten Erfolgen besteht allerdings auch die Gefahr selbstverstärkender Entmutigung. Die Fragebogen können sich z. B. auf die abnehmende Häufigkeit/Schwere eines Streits mit dem Partner bzw. somatischer Symptome bzw. auf die steigende Häufigkeit positiver Sozialkontakte beziehen. Allerdings ist diese Betonung der Überwindung von Symptomen nicht unbedenklich: Das Therapieziel sollte etwas weiter reichen (zu Fragebogen siehe auch Seite 322 ff.).

Wie Fragebogen und die ihnen entsprechenden »Ergänzungstests« liefern auch »graphische Ergänzungstests« wie der Wartegg-Test oder wie TAT- oder Rorschach-Tafeln (»Ergänzung« des Bildes durch Interpretation) Informationen, lösen Gefühle aus und aktualisieren Reaktionen. Bei Gruppenarbeit werden TAT- bzw. Rorschach-Tafeln u. a. in der Kompromissfindung verwendet, TAT-Tafeln auch als Grundlagen von Rollenspiel. In der Einzelarbeit kann der Szeno-Test als Arbeitsmittel eingesetzt werden, wobei der Patient z. B. als Hilfs-Ich (siehe Seite 243) der durch die Figuren dargestellten Bezugspersonen/Konfliktpartner fungiert. Notfalls tun es statt des aufwändigen Szeno-Tests bei Erwachsenen auch runde und rechteckige Holzklötzchen, die Frauen bzw. Männer symbolisieren und die anschauliche Darstellung von Szenen gestatten.

Nicht nur in der »eigentlichen« Kunsttherapie werden Zeichnungen und Bilder diagnostisch und therapeutisch eingesetzt. Mal- und Zeichengerät wird immer wieder gebraucht. Geeignete »Sujets« für bildliche Darstellungen sind u. a. die Person des Patienten, seine (gegenwärtige und/oder Herkunfts-)Familie (gegebenenfalls in der Kodierung als Tiere o. a.); Haus, Baum, wichtige Bezugspersonen, aber auch Schlüsselsituationen aus (Tag-)Träumen, Märchen, Kindheitserinnerungen oder »Phantasiereisen«. In

1. Ehe es losgehen kann

der Gruppenarbeit können entsprechende Zeichnungen der Teilnehmer dann als »Lebende Bilder« (siehe Seite 242 ff.) gestellt und mit Hilfs-Ichs weiter bearbeitet werden.
Generell sind Phantasiereisen (z. B. aus dem katathymen Bilderleben) nützliche Arbeitshilfen, besonders für Gruppenarbeit, auch mit vorbereiteter, auf Tonband gesprochener Anleitung. Auch entsprechend ausgewählte Kurzgeschichten (z. B. Hoffsümmer[20], Peseschkian[21], Buber[22]) können in der Gruppe als Grundlage von Meditation und/oder Diskussion verwendet werden.
Kein Arbeitsmittel, aber unverzichtbar, ist die Reservepackung Papiertaschentücher.

---

[20] Willi Hoffsümmer, Kurzgeschichten, Mainz 1983
[21] Nossrath Peseschkian, Der Kaufmann und der Papagei, Frankfurt/Main 1979/1994
[22] Martin Buber, Die Erzählungen der Chassidim, Zürich 1949

2. Einzeltherapie

2.1 Eine Therapie beginnt

2.1.1 Anfang vor dem Anfang: das Kontaktgespräch

Schon beim ersten Kontakt mit einem neuen Patienten – meist telefonisch, seltener brieflich – werden vielfältige Botschaften ausgetauscht und Phantasien ausgelöst, die die Therapie vorstrukturieren. Was mag es z. B. für einen Patienten in Not bedeuten, beim ersten Anruf von einer Sekretärin zu erfahren, er könne in vier Wochen um 16.50 Uhr einen 20-Minuten-Termin beim Herrn Doktor haben? (Übrigens, leisten Sie es sich, für »Notfälle« etwas Reserve-Zeit verfügbar zu halten?) Es könnte sich lohnen, reale und/oder simulierte Kontaktgespräche (eigene wie die Ihrer eventuellen Sekretärin) auf Band aufzunehmen, um sie in Kontrollanalyse bzw. Balint-Gruppe zu bearbeiten.

Das Kontaktgespräch könnte Ihnen erste Informationen liefern, die eine Vorauswahl (mehr oder weniger kurzfristiges Terminangebot, Ablehnung oder Weiterverweisung) ermöglichen und dem Patienten Informationen über Ihre Erwartungen/Forderungen geben, vielleicht sogar eine Gelegenheit zu einer gewissen Entlastung. Können Sie die von Ihnen dabei vermittelten Botschaften auf Kurzformel, am besten als Imperative, bringen (z. B. »drück dich klarer aus – jammer mir nichts vor – stell keine Ansprüche – hier bist du an der richtigen Adresse – versuchen können wir es ja – du bist mir willkommen [wenn du ...] ...«)? Und ist es das, was Sie einem Patienten »eigentlich« mitteilen wollten?

Wie oft passiert es Ihnen, dass die tatsächliche Erscheinung des Patienten von Ihren im Kontaktgespräch gebildeten Vorstellungen deutlich abweicht, Sie überrascht? Und wie mag es umgekehrt dem Patienten mit Ihnen gehen? Vereinbaren Sie Erstinterviews, die Ihnen »eigentlich« zuwider sind? Und wie oft erweist sich Ihr anfänglicher Vorbehalt als berechtigt? Welche Gedanken und Gefühle haben Sie nach Kontaktgesprächen (»hoffentlich erwartet

2. Einzeltherapie

der nicht ... – da habe ich mich schon wieder breitschlagen lassen – schon wieder ein Depressiver! – nicht *noch* eine Eheberatung! – das könnte eine erfreuliche Arbeit werden – armer Kerl! ....«)?
Muten Sie sich und Ihrem Terminkalender vielleicht doch etwas zu viel zu und wenn, aus welchem Grund?
Ihr einfühlsames Zuhören kann einen Hilfesuchenden entlasten, auch wenn Sie ihn weiterverweisen. Umgekehrt kann es ihn sehr belasten, wenn Sie sich durch den Anruf belästigt fühlen, ihn nur rasch beenden wollen und das spüren lassen. Schließlich ist es das Recht Therapiesuchender, (zu zivilen Zeiten) einen Therapeuten wegen eines Termins anzurufen.

2.1.2 Das Erstinterview

Was möchten Sie eigentlich im Erstinterview erreichen – und welche Anliegen mag der Patient haben? Mit zu hohen Erwartungen setzen Sie sich wie ihn unter Druck. Übrigens »beginnt« das Erstinterview schon mit den vorhergehenden gegenseitigen Phantasien, Hoffnungen und Befürchtungen. Es beginnt konkret noch vor dem Gesprächsbeginn mit der Begrüßung; und es ist gut, wenn Sie dabei auch für Ihre eigenen Emotionen und Körperreaktionen wach sind!
Für viele Patienten ist das Erstinterview eine Prüfungssituation. Sie kennen die »Spielregeln« nicht, sind unsicher, da sie nicht wissen, was hier erlaubt, erwünscht, verboten ist und als was für ein Mensch Sie sich erweisen werden. Wir vergessen leicht, wie ungewohnt und bedrohlich die uns so vertraute Situation für einen Patienten sein kann. Um ihn nicht in seiner Unsicherheit sitzen zu lassen, sollten Sie zumindest ein Minimum an Regeln und Struktur vorgeben, wenigstens die indirekt erteilte »Erlaubnis«, zu sprechen, mitunter einen Hinweis, womit er (falls er damit Schwierigkeiten hat) anfangen könnte.
Ihre Authentizität, die Übereinstimmung Ihrer Gefühle mit Ihren (auch nonverbalen) Äußerungen und Handlungen, ist Voraussetzung einer fruchtbaren therapeutischen Beziehung. Wenn der Patient Vertrauen zu Ihnen gewinnen soll, müssen Sie ihm als Person mit erkennbaren Reaktionen gegenüberstehen und dürfen sich

nicht hinter einem Pokergesicht verbergen – es sei denn, Sie verstehen sich als Projektionsschirm und nicht als Partner des Patienten.

Dieckmann[23] plädiert für einen »offenen« (d. h. nicht von Ihnen strukturierten) Gesprächsbeginn. Er lehnt die gezielte »Erhebung« von Lebensgeschichte und anamnestischen Daten ab; diese können schließlich auch noch per Fragebogen und/oder Lebenslauf beschafft werden. Ohnehin liefert der Patient in seiner Selbstdarstellung mehr Informationen, als Sie aufnehmen und verarbeiten können. Zudem wird er bald zu dem Thema kommen, das ihn am meisten beschäftigt. Wenn er, vom Start weg, seine Kränkungen, seinen Kummer, seine Nöte herausprudelt, ist er für Fragen oder Themenvorschläge sowieso nicht offen. Verschüchterte und ängstliche Patienten allerdings tun sich oft bei gezielten Fragen leichter, doch können Sie mit entsprechendem Entgegenkommen leicht einen Verwöhnungsanspruch bestärken.

Versucht ein Patient Sie im Erstinterview (und nicht nur da) durch Provokation oder Manipulation zu testen, etwa durch Tränenausbruch, Herzattacke oder Asthmaanfall, durch bewusste Flegelei oder psychologischen Jargon, so müssen Sie die zulässigen Grenzen deutlich machen. Seien Sie wach für Ihre eigenen Reaktionen (besonders Verärgerung oder Besorgnis) und thematisieren Sie eventuell Ihr Gefühl, »getestet« zu werden – agieren Sie die Gefühle jedoch nicht aus. Bei Tränenausbrüchen lege ich dem Patienten ein Päckchen Papiertaschentücher in Griffweite; bei Herz- oder Asthmaanfall biete ich an, den Notarzt anzufordern, was einen manipulativen Anfall meist umgehend stoppt. Mitunter mache ich daraufhin auch die Übernahme der Behandlung von einer Unbedenklichkeitserklärung des Arztes abhängig und verschiebe die Interaktion so von der emotionalen Ebene (Auslösung von Mitleid oder Befürchtungen) auf die sachliche. Ähnlich können Sie bei pseudo-professionellem Psychologen-Jargon des Patienten das Gespräch auf eine weniger intellektualistische Ebene bringen, etwa mit der Frage, wie der Patient sich bei dieser Schilderung fühle

---

[23] Hans Dieckmann, Methoden der Analytischen Psychologie, Olten 1979, Kapitel »Das Erstinterview« (sehr lesenswert!)

2. Einzeltherapie

(oder was konkret er an seinem Leben ändern wolle). Neigt der Patient zum Verhätscheln seiner Gefühle (besonders zu Selbstmitleid), ist eine sachliche, realitäts- und handlungsbezogene Gesprächsführung angebracht.

Es ist zweckmäßig, den Patienten einige Minuten vor Ende der Sitzung zu fragen, welche Anliegen er in der verbliebenen Zeit noch besprechen wolle. Übrigens möchten die meisten Patienten wissen, wie Sie ihren »Fall« beurteilen, haben jedoch Hemmungen, danach zu fragen. Falls möglich, sagen Sie ein paar ermutigende Worte und geben Sie einen Hinweis, wie lang, aufwändig und belastend die Therapie höchstens werden sollte. Geben Sie vor allem Erklärungen, wenn Sie einen Patienten an einen Kollegen bzw. eine andere Institution weiterverweisen oder ihm nur einen Platz auf der Warteliste anbieten. Vermeiden Sie dabei Fachjargon und ermutigen Sie den Patienten, bei Bedarf noch einmal bei Ihnen rückzufragen. Wenn Sie auf einer ärztlichen oder psychiatrischen Untersuchung bestehen, vermeiden Sie Katastrophenphantasien des Patienten durch eine Formel wie »Es wird uns beide beruhigen, einen organischen Befund ausgeschlossen zu wissen«. Weisen Sie den Patienten gegen Sitzungsende auch darauf hin, dass er über die Therapie besser nicht mit anderen spricht. Was ihn so bewegt, dass es nach Ausdruck drängt, möge er aufschreiben und in die nächste Sitzung einbringen. Durch eine Mitteilung an Dritte, auch und gerade nahe Bezugspersonen, entzöge er seiner Therapie Energie. (Diese Information kann auch, zusammen mit anderen, per Merkblatt schriftlich gegeben werden.)

Auch wenn nach dem Erstinterview *Ihre* Bereitschaft zur Übernahme der Therapie bereits feststeht, sollte der Patient seine Entscheidung überschlafen. Dies gilt besonders, wenn beim Patienten Bedenken spürbar werden. Übrigens kann es für ihn eine Entscheidungshilfe sein, wenn Sie ihm sagen können, dass die Häufigkeit seiner Sitzungen wohl bald vermindert werden könnte. U. a. werden damit spätere seltenere Sitzungen als »Erfolg« statt als »Zurücksetzung« erlebt. Zudem merkt der Patient, dass Sie mit relativ baldigen Therapieerfolgen rechnen.

Steht von Anfang an fest, dass es sich um eine Kurztherapie handelt, ist eine straffe Gesprächsführung nötig. Zweckmäßigerweise werden die anamnestischen Daten mit einem vorab ausgefüllten, zurückgesandten und von Ihnen bereits gelesenen Fragebogen erhoben, sodass auch die erste Sitzung bereits für die Arbeit am Fokus genutzt wird. Liegt kein derartiger Fragebogen vor, so ist gezielt nach dem Fokus und den damit zusammenhängenden Daten zu fragen, und es sind möglichst schon erste »Hausaufgaben« zum Verhaltenstraining zu stellen – es sei denn, dass Bedenken gegen die Behandlung bestehen und Übertragung/Gegenübertragung mehr Aufmerksamkeit erfordern.

Lassen Sie sich für das Erstinterview (auch bei Kurztherapien) nach Möglichkeit Zeit, sodass Sie ohne Schwierigkeiten etwas überziehen können (womit Sie im Erstinterview keinen Präzedenzfall schaffen, wenn Sie auf die Ausnahme hinweisen). Ein Gedächtnisprotokoll über den Verlauf, über Ihren Eindruck vom Patienten (einschließlich seiner Reaktionen auf Sie) sowie Ihre Gegenübertragung sollte unverzichtbar sein. Wichtig sind dabei auch und gerade *die* Bereiche, die der Patient in seinem Bericht ausgespart hat.

Bedenkenswert erscheint eine Bemerkung von Balint (zitiert bei Dieckmann[24]): »Das Erstinterview sollte dem Patienten das eindrucksvolle Erlebnis vermitteln, dass ihm hier Gelegenheit gegeben wird, sich zu öffnen, verstanden zu werden und Hilfe zu erhalten ... Diese neue Einsicht sollte ihn befähigen, möglichst selbst zu entscheiden, was er als nächsten Schritt tun sollte ...«

2.2 Der »Normalverlauf« einer Therapie

Im gesamten Spektrum »der Therapien«, von leichten subneurotischen Störungen über manifeste Neurosen bis hin zu Borderline-Fällen und psychotischen Befunden, zeigen sich charakteristische Gemeinsamkeiten, die den Begriff eines »Normalverlaufs« rechtfertigen.

---

[24] Hans Dieckmann, Methoden der Analytischen Psychologie, Olten 1979

2. Einzeltherapie

2.2.1 Eine »normale« Therapie

Während in der somatischen Medizin »Diagnostik« und »Therapie« getrennt werden können, hat in der Psychotherapie jede diagnostische Maßnahme zugleich therapeutische Wirkungen. Besonders problematisch ist der Einsatz formaler Tests, durch die ein Patient, der auf Verständnis und Anteilnahme gehofft hatte, sich als »Testobjekt« erlebt. Eine Diagnose wird zudem leicht selbststabilisierend und könnte einen leidenden Menschen zu einem auf eine Krankheit reduzierten »Fall« machen, »eine Anorexie« oder »eine Depression«.

Weniger riskant als die »Diagnose« (die von den Kassen gefordert wird und fast immer etwas mit »Etikettieren« zu tun hat) ist zu Therapiebeginn eine Klärung der Therapieziele (»Was möchten Sie an sich und an Ihrem Leben verändern?«). Die Ziele verschieben sich allerdings bei erfolgreicher Therapie für den Patienten immer mehr von der anfänglichen Symptomüberwindung zur Reifung und Nachentfaltung seiner Persönlichkeit. Die Frage, was der Patient zumindest erreichen müsse, »damit sich die Therapie für ihn gelohnt habe«, bringt so zwar nur eine sehr vorläufige Antwort, hilft aber u. a. zur Selbstkonfrontation des Patienten.

Berne vergleicht das *ausschließlich* symptomorientierte Therapieziel (»Besserung«) mit dem Wunsch, sich in seinem Gefängnis wohnlicher einzurichten, es jedoch nicht zu verlassen (»erwachsen«, verantwortlich zu werden), was erst »Heilung« bedeuten würde (und bei fortbestehenden Symptomen und anderem Umgang mit ihnen erreicht sein könnte). Wie jedes dem Patienten aufgedrängte Ziel würde auch das der Reifung nur zu Widerstand führen. Generell sind die Erfolgsaussichten umso besser, je besser die Therapieziele von Therapeut und Patient übereinstimmen. Aber was würde es für Sie bedeuten, lediglich eine »Besserung« erzielt zu haben (und welche eigenen Interessen, welcher Ehrgeiz könnten dahinterstehen?)?

Symptomorientierte Ziele (speziell in Fokaltherapien) sind konkret und quantifiziert auszuformulieren, z. B. »sich nach zwei Monaten nicht öfter als täglich einmal zu streiten« oder »die Dosis der Psychopharmaka in vier Monaten zu halbieren und sie inner-

2.2 Der »Normalverlauf« einer Therapie

halb eines Jahres ganz abzusetzen«. Bei derartigen »Arbeitsverträgen« (Verträgen des Patienten mit sich selbst, vom Therapeuten lediglich »gegengezeichnet«) soll sich der Patient weder unter- noch überfordern, damit die jeweiligen Teilziele mit Sicherheit erreicht und als »Erfolge« erlebt werden. Zu fragen ist dabei auch, woran Patient, Therapeut und Umwelt erkennen sollen, dass die Ziele erreicht wurden. Vor allem Verhaltenstherapie und Transaktionsanalyse arbeiten viel mit derartigen Verträgen, deren verantwortliche Übernahme ja auch einen Reifungsschritt des Patienten bedeutet.

Weiss und Haertel-Weiss[25] empfehlen (vor allem, aber nicht nur für Kurztherapien), »eher bescheidene« Therapieziele zu vereinbaren, »begrenzt, aber erkennbar« und ohne den sehr aufwändigen Versuch des »seelischen Großreinemachens«. Wissen Patienten selbst kein Therapieziel anzugeben, so hilft oft eine Frage »was würde sich wohl Ihr Mann (Ihre Frau) als Ergebnis Ihrer Behandlung wünschen?« – und anschließend »wie weit stimmen Sie damit überein?«

Zu »Heilung« wie zur bloßen Besserung sind Einsichten, Haltungs- und Verhaltensänderungen nötig, die einander wechselseitig bedingen: Wer sich anders verhält, macht andere Erfahrungen und gewinnt neue Einsichten, die weitere Haltungs- und Verhaltensänderungen ermöglichen. Verhaltenstraining und Vermittlung von Einsichten sollten sich in der Therapie also ergänzen. Die wichtigste zu vermittelnde Einsicht ist, dass Sie lediglich Hilfe zur Selbsthilfe leisten und der Patient seine Selbstheilungskräfte (die fast immer unterschätzt werden) aktivieren und nutzen muss. In Kurztherapien sowie bei gravierenden Beschwerden bzw. existenzgefährdenden Verhaltensweisen des Patienten hat zunächst das Verhaltenstraining Vorrang.

Falls Sie nicht völlig non-direktiv arbeiten, ist die Entscheidung über Prioritäten Teil des »Therapieplans«, der weniger ein starrer »Plan« als ein vorläufiges Konzept ist. U. a. bezieht er sich auf einen mehr oder weniger direktiven, auf einen mehr stützenden

---

25 Thomas Weiss, Gabriele Haertel-Weiss, Familientherapie ohne Familie, München/Zürich ³1995, S. 84

2. Einzeltherapie

bzw. (bei Ich-Bezogenen und Verwöhnten) mehr fordernden Ansatz, und auf die Arbeit mit »Hausaufgaben« (s. d.). Besonders bei der Auswahl und Reihenfolge der bearbeiteten Themen haben die Bedürfnisse des Patienten Vorrang vor Ihrem »Plan«, den Sie ohnehin gegen abweichende Prioritäten des Patienten kaum durchsetzen können.

Wichtiger Aspekt des Plans sind Dauer und Häufigkeit der Sitzungen. Je schwerer die Störung, desto häufigere Sitzungen sind nötig, in akuten Notfällen (z. B. Suizidgefahr) mitunter täglich zumindest eine Kurzsitzung. »Normal« ist eine Sitzung wöchentlich bzw. 14-tägig, meist von 50 Minuten Dauer, in der »kleinen« Therapie oft auch nur von 20 oder 25 – Zeiten, die mehr durch die Gepflogenheiten der Kassen als durch therapeutische Gegebenheiten bestimmt sind. In der Systemischen Therapie mit meist weniger als 10 Sitzungen insgesamt gelten Abstände von vier Wochen als normal.

Oft ist es sinnvoll, zu Therapiebeginn die Ansprüche und Erwartungen des Patienten sich selbst und anderen gegenüber herauszuarbeiten und ihm eventuelle Alles-oder-nichts-Strategien zu verdeutlichen. Patienten, die sich überwiegend für ihre Vergangenheit, ihre Träume, ihre Gefühle interessieren (und damit der Konfrontation mit der Realität ausweichen), sind auf die Realität rückzuverweisen. Umgekehrt muss der Gefühlsfremde lernen, seine emotionale Seite zu integrieren. Der Entmutigte ist mit dem Hinweis auf seine Fähigkeiten, die er meist unterschätzt (und dafür die der anderen überschätzt) zu ermutigen (»Um welche Fähigkeiten/Fertigkeiten mögen andere Sie beneiden?«). Ihm ist zu verdeutlichen, wie er die eigenen Erfolge abwertet (»Ich habe es ja im Wesentlichen geschafft, aber zu spät/zu mühsam/unvollständig/nicht gut genug/...«, statt »Wenn auch vielleicht nicht ganz wunschgemäß, aber *geschafft* habe ich es!«). Und er ist auf seine meist doch noch vorhandenen intakten Lebensbereiche hinzuweisen.

Zwischenbilanzen, die die Therapieerfolge verdeutlichen, wirken ermutigend und damit therapiefördernd. Dabei ist mitunter der Patient auf positive Veränderungen explizit hinzuweisen. Auch kann dabei das nächste »Etappenziel« vereinbart werden. Routinemäßig können Zwischenbilanzen als Hausaufgaben vereinbart werden, etwa mit einem Fragebogen ähnlich Nr. 4 (siehe Seite

328). So wirken sie zugleich als Vorbereitung auf die Sitzungen und können die Therapie intensivieren und damit verkürzen.

Mit fortschreitender Therapie wird der Patient konfliktfähiger und wird auch Ihnen unbekümmerter und entschiedener widersprechen: ein positives Zeichen der Emanzipation. Auch zunehmende Außenkonflikte können zeigen, dass der Patient sich nun gegen Unzumutbares zur Wehr setzt. Mitunter allerdings handelt es sich dabei um ein Ausagieren projizierter Kindheitskonflikte. Es empfiehlt sich daher, auf Außenkonflikte zu achten.

Außer bei Kurztherapien, bei denen meist bis zuletzt direktiv (»zeitsparend«) gearbeitet wird, formuliert und bearbeitet der zunehmend »mündiger« werdende Patient seine Probleme immer selbstständiger. Das Therapieende kündigt sich an, und es wird Zeit, die Ablösung einzuleiten. Es kann der letzte Schritt der Therapie sein, an dieser Ablösung das zentrale menschliche Thema des Loslassens und Wieder-Hergebens zu bearbeiten.

2.2.2 Das Ende einer Therapie

Bei Kurztherapien ist die (meist geringe) Zahl der Sitzungen von Anfang an klar. Die bevorstehende Trennung steht ständig vor Augen, die Beziehung bleibt meist weniger intensiv und die Loslösung unproblematisch. Bei Langzeittherapien werden die Trennungsängste dagegen nicht selten durch »Ausschleichen« vermieden, sodass schließlich niemand weiß, ob die Therapie nun eigentlich beendet ist. Offenbar wurde ein wesentlicher Schritt, die rechtzeitige und bewusste Trennung unter Verarbeitung des Trennungskummers, versäumt (gegen eventuelle spätere Termine bei Bedarf ist nichts einzuwenden, doch sollte die »ständige Betreuung« ein wohl definiertes Ende haben). Mitunter klammert nicht der Patient, sondern der Therapeut, und der Patient beendet schließlich die nicht rechtzeitig abgeschlossene Therapie »durch die Hintertür« und bleibt weg.

Ist ein Patient nicht mehr recht bei der Sache, so ist es höchste Zeit für eine gemeinsame Bilanz (»Was wollen Sie jetzt noch hier erreichen?«) und vielleicht für das Angebot, die Therapie zunächst einmal auszusetzen oder sie zu beenden. Übrigens empfehlen sich

2. Einzeltherapie

vorläufige Abschlussbilanzen auch vor Therapieunterbrechungen bei längerem Urlaub o. Ä., da auch danach die Patienten (vor allem Selbstzahler) nicht immer wiederkommen.
Schon die Zwischenbilanzen während der Therapie sind als »Bilanzen nach vorn« auf den nächsten Therapieabschnitt bezogen. In der Abschlussbilanz ist noch deutlicher auf die offenen Probleme und Aufgaben abzuheben: Welche Pläne hat der Patient, was will er mit sich und seinem Leben anfangen? Welche nächsten Schritte weiterer Selbstheilung will er mit welchen Mitteln angehen, welche »Etappenziele« hat er dabei und wem könnte er als »Vertragspartner« in vereinbarten Abständen *schriftlich* darüber berichten? Geeignet ist ein Schema »*Das* wollte ich erreichen; *das* habe ich dazu versucht; *das* habe ich dabei erreicht; *die* Schwierigkeiten ergaben sich dabei; daraus zog ich *die* Konsequenzen; und *das* sind die geplanten Schritte für den nächsten Abschnitt«. Als Vertragspartner kommen Ehepartner oder Freunde in Frage. Sie selbst würden als Partner zwar katamnestische Informationen bekommen, die eigentlich fällige Ablösung jedoch unzulässig verzögern.
Mit der Schlussbilanz sollte die Therapie beendet sein. Der eventuelle Trennungskummer (auch für Sie) ist damit noch nicht bewältigt. Münden Ihre Therapien häufiger in eine Freundschaft, so haben vielleicht *Sie* Schwierigkeiten, sich zu lösen – vielleicht aus dem Gefühl, für Ihr Engagement nicht genug Zuwendung zurückbekommen zu haben. Bedenklich sind solche Freundschaften, wenn eine »unterschwellige« Therapie weiterläuft, sodass es für Sie zu einer Rollenvermischung kommt.

2.2.3 »Abnorme« Therapieverläufe

Der oben vorausgesetzte »Normalverlauf« mit einem motivierten, kooperativen, gesprächsbereiten Patienten, ohne Rückschläge und Komplikationen (z. B. durch Todesfälle), ist nicht immer gegeben. Nach schweren Verlusten kann ein Patient wie versteinert und mit verbalen Methoden nicht mehr erreichbar sein; äußere Umstände können einen vorzeitigen Abbruch erzwingen oder der Patient kann unvermutet unheilbar erkranken.
Das Therapieziel des Patienten (besonders eines zur Therapie »geschickten«) könnte es sein, Sie auszutricksen oder offen auflaufen

2.2 Der »Normalverlauf« einer Therapie

zu lassen. Ein therapeutisches Gespräch – falls Sie sich überhaupt auf die Arbeit einlassen – ist dann zunächst nicht möglich. Es ist schon viel, überhaupt und über irgendein den Patienten interessierendes Thema ins Gespräch zu kommen, und sei es über Autos oder Fußball. Wenn er sich so mit seinen Interessen respektiert sieht, mag er Zutrauen zu Ihnen gewinnen, sodass Sie ihn (etwa mit der Frage, ob er gern ein Fußballstar wäre oder wie er sich, seine Eltern und Geschwister als Autos darstellen würde) schließlich doch in therapeutische Gespräche verwickeln können (oder er lacht sich ins Fäustchen, Sie so schön ausgetrickst zu haben...).
Mitunter kann die Bereitschaft des Patienten zur Einzeltherapie durch die vorherige Teilnahme in einer Gruppe geweckt werden.
»Abnorm« sind Therapiebeginn und -verlauf oft bei den völlig »versteinerten« Patienten mit schweren Trauerreaktionen nach Verlusten wie Todesfällen oder körperlicher Beeinträchtigung (Amputation, Entstellung). Was könnten wir auch etwa einem metastasenverseuchten Krebskranken sagen[26]?! Ein Einstieg ist möglich über Körperarbeit (etwa Eutonie, Bioenergetik), um dem Patienten Zuwendung zu geben und ihn zu stützen, bis das »eigentliche« therapeutische Gespräch möglich ist. Bei eventuell zurückgestauten Tränen des Patienten (meist Ursache der »Versteinerung«) ist – etwa durch eine gesteuerte Meditation – auf einen kathartischen Durchbruch hinzuarbeiten. Übrigens ist die Integration eines schweren Verlusts ein wesentlicher Reifungsschritt.
Muss eine längerfristig angesetzte Therapie etwa durch Umzug des Patienten vorzeitig beendet werden, ist wie bei einer Kurztherapie zunächst die Zahl der noch verfügbaren Sitzungen und die Priorität der nun dringlichsten Probleme zu klären. Dann kann mit einer Definition des »Tagesziels« und einer Bilanz des Resultats zu Ende jeder Sitzung sehr konzentriert weitergearbeitet werden, bis zu einer abschließenden detaillierten »Bilanz nach vorn« in der letzten Sitzung.
Mitunter ist eine Weiterführung als »Wochenend-Therapie« möglich: Der Patient kommt alle paar Wochen für einen Satz von vier

---

26 Zur Psychotherapie Krebskranker vgl. etwa Lawrence Le Shan, Psychotherapie gegen den Krebs, Stuttgart 1982

2. Einzeltherapie

oder mehr Sitzungen zwischen Freitagabend und Sonntagmittag. In den Abendsitzungen sind emotionale Durchbrüche, falls Sie darauf zielen, leichter zu erreichen. Die Sitzungen am Sonntag dienen eher dem Verhaltenstraining und der Bilanz. Sie sollten emotional nicht überfrachtet werden, besonders wenn der Patient eine längere Rückfahrt im Wagen zu bewältigen hat. Es ist viel mit »Hausaufgaben« zu arbeiten, und es empfiehlt sich die Vereinbarung, dass der Patient Ihnen innerhalb einer Woche die Kopie seiner Gedächtnisprotokolle der Sitzungen liefert, d. h. sich rückerinnernd mit ihnen auseinander setzt. Damit wird die Kontinuität der Arbeit verbessert. Ohnehin ist in der ersten Sitzung eines Wochenendes mit einer Rückerinnerung (»Was war, was davon ist jetzt noch wichtig?«) der Anschluss herzustellen, damit »die Therapie« nicht zu einer Serie unkorrelierter Einzelereignisse zerfällt. Wochenend-Therapien sind strapaziös und aufwändig und es kann zu unerwartet heftigen Übertragungs-/Gegenübertragungsphänomenen kommen. Die Entscheidung, eine ganze Therapie so durchzuführen, sollte gut überdacht werden – so schmeichelhaft es scheinen mag, wenn ein weit entfernt wohnender Patient zu Ihnen kommen möchte.

2.3 Kurztherapien und Beratungen[27]

Der Übergang zwischen »Kurztherapie« und »Beratung« ist genauso fließend wie der zwischen (Langzeit-)»Therapie« und »Kurztherapie«, die Unterscheidung dürfte vor allem verwaltungsrechtlich bedingt sein. Kurztherapie und Beratung sind eher symptom- und verhaltensorientiert, können jedoch mit der Überwindung des (seinerseits »neurotisierenden«) Symptoms zu echten Reifungsschritten führen: »Beratungs«dienste leisten oft einen beträchtlichen Teil therapeutischer Arbeit. (Zur Kurztherapie bei psychotischen Patienten siehe Watzlawick 1991 und 1992.)

---

[27] Eine sehr lesenswerte Einführung in die Praxis (kurztherapeutischer) Systemischer Therapie: Thomas Weiss, Gabriele Haertel-Weiss, Familientherapie ohne Familie, München/Zürich ³1995

2.3 Kurztherapien und Beratungen

2.3.1 Indikation

Kurztherapien werden meist nur angesetzt bei »leichteren Störungen«, vor allem bei eng begrenzten Symptomatiken (»begrenzte« Ängste wie Agora- bzw. Klaustrophobie, Brückenangst, Angst vor Flugreisen; Konflikte lediglich mit bestimmten Personen bzw. Personengruppen wie Chefs, Lehrerinnen, Polizisten o. Ä.), bei chronischer Unpünktlichkeit, Schlamperei und Faulheit, bei Ablösungsproblematiken Adoleszenter, »Midlife-Krisen«, manchmal auch bei abnormen Trauerreaktionen sowie bei Konflikt- und Entscheidungsproblematiken. Auch die meisten Eheberatungen gehören zu den »Kurztherapien«.

Bei leichten psychosomatischen Störungen und einer Reihe von Stresskrankheiten (Bluthochdruck, Kopfschmerz, Schlafstörungen, Magen-Darm-Befunden) könnte eine Kombination von Kurztherapie, Gruppenarbeit und Autogenem Training (bzw. anderen Entspannungstechniken wie Eutonie) sozialmedizinisch zu einer deutlichen Kostensenkung führen. In den Einzelsitzungen wird der psychische Hintergrund der Erkrankung aufgearbeitet, während die Gruppe überwiegend dem Verhaltenstraining und der Einübung der Entspannungstechnik, auch tanztherapeutischen und ähnlichen Übungen dient. So kann das Symptom ausheilen, und die Umstellung der Lebensgewohnheiten wirkt Neuerkrankungen entgegen. Schließlich können mit einer Quasi-Kurztherapie eine Linderung der Beschwerden erreicht und ein Patient gestützt werden, bis ein Therapieplatz für die »große« Therapie für ihn verfügbar ist.

2.3.2 »Normalverlauf«

Je weniger Zeit für eine Kurztherapie zur Verfügung steht, desto straffer, direktiver, wird i. allg. gearbeitet und desto mehr Gewicht haben Vor- und Nachbereitung und »Hausaufgaben«. Begonnen wird meist mit der keineswegs trivialen Klärung der Ziele. Da das Symptom oft nicht das »eigentliche« Problem ist, muss auch bei »symptomorientierter« Arbeit der Kontext berücksichtigt werden. Wichtig ist die Einsicht in den angezielten »Krankheitsgewinn«

2. Einzeltherapie

(etwa die Manipulation eines Partners), den dabei gezahlten »Überpreis« und den Ursprung der Problematik. Krankheitsgewinn und »Adressat« der Störung ergeben sich mit Fragen »was wäre anders, wenn Ihre Probleme nicht bestünden, was müssten Sie dann tun, was dürften Sie dann nicht mehr tun?« bzw. »wer übernimmt die Arbeiten, zu denen Sie nicht in der Lage sind; wer pflegt, schont, bemitleidet Sie; muss bei Ihnen bleiben; zürnt Ihnen, streitet mit Ihnen?« u. ä. Die Frage nach den »drei Wünschen« (siehe Seite 257) bringt geheime Ängste und Ziele ans Licht. Oft lohnt die Frage, warum Hilfe gerade jetzt gesucht wurde. Zum Erstinterview bei Kurztherapie siehe Weiss und Haertel-Weiss l. c.

Auch in der Kurztherapie ist »zweigleisig« zu arbeiten, und die vor allem durch Fragen und mit Umdeutungen vermittelten Einsichten sind mit Verhaltenstraining (durch Hausaufgaben und ihre Aufarbeitung) zu kombinieren. Dabei ist eine Strategie der kleinen Schritte zu verfolgen, sodass der Patient von Sitzung zu Sitzung, ermutigend und therapieverstärkend, Teilziele erreicht. Weiter sind die auf Grund veränderten Verhaltens veränderten Wahrnehmungen sowie die veränderten Reaktionen der Umgebung explizit anzusprechen. Je kürzer die Therapie, desto mehr Gewicht erhält das Verhaltenstraining und desto wichtiger wird anschließende Gruppenarbeit. U. U. ist der Sitzungsabstand zu vergrößern, um die Dauer der Betreuung zu verlängern und dem Patienten mehr Gelegenheit zum Verhaltenstraining zu geben. Der »Therapieplan« enthält die vorgesehenen Übungen und »Hausaufgaben«, meist aus dem Repertoire der Verhaltens- und/oder der systemischen Therapie, und Ergänzungen durch Entspannungstraining sowie Kommunikations-, Konfliktlösungs- und/oder Selbstbehauptungstraining, etwa in Wochenendseminaren. Spätestens zur »Halbzeit« sollte deutlich sein, ob der Zeitplan realistisch ist oder ob eine Verlängerung oder sogar Überleitung in »Langzeittherapie« nötig wird.

Meist ist am aktuellen Problem/Konflikt und seiner Bedeutung in Leben und Alltag des Patienten anzusetzen und der Zusammenhang mit den bevorzugten Rollen und »Spielen« des Patienten (vgl. Berne[28] sowie Seite 89, 92) zu verdeutlichen. Kindheitserinnerungen und sonstige Assoziationen können dabei hilfreich sein.

2.3 Kurztherapien und Beratungen

Die Irrtümer im Selbst-, Welt- und Menschenbild des Patienten sind in möglichst drastischer Formulierung herauszuarbeiten: »Alle andern (viele/die meisten) haben es besser, sind schöner/klüger/glücklicher/... als ich (wollen mir was/wollen mich ausnutzen); niemand liebt mich/nimmt mich ernst« usw., wobei es um die konkreten Folgen für Verhalten und Leben des Patienten geht.

Mit Formblättern zum Ankreuzen (zweckmäßig skaliert »stimmt ganz/überwiegend/teilweise/kaum/gar nicht«) kann Zeit gespart werden, ebenso mit »Ergänzungstests« »ich werde nur geliebt (akzeptiert, beachtet, ...) wenn .../ich muss immer (darf nie) .../ eigentlich sollte ich .../ich würde so gern mal ... « usw.

Die zugehörigen, sloganartigen »Antithesen« (»Erlauber«) kann der Patient als Plakat in seiner Wohnung aufhängen: »Ich brauche nicht immer der Erste zu sein (darf mir auch etwas gönnen, darf mir Zeit lassen)/auch andere Leute machen Fehler/ich habe ein Recht auf meine Rechte/andere haben dieselben Rechte wie ich/ ...« usw. Und immer wieder geht es um die praktischen Konsequenzen, die in den Sitzungen per Bilanz zu erheben sind: Welche Veränderungen (quantifiziert!) hat der Patient inzwischen erreicht?

Wichtig ist gegen Therapieende der Hinweis, dass der Patient seine Fortschritte zwar unter Assistenz des Therapeuten, aber doch aus eigener Kraft und in eigener Verantwortung erreicht hat, dass er also seine Probleme selbst (allenfalls mit etwas sachkundiger Hilfe) lösen kann. Die »Bilanz nach vorn«, der Arbeitsplan für die noch offenen Probleme bzw. die nächsten Reifungsschritte, steht ganz unter diesem Aspekt, was entsprechende »Arbeitsverträge« nicht unnötig macht. Besonders bei Patienten, die durch »Rückfälle« bzw. Produktion neuer Symptome die Therapie zu verlängern suchen, ist diese Form der Ablösung wichtig. Solch stark handlungsbezogener »Ausklang« wirkt auch einem eventuellen Trennungskummer entgegen. Falls der Trennungskummer explizit bearbeitet werden muss, sollte es auf dem Hintergrund der allgemeinen Bedeutung von Loslassen und Verzicht geschehen.

---

[28] Eric Berne, Spiele der Erwachsenen, Reinbek bei Hamburg 1964/1994

2. Einzeltherapie

2.3.3 Beratung bei Konflikt- und Entscheidungsproblemen

Zunächst ist zu klären, ob es sich um eine »habituelle« Problematik (Entscheidungsschwäche, Konflikttendenz oder -scheu) handelt oder lediglich um eine einmalige, gewissermaßen »zufällige«, bei der die Bearbeitung des aktuellen Problems in wenigen Sitzungen ausreicht. Dabei soll der Klient seine eigenen Lösungen entwickeln, bewerten und erproben und der Berater ihn lediglich auf eventuelle Realitätsverkennung/-verleugnung hinweisen und/oder bestimmte Wahrnehmungslücken korrigieren (»was könnten andere Leute in Ihrer Situation versuchen?«). Keinesfalls sollte »Rat erteilt« werden (»tun Sie dies, lassen Sie das«): Der Klient trägt die Konsequenzen, und er muss selbstverantwortlich seine eigene Lösung finden. Eine eventuelle Fehlentscheidung ist nicht so schädlich wie die Infantilisierung, wenn dem Klienten eine Lösung vorgegeben und ihm so die Verantwortung abgenommen wird (vgl. auch Weinberg[29]!). Unbedenklicher ist es, durch Fragen (»was würde wohl geschehen, wenn Sie versuchten, …?«) implizit auf Lösungsmöglichkeiten hinzuweisen.

Bei auf nur einen bestimmten Konfliktpartner (den Chef, ein Kind usw.) beschränkten Konfliktproblemen helfen Methoden der Gestalttherapie: der Dialog mit dem imaginierten Partner (gegebenenfalls repräsentiert mit Handpuppe), möglichst unter Video- oder Tonbandaufnahme und mit dem Therapeuten als Hilfs-Ich (siehe Seite 243). »Was müssten Sie ihm/ihr ›eigentlich‹ sagen? Was haben Sie ihm/ihr jetzt tatsächlich gesagt? Was mag er/sie verstanden haben?« – Fragen dieser Art bereiten eine produktive Konfliktaustragung mit dem realen Partner vor. Wichtig ist dabei auch die Aufdeckung der geheimen Ängste und Ziele des Klienten in Bezug auf den Konflikt und Konfliktpartner.

Übrigens kann es sich dabei zeigen, dass das anscheinend punktuelle Problem doch einen habituellen Hintergrund hat, sodass zusätzliche Sitzungen und/oder Gruppenarbeit indiziert sind. Bei

---

[29] George Weinberg, Praktische Psychotherapie heute, Rüschlikon-Zürich 1987

2.3 Kurztherapien und Beratungen

konfliktscheuen Klienten ist die Gruppe zum Verhaltenstraining fast unverzichtbar. Oft reicht sie auch zur Aufarbeitung der Hintergründe (z. B. Angst vor Liebesverlust oder Anspruch moralischer Überlegenheit, Opferrolle), die sonst in einigen Einzelsitzungen zu verdeutlichen sind. Nicht selten müssen unbereinigte Kindheitskonflikte aufgearbeitet werden, wenn etwa die frühere Trotzhaltung/Rivalität gegenüber dem Vater zu gewohnheitsmäßigem Kampf mit »Autoritätsträgern« geführt hat.

Ein Klient mit habitueller Entscheidungsschwäche möchte vielleicht (aus der Angst, zu kurz zu kommen) jeweils »Ei und Küken« haben, hat Angst vor »Fehlentscheidungen« (Perfektionismus) oder versucht, der eigenen Verantwortung zu entgehen (wobei er dem »Ratgeber« bei eventueller Fehlentscheidung auch noch Vorwürfe machen kann). Hier ist aufdeckend zu arbeiten und u. a. darauf hinzuweisen, dass *jede* Entscheidung auf Grund unzureichender Informationen getroffen werden muss und dass es (bei sorgfältiger Entscheidung) schließlich weniger auf die getroffene Entscheidung ankommt als darauf, wie der Klient mit ihr umgeht. Wer auf die Nachteile der getroffenen Entscheidung und auf die (imaginierten) Vorteile nicht gewählter anderer Möglichkeiten sieht, wird mit *jeder* getroffenen Entscheidung unzufrieden sein. Wer sich an den Vorteilen seiner Wahl freut, wird die Wahl bei Bedarf korrigieren, sie jedoch sonst nicht in Zweifel ziehen. Er wird mit jeder seiner Entscheidungen leben können. Übrigens, wer sich zwischen mehreren Möglichkeiten »nicht entscheiden kann«, hat implizit bereits gegen alle entschieden.

Das Verhaltenstraining bezieht sich vor allem auf die realitätsgerechte Einschätzung der Konsequenzen verschiedener zur Wahl stehender Möglichkeiten, etwa der schriftlichen Auflistung erst der Vor-, dann der Nachteile jeder von ihnen, sowie neutraler Konsequenzen sowie der bei der Auflistung aufgetretenen Assoziationen und Gefühle. Das so erhaltene Material ist anschließend zu bewerten und zu vergleichen. Insgesamt scheint jedoch aufdeckende Arbeit hier wichtiger als Verhaltenstraining.

2. Einzeltherapie

2.3.4 Beratung in »Lebenskrisen«

Heutzutage können schon die »normalen« Veränderungen wie Lebensmitte oder Pensionierung zu »Krisen« werden, wie viel mehr die Einschnitte bei Todesfällen, Scheidungen oder gravierenden Erkrankungen (eigenen oder von nahen Bezugspersonen). Besonders gefährlich sind dabei Tendenzen des Betroffenen zu Selbstmitleid, dem durch »echte« Trauerarbeit (trauernder Ablösung von der Vergangenheit) wie durch bewusste Hinwendung zu neuen Zielen und Lebensformen entgegengewirkt wird. Meist ist Selbstmitleid Ausdruck von Verwöhnungsansprüchen.

Alles-oder-nichts-Strategien erschweren den Übergang in einen neuen Lebensabschnitt und verstellen den Blick auf die verbliebenen bzw. neu entstehenden Möglichkeiten. Sie sind aufzudecken, wobei auch stützend/ermutigend zu arbeiten ist: »Was können/ was wollen Sie jetzt tun, um sich wieder häuslich in Ihrem Leben einzurichten?« Eine Bilanz der augenblicklichen Situation und ihrer Chancen (»zwar verlor ich ..., doch verbleibt mir ...«) wird meist am Anfang stehen. Besonders vor dem herannahenden, gefürchteten Tod eines nahen Angehörigen sind die Klienten behutsam darauf hinzuweisen, dass das Leben nach der bevorstehenden »Katastrophe« in mancher Hinsicht auch wieder leichter wird, ebenso bei einer bevorstehenden Trennung/Scheidung.

Lebensmitte und Pensionierung machen oft bewusst, dass ein Klient eigentlich noch gar kein eigenes Leben gelebt, keine eigene Identität entwickelt, sondern in Familien- und Berufsrollen im Wesentlichen die Erwartungen anderer (»gesellschaftliche Normen«) erfüllt hat. Neben die Trauer um die versäumten Möglichkeiten treten Angst und Ratlosigkeit vor der anstehenden Selbstkonfrontation und Selbstfindung, wobei Trauer bereits der erste Schritt zur Selbstfindung ist. Die weitere Arbeit richtet sich vor allem auf Ermutigung zur Nachentfaltung des schöpferischen Potentials. Auch die so oft beklagte Vereinsamung im Alter ist weit öfter aufgesucht als »aufgezwungen«, da Kontaktmöglichkeiten nicht genutzt werden. Die Senioren brauchen vor allem Ermutigung – ganz besonders nach dem Tod ihres Partners.

Wird die Adoleszenz als »Krise« erlebt, so steht neben der Einübung in die Rolle des »Erwachsenen« (Übernahme von Verantwortung) die Bearbeitung der Ängste und/oder Ansprüche (Perfektions-, Verwöhnungsanspruch) an, mit denen der Klient sich den Übergang in den nächsten Lebensabschnitt erschwert. Hilfreich ist oft der Hinweis, dass (transaktionsanalytisch ausgedrückt) auch der Erwachsene sein »Kind-Ich« mitleben lassen und auf diese Weise Spaß im und am Leben behalten kann. Die Vorurteile gegenüber »Erwachsenen« können mit Ergänzungs- oder mit Multiple-Choice-Tests (»Erwachsene sind .../haben .../müssen ...«) bewusst gemacht und an der Realität korrigiert werden (»*manche* Erwachsene sind ...«).

2.4 Wenn das Gespräch nicht laufen will

Nur im Idealfall können Sie sich bei Ihren Patienten weitgehend auf teilnehmendes Zuhören und gelegentliche Fragen und Hinweise beschränken, und selbst im Idealfall berichtet der Patient, was er momentan erinnert bzw. was er für wahr hält, was aber durch Fehlwahrnehmung, -interpretation und -erinnerung mitunter beträchtlich von der Realität abweicht. Und was, wenn ein Patient nicht oder nur Belangloses redet, unglaubwürdig oder aggressiv ist, Sie auszutricksen und zu manipulieren sucht? Dazu einige Hinweise und Arbeitshilfen.

2.4.1 Arbeit mit »schwierigen Patienten«: Schweigern, Unglaubwürdigen, Schwätzern und einigen anderen

Fast jeder Patient verfällt gelegentlich in Schweigen, wenn ein ihm peinliches oder beängstigendes Thema angeschnitten wurde oder Kummer bzw. Sorgen ihn ablenken, oder wenn er sich von Ihnen beschämt, bedrängt, eingeschüchtert oder überfordert fühlt. Er mag vertrauensvoll und entspannt oder trotzig, feindselig, ängstlich oder manipulativ schweigen. Sind Sie dann versucht, ihn durch eigenes Schweigen schließlich zum Reden zu zwingen; bieten Sie, ohne zu drängen, Einstiegshilfen? Teilen Sie dem Patienten Ihre Vermutungen bzw. Phantasien mit: »Ich frage mich, ob Sie jetzt schweigen, weil .../damit ...; und ob Sie auch andere Leute anschweigen und ob dann ...«. Meist lösen Sie damit eine Antwort aus. Andererseits: Warum »soll« ein Patient nicht auch schweigen?

Vertrauensvolles Schweigen kann therapeutisch sehr wirksam sein, und nicht umsonst eröffnen Quäker ihre Sitzungen mit mehrminütigem Schweigen zur Sammlung und Einstimmung. Mancher Patient braucht die Erfahrung, auch als Schweigender (nicht »Leistender«) akzeptiert und respektiert zu werden. Halten Sie ihm geduldig »die Tür offen« und arbeiten Sie die Sitzung zu gegebener Zeit mit ihm auf.

Ein generell schweigender Patient mag die Therapie oder den Therapeuten ablehnen, sich von Ihnen unverstanden, abgelehnt oder bedrängt fühlen oder die Therapie für nutzlos halten. Verstummt ein sonst williger Patient bei einer Frage oder einem Thema, so ist er vielleicht nur noch mit etwas anderem beschäftigt, oder er hat Sie nicht verstanden und weiß nicht, was jetzt von ihm erwartet wird (es bleibt zu klären, warum er das nicht äußerte). Sie können ihm mit der Frage helfen, welche Schwierigkeiten es gebe oder was ihm momentan »durch Kopf und Herz gehe«. Angst- und schambesetzte Themen lassen sich »entschärfen«, wenn Sie nicht nach der Bedeutung für *ihn*, sondern für »einen Menschen« fragen – so braucht sich der Patient nicht direkt zu seinen Problemen zu bekennen.

Oft hilft es auch, bei Haltung und Ausdruck des Patienten anzusetzen und etwa nach der Bedeutung der angestrengten Stirn, der verspannten Hände zu fragen, den körperlichen Ausdruck von Unrast, Angst und Spannung zu thematisieren. Auch ein Einstieg über Eutonie (siehe Seite 187) ist möglich. Mitunter ist der Patient bereit, zu zeichnen oder zu malen (mit oder ohne Themenvorgabe wie z. B. der Darstellung seiner Familie), unter Umständen spricht er dabei sogar ohne seine sonstigen Hemmungen. Auch können TAT-Tafeln, Märchenillustrationen o. Ä. verwendet werden, bei denen der Patient als Hilfs-Ich der dargestellten Personen spricht oder beschreibt, wie die Situation sich weiterentwickelt.

Ist die Gesprächsbereitschaft (wieder-)hergestellt, wäre auch zu fragen, an welche ähnlichen Situationen des Schweigens (vor allem

2.4 Wenn das Gespräch nicht laufen will

aus der Kindheit) der Patient sich erinnert, welche Konsequenzen sie damals hatten und was sich für ihn gegenüber damals verändert hat. Wenn kein Wechsel von Thema oder Methode hilft, steht ein zeitweiliges Aussetzen der Therapie (nachdem der Patient wahrscheinlich nicht wiederkommt), ein Wechsel des Therapeuten oder die Beendigung der Therapie zur Entscheidung an. Hüten Sie sich dabei vor Schuldzuweisungen, auch an sich selbst. Es gibt Patienten, bei denen *kein* Therapeut Erfolg hat.

Schwieriger als der Schweiger ist meist der Unglaubwürdige, vor allem, wenn er offenbar bewusst und gezielt die Unwahrheit sagt – zu bestimmten Themen oder allgemein. Zu klären ist, ob er auch anderen gegenüber unglaubwürdig ist. Er mag die Wahrheit zurückhalten aus Angst vor Zurückweisung oder Verachtung, aus Scham; um bemitleidet und geschont zu werden; um Ihnen zu imponieren, Sie zu testen oder zu provozieren – vielleicht sogar, um hinausgeworfen zu werden, sodass (nach seiner Logik) *Sie* am Abbruch der Therapie »schuld wären«. Übrigens: Bei welchen Gelegenheiten könnten Sie selbst versucht sein, es mit der Wahrheit nicht ganz genau zu nehmen?

Ein Patient, der einmal Sanktionen Ihrerseits erlebte, wird bei Aussagen, die Ihnen missfallen könnten, vorsichtig sein. Und woher soll er wissen, wie viel er Ihnen anvertrauen kann? Bis zu welcher Grenze könnten Sie etwa einen Rücksichtslosen, Gewalttätigen, Perversen, einen Faulen oder einen Verwöhnten usw. achten oder zumindest noch tolerieren? Und wenn Sie Ihre Missbilligung zu verbergen suchen, sind Sie selbst unwahrhaftig.

Wenn Sie eine unglaubwürdige oder unwahre Behauptung zurückweisen, stellen Sie den Patienten nicht bloß, lassen Sie ihm Rückzugsmöglichkeiten! Thematisieren Sie nonverbale Zeichen, die mit der verbalen Botschaft des Patienten im Widerspruch stehen, oder formulieren Sie Ihre Zweifel als »Phantasien«: In Ihrer Vorstellung sehe die Szene/das Geschehen folgendermaßen aus … Und honorieren Sie eine eventuelle Korrektur, statt die anfängliche Unwahrhaftigkeit zu sanktionieren. Übrigens könnte der Patient Sie mit Unwahrhaftigkeit erzürnen wollen, weil Sie kein Gefühl zeigen und Ihr Zorn immer noch mehr Zuwendung enthielte als Ihre sonstige distanzierte Haltung.

2. Einzeltherapie

Beruht die Unwahrhaftigkeit auf Großmannssucht, dann stellen Sie ein stillschweigendes Einverständnis her, dass es sich da um Wunschträume handelt. Wenn Sie dem Patienten vermitteln können, dass er Ihnen mit seinen Schwächen (einschließlich der Aufschneiderei) gut genug ist, wird er die Flunkereien am ehesten aufgeben. Mit der Frage, wen er bewundert bzw. beneidet, wen er überflügeln, wem imponieren möchte, steigen Sie bei den hinter der Aufschneiderei stehenden Minderwertigskeitsgefühlen ein.

Um Moralisieren und Beschämung zu vermeiden, werden die vermuteten bzw. möglichen Ziele der Unwahrheit angesprochen: »Das scheint mir nicht die (ganze) Wahrheit, und ich frage mich, ob Sie damit bezwecken ...« Gerade bei offensichtlicher Unwahrheit sollte die darin enthaltene Botschaft aufgenommen, vielleicht sogar das Kind beim Namen genannt werden: »Ich fühle mich von Ihnen auf den Arm genommen!«

Auch gelegentliches Geschwätz kann bedeuten, dass das angesprochene Thema für den Patienten angst- und/oder schambesetzt ist. Hinter gewohnheitsmäßigem Geschwätz kann der Patient sich zu verbergen suchen – aus Angst, festgelegt zu werden, aus Konfliktscheu oder Minderwertigkeitsgefühl, um Selbstkonfrontation zu vermeiden oder sogar, um Sie zu provozieren (was Sie an den bei Ihnen ausgelösten Gefühlen erkennen). Wenn er außerhalb der Therapie zur Sache zu sprechen pflegt, zeigt sein Geschwätz Widerstand gegen die Therapie oder den Therapeuten. Auch hier ist vordringlich das Ziel der Vermeidungsstrategie »inhaltleeres Gerede« herauszuarbeiten.

Achten Sie besonders dem Schwätzer gegenüber auf Ihre eigene Sprache (Tonband!). Verwenden Sie kurze Sätze, bleiben Sie konkret. Ihre Fragen sollten mit einem Satz, besser noch mit einem Wort zu beantworten sein. Lassen Sie längere Sätze des Patienten möglichst auf *ein* Wort zusammenziehen. Beschränken Sie sich zunächst auf möglichst konkrete Themen wie Kindheitserinnerungen, Träume, Berichte über aktuelle Konflikte, die mit den »Klötzchen« (siehe Seite 180) im Pseudo-Rollenspiel konstelliert werden, sodass der Patient als Akteur und als Hilfs-Ich in direkter Rede spricht. Auch an der Beschreibung der durch Übungen aktualisierten Körpererfahrungen kann die kurze, präzise Rede geübt werden.

2.4 Wenn das Gespräch nicht laufen will

Nach Möglichkeit sollte der Patient auch an einem Kommunikationstraining (keinem Rhetorik-Kurs!) teilnehmen. Lässt sich der Patient darauf ein zu psalmodieren statt zu sprechen (auch manche Stotterer können beschwerdefrei singen!), so erhalten Sie auch oft Aussagen statt Geschwätz, da ein Teil der Aufmerksamkeit absorbiert und die Kontrolle so vermindert ist.

Theoretisieren, Intellektualisieren, Rationalisieren sind Spezialformen von »Geschwätz« und hängen mitunter mit Kopflastigkeit oder mit Imponiergehabe Ihrerseits oder mit Angst zusammen. Bei nur gelegentlichem Auftreten sind sie Zeichen der Vermeidung eines beunruhigenden Themas und umgehend anzusprechen. Als Angewohnheit sind sie eine »Fassade« (»Imponiergehabe«), mitunter als Mittel, den eigenen Gefühlen und der Selbstkonfrontation zu entgehen: Das Leben »findet in der Theorie statt«. Das Gespräch ist konkret zu halten, möglichst im Hier und Jetzt (wie erlebt der Patient die augenblickliche Situation und seine Befindlichkeit), mit dem Fokus auf Tun und emotio oder auf dem Körpergefühl.

Übungen wie »Wegdrücken« oder »Stützen und Fangen« (siehe Seite 190, 194) lösen starke Emotionen aus und vermitteln Erfahrungen. Tanztherapeutische Ansätze oder Arbeit mit plastischem Material (Ton) können zu einem Durchbruch führen. Auch Übungen bzw. Gespräche mit geschlossenen Augen wirken der Kopflastigkeit entgegen. Allerdings ist der Patient oft nur schwer zu solchen »Extravaganzen« zu bewegen. Wenn möglich, sollte der »Theoretiker« vor oder neben der Einzelarbeit an Gruppen (möglichst Psychodrama-Gruppen) teilnehmen, wo er mit der Realität, seinen Gefühlen und seinem Verhalten konfrontiert wird und wo die anderen Teilnehmer quasi als Kotherapeuten wirken. Während der »Theoretiker« aus seinem »Kopf« mehr bzw. häufiger in sein »Herz« bzw. seinen »Bauch« (»aus der linken in die rechte Hirnhälfte«) zu bringen ist, muss der Gefühlselige aus seiner emotio in Richtung »Kopf« gebracht werden: »Das haben Sie *gefühlt*, aber was haben Sie *getan* und was ist dabei herausgekommen; wie hat die Umgebung dabei reagiert?« Gefühlsduselei ist ein Verwöhnungsanspruch; der Patient beschäftigt auch die Umgebung mit sich und seinen Gefühlen und entzieht sich der Notwendigkeit, zu handeln. Die Unglück-*seligen* (!) wühlen oft in ihrer

2. Einzeltherapie

Misere, tun aber nichts, um aus ihr herauszukommen. Die Arbeit sollte an den nicht genutzten Handlungsspielräumen ansetzen. Selbstmitleid und Tränen können, besonders im Erstinterview, ein Versuch zu Ihrer Manipulation sein und dürfen nicht honoriert werden.

Mitunter werden derartige Spiele »ich Ärmste(r)!« durch »Überhöhung« (Spiel »Klagemauer«) abgebaut – der Patient möge immer noch mehr Beklagenswertes aus seinem Leben aufzählen. Das Verfahren ist manipulativ und der Patient kann sich dabei bloßgestellt fühlen. Weniger fragwürdig sind Trainingsprogramme, mit denen der Patient lernt, sich selbst die täglichen kleinen Freuden zu verschaffen, die er sich erfolglos von anderen wünscht. Meist wird ihm dabei deutlich, dass er eigentlich in seinem Unglück beharren möchte, etwa in einer Opferrolle oder einem Schuldschein-Spiel (»geschieht meiner Mutter ganz recht, dass mir die Hände frieren, warum kauft sie mir keine Handschuhe!«). Eventuelle »Einschärfungen« der Eltern (»Stell keine Ansprüche!/Sei immer für die anderen da!« usw.) müssen durch entsprechende »Erlauber« außer Kraft gesetzt werden.

Immer ist bei den »Schwierigen« auf Ausgleich ihres Überschwangs zu zielen. Beim Gefühlseligen also in Richtung Handlung, beim Schwätzer in Richtung Kürze, beim Realitätsfernen (Wunschdenken!) in Richtung »Korrektur an der Realität«, beim »Theoretiker« in Richtung Handlung und emotio, beim Pessimisten in Richtung positiverer Wahrnehmung und positiven Denkens.

Schwierig können Sitzungen auch werden bei Patienten, die »die Attraktive« bzw. »den Unwiderstehlichen« spielen und Ihnen (scheinbar) eindeutige sexuelle Angebote machen – bei Frauen vielleicht ein Spiel »Hilfe, Vergewaltigung« (siehe Berne[30]). Nehmen Sie das »Angebot« an, so schränken Sie Ihre therapeutische Handlungsfähigkeit ein und bringen sich zudem in eine strafrechtlich anfechtbare Position. Könnten Sie sexuell provozierendes Ver-

---

[30] Eric Berne, Spiele der Erwachsenen, Reinbek bei Hamburg 1964/1994 (Ein habituelles »Hilfe, Vergewaltigung!«-Spiel wäre als Teil der Symptomatik unmittelbar aufzuarbeiten.)

halten (eine der vielen Widerstandsstrategien) selbst ausgelöst oder zumindest begünstigt haben? Die Frage: *welches Thema* er/sie jetzt zu vermeiden sucht, wirkt meist sehr ernüchternd. Es dürfte in jedem Fall besser sein, gleich mit einer Frage wie: »Was bedeutet diese Aufmachung für Sie?« einzusteigen, wenn Patienten in einer Aufmachung erscheinen, die demonstrativ »sexy« ist.
Übrigens hat es immer auch mit *Ihnen* zu tun, wenn Sie einen Patienten als »schwierig« erleben. Vor allem ist es ein Alarmsignal, wenn Sie das Gefühl haben, sich bei einer Therapie mehr zu engagieren als der Patient, der vielleicht sogar zusieht, wie Sie sich abstrampeln. Dieses Gefühl wäre in der Therapie umgehend zu thematisieren und überdies in Balint-Gruppe oder Kontrollanalyse zu bearbeiten.

2.4.2 Ein kleiner Exkurs über Sprache und Sprachgewohnheiten

Sprache – therapeutisches Agens und diagnostisches Instrument zugleich – vermittelt die wichtigsten »Botschaften« oft nicht über die »manifeste« Information, sondern über Wortwahl und Satzbau, Tonfall und Stimmklang. Neben dem manifesten Inhalt transportiert sie Aussagen über die Beziehung zwischen Sprecher und Adressat, eine Selbstdarstellung des Sprechers und meist einen impliziten Appell (vgl. Schulz von Thun[31]). In die ohnehin schon vielschichtige Botschaft projiziert der Hörer seine Wünsche und Befürchtungen, interpretiert sie gemäß seiner »privaten Logik«, nimmt vielleicht einen Vorwurf oder sogar eine Drohung wahr, wo ein anderer eine simple Information hört.
Insgesamt ist sprachliche Kommunikation weit störanfälliger, als wir es wahrhaben möchten, zugleich ist sie »verräterisch«. Der Patient gibt Ihnen weit mehr Information, als ihm bewusst ist. Seine Sprachgewohnheiten verraten Denkgewohnheiten und Haltungen, und die Änderungen von Sprach- und von Denkgewohnheiten be-

---

[31] Schulz von Thun, in Fittkau u. a., Kommunizieren lernen (und umlernen), Braunschweig⁷1994

2. Einzeltherapie

dingen und verstärken sich gegenseitig. Oft können Sie dem Patienten an seinem Sprachverhalten schädliche Sichtweisen und Denkgewohnheiten deutlich machen. Der Tonfall zeigt meist den momentanen »Ich-Zustand« (TA, siehe Seite 89 f.) des Sprechers an, und Formulierungen wie »Du solltest ...«, »Du musst«, »kannst du nicht mal ...«, »wie kannst du ...«, »... immer musst du ...« (belehrend oder vorwurfsvoll, gewissermaßen »mit erhobenem Zeigefinger« gesprochen) stammen eindeutig aus dem »strafenden Eltern-Ich«.

Es empfiehlt sich, bei auffallenden Formulierungen des Patienten einzuhaken, doch könnte sein Sprachverhalten auch durch Ihre Sprechweise provoziert sein. Mit leisem Sprechen dämpfen Sie laute, polternde Patienten, beruhigen mit ruhigem Sprechen Gehetzte oder Verspannte. Doch könnte auch etwa Ihr nüchterner, sachlicher Tonfall den Patienten an der spontanen Äußerung seiner Gefühle hindern oder Ihre Tendenz zu brillanten Formulierungen (wenn sie ihn nicht gar einschüchtern) seine Neigung zum Theoretisieren bestärken.

Der direkte Eingriff in das Sprachverhalten des Patienten in Form von Anweisungen ist sehr direktiv, aber doch zuweilen zweckmäßig. Vor allem bei Schwätzern und »Kopflastigen« empfiehlt sich die Beschränkung auf kurze Sätze, die mit »Ich« anfangen und mit einem Verb weitergehen: »Ich bin ..., ich habe ..., ich möchte ..., ich werde ..., ich liebe es (nicht), ...« Der Verzicht auf (einschränkende bzw. erklärende) Nebensätze erfordert präzisere Wahrnehmung der Außenwelt wie der eigenen Gefühle und bewirkt eine Selbstkonfrontation. Die mit dieser Art des Sprechens ausgelösten Assoziationen und Gefühle ermöglichen wichtige therapeutische Ansätze. Vor allem beim »Kontrollierten Dialog« (siehe Seite 285) werden mitunter Gefühle bis zum emotionalen Durchbruch ausgelöst, eine gründliche Aufarbeitung ist also wichtig, besonders dann, wenn Sprache vom Klienten als »Machtmittel« eingesetzt wird.

Nehmen Sie den Patienten beim Wort und decken Sie »Fehldarstellungen« auf: Die oft benutzte Formulierung »ich muss ...«, mit der der Patient sich als Opfer eines »Schicksals« erlebt und darstellt, verschleiert im Allgemeinen seinen eigenen Anteil an

2.4 Wenn das Gespräch nicht laufen will

Entscheidung und läuft auf einen Selbstdispens von Verantwortung hinaus. »Immer muss ich mich darüber ärgern, dass ...« Oh nein! Er *kann* sich darüber ärgern, *kann* es aber auch *bleiben* lassen. Er ist nicht dazu *gezwungen* oder *verpflichtet*. Nicht umsonst heißt es »ich fürchte (ärgere, gräme) mich«, »ich zürne, ich trage nach«: Es sind eigene Aktivitäten des Patienten, seiner (wenn auch nicht bewussten) Entscheidung anheimgestellt und damit in seiner Verantwortung!

Ähnlich lauten Aussagen »ich kann nicht ...« im Klartext meist »ich *will* nicht« – oft auch ein Spiel, mit dem andere in Dienst gestellt werden. Das Spiel wird angesprochen mit der Frage, wer dann »einspringt«, und kann dann aufgearbeitet werden. Ebenso verrät sich in der Formulierung »*Es* soll sich etwas ändern« (»was kann mir die Therapie *bringen*?«), dass der Patient die Veränderung noch nicht als seine eigene Aufgabe begreift, dass er »auf den Weihnachtsmann wartet«. Es lohnt sich, auch dieses Spiel aufzudecken.

Eine ganz wichtige Sprach- und damit Denkkorrektur bezieht sich auf die Stellung des »Aber« in zweiteiligen Aussagen. Die Betonung liegt jeweils auf dem mit Aber eingeleiteten Teil; was *vor* dem Aber steht, zählt nicht: »Die Therapie war erfolgreich, *aber* sie hat lange gedauert« betont die enttäuschend lange Dauer, also den negativen Aspekt; »die Therapie hat zwar lange gedauert, *aber* schließlich war sie doch erfolgreich« betont dagegen den positiven Aspekt, den Erfolg. Durch entsprechende Stellung des »Aber« kann jeder Mensch sich und anderen den Erfolg und die Freude verderben: Ein Aber lässt sich immer finden. Mit der geduldigen und beharrlichen Umstellung des »Aber« vor den positiven Aspekt (nach Watzlawick eine »Umdeutung«) leiten Sie die Wandlung zu einer optimistischeren Selbst- und Weltwahrnehmung des Patienten ein. Entsprechende, therapeutisch wirksame »Umdeutungen« sind z. B.: »Sie haben Ihr Ziel BEREITS (statt »erst«) zu 90% erreicht!« Oder, in Paargruppen: »Solange Sie sich noch so heftig streiten, zeigen Sie doch noch Interesse aneinander. Wirklich schlimm wäre es, wenn Sie nicht einmal mehr stritten!« Hier bestätigt sich die schon von Epikur formulierte Einsicht, dass die Menschen weniger an den »Gegebenheiten« leiden als an ihren *Meinungen* über die Gegebenheiten.

2. Einzeltherapie

Schließlich noch ein Hinweis auf die nicht ganz seltenen »Aussagen durch das Gegenteil«. Ergibt die Aussage eines Patienten keinen Sinn, so lohnt ein Versuch mit ihrer Verkehrung ins Gegenteil. Statt um die geäußerte Angst könnte es sich um einen verdrängten Wunsch (eine Versuchung) handeln; eine nicht eingestandene Befürchtung könnte als »Wunsch« geäußert werden. Bei komplexeren Aussagen kann die »Dekodierung« schwierig werden, da die gesamte Aussage ver-*kehrt* sein kann oder auch nur einzelne Teile. Äußern Sie »Ihre Phantasien« über die »eigentliche« Bedeutung der Aussage; der Patient zeigt durch seine Reaktion, ob Sie das Richtige getroffen haben.

2.5 Themenangebote

Generalthema einer Therapie sind die Vorstellungen, Ziele und Lebensstrategien des Patienten. Hat kein dringliches, konkretes Problem Vorrang, so ist das jeweilige Thema von sekundärer Bedeutung, da der Patient an *jedem* Thema seine Vorurteile, Ziele und Verhaltensweisen zeigt und die entsprechenden Einsichten gewinnen kann. Tabuierte oder stark angstbesetzte Themen können allerdings zunächst eventuell nur in »entschärfter« Form bearbeitet werden. Sind übrigens bei allen Ihren Patienten die gleichen Bereiche (z. B. Sexualität) »tabuiert«, könnte es sich auch um eine Vermeidung Ihrerseits handeln.

Irgendwann spricht der Patient die für ihn relevanten Probleme von sich aus an, doch lässt sich der Prozess durch entsprechende Angebote abkürzen. So empfehlen sich zu Therapiebeginn Fragen nach dem »aktuellen Konflikt«, nach Kindheitserinnerungen, Schlüsselerlebnissen, Ängsten sowie nach den »intakten Lebensbereichen«, nach dem »Krankheitsgewinn« (»was wäre in Ihrem Leben anders, wenn Sie Ihre Probleme nicht hätten?«), dem Lebenslauf, auch nach dem Lieblingsmärchen der Kindheit oder nach den »Drei Wünschen« (siehe Seite 257). Verzerrte Wahrnehmung und Interpretation lassen sich bei der Arbeit am Hier und Jetzt der therapeutischen Situation am besten erkennen und thematisieren. Außer bei strikt fokaler Arbeit ist »*weg vom Symptom*« eine gute

2.5 Themenangebote

Regel, besonders dann, wenn der Patient seine Symptome im Detail erläutern (und damit brisantere Themen vermeiden) möchte – es sei denn, Sie setzen mit »Verhaltensverschreibungen« direkt am Symptom an (siehe Watzlawick[32]).

2.5.1 Kindheitserinnerungen

Die für »Charakterbildung« und Lebensgestaltung eines Menschen wesentlichen Ereignisse liegen in den ersten 5 bis 6 Lebensjahren, sodass Kindheitserinnerungen sowohl Diagnostikum wie therapeutisches Agens sind. Sie zeigen, wie der Patient sich und die Welt sieht, und sie zeigen die Ursprünge dieser Sicht. In ihnen stellt sich der Patient in seinen wichtigsten Zügen dar, handelnd oder erleidend, mutig oder ängstlich, verwöhnt oder gefordert oder im Stich gelassen, als Könner oder als Versager, berechtigt oder verpflichtet. Dabei spielt der Wahrheitsgehalt zunächst nur eine geringe Rolle. Viele »Kindheitserinnerungen« sind stark in Richtung Angst- oder Wunschtraum verzerrt, ganz phantasiert oder beruhen auf Erzählungen Dritter. Sie sind ebenso brauchbar wie »echte« Erinnerungen. Sogar ad hoc ausgedachte »Erinnerungen« (»wie der Patient sie gern hätte« bzw. »wie sie zu ihm passen würden«) sind verwendbar (und enthalten oft Anteile realer Erinnerungen), wenn Kindheitserinnerungen »fehlen« (blockiert sind). Wenn Sie explizit nach Erinnerungen fragen, ist vor allem die als erste berichtete bedeutsam; sie zeigt die wichtigste Bezugsperson und die Beziehung zu ihr (bei intakter Kindheit sollte es die Mutter sein). Erinnerungslücken, speziell in der Erinnerung fehlende Eltern oder Geschwister, deuten auf frühe Konflikte mit noch immer aktuellen Folgen hin. Übrigens sollte bei Berichten über gegenwärtige Konflikte nach dazu passenden Kindheitserinnerungen gefragt werden, genauso wie umgekehrt bei entsprechenden Kindheitserinnerungen nach ähnlich gelagerten heutigen Konflikten bzw. Situationen zu fragen ist.

---

[32] Paul Watzlawick, Die Möglichkeit des Andersseins, Bern/Stuttgart/Toronto ⁴1991, S. 77 ff.

2. Einzeltherapie

Lassen Sie Kindheitserinnerungen – außer sehr belastende – im Präsens als ein gegenwärtiges Geschehen und in direkter Rede berichten, sodass auch die zugehörigen Emotionen aktualisiert werden. Als Ersatz des aufwändigen Szeno-Tests können einfache Holzklötzchen verschiedener Größe (z. B. runde für weibliche, eckige für männliche Personen) das Geschehen weiter verdeutlichen, sodass der Patient in einem Quasi-Rollenspiel als Darsteller wie als Hilfs-Ich aller auftretenden Personen agieren kann. Anhand einer Bandaufnahme der berichteten Erinnerung kann in weiteren Durchgängen mit Hilfs-Ichs gearbeitet oder eine »verbesserte Neuauflage« (etwa mit zweckmäßigerem Verhalten des Patienten) erarbeitet werden.

Fehlen Kindheitserinnerungen (was auf eine unglückliche Kindheit deutet), so werden sie mitunter durch die Zeichnung der Kindheitsfamilie, manchmal auch schon durch ihre Konstellation mit den Klötzchen, wiederbelebt. Oder fordern Sie den Patienten auf, »das Kind, das er war«, zu beschreiben – im Kindergarten, auf dem Schulweg, bei Tisch, beim Spielen, »als ob er es jetzt vor Augen habe«. Auch beim Bericht der Familienkonstellation tauchen z. B. Erinnerungen an die Geburt von Geschwistern oder an Konflikte mit ihnen auf. Wird die Sitzordnung am Esstisch nachgestellt, tauchen oft Erinnerungen auf. Oder der Patient wird aufgefordert, »eine beliebige Zahl unter 10« zu nennen, wobei fast regelhaft Zahlen genannt werden, die dem Lebensalter bei wichtigen Ereignissen entsprechen: »Und was war, als Sie so alt waren?« Notfalls hilft schließlich der Rückgriff auf ausgedachte »Erinnerungen«.

Die je verfügbaren Erinnerungen sind aus der Unzahl tatsächlicher Erlebnisse (unbewusst) »ausgewählt«, gewissermaßen als die »Ausstellungsstücke«, die aus weit umfangreicheren Lagerbeständen »in die Vitrine gestellt« werden. Mit fortschreitender Therapie »dekoriert der Patient seine Vitrinen um«, erinnert z. B. eher erfreuliche Ereignisse statt der früheren unerfreulichen, oder sieht (oft durch Änderung eines kleinen Details) dasselbe Ereignis jetzt in einem freundlicheren Licht. Daher sollten bei Langzeittherapien immer wieder einmal Kindheitserinnerungen abgerufen und an ihren Veränderungen Therapiefortschritte verdeutlicht werden.

Wichtig ist auch die Reaktion des Patienten, wenn Sie den Fokus seiner Darstellung zum Positiven verschieben – etwa darauf hinweisen, dass er in seiner Erinnerung sein Ziel zwar nicht ganz, aber doch zu großen Teilen erreicht habe; oder dass er zwar nicht das Gewünschte erhalten habe, aber doch auch nicht leer ausgegangen sei. Meist wird sich die Frage anschließen, wie weit er auch heute noch in erster Linie auf das Negative sehe.

2.5.2 Geschwisterposition und Familienkonstellation

Kindheitserinnerungen zeigen, wie der Patient als Kind seine Familie und sich in ihr *erlebt* hat. Die realen Gegebenheiten folgen aus der Familienkonstellation mit Geschwisterposition und sozialem Umfeld. Bei expliziter Erhebung beginnen Sie sinnvollerweise mit der Frage nach Beruf und sozialem Herkommen der Eltern und der Bedeutung dieser Umstände für den Patienten (»Als Arbeiterkind hatte ich ja nie eine Chance«/»Als Arztsohn war ich natürlich was Besseres!«) sowie nach dem Alter der Eltern bei seiner Geburt. Abnormer Altersabstand zwischen den Eltern könnte (muss aber nicht) auf eine Familienneurose deuten. Es kommt auch vor, dass Eltern ein nicht »geplantes« Kind unbewusst ablehnen (insbesondere zu junge oder »zu alte« Eltern), sodass die »Nestwärme« tatsächlich fehlte, und nicht nur nach dem Erleben des Patienten (»Ich war ein ›Betriebsunfall‹ meiner Eltern«). Ein Kind von Eltern die jenseits der 40 sind, hat faktisch Großeltern statt Eltern und gerät nicht selten – besonders als Einzelkind – auf Grund altklugen Gehabes in selbstverstärkende Isolation.

Die Frage, »was für Eltern« sie waren (fordernd/verweigernd/zürnend oder eher verwöhnend und beschützend; warm oder kühldistanziert; fröhlich oder furchtsam usw.), fördert leichter Meinungen des Patienten zu Tage als konkrete Daten; ebenso die Frage nach der Beziehung zwischen den Eltern, d. h. implizit nach der Qualität ihrer Ehe: Wie oft und worüber stritten sie, wer dominierte, wie stand der Patient zu bzw. zwischen ihnen (u a.: Suchte er zu vermitteln, spielte er sie gegeneinander aus, hielt er sich heraus, mit wem koalierte er?)? Fragen Sie auch nach »Ersatzeltern«: Tagesmütter, Nachbarinnen oder Großmütter, gegebenenfalls

2. Einzeltherapie

auch deutlich ältere Schwestern in »Mutterposition«; Großväter oder Onkel als »psychologischer Vater«.

Ebenso wie zwischen Vater und Sohn (»Ödipus«) kann auch zwischen Mutter und Tochter (»Elektra«) Rivalität bestanden haben, längst ehe es um sexuelle Aspekte ging. Die scheinbare Ablehnung einer heranwachsenden Tochter durch ihren Vater dient mitunter der Abwehr sexueller Versuchungen – eine Einsicht, die die Beziehung einer Patientin nicht nur zum Vater, sondern zu »den Männern« entkrampfen kann. Ähnlich verbessert oft die Einsicht der Tochter in ihre Konkurrenz zur Mutter mit der Akzeptanz der Mutter auch die Selbstakzeptanz.

Nach den Eltern sind meist die Geschwister die wichtigsten Bezugspersonen, wobei nach Totgeborenen bzw. früh Verstorbenen explizit zu fragen ist, weil sie von den Patienten meist nicht spontan erwähnt werden. Sie sind mitunter zu belastenden, weil unerreichbaren Vorbildern für die Geschwister hochstilisiert worden, oder ihr Tod hat zu Überfürsorglichkeit der Mutter geführt. Bei einem Altersabstand von 7 oder mehr Jahren liegt »psychologisch« keine Geschwisterbeziehung mehr vor, und die Kinder erleben und verhalten sich eher wie Einzelkinder, falls nicht eine »Eltern-Kind«-Beziehung zwischen ihnen entsteht (besonders gefährlich, wenn sie ein Leben lang beibehalten wird!). Ein Altersabstand von 4 bis 6 Jahren zwischen dem ältesten und dem zweitgeborenen Geschwister ist durch das sehr einschneidende »Entthronungs-Erlebnis« des Älteren für dieses oft kritisch, besonders wenn die Geburt des Jüngeren mit der Einschulung des Erstgeborenen zusammentrifft.

Lassen Sie die Geschwister mit einer kurzen Charakteristik beschreiben (z. B. Familienschönheit, Vaters Nachfolger, Omis Sonnenschein, Mutters kleiner Helfer, schwarzes Schaf, Opas Liebling usw.) und verdeutlichen Sie die gegenseitigen Beziehungen durch Nachstellen mit den »Klötzchen« – wer stand wem nah oder hielt sich fern oder kehrte sogar den Rücken. Die von den Eltern gemachten »Rollenangebote« (honorierten Verhaltensweisen) werden nicht notwendig von den Kindern übernommen. Das Erstgeborene kann noch frei entscheiden, welche seiner Möglichkeiten es entwickelt (etwa »soziales Verhalten«, manuelle Fähigkeiten, »Klugheit«, künstlerische oder sonstige »Begabungen«; bzw. auf

der »unnützlichen« Seite: Kränklichkeit/Schwäche, Trotz/Aggressivität, Clownerie usw.). Jüngere Geschwister würden auf einem bereits von Älteren besetzten Feld in einer aussichtslosen Konkurrenz stehen und entwickeln daher andere ihrer Möglichkeiten, die nicht immer ihren optimalen Fähigkeiten entsprechen.
Mit der Übernahme seiner Rolle hat das Kind eine Entscheidung getroffen (ist also keinesfalls einem zwangsläufigen Schicksal gefolgt!). Z. B. kann sich ein Jüngstes nach eigener Wahl u. a. zum ehrgeizigen Senkrechtstarter, zum verwöhnten Nesthäkchen oder zum »Rebellen« entwickeln. Sogar Differenzen zwischen Geschwister*position* und Geschwister*rolle* sind möglich. Besonders bei verwöhnten, bequemen oder kränklichen älteren Geschwistern übernimmt mitunter ein Jüngeres die Funktion des Ältesten als Vater- oder Mutter-»Stellvertreter« oder (bei Fehlen des entsprechenden Elternteils) Elternersatz.
Rollenverschiebungen über die Generationengrenze hinweg weisen meist auf eine Familienneurose hin: z. B. wenn der Vater in einer »Geschwisterrivalität« zu seinem Sohn um die Gunst des als Familienoberhaupt (»Vater«) fungierenden Großvaters kämpft; oder die verwöhnte Jüngste in einer Doppelrolle als Ehefrau und verwöhnter Pseudo-Tochter ihres Mannes in Geschwisterrivalität zur eigenen Tochter steht (die daraufhin ihrerseits eine schwere Neurose produzieren kann). Zu möglichen Auswirkungen abnormer Familienstrukturen vergleiche auch Bateson, Jackson u. a.[33].
Unter Geschwistern haben Behinderte und Kränkliche oft einen beträchtlichen »Vorteil«. Sie bekommen besondere Zuwendung auf Grund ihrer Behinderung und brauchen nichts dafür »zu tun«, während sich die anderen um Zuwendung bemühen müssen (bzw. es so erleben). Fragen Sie also auch nach eventueller Behinderung/Kränklichkeit der Geschwister. Andererseits versuchen aber gerade Behinderte auch oft, ihr Handicap durch besondere Intelligenz, Beharrlichkeit oder die Entwicklung besonderer »Begabungen« zu kompensieren. Auch schwerste körperliche Defizite lassen dem Betroffenen immer noch die Wahl, »den Kampf aufzu-

---

[33] Gregory Bateson, Don D. Jackson u. a., Schizophrenie und Familie, Frankfurt/Main 1969

nehmen, oder eine »Rentnermentalität« zu entwickeln und so andere in Dienst zu stellen: »Du bist längst nicht so sehr ›Opfer‹, wie du glaubst!«
Familie und Milieu der Kindheit sind wichtig für Partnerwahl und Ehe; die in der Ehe der Eltern gemachten Erfahrungen werden zu Erwartungen/Befürchtungen und wirken oft als »selbsterfüllende Prophezeiungen«. Patienten mit Partner- bzw. Eheproblemen stammen mit statistisch überdurchschnittlicher Häufigkeit selbst aus nicht-intakten bzw. »schlechten« Ehen, in denen sie keine Modelle zu freundschaftlichem Umgang und nicht-destruktiver Konfliktlösung übernehmen konnten. Der Wunsch, eine bessere Ehefrau und Mutter (ein besserer Ehemann und Vater) zu sein als die eigene Mutter (der Vater), führt oft durch den damit gegebenen Erfolgszwang zu zusätzlichen Schwierigkeiten. Denn gerade mit dem gleichgeschlechtlichen Elternteil stimmt man in *den* Eigenschaften und Verhaltensweisen überein, die einen an ihm besonders stören (wie einen generell am andern das stört oder ärgert, was man bei sich selbst ablehnt!).
Überdurchschnittlich häufig wird in der Ehe auch die Stellung in der Geschwisterreihe rekonstituiert, sodass die Partner ihre altvertrauten Rollen beibehalten können (z. B. heiratet die ältere Schwester eines Bruders den jüngeren Bruder einer Schwester, sodass das alte Bemutterungs-Verwöhnungs-Muster fortgesetzt werden kann). Und schließlich wählen Frauen oft einen dem Vater möglichst ähnlichen oder ihm gegensätzlichen Partner, die Männer entsprechend »die Mutter« oder die »Anti-Mutter«: Die Herkunfts-Familie wirkt auch in der Partnerwahl.

2.5.3 Lebensläufe

Der tabellarisch zusammengefasste Kurz-Lebenslauf gibt zwar die wichtigsten »äußeren« Daten des Patienten, doch fehlen meist die für ihn wirklich bedeutsamen Ereignisse. An seinem detaillierten Lebenslauf kann dem Patienten gezeigt werden, wie weit er das ihm widerfahrene »Missgeschick« selbst konstelliert, ausgelöst, herausgefordert hat und welche Strategien er dabei einsetzte. Er erscheint nicht mehr als wehrloses Opfer eines blinden »Schick-

2.5 Themenangebote

sals« (»warum muss das immer mir passieren?«), sondern als Baumeister seines Lebens, dem er von nun an auch eine andere Richtung geben und die bisherige Kette von Katastrophen durchbrechen kann. Bisherige »Alibis« werden entkräftet: »Ich stand immer im Schatten meines genialen Bruders (der vor 20 Jahren starb)/Das kam alles von der Lieblosigkeit meiner Mutter/Was konnte ich als Arbeiterkind (Sohn eines Epileptikers, Behinderter) denn schon groß werden!« usw. So werden bisher nicht wahrgenommene oder nicht genutzte Möglichkeiten eröffnet.

Bei den kurzen Lebensläufen junger Patienten kann mit »phantasierten« – gewünschten oder befürchteten – »Fortsetzungen« gearbeitet werden: »Was für ein Lebenslauf würde zu Ihnen passen/ was für einen würden Sie sich aussuchen?« Ebenso bei Älteren: »Welche Korrekturen würden Sie gern an Ihrem Lebenslauf vornehmen?« Damit mündet der Lebenslauf in eine »Bilanz«, besonders in eine »Bilanz nach vorn« (»... und wie soll es jetzt weitergehen?«). Und weiter: »Was hätten Sie *tun* müssen, damit Ihr Leben in einer besseren Richtung verlaufen wäre? Was könnten/müssten Sie jetzt tun?«

Oft genügt es, die hervorstechendsten Züge des Lebenslaufs herauszuarbeiten, etwa als Titel bzw. Untertitel des *Lebensromans*: »Die Geschichte eines Außenseiters (Pechvogels, Rebellen, Märtyrers)/Der ewige Wettlauf/Das Opfer eines tyrannischen Vaters/...«. Damit sind zugleich die »Starrollen« des Patienten angesprochen. Vom »Romantitel« werden charakteristische Ereignisse abgeleitet; dann wird an diesen demonstriert, wie der Patient sie (zumindest mit-)konstelliert hat und (falls er Ähnliches noch heute reproduziert) mit welchen anderen Strategien und Haltungen er besser fahren würde.

Lücken in einem sonst willig berichteten Lebenslauf deuten nicht selten auf Episoden hin, die als »blamabel« erlebt werden. Eine behutsame (!) Aufdeckung und Aufarbeitung kann sehr entlastend wirken, wenn ein Patient sich etwa mit unnötigen Selbstzweifeln oder Selbstvorwürfen plagt. So erreichen Sie bei dem Klienten die immer wieder wichtige Versöhnung mit seinen »Fehlern« und seiner Vergangenheit.

In einem anderen Ansatz wird vom Patienten eine schriftliche Fassung des Lebenslaufs erbeten, wobei Fokus der Bearbeitung die beim Schreiben aufgetretenen Gefühle, Einsichten und sonstigen Assoziationen sind. Der Patient wird so vor allem damit konfrontiert, was er aus seinem Leben gemacht und wie er es erlebt hat, und es ergibt sich ein unmittelbarer Übergang zur Lebensbilanz.

2.5.4 Wünsche

An den Wünschen eines Menschen zeigen sich die Defizite, die er erlebt hat, die Ängste, die er abzuwehren sucht, und die Ziele, die er anstrebt. Weiter kann von den Wünschen her erarbeitet werden, wie weit er zu eigenem Einsatz bereit ist oder ob er lediglich »auf den Weihnachtsmann wartet«. Weiterführend kann die Frage sein, was der Patient wünschen würde, wenn eine gute Fee ihm drei Wünsche gewährte; so wird die Beschränkung auf die Realität umgangen. Rationalisten, die »magische« Wünsche ablehnen würden, mögen sagen, wofür sie andere bewundern und worum sie sie beneiden, oder was sie in ihrem Leben erreichen müssten, »damit es sich gelohnt hätte« bzw. »damit sie zufrieden wären«. Aufschlussreich ist dabei u. a. das jeweilige Anspruchsniveau, in dem oft ein Alles-oder-Nichts-Denken zum Ausdruck kommt. Nicht selten ist der Hintergrund »das ist ja doch nicht erreichbar, also brauche ich mich gar nicht erst anzustrengen« (so lautet etwa ein Wunsch, »gut Klavierspielen zu können«, meist im Klartext »*ohne* dafür Klavier *üben* zu müssen«).
Besondere Bedeutung haben Wünsche, die auch in den Träumen des Patienten auftreten oder in Bezug zu Kindheitserlebnissen stehen. Sinnvoll ist es also, nach Assoziationen zu den Wünschen zu fragen. Wunsch wie Traum beziehen sich oft auf ein in der Kindheit erlebtes Defizit (z. B. der/die »Kleine« zu sein), das heute längst überwunden ist, aber noch nachwirkt. Übrigens ergeben sich von den Wünschen her auch Beziehungen zu wichtigen Bezugspersonen. Fragen Sie etwa bei Wünschen nach Stärke oder Klugheit nach: »So stark wie wer?/Klüger als wer?«, womit auch eventuelle Gefühle der Minderwertigkeit angesprochen sind.
Hinter dem »offensichtlichen« (bewussten) Wunsch steht häufig ein anderer, *nicht bewusstseinsfähiger,* oder eine ebenfalls abgewehrte Angst (hinter dem Wunsch nach Gesundheit etwa die

2.5 Themenangebote

Angst vor Krankheit), die aufgedeckt und bearbeitet werden müssten. Therapeutisch noch wichtiger ist meist die Frage, was der Patient tut, um die Erfüllung des Wunsches zumindest anzunähern, bzw. mit welchen Alibis er sich von der Anstrengung dispensiert. U. a. kann sich hinter einem Wunsch ein Vorwurf gegen die »Begünstigteren« (»Geschwisterneid«) oder die »Verantwortlichen« (»*Deinetwegen* habe/kriege/kann ich nicht ...« – »Schuldscheinspiel«) verbergen. Dieser würde mit der Erfüllung des (manifesten) Wunschs aber hinfällig. Oft lohnt es sich, nach den konkreten Folgen einer angenommenen Wunscherfüllung zu fragen: »Wie sähe Ihr Leben, Ihr Alltag aus (was wäre anders), wenn Sie tatsächlich Generaldirektor (Arzt, gesund, glücklich verheiratet, reich, ...) wären?«

Ein wichtiger Aspekt ist das »Kosten-Nutzen-Verhältnis«: »Welchen tatsächlichen Nutzen brächte Ihnen die Wunscherfüllung, was wollen Sie dafür investieren und/oder riskieren, worauf gegebenenfalls verzichten?« Oder auch: »Wenn/Da Sie nicht bereit (in der Lage) sind, mehr zu investieren – welche Abstriche müssen Sie an ihren Wünschen machen?« Hier geht es wieder ganz konkret um Lebensstrategien und um die bewusste Übernahme der Verantwortung für das eigene Leben und die eigene Zufriedenheit. Dabei ergeben sich ständig Querbeziehungen zum generellen Verhalten des Patienten: »Wo sonst verhalten Sie sich (empfinden Sie) ebenso und müssten Ihre Ansätze ebenfalls ändern?« Eine mitunter sehr harte Konfrontation mit Anspruchsdenken oder »Warten auf den Weihnachtsmann« bringt die Frage, wie viel sich der Patient die Wunscherfüllung monatlich bar kosten lassen würde. Entspringt ein Wunsch einer Angst, sollte »das schlimmst mögliche Ereignis« *ausgesprochen* werden (»dem Gespenst ins Gesicht sehen«), ganz konkret: »... und was wäre dann tatsächlich?« So können »Katastrophenphantasien« von der Realangst abgetrennt werden (»und mit welcher Wahrscheinlichkeit könnte dieses Schlimmstmögliche eintreten?«). Oft genug zeigt sich dabei, dass die produzierten Ängste in keinem Verhältnis zur tatsächlichen Gefährdung stehen. Oft haben sie einen benennbaren »Adressaten«, der trösten/helfen/stützen soll. Auch hat der Patient seinen Handlungsspielraum meist noch keineswegs ausgeschöpft. Geht er

2. Einzeltherapie

aus seiner bisherigen Rolle des ohnmächtig Bedrohten in die des aktiv Handelnden über, so werden seine Ängste zumindest abnehmen.

2.5.5 »Selbstgespräche«

In verschiedenen Zusammenhängen therapeutischer Arbeit können Gespräche mit bzw. zwischen verschiedenen Aspekten des Selbst eingesetzt werden, um Problematiken, Verhaltensweisen, Haltungen zu verdeutlichen und Möglichkeiten bewusst zu machen. So empfiehlt sich z. B. bei »Entscheidungsschwierigkeiten« ein Gespräch zwischen den »Anwälten« der verschiedenen Möglichkeiten. Dabei kann auch deutlich werden, dass der Patient sich insgeheim ja schon *gegen* alle Möglichkeiten entschieden hat. Ähnlich können Diskussionen zwischen »Verbieter« und »Versucher« bzw. zwischen »Antreiber« und »Erlauber« die Hintergründe zunächst unverständlichen Verhaltens erhellen. Auch Gespräche zwischen »Kopf« (Verstand, Einsicht) als Repräsentant der ratio und »Bauch« (Herz) als Repräsentant der emotio sind oft sinnvoll, ebenso wie solche zwischen »Kind-Ich« und »Erwachsenen-Ich« (siehe Seite 89).

Oft lohnen auch Gespräche des Patienten mit seinem Körper insgesamt, einzelnen Organen (»Sie haben Magenbeschwerden? Worüber beschwert sich Ihr Magen denn?«) bzw. »seinen Krankheiten«, zu denen er kaum je sagt: »Weg mit euch!« Wenn Ihr Klient sagt: »Mein Asthma« (als wäre es ein wertvoller Besitz!), konfrontieren Sie ihn: »Und wozu benutzen Sie ›Ihr Asthma‹?« So ergibt sich der Übergang zum »Krankheitsgewinn« und zu eventuell falsch gesetzten Prioritäten (Karriere auf Kosten der Gesundheit u. Ä.). Oft richtet sich »die Beschwerde« des Organs nicht an den Patienten, sondern an einen anderen, der in einem Holzbein-Spiel (siehe Seite 92) in Dienst genommen wird. Die Botschaft einer Sexualschwäche könnte z. B. dem Partner gelten und lauten »Lass mich in Ruhe!«

Wenn dem Patienten zum entsprechenden Organ »nichts einfällt«, lösen vielleicht die Redensarten unserer Sprache Assoziationen aus (das/der liegt mir im Magen – es bricht mir das Herz – ich zerbre-

2.5 Themenangebote

che mir den Kopf – ich kriege »kalte Füße« usw.).« »Spannungen« bilden sich als körperliche Verspannungen ab; so kann an den (sichtbaren oder vom Patienten gefühlten) Verspannungen angesetzt und gefragt werden: »Was halten Sie denn da fest/lassen Sie nicht heraus?« Unterdrückter Zorn »schlägt auf den Magen«, wird als Magenverspannung, später als Magen-Symptomatik zum Ausdruck gebracht. Wer auf Grund früher elterlicher Einschärfungen seinen Zorn, seine Wut nicht zeigen »kann« (darf), ballt die Fäuste gewissermaßen stellvertretend im Magen. Er müsste lernen, Zorn und Wut (die als »negative Gefühle« abgewertet und abgewehrt werden) zu äußern, später vielleicht sogar »angemessen« mitzuteilen. Mitunter hilft es, die zurückgestauten Gefühle ausagieren zu lassen, etwa durch Schlagen auf ein stabiles Kissen als Punchingball-Ersatz (wobei Sie mitunter den Patienten ständig anfeuern oder sogar abwechselnd mit ihm zuschlagen müssen). So kann es zu spektakulären und strapaziösen, jedoch sehr entlastenden Durchbrüchen kommen. Danach können Sie Ihren Klienten fragen, was der Körper/der Magen denn jetzt sage.
Bei Gesprächen des Patienten mit abgelehnten Eigenschaften/Anteilen (z. B. seiner Sexualität) müssen Sie u. U. korrigierend oder helfend einspringen. Sie können z. B. den Part eines »Erlaubers« übernehmen. An Vokabular und Sprechweise/Stimmlage des Patienten lässt sich oft der Antreiber, Verbieter, Miesmacher als Person (meist eine Bezugsperson der Kindheit) identifizieren. Danach steht die Emanzipation von dieser Person und ihren Einschärfungen als Thema an.
Wenn dem Patienten nur eine Deckempfindung bewusst ist, hinter der sich ein anderes, abgewehrtes oder tabuiertes Gefühl verbirgt, können Sie auch korrigierend eingreifen. Männer reagieren nicht selten mit Wut statt mit Trauer, die in ihrer Kindheit verpönt war (»ein Junge weint nicht!«). Umgekehrt zeigen Frauen oft Kummer (Weinerlichkeit) statt den ihnen »verbotenen« Zorn. Schalten Sie sich in das Gespräch des Patienten ein, wenn es sich für Sie nicht nach der Stimme von Wut, sondern der von Trauer (oder umgekehrt) anhört. Fragen Sie, welche Gefühle er/sie denn als Kind hätte zeigen »dürfen«? Die damit eingeleitete Integration eines bisher abgewehrten Gefühls ist ein wichtiger Therapieschritt.

2.5.6 Märchen und Märchenphantasien

Der Umweg über Märchen erlaubt dem Patienten, über angst-, scham- oder schuldbesetzte Gegebenheiten »unter verringertem Risiko« zu sprechen: So kann er notfalls den Bezug zur eigenen Realität verdeckt lassen (wobei Sie es anfangs belassen können). Der Therapeut seinerseits kann Wahrheiten schonend und ohne moralisierenden Unterton vermitteln: »Sie möchten sich also vom Märchenprinzen wachküssen (von der guten Fee erlösen) lassen!/So also machen Sie sich zum Aschenputtel!/Ähnliche Sorgen hatte auch die ›Kluge Else‹.« usw. (Ähnlich prägnant lassen sich Sachverhalte auch mit Sprichwörtern ausdrücken.) Die explizite »Übersetzung« der an Märchen gewonnenen Einsichten erübrigt sich fast immer und ist selten ratsam.
Noch können die Grimm'schen Märchen weitgehend als bekannt vorausgesetzt werden. Ihre Helden und »Anti-Helden« bieten dem Patienten vielfältige Identifikationsmöglichkeiten für sich selbst und seine Bezugspersonen. Lieblingsmärchen[34] und Lieblingsfigur zeigen das Lebensgefühl des Patienten, wobei wichtig ist, ob er in Aschenputtel z. B. die ausgenutzte Magd oder die schließliche »Siegerin« sieht. Seine spezifischen Entstellungen (Fehlerinnerungen) eines Märchens geben diagnostische Hinweise: Entstellungen der Kindheitserinnerungen des Patienten sind nicht nachprüfbar, wohl aber die des Märchens. Sie können den Patienten damit und mit den dahinter stehenden Wünschen bzw. Ängsten konfrontieren bzw. fragen, ob er vom Märchen oder von Erlebnissen seiner Kindheit spricht. Querbeziehungen vom Märchen zur Kindheit und zu den aktuellen Konflikten und den gewählten Lebensstrategien sind immer wichtig.
An Hänsel und Gretel – allgemein bekannt und mit Eltern- und Geschwisterpaar eine »ideal komplette« Familie – sollen einige der bei der Arbeit bedeutsamen Fragen aufgezeigt werden: Wer ist in der Erinnerung des Patienten der »gute«, wer der »böse« Elternteil, welches (und inwieweit) das dominierende Geschwister? Wie kooperieren die Geschwister, wo rivalisieren sie? Welche »Lö-

---

[34] Vgl. Hans Dieckmann, Gelebte Märchen, Hildesheim ²1991

2.5 Themenangebote

sung« wird in Bezug auf die Eltern gewählt? Liegt das Gewicht auf der Selbstbefreiung der Geschwister, auf der positiven Seite (»und schließlich ging alles gut aus ...«) oder auf der negativen, auf den schrecklichen Erlebnissen? Wird eine (moralisierende?) Schlussfolgerung gezogen? Wie reagiert der Patient, wenn Sie ihn mit seinen Abweichungen von der Originalfassung und deren Beziehungen zu seinem Lebensstil konfrontieren? Welche eigenen Bezugspersonen fallen ihm zu den Märchenfiguren ein? Wenn er das Märchen »nach Wunsch korrigieren« soll, welche Veränderungen wählt er (im Gegensatz zu der *unbewussten* Änderung durch Fehlerinnern)?

Auch mag ein Patient (besonders wenn er keine Märchen zu kennen behauptet) sich selbst eines ausdenken, u. U. sogar den eigenen Lebenslauf in Form eines Märchens berichten, wobei die Identifikationen noch deutlicher werden. Welche Figuren treten in seinem Märchen auf? Ist es ein Drama, ein Heldenepos, eine Burleske oder was sonst? Ist die Hauptfigur (der Repräsentant des Patienten) »Held«, »Anti-Held« oder Opfer; identifiziert er sich gegebenenfalls als Nebenfigur und wen repräsentiert in diesem Fall die Hauptfigur (ein Wunsch- oder Angstbild seiner selbst?)? Welche »hilfreichen Mächte« (Tiere, Feen u. a.) treten auf, wodurch wird ihre Hilfe erlangt? Welchen Preis erringt der Held, welche Opfer muss er bringen? Was geschieht mit den Gegenspielern? Sie können den Einstieg durch Angebote erleichtern: »Ich kann Sie mir gut vorstellen als mächtigen Zauberer (gute Fee, verwunschenen Prinzen)./Ich kann direkt sehen, wie Sie den Drachen besiegen und die Prinzessin befreien – oder wären Sie lieber der Drache, der den Hort bewacht?«

Die Arbeit am Märchen wird intensiviert, indem der »Höhepunkt« (und welches ist für den Patienten der Höhepunkt?) gezeichnet wird, womit weitere Informationen anfallen bzw. Assoziationen abgerufen werden können. Anschließend äußert sich der Patient als Hilfs-Ich der dargestellten Personen, Tiere und Gegenstände und spielt möglichst als Darsteller wie als Hilfs-Ich den weiteren Verlauf durch. Statt einer Zeichnung des Patienten können nun auch geeignete Märchen-Illustrationen verwendet werden, wobei der »Handlungsspielraum« durch die zauberischen Fähigkeiten der Märchenfiguren größer ist als bei den meisten TAT-Tafeln.

2. Einzeltherapie

Der Einstieg über Illustrationen empfiehlt sich unter anderem bei Patienten, die »Märchen weder kennen noch sich ausdenken, geschweige denn zeichnen können«, sofern dann nicht die Arbeit am Widerstand bzw. an der Entmutigung Vorrang hat.

Zwischen »Märchen« und Tagtraum stehen die »Phantasiereisen«, z. B. als »katathymes Bilderleben«, mit einem für den Patienten »maßgeschneiderten« Szenarium. Dabei handelt es sich um eine Form der »aktiven Imagination«, wenn auch nicht im strengen Sinn der Jungianer (vergleiche Dieckmann[35]). Wahlweise können märchenhafte/mythologische oder realitätsnahe Motive verwandt werden: der Gang zum »weisen Alten« im Gebirge oder zum Minotaurus in der Höhle; der Besuch auf dem »Jahrmarkt« oder im Arsenal, wo Banales wie Magisches zu finden und zu erleben ist; der »Strandspaziergang«, bei dem Sie den Patienten eine Kiste Treibgut finden lassen (was erlebt und was findet er beim Öffnen?); die Erkundung eines alten Hauses oder die Reise in ein fremdes Land (Themenvorschläge siehe Seite 255 ff.). Übrigens akzeptieren mitunter gerade intellektuell orientierte Patienten symbolträchtige, »irrationale« Vorgaben, wobei auf die »Rückübersetzung« (die Interpretation der auftretenden mythischen Figuren) besser verzichtet wird: Zu leicht wird der Zauber zerstört, die Betroffenheit zerredet und der ohnehin kopflastige Patient in seinen Kopf zurückverwiesen.

Sie können sich im Wesentlichen auf die anfängliche Vorgabe beschränken (»Stellen Sie sich vor, Sie sind auf einer Wiese; frei zu tun, was Sie mögen! Was für eine Wiese ist das, was tun Sie, was geschieht, wie erleben Sie es?«) und den Patienten seine »Erlebnisse« laufend berichten lassen, sodass Sie nur bei Bedarf wieder eingreifen. Wenn Sie dagegen laufend weitere Vorgaben eingeben (z. B. mit Hindernissen, die der Patient überwinden, und Aufgaben, die er lösen muss oder auch mit auftauchenden Helfern), so berichtet der Patient u. U. besser erst nach Ende der »Reise«. Für gefahrenträchtige Unternehmungen wird er in der anfänglichen Vorgabe eventuell als Schutz mit Zauberstab, Wunschring o. Ä.

---

[35] Hans Dieckmann, Methoden der Analytischen Psychologie, Olten 1979

2.5 Themenangebote

ausgestattet. Trotzdem können misserfolgsorientierte Patienten auf ihrer »Reise« in Schwierigkeiten geraten. Achten Sie also auf eventuelle Zeichen von Angst oder Schrecken, fragen Sie zurück und kommen Sie mit entsprechenden Angeboten zu Hilfe – erinnern Sie den Patienten also etwa an seinen Zauberstab oder lassen Sie helfende Mächte auftreten.
Einem stark Misserfolgsorientierten bietet nicht einmal der Zauberstab Schutz gegen Katastrophen. Im Zweifelsfall versagt er oder verschlimmert die Situation nur noch. Risiken bestehen eigentlich nur, wenn Sie sich von einer Panik des Patienten anstecken lassen, statt mit eigenen positiven Assoziationen gegenzusteuern. Und wenn er sich in einem Grab findet, ist er »begraben wie ein Samenkorn«: »Und wie geht es mit dem Samen weiter?« Wenn er alle Wege versperrt findet: Der Vogel Rock bzw. ein Hubschrauber kann ihn auch da (auf Ihre Anweisung) herausholen. Bieten Sie einen »zweiten Durchgang« an, in dem der Patient den imaginierten Ablauf entsprechend seinen Wünschen korrigieren kann; oder fragen Sie ihn, wie ein Beharrlicher, ein Selbstbewusster, ein Tätiger, ein ... in der Situation gehandelt und was er erreicht hätte. So richten Sie den Blick des Patienten auf zunächst nicht wahrgenommene Möglichkeiten und können von da auf die auch sonst mangelhafte Nutzung seiner Chancen überleiten.
Nach Beendigung einer Phantasie sind die üblichen »Rückkehr-Techniken« nach Meditationen angebracht – Spannen, Rekeln, Öffnen und Schließen der Hände und der Augen. Das während der »Reise« abgeblendete Licht wird wieder verstärkt. Lassen Sie dem Patienten Zeit, in die Realität zurückzukehren. Die anschließende Aufarbeitung der Imagination (eventuell nach vorherigem Zeichnen des Höhepunkts) fokussiert je nach der Schule des Therapeuten mehr auf das, was dem Patienten »widerfahren ist«, auf das, was er wahrnahm und fühlte, oder auf das, was er anzielte, tat und damit erreichte. Zusammenhänge mit Kindheitserinnerungen, realen Verhaltensweisen und realen Bezugspersonen können herausgearbeitet werden.
Patienten, die ihre eigentlichen Probleme aus Angst oder Scham zurückhalten, können diese leichter an den »nur vorgestellten« Figuren ihrer Imagination darstellen. Speziell in der imaginierten »Hotelhalle« mag der Patient Menschen treffen, denen er seine

2. Einzeltherapie

Nöte und Probleme stellvertretend zuordnen kann. Macht er die Erfahrung, dass der Therapeut weder entsetzt noch empört ist, findet er vielleicht sogar den Mut, sich offen zu ihnen zu bekennen. In jedem Fall kann zumindest mit der vorgestellten Person, für sie geltenden Entschuldigungen, ihr vielleicht möglichen Lösungen ermutigend und entlastend weitergearbeitet werden. Stillschweigendes Einverständnis, dass der Patient tatsächlich über sich selbst spricht, empfiehlt sich oft mehr als konfrontatives Aufdecken!

2.5.7 Träume und Tagträume

Manche Schulen/Therapeuten arbeiten überwiegend mit und an den Träumen der Patienten (worauf die Patienten prompt Träume produzieren!), andere sind eher skeptisch: Mit der Arbeit an Träumen können zu leicht unangenehme Probleme (mitunter sogar dem Therapeuten unangenehme wie etwa seine Beziehung zum Patienten!) umgangen werden. Um dem Rückzug ins Unverbindliche entgegenzuwirken, sollten bei manchen Patienten Träume nur gelegentlich und mit der Betonung auf dem Bezug zur Realität bearbeitet werden. Übrigens werden Probleme auf dem Umweg über einen Traum, der einem nach landläufiger Meinung ja »zustößt«, dem Therapeuten »unter verringertem Risiko« (z. B. einer Ablehnung) mitgeteilt. Besonders Träume aus der Nacht vor einer Therapiesitzung dürften eine kodierte Botschaft für den Therapeuten enthalten. Sie sind dann ähnlich wichtig wie wiederholt auftretende Träume oder Traumserien, nach denen zu Therapiebeginn gefragt werden sollte.

Auch bei einem Traum spielt es keine große Rolle, ob er »echt«, verzerrt erinnert oder sogar ausgedacht ist (»Wenn Sie sich an Ihre Träume nicht erinnern: Was für Träume würden zu Ihnen passen/hätten Sie gern?«). Auch bei Fehlerinnerungen und Phantasiegeschichten ist der Patient aktiv und stellt sich in seinem Lebensstil und -gefühl dar. Daher können auch Traumfragmente imaginativ zu ganzen Träumen ergänzt werden. Vergessen und Fehlerinnerung sind allerdings brisant, wenn sie ein wichtiges, ins Bewusstsein drängendes Problem betreffen (»Könnte Ihr vergessener

2.5 Themenangebote

Traum mit einem Sie beängstigenden Problem zusammenhängen?«).

Selten werden die »Großen Träume« vergessen, die die Sprache der Mythen und Märchen benutzen und wie diese innerhalb ihres Kulturkreises allgemein verständlich sind. Sie werden meist auch nach Jahren noch klar erinnert. Am anderen Ende des »Spektrums« stehen die banalen Träume, mitunter als Reaktion auf Geräusche oder andere Reize. Träume können als quasi »Probehandlungen« Versuche zu Problemlösungen sein bzw. sich auf anstehende Aufgaben beziehen, mitunter sogar als Alibi: »Im Traum bin ich durch die Prüfung gefallen, da *konnte* das Examen ja gar nicht gut gehen!« (womit die unzureichende Vorbereitung verschleiert, eine Entschuldigung für die schlechte Note gegeben oder ein Grund zur Absage der Prüfung gefunden wurde). Manchmal ist also zu fragen, was der Patient »wegen seines Traums« tun bzw. unterlassen »durfte«.

Lassen Sie Träume (außer sehr belastende) im Präsens und mit direkter Rede der handelnden Personen als ein sich gerade abspielendes Ereignis berichten. Der Höhepunkt wird möglichst gezeichnet oder mit den »Klötzchen« konstelliert und mit dem Patienten als Hilfs-Ich der auftretenden Menschen, Tiere und Gegenstände weiterbearbeitet. Auch ein zweiter Durchgang kann sich empfehlen, in dem der Patient den Traum entsprechend seinen Wünschen verändert oder ihn so darstellt, wie eine wichtige Bezugsperson, besonders ein Konfliktpartner, ihn geträumt haben könnte, oder wie er bei einem Tätigen, einem Selbstbewussten o. Ä. verlaufen würde. Herauszuarbeiten sind die Beziehungen zur Realität: »Woher kennen Sie solche Gefühle? Wo verhalten Sie sich ähnlich? Was sonst fällt Ihnen dazu ein? Vor welchen Problemen haben Sie sich in den Traum zurückgezogen?« Siems[36] empfiehlt, in der verbesserten Neuauflage des Traums »vor Feinden nicht davonzulaufen« und »aus dem Traum ein Geschenk mitzubringen«. Ist der Patient aus einem Angsttraum hochgeschreckt, hat sich gewissermaßen »herausgezogen«, so kann es lohnen, ihn das Traum-

---

[36] Martin Siems, Dein Körper weiß die Antwort, Reinbek bei Hamburg 1995, S. 178

2. Einzeltherapie

ende phantasieren zu lassen: Hätte es tatsächlich katastrophal/dramatisch sein müssen oder wären noch akzeptable Lösungen möglich gewesen? Damit wird der Träumer vom wehrlosen Opfer zum Handelnden. So können Sie seiner eventuellen Tendenz zum »Warten auf ein Wunder/auf den Weihnachtsmann« bzw. zur Resignation entgegenwirken.

Fragt ein Patient nach der (Be-)Deutung seines Traums – es geht um die Bedeutung des Traums *für ihn*. Selbst ein »Großer Traum«, der in seiner Aussage weit über Alltag und Person hinausreicht, hat einen speziellen Stellenwert im Leben des Träumers. Traumdeutung muss sich an den Assoziationen des Träumers orientieren. Die Bedeutung des Traums kann dabei auch in dem liegen, was der Patient eben auf Grund des Traums tut oder unterlässt. Bei wiederkehrenden Träumen sind die dahinter stehenden Ängste und Wünsche (erlebten Defizite), bei Traumserien die in ihnen behandelten Probleme samt den Lösungsansätzen herauszuarbeiten. Damit sind Sie in der Arbeit am konkreten Verhalten des Patienten, an seinem Umgang mit Angst, Wunsch und Problem.

Besonders bei notorischen Tagträumern ist auf den Ansatz am konkreten Verhalten zu zielen. Der Tagtraum ist dem realen Leben abgestohlene Zeit, Surrogat der Realität. Es mag hilfreich sein für Schwerbehinderte und Erkrankte, die real nicht mehr bestehenden Möglichkeiten (z. B. Spaziergänge) zu imaginieren und sich daran zu freuen. Für Gesunde jedoch ist der Tagtraum eine Flucht aus der Realität mit der Gefahr, die Chancen des Lebens zu verpassen oder zu vertun. Unbedenklich ist das gelegentliche Tagträumen zur Ausrichtung auf ein Ziel bzw. zur Vorbereitung auf eine Entscheidung, eine Auseinandersetzung o. Ä., sofern dem Imaginieren dann die Durchführung folgt.

Oft haben Patienten Hemmungen, über den Inhalt ihrer Tagträume zu sprechen, z. B. bei Rache-, bei Allmachts-, besonders aber bei sadistischen, masochistischen und sexuellen Phantasien. Eine Äußerung Ihrer Vermutungen kann dem Patienten das Sprechen erleichtern: »Sie gönnen sich so wenig, dass ich denke, ob Sie sich wenigstens in Ihrer Phantasie schadlos halten. Malen Sie sich manchmal aus, dass Sie …?« Oder sogar ganz konkret: »*Falls* Sie sexuelle Tagträume haben und *falls* Sie sich mit Sexualstörungen plagen, waren Sie schon bei einem Facharzt?« Auch Ihre Bemer-

2.5 Themenangebote

kung, derartige Tagträume seien schließlich gar nicht so selten, kann dem Patienten zeigen, dass Sie ihn für seine Träume nicht verurteilen.

Übrigens sind die Inhalte weniger wichtig, wenn das Ziel des Tagtraums im Rückzug aus der Realität liegt. Dient der Tagtraum einem Verwöhnungsanspruch oder einer Verweigerung, hat die Bearbeitung dieser Hintergründe Priorität. Zu Therapiebeginn sollte ohnehin nach Häufigkeit, Zeitaufwand und »Umständen« des Tagträumens (z. B. vor dem Einschlafen oder bei bestimmten Tätigkeiten) gefragt werden, auch nach Zeitpunkt und eventuellem »Auslöser« des ersten Auftretens und danach, ob der Patient mit Zeitaufwand und Inhalten zufrieden ist. Zentral ist die Frage, wozu der Patient seine Tagträume benutzt: Was müsste er tun, wenn er nicht so viel Zeit zum Träumen verbrauchte (wichtig vor allem bei »zwanghaftem« Tagträumen!)? Tagträume deuten auf jeden Fall auf ein Gefühl der Defizienz – was ich erlangen kann oder gar schon habe, brauche ich nicht zu erträumen.

Aus den Trauminhalten können die für den Patienten speziellen Formen der Entmutigung abgeleitet werden. Mit Verhaltenstraining können Sie dann gegenarbeiten. Drückt sich im Tagtraum z. B. der Wunsch nach Anerkennung, Liebe oder nach »Glück« aus, so geht es um Sensibilisierung für Signale der Zuwendung und um die Strategien, Zuwendung zu erlangen, bzw. um das Übermaß der Ansprüche (beim Warten auf »das große Glück« wird die täglich zugängliche »kleine Münze« der Freuden übersehen). Wird im (gewohnheitsmäßigen) Tagtraum über einen »Gegner« (einen konkreten oder eine Gruppe wie »Autoritätsträger« oder »die Männer« schlechthin) triumphiert oder Rache an ihm genommen, so steht offenbar ein Konflikt zur Aufarbeitung an. Dann sind Strategien der Konfliktbereinigung einzuüben. Mitunter ist auch eine frühe, nicht verarbeitete Kränkung zu »entschärfen« (sie bestand vielleicht ohnehin nur in der Phantasie des Patienten), oder es sind die Strategien aufzudecken, mit denen der Patient sich in Konflikte zu verwickeln pflegt.

Gegen zwanghaftes Tagträumen hilft oft eine »Verhaltensverschreibung«: Der Patient soll jeden Abend eine Stunde über ein mit ihm vereinbartes Thema tagträumen, ehe er seinen sonstigen Feierabendbeschäftigungen nachgeht (»paradoxe Intention«).

2. Einzeltherapie

2.5.8 Bilanzen

»Lebensbilanzen« wie auch regelmäßige Therapiebilanzen empfehlen sich nicht nur in der »kleinen« Psychotherapie. Therapiebilanzen nach etwa je 10 Sitzungen wirken in der Langzeittherapie der Neigung zu Unverbindlichkeit und Verschleppung entgegen. Sie verdeutlichen die je erreichten Fortschritte (auch in Umsetzung und Auswirkung für den Alltag des Patienten). Diese werden besonders bei schleppendem Therapieverlauf leicht übersehen. Auch dienen Bilanzen der Ausrichtung auf die als nächstes zur Bearbeitung anstehenden Probleme.

Bei den meist stark konfrontativen »Lebensbilanzen« lautet die Frage sowohl »Was haben Sie bisher mit und aus Ihrem Leben gemacht?« wie auch »Wie nutzen Sie jetzt Ihre Zeit, Ihre Kräfte, Ihre Möglichkeiten?« Davon kann übergeleitet werden zu »Womit sollten Sie jetzt gleich anfangen bzw. aufhören?« Lebensbilanzen stehen an u. a. zum Jahreswechsel oder zu Geburtstagen als Bilanz über die »Erträgnisse« des vergangenen und die Aufgaben des beginnenden Jahres. Sie können in »Arbeitsverträge« des Patienten mit sich selbst umgesetzt werden, schriftlich fixiert, mit den entsprechenden »Etappenzielen« und vom Therapeuten »gegengezeichnet«.

Eine der ergiebigsten Bilanzen ist die des Zeit-Haushalts des Patienten, meist in der sehr anschaulichen Form der »Zeit-Torte«: Die als Kreis gezeichnete Gesamtzeit von 100% wird wie eine Torte in die entsprechenden Segmente unterteilt: Zeit für Arbeit (differenziert nach Beruf, Haushalt usw.), für Schlaf, für Vergnügungen; oder mit anderer Blickrichtung Zeit, sich zu freuen, sich zu ärgern, sich zu streiten, sich zu sorgen, zu hadern: genutzte Zeit, vertane Zeit ... Dabei ist die Möglichkeit der »doppelten Buchführung« zu berücksichtigen. So wird z. B. die als »Arbeit« verbuchte Zeit oft zu großen Teilen mit Tagträumen oder anderweitig verbummelt, während der Sonntagsausflug, das Sporttraining, die endlosen Telefonate mit den Freundinnen fälschlich unter »Verpflichtungen« erscheinen. Die Therapie zielt dann sowohl auf eine korrektere Bilanz wie auf eine Veränderung zwischen den (nun korrekten) Anteilen.

2.5 Themenangebote

Die Bilanzen liefern die Grundlage für ein Verhaltenstraining. Überlastung z. B. zeigt sich in der Zeitbilanz. Sie ist weit häufiger aufgesucht als aufgezwungen, sodass wieder die Frage ansteht »Was müssten Sie tun/was dürften Sie nicht mehr tun, wenn Sie nicht so überlastet wären?« Damit wird deutlich, ob hinter dem Spiel »Überlastet« (vgl. Berne[37]) etwa eine Flucht vor Selbstkonfrontation, ein Beziehungs- oder ein anderes Problem steht. Erst wenn diese Probleme aufgearbeitet sind, ist der Patient zur Veränderung bereit. Mit der Frage »Was müssen Sie an sich und an ›den Gegebenheiten‹ ändern, um weniger strapaziert zu sein; wie müssten Sie dazu vorgehen?« wird ein Verhaltenstraining vorbereitet.

In einer Variante der Zeitbilanz machen Sie »Vorgaben«, z. B.: Wie viel der Kontaktzeit mit seiner Hauptbezugsperson investiert der Patient in gemeinsame Arbeit, gemeinsames Vergnügen, in Streit, in den Austausch positiver Zuwendung, in bloßes Nebeneinander? Wie oft lässt er sich vom anderen bedienen, wie oft bedient er den anderen? Wie oft fühlt er sich verstanden, bestärkt, akzeptiert, missverstanden, abgelehnt, kritisiert usw.? Dabei ist immer nach weiteren, dem Patienten wichtigen Aspekten zu fragen (analog zu den Leerzeilen bei bestimmten Fragebogen). Nach dem »Ist-Wert« der Bilanz erfragen Sie den erwünschten bzw. den »Soll-Wert« und leiten über zu Strategien für Veränderungen.

Neben der Zeitbilanz ist auch die der Energie und des Geldes wichtig: Welchen Anteil seines Geldes gibt der Patient für sich, welchen für andere aus; an welchen Ausgaben hat er Freude, welche macht er zähneknirschend? Wie teilt sich das für ihn selbst ausgegebene Geld auf (Grundbedarf, Prestige, Sicherheit/Versicherungen, Luxus usw.)? Entsprechend können Sie fragen, welchen Anteil seiner Energie und seines Interesses der Patient sich selbst und welchen er anderen zuwendet und wie sie sich aufteilen in konstruktiv, indifferent und destruktiv bzw. in freundlich, anerkennend, feindselig, ablehnend, abwertend usw.

Zu den »Bilanzen« im weitesten Sinn zählt auch das Selbstbild als Selbsteinschätzung des Patienten. Dies schließt auch das Bild ein, das nach seiner Meinung die anderen von ihm haben. Welche sei-

---

[37] Eric Berne, Spiele der Erwachsenen, Reinbek bei Hamburg 1964/1994

2. Einzeltherapie

ner Eigenschaften mag der Patient und welche lehnt er ab und würde sie gern gegen andere (welche?) eintauschen? Was betrachtet er als seine Stärken und als seine Schwächen und wie schätzt er sich dabei ein im Vergleich zu anderen? Wie »gut« (besser als wer?) müsste er sein, um sich als »gut« zu erleben? Was für Menschen bewundert, beneidet, fürchtet er; weshalb und von wem wird er bewundert, beneidet, gefürchtet? Welche Leistungen verbucht er abwertend für sich als »selbstverständlich«, honoriert sie jedoch bei anderen? Wie oft verstrickt er sich in Konflikte, weil er andere abzuwerten, seine Überlegenheit zu demonstrieren, einen Privatkrieg zu führen sucht? Wie oft sagt er »Ja«, wenn er »Nein« sagen möchte, ballt die Faust in der Tasche, statt sich zur Wehr zu setzen?

Dabei können Auswahlfragebogen helfen:

»Alle/die meisten/viele/manche andere(n) ...
sind klüger/beliebter/glücklicher/gesünder/... als ich; werden besser bezahlt/haben mehr Glück/brauchen sich nicht so anzustrengen/...«

Sie sind mit der Realität zu vergleichen, um die verzerrte Wahrnehmung und Interpretation des Patienten zu korrigieren. Den Fehlwahrnehmungen/Fehleinschätzungen liegen meist frühkindliche »Erfahrungen« zugrunde, die als selbststabilisierende Vorurteile (vorurteilshaft verallgemeinert) nur schwer abzubauen sind. Hier hilft ein »Tagebuch«, in dem der Patient jeden Abend mindestens dreierlei einträgt, was er an dem Tag gut gemacht, Erfreuliches erlebt, an Anerkennung und Zuwendung erfahren hat o. Ä. Mit dieser für ihn maßgeschneiderten Hausaufgabe kann seine Sichtweise allmählich zum Positiven verschoben werden. Seine Erfahrungen mit dem »Tagebuch« sind immer wieder anzusprechen, schon damit er es tatsächlich auch weiterhin führt. Die so erreichbare Korrektur seiner »Optik« ist ein wichtiger Therapieschritt. Im Gegensatz zu »maßgeschneiderten« Bilanz-Fragebogen können vorgefertigte Fragebogen (diagnostische oder »Forschungs«-instrumente) zu einer Belastung der therapeutischen Beziehung werden, wenn sie dem Patienten das Gefühl vermitteln, »Forschungs-*Objekt*« zu sein. Sie sind jedoch unbedenklich, wenn sie

2.5 Themenangebote

nur der Selbstkonfrontation des Patienten dienen, bei ihm verbleiben und die Aufarbeitung sich nicht auf die Inhalte richtet, sondern auf die beim Ausfüllen ausgelösten Gefühle, Assoziationen und Einsichten.

Bilanzartig können schließlich auch die »Spiele« bzw. »Starrollen« des Patienten bearbeitet werden, wie »liebes Kind«, »Rebell«, »Opfer«, »Pechvogel«, »Sexbombe«, »Sonny-Boy«, »Kassandra« u. Ä. Dabei ist u. a. nach ihrer »Herkunft« (meist in der früheren Kindheit) zu fragen, nach den damit angestrebten Zielen, den erreichten Gratifikationen und den aufzuwendenden Kosten (fast jedes Spiel erfordert einen Überaufwand). Destruktive Ziele können so korrigiert, für konstruktive Ziele (wie etwa Zuwendung) zweckmäßigere Strategien eingeübt werden.

Die Bilanzen können sich auch entsprechend der Transaktionsanalyse auf die jeweils eingesetzten Anteile von Kind-, Erwachsenen- und Eltern-Ich (s. u.) beziehen, wobei Ausgewogenheit und jeweilige Angemessenheit der Zustände »seelische Gesundheit« charakterisiert. So wäre etwa ein unterrepräsentiertes »freies Kind« (vgl. z. B. Rogoll[38]) von den überstrengen Einschränkungen des Eltern-Ichs zu befreien oder umgekehrt ein überschießendes »freies Kind« der Kontrolle des Erwachsenen-Ich zu unterstellen. Als »Ich-Zustände« bezeichnet die Transaktionsanalyse dabei Verhaltensformen, die jeder Mensch oberhalb des Kleinkind-Alters im (oft sehr raschen) Wechsel zeigt. So erfolgt der Umschlag vom »Opfer« (»angepasstem Kind«) zum »Verfolger« (»Strafendem Eltern-Ich«) bei einem Streit oft sekundenschnell.

Im sogenannten »Erwachsenen-Ich« geht der Mensch rational-reflektierend mit Realität und Information um, ohne Emotionalität oder moralische Bewertung: der Realität angemessen, doch nüchtern und ohne Spaß oder Enthusiasmus. Die stammen aus dem »freien Kind«: kreativ, verspielt, scham- und rücksichtslos, egoistisch und ohne Gedanken an mögliche Folgen und Verantwortlichkeit. Durch Hasardieren, unsinnige Käufe und Spiel mit der Gefahr kann es die bürgerliche und physische Existenz gefährden.
– Das »angepasste Kind« dagegen zeigt Scham, Angst und Gram,

---

[38] Rüdiger Rogoll, Nimm dich, wie du bist, Freiburg/Breisgau [11]1981

2. Einzeltherapie

neigt zu Schuldgefühlen und Selbstvorwürfen, steigert sich mit Weinerlichkeit und Gejammer leicht immer mehr in seine Misere hinein und provoziert so schließlich das Eingreifen eines »starken Helfers« (nährendes Eltern-Ich). Derartige »Ich-Ärmste(r)-Spiele« werden unterbrochen durch die Aufforderung, den so jammervollen Inhalt vorzutragen mit erhobenem Haupt und im Ton der Selbstzufriedenheit, also etwa: »So viel Unglück wie ich hat keiner von euch aufzuweisen!« – Achtung: Verwechseln Sie eine schwere Depression oder echte Trauer nach einem großen Verlust nicht mit Ich-Ärmste(r)-Spielen!!

Im »Eltern-Ich« schließlich verhält sich der Mensch entweder normsetzend, wertend und kritisierend (»strafendes Eltern-Ich«) oder versorgend und pflegend (»nährendes Eltern-Ich«), dann leicht überfürsorglich und damit einengend und infantilisierend. Im Extrem sucht er als »starker Helfer« die symbiotische Beziehung zu einem »angepassten Kind« und fühlt sich oft schon bald von diesem überfordert und ausgenutzt. Im Extrem des »strafenden Eltern-Ichs« dagegen wird der Mensch zum Rechthaber, Besserwisser und Pedanten: unbeliebt, ohne Spaß am Leben und häufig in Streit verwickelt.

Der jeweils realisierte Ich-Zustand zeigt sich meist bereits an Tonfall und Formulierungen. Ein Hinweis »das kam jetzt ja wohl aus dem Eltern-Ich« bzw. »das war wohl ein trotzendes Kind« usw. kann zu sofortigem Übergang in einen angemesseneren Zustand führen.

2.5.9 Themen für die »kleine« Psychotherapie

Die »kleinen« Therapien und Kurztherapien bleiben fokal auf den aktuellen Konflikt bezogen und zielen direkt auf Verhaltensänderungen. Das Verhaltenstraining hat damit einen hohen Stellenwert, und die oben aufgeführten Themen, soweit sie überhaupt in Betracht kommen, sind auf Kurzformen zu reduzieren. Meist werden von Sitzung zu Sitzung »Hausaufgaben« (siehe auch Seite 202) gestellt, deren Ergebnisse regelhaft als Themen anstehen. In Frage kommen Aufgaben zum Verhaltenstraining sowie die Selbstkonfrontation per Fragebogen oder über das gezeichnete »Selbstbild«,

2.5 Themenangebote

möglichst im sozialen Umfeld (Sie und Ihre Familie/Sie und Ihr Chef/Sie und Ihre Schwiegermutter usw.).
Eingangsthema der Kurztherapie ist meist der aktuelle Konflikt, möglichst im Quasi-Rollenspiel mit den »Klötzchen« dargestellt und in einem zweiten Durchgang mit Hilfs-Ichs bearbeitet. Dabei werden auch schon die zweckmäßigeren Strategien und Verhaltensweisen angesprochen. Oft ergibt sich auch ein Zugang über die Tagträume: »Malen Sie sich schon mal aus, wie Sie es Ihrer Frau (dem Chef/der Schwiegermutter) gern geben würden? Wäre dieses Verhalten sinnvoll? Was wollen Sie damit erreichen? Gibt es angemessenere Ziele und Strategien?« Von Konflikt und Konfliktpartner kann ein Hilfs-Ich-Ansatz überleiten zum Selbstbild: »Wie mag der andere Sie wahrnehmen – und wie sehen Sie sich selbst?«
Statt des akuten Konflikts kann auch das Selbstbild als Einstieg dienen, ansetzend an der äußeren Erscheinung: »Beschreiben Sie sich so, dass ein Fremder Sie danach erkennen könnte, wenn er Sie am Bahnhof abholen soll!« So können Sie das Selbstbild des Patienten mit der Realität vergleichen und die Diskrepanzen ansprechen (etwa bei einem Aufgeschwemmten, der sich als »muskulös«, oder einer Attraktiven, die sich als »unscheinbar« erlebt). Übrigens sind verzerrte Selbstbilder keineswegs auf »Neurotiker« beschränkt; in diesem oder jenem Bereich über- oder unterschätzt sich fast jeder. Die Arbeit am Selbstbild zielt sowohl auf realistischere Selbstwahrnehmung (von da ausgehend auf realistischere Wahrnehmung insgesamt) wie auf Selbstveränderung: »Was wollen Sie an sich verändern, wie können Sie dabei vorgehen?«
Wichtig sind möglichst prägnante Formulierungen, mit denen die zu Selbstbild und Selbstdarstellung gehörenden Spiele und Starrollen (die sich teilweise überschneiden und mit denen sich der Mensch habituell in Schwierigkeiten bringt) benannt werden: zorniger junger Mann/starker Helfer/Peter Schlemihl/femme fatale/Aschenputtel/Meins ist besser (ich habe das meiste Unglück, die böseste Frau, die interessantesten Unfälle usw.)/Tu mir nichts (eine fast unwiderstehliche Provokation und Auftakt zu »warum muss das immer mir passieren?«)/Schuldschein (»Sieh, was du angerichtet hast!«). Vom Spiel her ergeben sich unmittelbar die nötigen Verhaltensänderungen.

2. Einzeltherapie

Die Spielanalyse stammt aus dem Repertoire der Transaktionsanalyse (vergleiche Rogoll[39], dort weitere Literaturangaben). Das in der therapeutischen Arbeit wohl wichtigste Spiel ist »Holzbein« (»Was erwarten Sie von einem kranken Menschen?«), bei dem Defizite und Benachteiligungen aller Art (z. B. Krankheit, Arbeitslosigkeit, unglückliche Ehe) als Alibi helfen, um Leistung zu verweigern, andere in Dienst zu stellen und einen »starken Helfer« zu finden. Fragen Sie daher Holzbein, wer für ihn einspringt und was er tun müsse oder nicht mehr tun dürfe, wenn seine »Beeinträchtigung« behoben wäre. Übrigens wird Holzbein durch seinen »Gegenspieler« (»Helfer«) in seiner Rolle bestärkt, denn Helfer überzahlt sich zwar dabei, entgeht aber seinen Verlassenheitsängsten, solange Holzbein sich von ihm abhängig macht. Varianten von »Holzbein« sind »dumm«, »ungeschickt«, »entscheidungsunfähig«, »weltfremd« und »depressiv«.

Nimmt ein Therapeut eine ihm angebotene »Helfer«-Rolle an und versucht, Rat zu erteilen, kann ihn der Patient mit endlosen Einwänden »ja – aber!« abschmettern oder die Ratschläge zum Misserfolg führen und dann auch noch Vorwürfe machen: »Sieh, was du angerichtet hast!« So demonstriert er dem Therapeuten seine »Inkompetenz« und kann sich ihm »überlegen« fühlen. Es ist besser, wenn Sie die Bitte um Ratschläge zurückweisen. (Allenfalls können Sie fragen: »Was würde geschehen, wenn Sie ...?«)

»Sieh, was du angerichtet (mir angetan) hast!« gehört zu den Schuldschein- und Opferspielen. Hart gespielt, ist es hochgradig selbstzerstörerisch, da der Spieler zur Vermehrung der »Schuld« auf Schadensvermehrung statt -begrenzung zielt: »Geschieht meiner Mutter ganz recht, dass mir die Hände erfrieren; warum kauft sie mir keine Handschuhe!« Wann immer ein Patient sich als »Opfer« darstellt, ist er auf die (zumindest) »Mittäterschaft« des Opfers hinzuweisen. Meist hätte er, wenn auch unter Verlusten, Verzichten oder Risiken, dem »Überwältiger« Widerstand entgegensetzen und sein »Schicksal« gestaltend verändern können. Als »Opfer« dispensiert er sich von der Verantwortlichkeit für sein Leben. Weiter kann er sich dem »Verfolger« moralisch überlegen fühlen und als »Holzbein« einen »Helfer« reklamieren.

---

[39] Rüdiger Rogoll, Nimm dich, wie du bist, Freiburg/Breisgau, [11]1981

2.5 Themenangebote

Bei den »Schuldschein«-Spielen wird der Groll über eine (oft lange zurückliegende, manchmal nur imaginierte) Kränkung immer wieder reaktiviert. Beim »Rabattmarken-Sammeln« werden alle kleinen und größeren Kränkungen und Misshelligkeiten angeschrieben und aufsummiert, bis »das Maß voll ist« und die Summe als »Rechtfertigung« für einen Exzess, Unfall, Suizidversuch, aggressiven Akt oder eine Krankheit »ausreicht«. Auf unspektakuläre Art selbstzerstörerisch ist das Spiel »Warten auf den Weihnachtsmann« (der die Lösung der anstehenden Probleme frei Haus liefern soll). Spektakulär dagegen ist »Drama«, exerziert von Patienten, deren Leben eine Kette geschickt inszenierter Katastrophen ist oder die langzeitig in einer Beziehung mit immer wiederholten Krisen verbleiben. Durch den ständigen Stress (Adrenalinschübe!) könnte eine larvierte Depression überspielt werden, wenn nicht auch hier ein Schuldscheinspiel den Hintergrund bildet.

Meist reicht es in der Therapie, die Spiele aufzudecken (die sehr drastischen Benennungen hindern den Rückzug des Patienten auf »Unverständnis«) und allenfalls auf ihre praktischen Konsequenzen im Leben des Patienten, auf ihren »Gewinn« und den immer anfallenden Überpreis hinzuweisen. Sloganartige »Antithesen« (»Schuldscheine annullieren!«, »Ich darf Nein sagen«, »Ich kann selbst entscheiden« usw.) als Plakat zur ständigen Erinnerung über Bett und/oder Schreibtisch des Patienten zu hängen sind oft hilfreich.

Bei der Korrektur der unzweckmäßigen Rollen und Strategien geht es häufig um die Abkehr von einer »Mehr-desselben-Philosophie«, z. B. »wenn ich noch mehr leide, muss mir doch endlich jemand zu Hilfe kommen!«, »wenn ich noch aggressiver werde, muss ich mich doch endlich durchsetzen können«. Die Einübung zweckmäßigerer Ansätze (Verhaltensänderungen) wird gefördert durch detaillierte »Arbeitsverträge«: »Was wollen Sie verändern? Wie wollen Sie dabei vorgehen? Bis wann wollen Sie was erreicht haben? Woran erkennen Sie selbst und andere, dass Sie dabei Erfolg haben?«

Kurztherapien/»Beratungen« werden zunehmend bei »Übergangsproblemen« (»Lebenskrisen«) gesucht, z. B. im Klimakterium oder bei der Pensionierung. Im Wesentlichen geht es dabei um eine Lebensbilanz angesichts des fortschreitenden Alters. Generalthema ist der Umgang mit »Verlusten« – bisher nicht Erreichtes muss zum großen Teil »abgebucht« werden. Der Blick des Klienten ist von den Verlusten, den Versäumnissen weg auf die noch verbliebenen Möglichkeiten zu richten (neue Hobbys, neue Aufgaben). Vereinsamung – eine der gefürchtetsten »Alterserscheinungen« – ist meist ebenso »aufgesucht« wie Überlastung und keineswegs ein unentrinnbares Schicksal.

Formen der Angst vor dem Alter und dem Tod[40] (doch keineswegs auf Ältere beschränkt) sind Ängste vor dem Verlust von Bezugspersonen und die vor Krankheiten, besonders vor Krebs. Wie bei anderen Ängsten empfiehlt es sich, »dem Gespenst ins Gesicht zu sehen«, den schlimmstmöglichen Fall und die Wahrscheinlichkeit seines Eintretens konkret durchzudiskutieren und Gegenmaßnahmen aufzuzeigen. Weiter sind die Adressaten zu benennen, wenn die Angst als Hilferuf eingesetzt wird (bei Älteren meist ein Appell an die Fürsorge der Kinder). Wirken Sie Spielen wie »Opfer« und »Klagemauer« entgegen! Je mehr sich der Patient (ohne aktivistisch zu werden) auf Selbstverantwortung und Aktivität einstimmt, desto erfolgreicher wird er sein Alter bestehen.

Generell ist bei eingetretenen oder bevorstehenden »Verlusten« der Klient auf sinnvolle Aufgaben auszurichten, damit er tätig bleibt und sich nicht in Depression fallen lässt (»Opfer«/»ich Ärmste(r)« spielt). Keinesfalls dürfen Verluste verharmlost werden (was empfindet ein Entstellter, dem Sie sagen, seine Entstellung sei doch gar nicht so auffällig?)! Doch zählt vor allem, was der Betroffene aus seinem Geschick *macht*, insbesondere, ob er es als Freibrief für Verwöhnungs- und Versorgungsansprüche oder als Herausforderung betrachtet. Der Ansatz »Ich habe einen schweren Verlust erlitten, aber vieles ist mir doch noch geblieben« hilft zur Aussöhnung mit der Realität und dazu, die verbliebenen Möglichkeiten zu nutzen.

---

[40] Betroffenen Klienten können die Bücher von Elisabeth Kübler-Ross empfohlen werden.

2.5.10 Zum Thema »Angst«

»Angst« ist kein Thema »an sich« (Thema könnte allenfalls sein: »Was tun Sie für Ihren Mut?«), doch klingen im therapeutischen Gespräch immer wieder Ängste an, und Angstsymptomatiken sind oft so quälend, dass Soforthilfe wünschenswert ist. Neben der Bearbeitung der »Ursachen«/Ziele der Angst (»Was dürfen Sie auf Grund der Angst tun?/Was brauchen Sie auf Grund der Angst nicht zu tun?/Wer hilft, wer sorgt bzw. wer ärgert sich?/Wer fühlt sich dadurch an Sie gebunden?«) ist ein symptomorientierter Ansatz sinnvoll. – Besonders Männer fühlen sich durch ihre Ängste oft disqualifiziert (»Nur ein ›Feigling‹ hat Angst!«), suchen sie daher zu verbergen und setzen so einen selbstverstärkenden Zirkel in Gang. Hier kann der Hinweis helfen, dass Angst ein primär lebenserhaltender Impuls ist, der die Vermeidung von Gefahr ermöglicht, und dass »Mut« nicht bedeutet, keine Angst zu haben, sondern als richtig Erkanntes trotz der Angst zu tun. Betonen Sie, wo irgend möglich: »Sie hatten zwar Angst, haben die Situation aber doch bestanden!«, und fragen Sie, welche früheren Ängste der Patient vielleicht aus eigener Kraft überwunden habe.

In Therapiegruppen lässt sich die Erfahrung vermitteln, dass Angst zwar meist verhehlt wird, aber sehr weit verbreitet ist – niemand braucht sich seiner Ängste zu schämen, hinter denen ja uralte Überlebensinstinkte stehen. Oft erleichtert es schon, sich die eigenen Ängste ein- und zuzugestehen. Weiter lindert es momentane Angst im Allgemeinen umgehend, wenn der Geängstigte sich dazu aufrafft, die beängstigende Situation zu handhaben/zu verändern – eine weit verbreitete Erfahrung, an die die Geängstigten zu erinnern sind.

Mehr noch als bei anderen Symptomen gilt bei der Angst, dass »das Symptom selbst neurotisiert« und damit (vor allem bei akuten Panikanfällen) selbstverstärkend werden kann. Panikanfälle werden weit häufiger befürchtet als tatsächlich erlebt. Oft führt ein einmaliger Anfall zu Vermeidungsverhalten, das die Erfahrung verhindert, dass in ähnlichen Situationen *kein* erneuter Anfall auftritt: Generell verhindern so die Ängste die (fast) einzige Erfahrung, die die Angst auflösen könnte! – Im Panikfall kann eine über

2. Einzeltherapie

Mund und Nase gezogene Plastiktüte, in die und aus der geatmet wird (Kohlensäure – angereichert!), Hyperventilation und die damit einhergehenden Beschwerden verhindern. Auch eine »Atemmeditation« (die eigenen Atemzüge immer wieder bis zehn zu zählen) kann die Selbstverstärkung von Panik unterbrechen. Übrigens hilft gegen unspezifische Ängste mitunter auch eine homöopathische Behandlung. Gehen Patienten auf derartige Hinweise nicht ein, so stehen ihre Ängste höchstwahrscheinlich im Kontext neurotischer Strategien. Dann sind meist auch die Erfolgschancen verhaltenstherapeutischer Ansätze geringer.

Frankl[41] berichtet einen oft sehr wirksamen paradoxen Ansatz bei Ängsten wie der, zu erröten oder auf der Straße Passanten umzubringen oder zu verschlingen: aus der eigenen Angst einen Vorsatz zu machen. Lässt sich der Patient ein auf die Vorstellung, »heute will ich mindestens drei Personen verschlingen!«, wird ihm meist umgehend klar, dass er das ja gar nicht kann ... – Weniger spektakulär wirkt eine verhaltenstherapeutische »Salami-Taktik«. Wer etwa vor Angst in einer Gruppe nicht sprechen kann, schafft es vielleicht in einer Kleingruppe und kann langsam an immer größere Zahlen von Zuhörern gewöhnt werden, wobei er immer wieder zu ermutigen und durch Anerkennung zu bestätigen ist. So kann er die Erfahrung machen, dass die gefürchtete »Katastrophe« (»Was hätte Ihnen denn schlimmstenfalls passieren können? Und was wäre daran ›schlimm‹ gewesen?«) gar nicht eintritt. Und selbst wenn er wirklich ins Stottern geriete, stecken bliebe oder (Gott behüte!) in Tränen ausbräche – er würde von den anderen Teilnehmern weder ausgelacht noch beschimpft ... – Die Bücher zum Selbstbehauptungstraining (z. B. Smith[42]) enthalten oft gute Übungsprogramme gegen »soziale Ängste«.

Übrigens empfiehlt es sich, die Vokabel »Angst« zu vermeiden und stattdessen zu fragen: »Was würde Ihnen schwer fallen?« (Ähnlich auch: »Was wäre das Schlimmste, was Ihnen passieren könnte?« statt »Wovor haben Sie am meisten Angst?«)

---

[41] Viktor E. Frankl, Die Psychotherapie in der Praxis, München/Zürich ²1992
[42] Manuel J. Smith, Sag Nein ohne Skrupel, Landsberg/Lech ⁵1995

2.5 Themenangebote

Unmittelbar angesprochen werden darf »Angst« allerdings in Sonden, mit denen (über die ausgelösten Assoziationen) die Hintergründe bewusst gemacht und die Ängste selbst gemindert werden können: »Du bist auch o. k., wenn du Angst hast!/Es ist menschlich Angst zu haben!/Auch mit Angst darfst du Ja zu dir sagen!/Auch mit Angst kannst du menschenwürdig leben!« u. a. Aus der Gestalttherapie stammt der Ansatz, der Angst »Stimme zu verleihen«: »Was sagt Ihre Angst?/Was sagen Sie zu der Angst?« Auch »Wo im Körper spüren Sie die Angst? Wie genau fühlt sie sich an?« Wird sie als Fremdkörper, z. B. als Globus hystericus, gefühlt, so kann weiter gefragt werden, wie dieser Körper wohl aussehe und beschaffen sei und was der Patient »mit ihm machen wolle«, oder er wird aufgefordert, diesen Fremdkörper auszustoßen und wegzuwerfen: »Und was geschieht nun?« – Schließlich helfen oft auch Ansätze aus der Hakomi-Therapie: Wird die Angst als Druck (»bedrückend«) im Körper gefühlt, so verstärken Sie manuell den Druck, halten ihn eine Weile und entlasten ihn langsam (!). Meist ist danach eine deutliche, auch mentale Entlastung spürbar.

3. Partnerberatung/Ehetherapie

Beide Begriffe werden hier synonym gebraucht, auch für Beratungen »nur« »eheähnlicher« Beziehungen, wobei die Abgrenzung gegenüber »Einzeltherapie« (bzw. zwei parallel laufenden Einzeltherapien) unscharf ist. Auch ist oft eine ergänzende Einzeltherapie nötig.

3.1 Ziele, Risiken, Indikationen und Möglichkeiten der Partnerberatung

3.1.1 Ziele und Risiken

Ist das Ziel einer Beratung/Therapie allgemein die »verbesserte Mündigkeit« des Klienten/Patienten, so sollte die Eheberatung die Partner offenbar befähigen, ihre eigene Lösung als einen für alle Betroffenen, auch eventuelle Kinder, akzeptablen Kompromiss zu finden. Eine Eheberatung ist also keineswegs »gescheitert«, wenn sie zu einer fairen Trennung der Partner führt, die den Betroffenen einen echten Neubeginn (nicht lediglich eine Neuauflage mit anderem Partner!) ermöglicht.
Die Gefahr, dass Sie die Partner zu der von Ihnen für »richtig« gehaltenen Lösung zu drängen suchen, ist groß. Daher ist es besonders wichtig, dass Sie sich über Ihren eigenen Standpunkt klar sind. Sehen Sie in der Ehe einen unbedingt schutzwürdigen »Wert an sich«? Halten Sie unverheiratete Paare für »unmoralisch« bzw. einen Schwangerschaftsabbruch für »Sünde«? Halten Sie die Ehe für eine eigentlich antiquierte Institution; haben Sie vielleicht schon eine »erfolgreiche Scheidung« (»nur zu spät«) hinter sich? Versuchen Sie, im Interesse eventueller Kinder eine Ehe (fast) »um jeden Preis« zusammenzuhalten? Ist es Ihnen selbstverständlich, dass im Fall einer Trennung »die Kinder zur Mutter gehören« bzw. »nicht getrennt werden dürfen«?
Wieder kann ein Ergänzungstest helfen, Ihr vielleicht nur halb bewusstes Wertsystem und Ihre Ziele zu verdeutlichen:

3.1 Ziele, Risiken, Indikationen

- Bei einer Partnerberatung möchte ich mindestens erreichen, dass ...
- Bei einer Partnerberatung hoffe (fürchte) ich ...
- Ich bin unzufrieden (bekümmert, verärgert), wenn am Ende einer Partnerberatung ...
- Ehepartner sollten unbedingt (dürften auf keinen Fall) ...
- Besonders freut (stört) es mich, wenn bei einer Partnerberatung ...
- Ich lasse mich auf eine Partnerberatung nur ein, wenn ...
- Eheberater sollten unbedingt (dürften auf keinen Fall) ...

Mitunter ist auch der bestmögliche Kompromiss innerhalb einer aufrechterhaltenen Ehe für alle Beteiligten unzumutbar (und eine zu hohe Strafe für eine Jugendtorheit oder selbst Jugend»sünde«!), auch und besonders für die Kinder. Kinder sind mitunter bei einem alleinerziehenden oder wiederverheirateten Elternteil oder in einer freundlichen Pflegefamilie weit besser aufgehoben als in einer in Resignation oder Grabenkrieg erstarrten »Ehe«.

Und wenn eine Ehe sich nicht mehr (bzw. nur unter »unzumutbaren Kompromissen«) »sanieren« lässt, hätten Sie noch eine wesentliche Funktion als »Trennungshelfer«, der dafür sorgt, dass die Partner ohne Groll, Gram und gegenseitige Schuldzuweisungen auseinander kommen, dass sie auch »danach« noch ohne Peinlichkeit miteinander reden, vielleicht sogar einander bei Bedarf helfen können; dass sie den Trennungskummer angemessen verarbeiten und aus dem »Scheitern« ihrer Beziehung lernen. Und ist es denn ein »Scheitern«, einen fatalen Irrtum zu korrigieren – wäre es nicht eher ein »Scheitern«, im Unzumutbaren stecken zu bleiben, um nicht eine frühere Fehlentscheidung zuzugeben und Veränderungen auf sich zu nehmen? – Die Maßstäbe für eine »zumutbare« Ehe sind u. a. schichtspezifisch, und was wir uns als Misserfolg, als nicht erreichtes Beratungsziel anlasten, mag die Betroffenen durchaus zufrieden stellen.

Die Ziele der Klienten stimmen nur im günstigsten Fall mit denen des Beraters überein – Hilfe bei der Suche nach einer selbstverantworteten, für alle akzeptablen Lösung. Zumindest unterschwellig läuft oft die Hoffnung mit, im Berater einen Verbündeten gegen den Partner zu finden. Diesem soll er die Schuld an den Proble-

3. Partnerberatung/Ehetherapie

men nachweisen und ihn zu einer Veränderung seines Verhaltens veranlassen oder aber ihn als »unzumutbar« deklarieren und damit die Trennung von ihm rechtfertigen. Man mag im Berater sogar den Sündenbock suchen, dem man schließlich die Schuld an einer Trennung zuweisen kann (als Alibi vor sich selbst, vor dem Partner oder vor Dritten). Zumindest ist es eine bequeme Ausrede, dass man »mit dem Gang zum Eheberater ja den guten Willen gezeigt habe« oder dass »nicht mal der Eheberater noch etwas retten konnte«. Und nicht immer steht hinter solchen »unredlichen« Zielen Böswilligkeit, weit öfter dürften sie auf Angst beruhen, z. B. auf der Angst, selbst mit dem schwarzen Peter dazusitzen (vor sich selbst und vor anderen), wenn es nicht gelingt, die »Schuld« jemand anderem zuzuweisen.

Tatsächlich ist Einsicht in eigenes »Verschulden« ein zentrales »Risiko« (allerdings auch ein wesentlicher Reifungsschritt) der Klienten bei aufdeckender Eheberatung. Ein anderes ist die Erkenntnis, dass die Beziehung viel stärker gestört ist, als man es wahrhaben wollte. Weisen Sie die Klienten auf dieses Risiko zu Beginn der Beratung ausdrücklich (!) hin: Das mögliche Resultat *könnte* in einer Trennung statt einer »Verbesserung der Beziehung« bestehen (auch dieser ausdrückliche Hinweis schützt Sie nicht vor eventuellen späteren Vorwürfen). Falls den Partnern eine Trennung nicht akzeptabel ist, bleibt Ihnen mitunter nur verdeckende Arbeit und Verhaltenstraining, um das weitere Zusammenleben zu ermöglichen. Verweisen Sie die Klienten an einen Kollegen, wenn Ihnen solche Strategie widerstrebt.

Selbst bei konfliktverdeckender Arbeit könnte das Resultat sein, dass der eine Partner ermutigt wird, sich aus der Beziehung zu lösen, während der andere verzweifelt klammert (und gerade dadurch den Partner endgültig verliert). Im besten Fall können Sie dann mit dem/der »Verlassenen« stützend weiterarbeiten und vielleicht eine Nachreifung der Persönlichkeit erreichen. Mitunter kommt es (zum Glück sehr selten) in einem »Opfer«- bzw. Schuldscheinspiel der/des Verlassenen zu dramatischen Entwicklungen wie Suizidalität oder Alkoholismus – in gewissem Sinn sogar in nachträglicher Rechtfertigung des »Verlassenden«. Immer ist es – wie bei jeder Form der Therapie – das »Risiko« der Betroffenen, mit unerwünschten, bisher erfolgreich verleugneten Wahr-

heiten konfrontiert zu werden und dann noch härter verleugnen oder schmerzliche Reifungsschritte einleiten zu müssen.
Auch für den Berater bietet die Ehetherapie Risiken. Selbst bei Vermeidung von Kunstfehlern können Sie leicht »zwischen die Fronten« geraten. Der Vorwurf, mit dem je anderen Partner zu koalieren, ist noch der geringste. Sie müssen auf die Eifersucht *beider* Partner gefasst sein. Schließlich ist es für die Klienten weit bequemer, Sie zum Sündenbock zu machen, als sich mit dem eigenen Anteil an der Entwicklung der Beziehung auseinander zu setzen. Besonders können Sie in Konflikte geraten, wenn Sie sich zum Anwalt der Kinder machen und eventuell deren Interessen gegen die Wünsche auf sich selbst bedachter Eltern vertreten.

3.1.2 Indikationen

Partnerberatung ist spätestens angezeigt, wenn die Partner viel und heftig streiten bzw. in ständigem Machtkampf liegen bzw. häufig und über längere Perioden nicht miteinander reden, und wenn mindestens *ein* Familienmitglied (nicht selten ein Kind) darunter leidet. Verhaltensauffälligkeiten der Kinder, vor allem mehrerer Kinder, lassen Eheprobleme vermuten. Statt oder neben einer Therapie der Kinder ist dann Partnerberatung oder Familientherapie zu empfehlen. Entgegen früheren Annahmen kann die Therapie eines Kindes jedoch selbst dann erfolgreich sein, wenn die Eltern die Mitarbeit verweigern (vgl. Axline[43]).
Permanenter Streit zeigt wenigstens noch gegenseitiges Interesse der Partner, wenn auch vielleicht nur auf der Basis »wenn er/sie mich schon nicht liebt, soll er/sie sich wenigstens über mich ärgern!« Stumm feindseliges oder resigniertes Nebeneinander ist (vor allem für die Kinder) oft noch schwerer zu ertragen und bietet schlechtere Prognosen als Streit. Optimal wäre Beratung, noch ehe es zu einer Beziehungskrise gekommen ist. Viele spätere Einzeltherapien wären unnötig, wenn durch rechtzeitige Eheberatung der Eltern die Kinder bessere Bedingungen der Kindheit und des

---

[43] Virginia M. Axline, Dibs, Bern 1964

3. Partnerberatung/Ehetherapie

Heranwachsens hätten. »Präventive« Eheberatung in Gruppen würde nur einen relativ geringen personellen und finanziellen Aufwand erfordern und sich sozialmedizinisch durchaus lohnen.

3.1.3 Mancherlei Möglichkeiten

Eine Ergänzung der Einzel- und/oder triadischen Sitzungen einer Eheberatung mit Gruppenarbeit ist auf jeden Fall empfehlenswert: Durch den Vergleich und die Interaktion mit anderen Paaren gewinnen die Partner Einsichten, die anders kaum zu vermitteln sind. – Das »klassische« Setting der Partnerberatung, die triadische Sitzung, ist besonders zu Anfang der Beratung für den Therapeuten oft sehr strapaziös. Nicht immer sind triadische Sitzungen durchführbar, und sie sollten möglichst auf die Teilnahme an einer Paargruppe hinleiten. *Eine* triadische Sitzung, in der Sie den Umgang der Partner miteinander erleben, ist als Diagnostikum zu Beginn der Beratung fast unverzichtbar. Weitere können in Abständen zur Kontrolle der Therapiefortschritte folgen, wenn mit den Partnern einzeln bzw. in getrennten Selbsterfahrungsgruppen gearbeitet wird. Vereinzelte triadische Sitzungen sind auch nötig, wenn in einer Gruppe Probleme eines Paares angerissen werden und dort nicht ausreichend behandelt werden können.
Von triadischen Sitzungen ist abzuraten, solange die Partner sie mit Streit und Gerichtssaal-Spielen (siehe Berne)[44] füllen. Es ist kein Fehler, den Partnern dann mitzuteilen, dass Sie triadische Sitzungen erst wieder versuchen werden, wenn die Klienten ihre Streitsucht zumindest in Ihrer Gegenwart zügeln. Inzwischen arbeiten Sie dyadisch oder mit geeigneten Gruppen. Sind Paargruppen nicht verfügbar, müssen die Partner in »normalen« Selbsterfahrungs- bzw. subtherapeutischen Gruppen untergebracht werden. Allerdings ist z. B. ein Paar, das gewohnheitsmäßig streitet, für eine Selbsterfahrungsgruppe eine oft unzumutbare Belastung, und die Partner sollten auf verschiedene Gruppen verteilt werden, bis ihre gemeinsame Teilnahme an einer Gruppe möglich wird.

---

[44] Eric Berne, Spiele der Erwachsenen, Reinbek bei Hamburg 1964/1994

Der »Normalansatz« für Partnerberatungen sollte also eine erste triadische Sitzung sein, nach der zu entscheiden ist, ob mit Einzelberatung(en) und/oder triadischen Sitzungen fortzufahren ist, bis das Paar notfalls nach anfänglicher Arbeit in getrennten Selbsterfahrungsgruppen an einer Paargruppe teilnimmt. Dort erfolgt der größte Teil des Verhaltenstrainings. Als Abschluss kann in einer letzten triadischen Sitzung das weitere Arbeitsprogramm, nun von den Partnern selbstständig durchzuführen, festgelegt werden.

3.2 Ein Exkurs über »Hypotheken«

3.2.1 Der »Himmel voller Geigen«

Romane und Medien fördern die Illusion, man brauche nur den begehrten Partner zu heiraten und dieser werde einen, gewissermaßen qua Amt und ohne weiteres eigenes Zutun, auf Lebenszeit »glücklich machen« – ein Spezialfall des unserer Wohlstandsmentalität entsprechenden infantilen Wunsch- und Versorgungsdenkens. Der Partner fühlt sich durch den an ihn gerichteten Verwöhnungsanspruch verärgert und überfordert und reagiert mit Gegenforderungen und Enttäuschung. So kann es in wechselseitiger Eskalation zu einem Teufelskreis »wenn du mich lieb hättest, würdest du ...« kommen, der vor dem Scheidungsrichter endet und mit neuen Eheschließungen in die nächste Runde gehen kann. Offenbar haben die Partner in einer solchen Beziehung vor Erreichen der nötigen Reife geheiratet. Ihr forderndes »Kind-Ich« wird vom »Erwachsenen-Ich« unzureichend kontrolliert und wechselt zwischen den Haltungen des »Opfers« und des »Verfolgers«. In der Therapie müssen die Partner darauf trainiert werden, legitime Wünsche und Erwartungen des anderen zu erkennen, zu akzeptieren und zu berücksichtigen. Ihre Frage »kriege ich genug?« ist zu ersetzen durch die Frage »gebe ich meinen fairen Anteil?«, zudem ist ihnen zu verdeutlichen, dass sie selbst – und niemand sonst – für ihre Zufriedenheit, ihr »Glück« verantwortlich sind. In schweren Fällen könnten Einzelsitzungen nötig sein. Meist sind die nötigen Haltungsänderungen in getrennten subtherapeutischen Gruppen zu erreichen.

3.2.2 »Geheimverträge«

Auch bei den sogenannten »Geheimverträgen« handelt es sich um Erwartungen an den Partner, die von diesem gekränkt zurückgewiesen und mit Gegenforderungen beantwortet werden. Doch geht es hier um die Verwechslung von Familientraditionen mit allgemein gültigen Verhaltensnormen: Gepflogenheiten der Herkunftsfamilie, die selbst innerhalb derselben Subkultur beträchtlich variieren können, werden fälschlich für allgemein verbindlich gehalten. So wird vom Partner als selbstverständlich (!) vorausgesetzt, was Gegenstand von Vereinbarungen hätte sein müssen. Genau diese Tatsache entzieht sich jedoch dem Bewusstsein: Die »Verträge«, mit denen man den Partner für gebunden hält, sind so »geheim«, dass *keiner* der beiden Betroffenen von ihnen weiß.
Die entsprechenden Erwartungen beziehen sich u. a. auf die gegenseitigen Rechte und Pflichten von Mann und Frau, von Eltern und Kindern (die Kindererziehung gilt ohnehin als eins der konflikträchtigsten Themen der Ehe), auf den Umgang mit Zeit und Geld, auf die Ausgestaltung der Beziehungen zu den Eltern/Schwiegereltern sowie auf die allgemeinen sozialen Beziehungen, darüber hinaus oft allgemein auf den Lebensstil und Lebenszuschnitt. Abweichendes Verhalten des Partners wird diesem quasi als »Vertragsbruch« angelastet, *er* »ist schuld« an den auftretenden Verstimmungen und hätte sein Verhalten »zu korrigieren«.
So führt die Verwechslung von Familientraditionen mit allgemeiverbindlichen Normen nicht selten schließlich zum Scheitern der Beziehung, ohne dass den Betroffenen klar wird, dass es sich in erster Linie um eine Informations- und Kommunikationslücke handelt.
Die Bedeutung *rechtzeitiger* Abklärung der gegenseitigen Erwartungen, bis in die Details, kann gar nicht überschätzt werden – erst sie zeigt, auf welche gegenseitigen Zugeständnisse und Verzichte die Partner sich im Fall einer Eheschließung einlassen. Die detaillierte Formulierung der Erwartungen hat daher in »ehevorberei-

tenden Gruppen« einen ganz hohen Stellenwert. Wie üblich steckt dabei der Teufel im Detail: Was genau sind eine »geputzte, aufgeräumte Wohnung«, ein »angemessenes« Taschengeld, ein »vertretbarer« Aufwand, eine »liberale« Erziehung der Kinder? Dabei sind zusätzliche Komplikationen durch unrealistische Vorstellungen über das Verhalten von Kindern und die eigenen Reaktionen darauf zu erwarten.

Haben »Geheimverträge« zu Verstimmung und Groll in einer Ehe geführt, so sind vor allem die hinter den gegenseitigen Erwartungen und Anforderungen stehenden Traditionen einsichtig zu machen, und die Bedeutung der Kommunikationslücke ist aufzuzeigen. Beim anschließenden Training der Konfliktlösung und Kompromissfindung geht es nicht zuletzt um die Überwindung von Machtkampftendenzen und von der Vorstellung, Kompromissbereitschaft sei ein Zeichen von Unterlegenheit oder sogar »Unterwerfung«. Die Arbeit kann in Gruppen durchgeführt werden, mit Gordons »Familienkonferenz«[45] als hilfreichem Ratgeber für die Teilnehmer.

3.2.3 Heirat aus »unzureichenden Gründen«

Unter belastenden äußeren Bedingungen geraten vor allem Ehen in Schwierigkeiten, die aus »unzureichenden Gründen« geschlossen wurden (»wie sonst hätte ich von zu Hause wegkommen sollen?«/»alle meine Mitschüler waren schon verheiratet!« o. Ä.), sodass die Partner nicht zu größeren Anstrengungen für ihre Sanierung bereit sind. Entgegen romantischen Vorstellungen fallen »Vernunftehen« nicht unter die Kategorie der »unzureichenden Gründe«. Sie haben meist gute Erfolgschancen, denn die Partner wissen, dass sie »investieren« und sich (nicht zuletzt mit den Mängeln des anderen) arrangieren müssen, um die Ehe zu einem Erfolg zu machen. »Unzureichende Gründe« liegen z. B. vor, wenn die Partner aus Trotz, auf Grund von Wunschdenken oder überhaupt ohne Überlegung geheiratet haben, weil doch »alle« heiraten, auf

---

[45] Thomas Gordon, Familienkonferenz, Hamburg [14]1994

3. Partnerberatung/Ehetherapie

Grund einer heftigen momentanen Verliebtheit oder weil ein Kind unterwegs war. Übrigens ist sogar tiefe gegenseitige Liebe, selbst wenn sie anhält, keine Garantie für eine »gelingende« Ehe. Gerade dann kann das Zusammenleben besonders schwierig oder sogar unmöglich sein.

Eine auf Grund einer ungewollten Schwangerschaft unwillig geschlossene Ehe (»hättest du eben besser aufgepasst!«) kann besonders problematisch werden, da es oft zu Schuldzuweisungen an das Kind kommt (»*Deinetwegen* musste ich deinen Vater/deine Mutter heiraten!«). Das Kind akzeptiert sie im Allgemeinen und antwortet nicht selten mit Devianzen. Das »schwierige Kind« kann dann zum Sündenbock und Alibi für alle Probleme in der Ehe dienen und wird entsprechend von den Eltern in seiner Störung bestärkt und fixiert – ein klassischer Fall für Familientherapie. Tatsächlich sind alle Beteiligten meist besser daran, wenn das »Muss-Kind« nicht zum Anlass einer Heirat genommen wird. Vor allem ist das Kind oft bei der allein erziehenden Mutter oder in einer freundlichen Pflegefamilie oder auch beim Vater besser aufgehoben als bei nur widerwillig verheirateten Eltern.

Selbst wenn es zunächst nicht zu Streit und Misshelligkeiten kommt, haben die Partner einer aus unzureichenden Gründen geschlossenen Ehe oft ihr Leben lang das Gefühl, »angeschmiert worden« und zu kurz gekommen zu sein: »Jede(r) andere wäre besser gewesen.« Das entspricht zwar nicht unbedingt den Tatsachen, verstärkt aber die Probleme. Spätestens bei der ersten Durststrecke, etwa scheiternden beruflichen bzw. wirtschaftlichen Plänen, kommt es dann meist zu gegenseitigen Vorwürfen, ohne Bereitschaft zur Arbeit an der Beziehung. Beratung wird, wenn überhaupt, im Allgemeinen erst sehr spät (und eher als Alibi, um dem Partner Schuld zuweisen zu lassen) aufgesucht. Dabei könnten viele dieser Ehen noch durchaus zufrieden stellend »saniert« werden, wenn die gegenseitige Wahl der Partner nicht ein zu großer Missgriff war.

In der Beratung steht zunächst die »Bilanz« im Vordergrund: Welche Verzichte müssten von jedem der Partner geleistet, welche Pflichten übernommen werden, um zumindest ein erträgliches Zusammenleben zu ermöglichen? Stünde dieser Aufwand in einem vernünftigen Verhältnis zu den damit erreichbaren Gratifikationen? Welche Vor- und welche Nachteile würde eine Trennung bzw. Scheidung bringen? Machen Sie dabei auch deutlich, dass ein »Neubeginn« nach einer Scheidung genauso wie die Sanierung der bestehenden Beziehung eine Nachreifung und Veränderung der Persönlichkeit voraussetzt. Die »Probleme« lagen eben weit häufiger am fehlenden *eigenen* Engagement, an der eigenen Unreife, als am Partner. Oft empfiehlt es sich daher (wenn die Partner überhaupt zu ernsthafter Mitarbeit bereit sind), die Entscheidung über Sanierung oder Trennung auszusetzen, bis die Therapie »greift« und die Partner sich verantwortlicher verhalten (»bis die symbiotischen Aspekte der Beziehung aufgelöst sind«).

3.2.4 Einflüsse der Eltern/Schwiegereltern

Wenn den Partnern vor der Ehe die Ablösung von ihren Eltern nicht gelang, ist mit Problemen zu rechnen. Besonders der Mann kann sich im Spannungsfeld zwischen seiner Mutter und seiner Frau verfangen, mitunter auf der Basis »macht den Sieger unter euch aus«, wobei der »Sieger« das »Recht« hat, ihn zu verwöhnen und zu dominieren. Bei einer ohnehin angefochtenen Beziehung können die Probleme mit den jeweiligen Schwiegereltern Anlass zu permanentem Streit oder Grabenkrieg werden. Auch ein nicht bereinigter Kindheitskonflikt mit dem gegengeschlechtlichen Elternteil führt als »verlängerte Bindung« (mitunter selbst Jahre nach dem Tod des Elternteils) leicht zu Schwierigkeiten mit dem Partner und mit potentiellen Partnern schlechthin.
Übrigens ist die so viel geschmähte Schwiegermutter meist als Babysitter, Kindermädchen und Haushaltshilfe durchaus willkommen. Die angebliche bzw. vermeintliche »Handlungsunfähigkeit« ihr gegenüber beruht oft auf handfestem Vorteilsdenken. Die Partner entscheiden, an der Schwiegermutter zu »leiden«, statt auf ihre Hilfe zu verzichten. Zudem bietet sie ja ein ausgezeichnetes Alibi: Viele Schwierigkeiten der Ehe können ihr angelastet werden, was mitunter noch wichtiger ist als ihre Hilfe. Die Erziehung der Kinder, ohnehin oft Konfliktpotential, führt auch bei sonst guten Beziehungen zwischen den Generationen leicht zu Schwierigkeiten zwischen Eltern und Großeltern. Nicht selten bringen

3. Partnerberatung/Ehetherapie

die Großeltern mit ihrer Verwöhnung der Enkel die Eltern in Schwierigkeiten. Der Vorwurf des Partners »Kannst du deinen Eltern nicht beibringen, dass sie die Kinder nicht so verwöhnen sollen?!« kann dann das Problem noch weiterhin verschärfen (und löst fast zwangsläufig die Reaktion »nun gerade nicht!« aus).
Probleme anderer Art ergeben sich, wenn (Schwieger-)Eltern kränklich bzw. hinfällig werden und ein oder beide Partner sich verpflichtet fühlen, die Pflege des/der alten Menschen zu übernehmen – oft weit über die eigenen Kräfte hinaus (was anfangs oft nicht abzusehen ist) und auch zu Lasten der eigenen Kinder. Die gesellschaftlichen Normen bieten wenig Hilfe bei der Entscheidung, wie weit die jeweiligen Ansprüche der Beteiligten (u. a. die der Senioren, nicht »ins Altenheim abgeschoben zu werden«, und die der Kinder, nicht immer Rücksicht nehmen zu müssen) »legitim« sind. Nachbarn oder Verwandte, die nie eine derartige Pflege durchgeführt haben, erwarten oft als »selbstverständlich«, dass das Ehepaar die alten Leute versorgt – unabhängig davon, wie anspruchsvoll, zänkisch oder rechthaberisch diese vielleicht inzwischen sind. Wer selbst einmal eine schwierige Pflege durchgeführt hat, wird eher davon abraten.
Oft unterschätzt der Hausherr, welche Lasten der Frau mit der Pflege auferlegt sind. Sie erntet für ihre Mühen wenig Dank und mag sich ausgenutzt und zum Altenpfleger degradiert fühlen, besonders wenn es sich um ihre Schwiegereltern handelt. Mitunter plädiert jedoch gerade der Mann – der am wenigsten dabei Belastete – dafür, die alten Leute (besonders die Eltern der Frau) ins Alten- oder Pflegeheim zu geben, was die Frau, aus mitunter missverstandenem Pflichtgefühl, nur »mit schlechtem Gewissen« könnte. Nicht selten kommt es zwischen den Partnern dann zum Gefühl »Wenn du mich auch nur etwas liebtest, würdest du mir das nicht zumuten!« und im nächsten Schritt zu Vorwürfen »Wenn du nicht wärst, könnte ich …!« Selbst bei Einigkeit der Partner führt der Dauerstress einer schwierigen Pflege oft zu Gereiztheit, die der Ehe nicht gut bekommt. Hier muss der Berater als »Erlauber« den Partnern bewusst machen, dass sie selbst auch legitime Ansprüche haben und auch im Hinblick auf die eigenen Kinder für die Bequemlichkeit, vielleicht die Verwöhnungsansprüche der alten Leute einen unzumutbaren Preis zahlen.

3.2 Ein Exkurs über »Hypotheken«

Selbst längst verstorbene (Schwieger-)Eltern können sich unheilvoll auf eine Ehe auswirken. Bei entsprechender Partnerwahl kann die Ehe zu einer Kopie der Ehe der Eltern werden, bis hin zu den speziellen Formen des Scheiterns bzw. des Ehekrieges, die zur »Familientradition« werden. Nicht umsonst sind Abkömmlinge aus schlecht funktionierenden oder gescheiterten Ehen in der Klientel der Eheberatungsstellen weit überrepräsentiert. Sie haben ja die destruktiven »Spiele« und Kommunikationsmuster von früh auf gelernt. – Auch wenn statt der »Mutter« (des »Vaters«) »Anti-Mutter« bzw. »Anti-Vater« geheiratet werden (ihr möglichstes Gegenteil), handelt es sich um eine Fortsetzung der früheren Spiele, eventuell mit umgekehrtem Vorzeichen. In jedem Fall werden dabei dem Partner Eigenschaften und Ziele zugeschrieben sowie Gefühle entgegengebracht wie früher dem entsprechenden Elternteil (bzw. wie man sie bei diesem wünschte), genauer gesagt die Eigenschaften und Ziele, die man als Kind dem Elternteil, mitunter sehr irrtümlich, zuschrieb. Damit richten sich Erwartungen und Vorwürfe an den Partner, die eigentlich einer anderen Person gelten und die vom Partner zurückgewiesen und oft mit irrationalen Gegenvorwürfen und Erwartungen beantwortet werden. Gelegentlich treten auch »Vermischungen« des Partners mit Geschwistern auf.

Oft laufen die Einflüsse der Eltern über frühkindliche »Einschärfungen« (vergleiche Rogoll[46]), die die Haltung dem gesamten anderen Geschlecht gegenüber bestimmen können und mitunter zu einer beträchtlichen Ehe-Hypothek werden, wie z. B.: »Sex ist lästig (schmerzhaft)«, »Männer wollen immer nur das eine«, »alle Weiber sind Nutten« u. Ä. Vorstellungen dieser Art verzerren bzw. strukturieren die Wahrnehmung wie alle Vorurteile und werden leicht zu selbst erfüllenden Prophezeiungen. Ihre Bearbeitung erfolgt in Gruppen mit den üblichen Methoden der Aufdeckung und des Abbaus von Vorurteilen.

Generell werden die auf die Eltern zurückgehenden unbewussten Erwartungen und Befürchtungen, die eine Ehe belasten, am besten in der Gruppe durch Rollenspiele mit Hilfs-Ichs bewusst gemacht.

---

[46] Rüdiger Rogoll, Nimm dich wie du bist, Freiburg/Breisgau 1976

3. Partnerberatung/Ehetherapie

Auch die Vermischungen zwischen Eltern (Geschwistern) und Partner werden mit dieser Methode thematisiert und aufgehoben. Schließlich ist das Rollenspiel mit Hilfs-Ichs und zeitweiligem Rollentausch auch das einfachste Verfahren, bei Problemen mit den noch lebenden Eltern/Schwiegereltern Verständnis für den Standpunkt des Konfliktpartners zu wecken und Lösungsmöglichkeiten zu finden. Einzel- bzw. Paar-Kurzsitzungen von 20 Minuten, in Abständen von etwa drei Wochen, gewährleisten die Umsetzung der in der Gruppe gewonnenen Einsichten in den Ehe-Alltag: »Was ist Ihnen seit unserer letzten Sitzung deutlich geworden, und was hat sich in Ihrer Ehe/in Ihrem Alltag geändert?«.

3.3 Triadische Partnerberatung

In triadischen Sitzungen kann es (besonders zu Behandlungsbeginn) leicht zu Streit zwischen den Partnern und zu unzeitiger Konfliktaufdeckung und -eskalation kommen. Ein ohnehin auf dem Rückzug befindlicher Partner zieht sich bei nondirektiver triadischer Arbeit mitunter völlig in sich selbst zurück. Daher empfiehlt es sich, stark zu strukturieren, Übungen einzusetzen bzw. mit den Partnern zunächst getrennt zu arbeiten. – Auch im besten Fall ist triadische Arbeit allein schon durch die Menge der anfallenden Informationen strapaziös. So ist die rechtzeitige Aufnahme von Gedächtnisprotokollen wichtig, und die Arbeit wird mit Vor- und Nachbereitung aufwändig.

3.3.1 Kontaktaufnahme und erste Sitzung

Im einfachsten Fall sind Sie zu Beginn einer Ehetherapie beiden Partnern unbekannt oder mit beiden aus Einzeltherapien oder Gruppen in etwa gleichem Maße bekannt, sodass die Lage zumindest in dieser Hinsicht »ausgeglichen« ist. Ohnehin besteht eine Asymmetrie gegenüber dem männlichen bzw. dem weiblichen Berater (und zwar nicht nur in der Phantasie der Klienten!). Zumin-

3.3 Triadische Partnerberatung

dest sollte gewährleistet sein (Supervision!), dass Sie sich nicht gewohnheitsmäßig mit dem gleich- bzw. mit dem gegengeschlechtlichen Partner solidarisieren. Ist Ihnen aus Einzeltherapie oder Gruppe einer der Partner besser bekannt, so könnte es sich empfehlen, vor Beginn der triadischen Arbeit in einer Einzelsitzung mit dem anderen Partner für mehr Symmetrie zu sorgen. Zumindest sollten Sie bei der Kontaktaufnahme ein derartiges Gespräch anbieten.

Nicht immer ist es der resolutere Partner, der den Kontakt zu einem fremden Berater bzw. zur entsprechenden Institution aufnimmt. Es kann auch der unter dem größeren Leidensdruck bzw. der sein, der den anderen mit diesem Schritt überfahren, manipulieren oder ins Unrecht setzen will, oder der habituell unangenehme Arbeiten und/oder Verantwortung übernimmt. Noch mehr als bei Einzeltherapien empfiehlt es sich, Kontaktgespräche nicht über Sekretärin oder Praxishilfe abzuwickeln. Bitten Sie bei Zweifeln um einen Rückruf des Partners, »um sich auch von seinem Anliegen ein Bild zu machen«.

Wieder »beginnt« die Erstsitzung schon vor ihrem »eigentlichen« Anfang mit den gegenseitigen Phantasien und Erwartungen, mitunter auch mit Interaktionen zwischen den Partnern – etwa Streit über die Vereinbarung und die angestrebten Ziele, oder Übereinstimmung in der Erleichterung, dass nun endlich »etwas geschehen werde«. Und schon vor Beginn des Gesprächs erhalten Sie eine Fülle von Informationen sowohl durch die Selbstdarstellung der Partner in Kleidung und Auftreten wie durch ihre verbalen und vor allem nonverbalen Interaktionen.

Von Bedeutung sind zunächst eventuelle Polarisationen, die sich in deutlichen Unterschieden z. B. der Kleidung (u. a. in ihrer Aufwändigkeit), der Sprache, der »Manieren« u. Ä. ausdrücken. Wer übernimmt (und in welcher Art, mit welcher Einbeziehung oder Ausgrenzung des Partners) die Initiative, wie reagiert dieser dabei? Wer dominiert, protegiert, provoziert, manipuliert vielleicht; wer hält bzw. vermeidet Blickkontakt? Welche Positionen und Distanzen werden (von wem und wie) gewählt in der Sitzecke, die mit mehrsitzigem Sofa und Einzelsesseln am Tisch Wahlmöglichkeiten für Kontakt wie für Abgrenzung bieten sollte? Gibt es Differen-

3. Partnerberatung/Ehetherapie

zen zwischen verbalen und nonverbalen Signalen und könnte es sich dabei um gezielte Botschaften an Sie handeln?
Und wie gestaltet sich die tatsächliche »Eröffnung«? Wenn Sie nicht strukturierend eingreifen (außer etwa mit einem ermunternden »Ja?«), kann die Situation für die oder für einen Klienten sehr belastend werden. Mitunter allerdings eröffnet einer der Partner, noch ehe Sie ansetzen konnten, und u. U. mit mehr oder weniger offenen Angriffen bzw. Anschuldigungen gegen den anderen. Manchmal fällt dieser dem anderen ins Wort, und es entwickelt sich umgehend ein handfester Streit, möglicherweise als Widerstand gegen die Beratung oder als Versuch, Sie zu testen, u. a. bezüglich Ihrer »Neutralität« und Ihrer Manipulierbarkeit. Sie sind gut beraten, dann nicht auf das Streit»objekt« einzugehen, außer bei einem Konflikt, ob die Beratung überhaupt »Sinn habe«. Da bieten Sie am besten an, die Entscheidung bis zur oder nach der dritten Sitzung auszusetzen.

Generell empfiehlt es sich, an Hand eines Streits die gegenseitigen Strategien und/oder die unterliegenden irrationalen Annahmen zu verdeutlichen. Wenn Sie den Streit mit Handpuppen oder Klötzchen nachspielen, können Sie die Partner wechselseitig als Hilfs-Ichs aufrufen bzw. selbst als Hilfs-Ich einsteigen. Meist wird dabei auch das Ausmaß der gegenseitigen Fehlkommunikation offenbar, was in günstigen Fällen das Interesse der Klienten von ihrem Streit abzieht. Eventuell wird damit ein Einschub »Aktiven Zuhörens« (siehe Seite 283) möglich, der der weiteren Kommunikation zugute kommt. Zumindest können Sie daraufhin Kommunikationsregeln vorgeben (z. B. nach Wahlroos[47]). Bestehen Sie vor allem darauf, dass die Partner in triadischer Sitzung nicht über-, sondern zueinander sprechen: Nicht der Berater ist der eigentliche Gesprächspartner, sondern der Partner.

Nicht immer lässt sich der zurückhaltendere Klient aus seiner Reserve locken; auch mag sein Schweigen eine Botschaft an Sie sein. Oft hilft Ihr Hinweis auf seine nonverbalen Signale bzw. auf Ihre Phantasien, wie er das Gespräch (an dem er sich so wenig beteiligt)

---

[47] Sven Wahlroos, Familienglück kann jeder lernen, Frankfurt/Main 1980

3.3 Triadische Partnerberatung

wohl erlebe. Bleiben die Gesprächsanteile beider sehr ungleichgewichtig, können Sie stark strukturieren und weitgehend mit Übungen arbeiten. Geeignet sind für Erstsitzungen z. B. schriftliche Satzergänzungen »Ich könnte leichter mit dir leben (würde mich freuen), wenn .../Ich glaube, du könntest leichter mit mir leben (würdest dich freuen), wenn ...« bzw. »vertauschte« Lebensläufe: Jeder Partner gibt wie ein Hilfs-Ich, also per *ich* sprechend, den Lebenslauf (oder eine anderweitige Selbstdarstellung) des anderen.

Da Sie dabei zwei Lebensläufe hören und aufarbeiten müssen, sind strikte Zeitvorgaben nötig, auch wenn Sie die Lebensläufe erst mit dem gegenseitigen Kennenlernen beginnen lassen (konfliktträchtig!). Anschließend sollen sich die Partner *kurz* dazu äußern, wie sie die Darstellung durch den anderen erlebt haben; bzw. was ihnen die gegenseitigen Aussagen »Ich könnte leichter mit dir leben,/ich glaube, du könntest leichter mit mir leben, wenn ...« bedeuten. Wichtig ist speziell, ob sie dabei neue Informationen vom bzw. über den Partner erhielten. Nutzen Sie die sich dabei eventuell bietende Gelegenheit zu Soforthilfe, etwa als Vertrag zur Erleichterung des Zusammenlebens. Reicht die Zeit nicht zur Bearbeitung der inhaltlichen Aspekte der Übung, sind diese als ein Thema für die nächste Sitzung zurückzustellen. Wichtiger als der Inhalt ist die bei der Übung deutlich werdende gegenseitige Einfühlung bzw. ihr Fehlen. Sie zeigt u. a., ob Sie bei aufdeckender Arbeit mit dem Paar einen unzeitigen Eklat riskieren.

Watzlawick, Beavin und Jackson[48] beschreiben eine strukturierte Eröffnung mit der Standardfrage »Wie kam es, dass unter den Millionen Menschen gerade Sie beide sich trafen?«. Es geht dabei nicht um Informationen über das damalige Geschehen, sondern um den gegenwärtigen Umgang der Partner miteinander, um die gegenwärtige Form ihrer Beziehung (»... wer jetzt das Recht hat, was zum [und über] den anderen zu sagen«, l. c. S. 106). Eröffnungen dieser Art sind diagnostisch/prognostisch wertvoll; ihr *therapeutischer* Wert hängt sehr vom Geschick des Beraters ab.

---

[48] Paul Watzlawick, Janet H. Beavin, Donald D. Jackson, Menschliche Kommunikation, Bern ²1971, S. 106–113

3. Partnerberatung/Ehetherapie

Rechtzeitig vor Sitzungsende empfehlen sich Satzergänzungen, »Mir war heute wichtig, dass ...; vermisst habe ich ...«, an denen Sie auch mit »Hausaufgaben« für die Partner anknüpfen können. Erfolgte die Eröffnung des Gesprächs durch die Klienten, so haben Sie eventuell noch einen wichtigen Hinweis nachzureichen (sofern Sie nicht vorab ein Merkblatt ausgeben): Dass das Resultat der Beratung u. U. auch die Entscheidung sein könne, eine schon längst fällige Trennung endlich durchzuführen. Das wäre dann ein zwar schmerzlicher, aber wichtiger Reifungsschritt und würde einen Neuanfang ermöglichen. Geben Sie nach Möglichkeit eine vorläufige Prognose: »Ich hoffe, dass wir in einigen Wochen (Monaten) zumindest erreichen können ...«, wobei sich unrealistischer Zweckoptimismus nicht empfiehlt.

Um bei Bedarf die Erstsitzung strukturiert eröffnen zu können, sind mitunter Fragebogen (vgl. Seite 323 ff.) nützlich, die jedem der Partner nach dem Kontaktgespräch zugeschickt und rechtzeitig vor der Erstsitzung zurückerbeten werden. Es empfiehlt sich ein Anschreiben, dass damit Zeit in den Sitzungen gespart wird, die sonst für die Erhebung dieser Daten aufzuwenden wäre. Gefragt werden kann nach der Geschwisterposition, dem Herkommen, der beruflichen Laufbahn jedes der Partner, nach dem bisherigen Verlauf der Beziehung und der Ehe, nach den eigenen Problemen und den (vermuteten) Problemen des Partners; nach der Beziehung zu dessen und zu den eigenen Verwandten, nach Daten und Charakteristiken der Kinder (speziell nach Verhaltensauffälligkeiten). Erbitten Sie eventuell einen kurzen (ungefähre Länge vorgeben!) Lebenslauf des Klienten und seines Partners (Diskrepanzen zwischen Selbst- und Fremddarstellung?) und/oder eine Selbstbeschreibung und eine Beschreibung des Partners und fragen Sie nach den Phantasien, wie der Partner einen dabei beschrieben hätte. Genau diese Phantasien sind es auch, die zunächst abgerufen werden, wenn Sie die Fragebogen als Grundlage strukturierter Arbeit benutzen.

Auch mit dem kurzzeitigen Übergang zu »Einzeltherapie in der triadischen Sitzung« lassen sich Provokationen abfangen, die gegen den Partner gerichtet sind. So reagieren Sie z. B. auf die Äußerung eines Klienten, er habe schon bei der Heirat ein »mieses Gefühl« gehabt (gewusst, er mache einen Fehler), mit der Frage, ob er

3.3 Triadische Partnerberatung

öfter so gegen sein Gefühl bzw. gegen seine Einsicht handele. Damit wird er von seinem Partner ab- und auf sich zurückgelenkt und implizit auf den eigenen Anteil an den Schwierigkeiten verwiesen. Im weiteren Verlauf der Arbeit allerdings müssen die Konflikte zunehmend aufgedeckt und bereinigt werden. Die Kompromisssuche kann zur »Hausaufgabe« gemacht und anschließend gemeinsam mit Ihnen bewertet werden.

Kannten Sie zunächst nur einen der Klienten, so sollten Sie sich zu Beginn der Erstsitzung mehr dem anderen zuwenden, etwa mit dem Angebot von Satzergänzungen zu »ich würde mich jetzt hier wohler fühlen, wenn ...« (schriftlich aufzulisten, während der Ihnen bekannte Partner die von ihm vermuteten Aussagen des anderen notiert). Meist zeigen die Ergänzungen, wie der Klient am wirkungsvollsten zu integrieren ist.

3.3.2 »Normalverlauf« der Partnerberatung

Im einfachsten Fall der Eheberatung sind schwerere neurotische Störungen der Partner, falls sie bestanden, bereits in einer vorangegangenen Einzeltherapie überwunden. Daher werden allenfalls gelegentlich Einzelsitzungen oder kurze Einschübe von Einzelberatung in der triadischen Sitzung nötig. Bei Ehen von schwer gestörten Partnern, vor allem bei »Ergänzungssyndromen« wie der Ehe zwischen Zwangsneurotiker und Depressiver, bestehen Heilungschancen wohl ohnehin nur bei stationärer psychotherapeutischer Behandlung der Klienten in psychosomatischen Kliniken. Sie können allenfalls versuchen, die Partner von dieser Notwendigkeit zu überzeugen und bis zu ihrer Aufnahme dort stützend und konfliktverdeckend größere Katastrophen zu verhindern.

Im »Normalfall« (allenfalls leicht gestörte Partner) sollten Sie in der Beratung möglichst früh, in Ansätzen schon im Erstinterview, nach dem derzeitigen Zustand der Beziehung/der Ehe sowie nach den Therapiezielen fragen. So gewinnen Sie die Basis für eine therapieverstärkende Erfolgskontrolle. Bei der Klärung der Ziele können Sie auch unrealistische Erwartungen zurückweisen, vor allem die, *Sie* würden für die Partner Ordnung in deren verfahrene Beziehung bringen, ohne größeres Engagement der Klienten. Der-

3. Partnerberatung/Ehetherapie

artigem infantilen Wunschdenken ist die Frage entgegenzusetzen, was konkret die Klienten für die Sanierung ihrer Beziehung zu tun bereit sind. Mehr noch als in der Einzeltherapie ist es ein Therapiefehler, wenn der Therapeut sich mehr engagiert als die Betroffenen: *Sie* leisten lediglich Hilfe zur Selbsthilfe. Übrigens ist es mitunter schon ein großer Erfolg, wenn Sie die Partner »nur« zu einer realistischeren Einschätzung der Situation befähigen, geschweige denn zu eigenen und selbstverantworteten Entscheidungen und deren Umsetzung.

Für die Bilanz des Ist-Zustands und die Ziel-Analyse empfehlen sich möglichst konkrete und detaillierte, quantifizierte Beschreibungen, wenn sie auch vielleicht formalistisch wirken: Wie viel Streit, wie viel Freiraum, wie viele gemeinsame Unternehmungen (speziell wie viele sexuelle Kontakte welcher Art) kennzeichnen den derzeitigen Zustand und wie viele (maximal und minimal) werden von dem einen und von dem anderen Partner gewünscht? U. a. zeigt sich dabei, was die Partner am meisten entbehren, und mitunter bieten sich ohne größeren Aufwand praktikable Kompromisse an. Die so erreichbare rasche Entlastung ist zwar kein Therapieziel an sich, fördert jedoch die Bereitschaft der Klienten zu weiterem Engagement. Auch wenn Sie Ihr Ziel in erster Linie in einer Nachreifung und Entfaltung der Persönlichkeit der Klienten sehen, Soforthilfe durch »Verträge« und Übungen (speziell »Hausaufgaben«) ist keinesfalls ein Therapiefehler.
Oft macht die gestörte Verständigung zwischen den Partnern ein möglichst baldiges Kommunikationstraining, z. B. durch »Aktives Zuhören« (siehe Seite 283), nötig. Hilfs-Ich-Ansätze sowie Ihr Beispiel verdeutlichen, wie durch Rückmeldung des Gehörten und des dazu Assoziierten Fehlkommunikation vermieden werden kann, ohne dass das Gespräch dabei gekünstelt oder schwerfällig wird. Weiter sind die Klienten an die Vermeidung von Du- und die Benutzung von Ich-Botschaften (siehe Seite 216) zu gewöhnen. Sind die Partner nicht zu einer Änderung ihrer Kommunikation bereit, könnten sie statt einer Sanierung der Beziehung einen Bruch unter Schuldzuweisung an den anderen anzielen, oder sie hoffen, dass Sie und/oder der Partner die Arbeit der Sanierung leisten würden.

3.3 Triadische Partnerberatung

Fürchten die Klienten, sich etwas zu vergeben oder zurückgewiesen (und damit beschämt) zu werden, wenn sie den ersten Schritt der eigentlich von beiden gewünschten Aussöhnung tun, dann können Sie ihnen den schwarzen Peter abnehmen und die Kompromisssuche durch eigene Vorschläge in Gang bringen. Dabei wird dann auch deutlich, wie weit die gegenseitige Trotzhaltung (oft beruht sie auf Bestrafungstendenzen) ein Schnitt ins eigene Fleisch war, nicht zuletzt bei sexueller Verweigerung.

Nicht selten beruhen sexuelle Probleme eines Paares noch immer auf dem Tabu, sexuelle Wünsche und Empfindungen (selbst dem Partner gegenüber) auszusprechen – besonders, wenn im Elternhaus Sexualität unter dem Odium der »Sünde« stand. So können auch eventuelle Schuld- und/oder Versagensängste nicht ausgesprochen und abgebaut werden, und am wenigsten in Gegenwart des Beraters als Drittem. Sprechen Sie das Problem von sich aus an, wenn die Partner es nicht thematisieren. Je selbstverständlicher Sie darüber reden, desto leichter wird die fatale Kommunikationsbarriere überwunden, und die nun erreichbare größere sexuelle Zufriedenheit wirkt sich auch auf andere Bereiche der Beziehung günstig aus. Wenn somatische Ursachen sexueller Probleme nicht auszuschließen sind, ist die Konsultation eines Facharztes zu empfehlen. Mitunter allerdings divergieren die sexuellen Bedürfnisse und Möglichkeiten der Partner so stark, dass selbst mit ärztlicher Hilfe zufrieden stellende Kompromisse nicht möglich sind. Dann steht für die Klienten die Entscheidung an, ob die Beziehung hinreichende anderweitige Gratifikationen bietet und ob »entsprechende Vereinbarungen« getroffen werden können (»Hausfreunde« und »Freundinnen« führen fast zwangsläufig zu Komplikationen und sind eine sehr fragwürdige »Lösung«). Oft ist es dann noch das Beste, sich ohne Groll und Schuldzuweisungen zu trennen.

Auch das konfliktträchtige Thema Wohnung wird von den Klienten oft ausgespart. Während ein separates Zimmer für heranwachsende Kinder meist als selbstverständlich gilt, wird oft der Hausfrau ebenso selbstverständlich kein eigener Raum zugestanden, oft (nicht immer) für sie ein Anlass zu ständigem Groll. Falls das vorenthaltene Zimmer ein Problem für sie ist, steht die Frage einer größeren Wohnung bzw. einer anderen Raumaufteilung an. Un-

3. Partnerberatung/Ehetherapie

lust bzw. Weigerung der Klienten, dieses Problem in Angriff zu nehmen, zeigen, dass anderes für sie Vorrang vor der Verbesserung der Beziehung hat – für Sie möglicherweise ein Anlass, die Klienten stärker zu fordern und/oder die Fortsetzung der Beratung zu überdenken. Hält der Mann das von der Frau gewünschte eigene Zimmer für unnötig, so wird ihr vielleicht dadurch bewusst, dass ihr die Beziehung auch in anderem Sinn wenig Raum bietet – vielleicht der erste Hinweis für sie, dass sie sich besser von ihrem Mann trennte.

Eine in der Partnerberatung öfter empfohlene Maßnahme ist die »Trennung auf Zeit«, die die Möglichkeit bietet, gegenseitig strapazierte Nerven zur Ruhe kommen zu lassen und eine vielleicht erwogene Trennung in etwa auszuprobieren. Eine Entscheidung kann damit vorbereitet, soll aber keinesfalls vorweggenommen werden! Paare, die auf zu engem Raum zusammenleben und vielleicht zusätzlich zeitweiligen Belastungen durch Prüfungsdruck, Krankheit eines Kindes, Arbeitslosigkeit o. Ä. ausgesetzt sind, gehen sich auf die Nerven. Sie werden gereizt, und eine an sich harmlose Verärgerung kann zu einem dramatisch eskalierenden Streit führen, dessen Folgen nur schwer wieder auszugleichen sind. Während der vorübergehenden räumlichen Trennung klingt die gegenseitige Empfindlichkeit ab, oder es wird deutlich, dass ihre Ursachen doch tiefer liegen.

Eine Trennung auf Zeit ist nur angebracht, wenn einer der Partner in einem guten Ausweichquartier eine zufrieden stellende Unterkunft findet – keinesfalls, wenn er in einer Notunterkunft zähneknirschend den Groll bebrütet, »aus der eigenen Wohnung gedrängt worden zu sein« (was er oft auch phantasiert, wenn er selbst die Trennung vorschlug und das Quartier wählte). Dauer der Trennung und Zahl und Art der gegenseitigen Kontakte (von völliger gegenseitiger Abstinenz über gelegentliche Telefonate bis zu gemeinsamen Wochenend-Unternehmungen) sind Gegenstand vorheriger Vereinbarungen und zu korrigieren, wenn sich Veränderungen, z. B. in den gegenseitigen Gefühlen, ergeben.

Oft erkennen die Partner während dieser Besinnungspause, dass sie doch zusammenbleiben möchten oder dass sie gut ohne einander auskommen. Schlimmstenfalls entscheidet sich *ein* Partner für Trennung, während der andere zu klammern sucht. Dieses Risiko

3.3 Triadische Partnerberatung

besteht in der Partnerberatung ohnehin. Mitunter können Sie den »Verlassenen« in Einzelsitzungen so weit stabilisieren, dass er Schock und Kummer des Verlustes positiv verarbeitet und einen neuen Anfang findet. Nicht selten allerdings zieht er sich ostentativ leidend (»sieh, was du mir angetan hast!«) zurück, vorwurfsvoll auch Ihnen gegenüber, dass Sie den Partner nicht zum Bleiben veranlasst haben.

Bei günstigem Verlauf einer Partnerberatung verbessern sich Kommunikation und Zufriedenheit der Klienten innerhalb weniger Sitzungen; eventuell klingen auch schon Verhaltensauffälligkeiten der Kinder ab. Anfänglich noch beibehaltene Devianzen sind jedoch kein Zeichen für fehlenden Beratungserfolg. Weisen Sie die Klienten auch durch entsprechende Hausaufgaben auf die positiven Veränderungen hin: Abnehmende Beschwerden entziehen sich leicht der Wahrnehmung, sodass die Selbstverstärkung der Erfolge fehlt.

Mit zunehmendem Beratungserfolg verlagert sich die Arbeit immer mehr in die Eigenverantwortung der Klienten. Die Partner werden (z. B. durch entsprechende Hausaufgaben) darauf trainiert, ihre Probleme selbst zu erkennen und zu lösen. Die Abstände zwischen den Sitzungen werden vergrößert. Die Sitzungen dienen nun vor allem der Vereinbarung und der Bilanz der immer selbstständiger durchgeführten Arbeit der Klienten. Regelmäßige Bilanzen (»was ist erreicht/was wird noch angezielt«) verhindern ein schleichendes Auslaufen der Beratung. Es ist klar auf eine Beendigung der gemeinsamen Sitzungen bzw. auf den Übergang der Klienten in eine Gruppe hinzuarbeiten.

Übrigens ist es nicht das Schlechteste, von vornherein nur eine knapp bemessene Zahl von Sitzungen zu vereinbaren, die den Klienten vordringlichen Probleme zu bearbeiten und in der Abschlussbilanz die selbstständige Weiterarbeit der Klienten vorzustrukturieren. Verhaltenstherapeutische Ansätze und detaillierte »Arbeitsverträge« mit regelmäßigen Ehebilanzen sind dabei hilfreich. Falls irgend möglich, sollte als »Vertragspartner« ein zuverlässiger Freund der Familie über die Durchführung (nicht über den Inhalt!) der Bilanz wachen. Bilanzen dieser Art sind auch wichtig, wenn es statt zu einer echten Sanierung der Beziehung lediglich zu einem halbwegs erträglichen Arrangement gekommen

3. Partnerberatung/Ehetherapie

ist. Dessen Funktionieren hängt davon ab, dass übernommene Verpflichtungen von den Partnern *im Detail* eingehalten bzw. einvernehmlich modifiziert werden. In der vorbereitenden triadischen Arbeit sind die Gefahren, die das Zusammenleben bedrohen, explizit anzusprechen und in Verträgen zu berücksichtigen. Teil des Vertrages ist die regelmäßige Prüfung, ob den Partnern das erreichte Arrangement noch immer als das kleinere Übel gegenüber einer Trennung erscheint.

3.3.3 »Trennungshilfe«

Fast noch wichtiger als bei der Sanierung einer Beziehung ist Ihre Hilfe, wenn eine Trennung ansteht. Oft flüchten dann die Klienten zur Vermeidung von Kummer und Scham in Groll und gegenseitige Schuldzuweisungen. Wird die längst überfällige Entscheidung aus Angst hinausgezögert, können Sie die Lektüre des Buchs von Partner[49] empfehlen. Angst vor der Kritik Dritter kann abgebaut werden mit dem Hinweis, dass die Partner allenfalls ihren Kindern »Erklärungen« oder Rechenschaft über ihre Entscheidung schulden. Und gegen die Angst, Trennung wäre das beschämende Eingeständnis eines »Scheiterns«, können Sie verdeutlichen, dass nicht Anerkennung und Korrektur eines Fehlers »beschämend« sind, sondern das Beharren auf dem Fehler, um ihn nicht eingestehen zu müssen.
Es bleibt die Angst vor der Selbstkonfrontation, die mit einer »fairen« Trennung unter Anerkennung des eigenen Anteils an den Fehlern fällig wird. Sie ist schmerzlich und mühsam (besonders, wenn sie lange hinausgezögert wurde), aber doch selten so belastend, wie die Klienten fürchteten. Zudem ist der Aufwand noch immer geringer als die sonst jahrelang schleichend anfallenden »Kriegskosten« einer trennungsreifen Beziehung, und im Gegensatz zu diesen zahlt er sich aus.
Während die »gemeinsamen« Fehler mit und in der Ehe in triadi-

---
[49] Peter Partner, Den anderen verlieren, sich selbst finden, München 1987

3.3 Triadische Partnerberatung

schen Sitzungen aufzuarbeiten sind (als »Bilanz nach vorn«, auch um eine Wiederholung mit neuen Partnern zu vermeiden), ist für die Selbstkonfrontation dyadische Arbeit angezeigt. Sie sollte zu einer Versöhnung mit dem Selbst führen, die schließlich auch die Versöhnung mit dem Partner (im Sinn einer Annullierung der »Schuldscheine«, des Loslassens von Zorn und Groll) ermöglicht. Dann kann in einer letzten triadischen Sitzung aus den »Trümmern«, den »abzubuchenden Jahren«, geborgen werden, was an Erinnerungen und Gefühlen versöhnlich ist und Bestand hat.

Vor dieser abschließenden Sitzung kann Ihre Hilfe bei einer Reihe praktischer Fragen nötig werden, wenn die Trennung einmal beschlossene Sache ist. Vor allem geht es dabei um die Zukunft der Kinder, aber auch um die Teilung des gemeinsamen Besitzes und um den zukünftigen Umgang mit gemeinsamen Freunden. Es empfiehlt sich, *beiden* Klienten Verzichte nahe zu legen (z. B. auf die von beiden begehrte, gemeinsame Wohnung), damit sich nicht einer von beiden benachteiligt fühlt und neuen Groll produziert. Vor allem sind Verzichte der Eltern nötig, wo ihre Wünsche mit Bedürfnissen der Kinder kollidieren. Besuchsregelungen und die immer wieder auftretende Notwendigkeit gemeinsamer Beratungen und Entscheidungen für die Kinder machen weitere Kontakte der Eltern erforderlich, auch wenn der Trennungskummer leichter zu überwinden wäre, wenn man einander nicht mehr zu sehen brauchte.

Bereiten Sie in einer »Familienkonferenz« die Kinder auf die bevorstehende Veränderung vor, und geben Sie ihnen Gelegenheit, ihre Ängste, ihren Kummer und ihren Zorn zu artikulieren. Kinder sind hellhörig und meist weit besser über die Lage orientiert, als Eltern wahrhaben möchten. Versuche, ihnen gegenüber die Situation zu verharmlosen oder ihren Kummer »wegzutrösten«, bewirken meist nur einen Vertrauensschwund gegenüber den Eltern, vielleicht sogar gegenüber den Erwachsenen insgesamt. Kinder spüren, ob die Eltern einander versöhnt oder feindselig gegenüberstehen. Nicht zuletzt der Kinder wegen ist es so wichtig, dass die Partner ohne Groll und Schuldzuweisungen auseinander kommen und weiterhin ohne Peinlichkeit und Aggressionen miteinander reden können. Die Entscheidung allerdings, bei welchem Elternteil die Kinder leben sollen (wenn nicht ohnehin vom Famili-

3. Partnerberatung/Ehetherapie

engerichtet getroffen), gehört in die Verantwortlichkeit der Eltern, denn die Kinder wären damit überfordert. Trennen sich Eltern unversöhnt, so können die Kinder in die Versuchung kommen, die Eltern gegeneinander auszuspielen und manipulativ Verwöhnungsansprüche durchzusetzen; oder in das (reale oder nur phantasierte) Dilemma, sich zwischen ihnen entscheiden zu müssen; oder (vor allem, wenn sie sich die Schuld an der Trennung anlasten) in die Vorstellung, sie hätten darin versagt, die Eltern miteinander zu versöhnen. Es können schwere Traumen, dauernde Konfliktscheu/Konfliktunfähigkeit oder überschießende Verwöhnungsansprüche resultieren. Meist sind die Eltern damit überfordert, den Kindern die Sachlage mitzuteilen. Eine Familiensitzung unter Ihrer Moderation ist die beste Lösung. Zugleich können Sie dabei feststellen, ob die Kinder stützende Therapie in Einzelsitzungen oder Spielgruppen brauchen.

Angesichts der bevorstehenden Trennung kommt es in seltenen Fällen zu Einsichten und Verhaltensänderungen, die ein weiteres Zusammenleben doch noch ermöglichen. Vielleicht sehen die Partner ein, dass sich ihre Probleme mit der Trennung keinesfalls automatisch lösen. Angebracht ist dann zunächst eine Trennung auf Zeit, ehe ein erneutes Zusammenleben versucht wird.

Mitunter mündet die Eheberatung in Einzeltherapie ein, um einen oder beide Partner in der schwierigen ersten Zeit der Trennung zu stützen. Die Übernahme in eine Selbsterfahrungsgruppe ist vorzuziehen, denn die Gefahr einer Verwöhnung durch Sie ist dort geringer und es gibt bessere Möglichkeiten des Verhaltenstrainings. Notorisch schwierig ist die Zeit der Scheidung bzw. einer Wiederverheiratung des Partners. Einige stützende Sitzungen können helfen, reaktualisierten frühkindlichen Kummer und frühe Ängste zu überwinden und den Klienten ohne unzulässiges Selbstmitleid zu Selbstständigkeit und Eigenverantwortung zu führen. Neue Beziehungen werden nur dann tragfähig sein, wenn der Klient sich frei fühlt, eine neue Partnerschaft einzugehen oder (bis auf weiteres oder langfristig) als Single zu leben.

3.4 Partner-Beratung in dyadischer Arbeit

Falls keine Familientherapie möglich ist (vgl. A. Y. Napier, C. A. Whitaker[50]), sollte der »Normalfall« der Ehetherapie die durch Paar-Gruppen ergänzte triadische Arbeit sein, doch ist sie nicht immer durchführbar. So verweigert etwa ein Partner die Teilnahme an jeder Art von Beratung (»*Ich* habe ja keine Probleme mit unserer Ehe...!«), die Klienten benutzen die Triade zu Streit und Gerichtssaal-Spielen, ein Partner ist durch den anderen bis zum Verstummen eingeschüchtert (oder sucht ihn so ins Unrecht zu setzen), zwischen Ihnen und einem der Klienten gibt es starke Übertragungs-/Gegenübertragungsprobleme (Sympathie/Antipathie, Projektionen), oder einer der Klienten ist bei einem Ihnen gegengeschlechtlichen Therapeuten besser untergebracht usw. Kann nur in dyadischen Sitzungen gearbeitet werden, so sollte der nicht anwesende Partner doch ständig »einbezogen« bleiben: Der Therapeut muss ihn als möglichst reale Person (nicht als Phantasiegestalt des Klienten) »präsent« zu halten suchen. Ist Ihnen der Partner unbekannt, so können Sie das vom Klienten gezeichnete, tendenziös verzerrte Bild allenfalls an Fotos korrigieren, und selbst die dürften – bewusst oder unbewusst – tendenziös ausgewählt sein. Hier sind die Anforderungen an Empathie und therapeutisches Können besonders hoch.

Noch am einfachsten ist die Arbeit in aufeinander bezogenen parallelen Sitzungen mit den Klienten, sodass gemeinsame Hausaufgaben gestellt werden können. Das erfordert jedoch stark direktive Ansätze, die ihre Nachteile haben und nicht jedermanns Sache sind.

3.4.1 Parallele dyadische Sitzungen

Werden parallele dyadische Gespräche vereinbart, so können Sie sich überwiegend an den Problemen des je Anwesenden orientie-

---

[50] Augustus Y. Napier, Carl A. Whitaker, Die Bergers, Reinbek bei Hamburg 1994

3. Partnerberatung/Ehetherapie

ren und doch den Partner jederzeit präsent halten, indem Sie nach Phantasien in Bezug auf den Partner fragen. Bieten Sie »Denkanstöße« an, müssen Sie darauf achten, nicht unversehens vertrauliche Informationen weiterzugeben oder sich zum Zwischenträger machen zu lassen: »Teilen Sie das Ihrem Partner bitte selbst mit, wenn Sie wünschen, dass er es erfährt!« Die Frage nach den gegenseitigen Phantasien steht nicht im Widerspruch zu der Vereinbarung, nicht über den Abwesenden zu sprechen, geschweige denn zu klagen.

Aus der gemeinsamen ersten Sitzung haben Sie einen Eindruck von den Klienten und ihrem Umgang miteinander, mit dem Sie die Phantasien vergleichen können, und Sie haben, falls nötig, Themen für den Einstieg.

Mitunter überschüttet ein Klient Sie trotz gegenteiliger Vereinbarung mit Klagen oder Anklagen gegen seinen Partner. Falls er damit nicht lediglich von einem unbequemen bzw. angstbesetzten Thema abzulenken sucht (dieses wäre aufzufinden und anzusprechen), könnten Sie auf den Klienten zurücklenken z. B. mit der Frage, wie er mit diesem Verhalten seines Partners umgehen wolle. Oder ob er auch anderweitig so behandelt werde bzw. so behandelt worden sei (Kindheitserinnerungen, frühkindliche Bezugspersonen!) und welche sonstigen Situationen ihm dazu einfielen und welche Klagen wohl der Partner über *ihn* vorbringen werde. Der Partner wird dabei immer nur als Gegenspieler des Klienten thematisiert, und sein Verhalten ist als Reaktion auf das des Klienten darzustellen[51]: »Und was können *Sie* tun (!), damit Ihr Partner sich anders verhält oder damit Sie sich weniger über ihn ärgern, kränken bzw. weniger an ihm leiden?« Gerade dieser Aspekt (»Sie können sich sehr darüber ärgern, Sie sind aber nicht dazu verpflichtet!«) hat große Bedeutug.

Die Hauptthemen der Sitzung werden meist von Ihnen vorgegeben. Liegt nicht anderweitig Vordringliches an, so steht am An-

---

[51] Faktisch ist der Zusammenhang »kreisförmig«, das Verhalten des einen Partners ist immer zugleich Ursache und Folge von dem des anderen. Jeder aber sieht das Verhalten des anderen ausschließlich als Ursache und damit »Entschuldigung« des eigenen Verhaltens.

3.4 Partner-Beratung in dyadischer Arbeit

fang der Arbeit sinnvoll die Zielanalyse: »Was wollen Sie an Ihrer gegenseitigen Beziehung und am Zusammenleben verändern?« Oft zeigt sich dabei die Notwendigkeit von »Soforthilfe«, nicht selten auch für die Kinder, sodass zunächst verhaltensorientierte Ansätze und Hausaufgaben nötig sind. Einen passenden Einstieg kann die Frage bieten, mit welchen Gefühlen und Gedanken der Partner wohl morgens zum Frühstück oder spät von der Arbeit nach Hause komme und was der Klient tun könne, damit sein Partner sich wohler fühle und daher »genießbarer« sei. Die Hausaufgabe besteht darin, dem Partner erwünschtes Verhalten öfter zu zeigen und die Ergebnisse zu notieren. Meist ist dabei bereits ein zweites wichtiges Thema angeschnitten: Was ist der Klient bereit zu investieren? Wie weit erwartet bzw. fordert er Vorleistungen des Partners?

Hiermit steht erstmals die Frage an, ob unter solchen Voraussetzungen eine Sanierung der Beziehung überhaupt möglich ist. Wichtig ist der Hinweis, dass *jede* Beziehung (und ebenso ein zufriedenstellendes Leben als Single) eigenen Einsatz und Arbeit an der eigenen Person erfordert, sodass ein Partnerwechsel ohne Selbstveränderung nicht aus der Sackgasse führt. Dabei sollte das momentane Arbeitsziel nicht die Vorbereitung einer Trennung sein (allenfalls eine Trennung auf Zeit!), sondern eine zeitweilige Aussetzung der Diskussion oder Entscheidung über eine Trennung: »Wir versuchen zunächst, Sie beide zu entlasten; über Vor- und Nachteile einer eventuellen Trennung sprechen wir später!« Solange die Beziehung symbiotische Anteile hat, sollte keine Entscheidung getroffen werden.

In dieser Phase der Beratung können Sie auch mit dem »Leeren Stuhl« (siehe Seite 181) bearbeiten: »Was möchten Sie Ihrem Partner sagen, was müssten Sie ihm eigentlich sagen?« Nicht immer ist es nötig, eine eventuell zugrundeliegende Vater- bzw. Mutterproblematik explizit aufzuarbeiten. Kommen Sie auf das, was dem Partner »eigentlich« gesagt werden müsste (und in einer triadischen Sitzung gesagt werden sollte): Meist stellt es sich als der Wunsch nach Liebe, Anerkennung, Schutz und Zärtlichkeit heraus, der sich hinter den manifesten Gefühlen von Enttäuschung, Zorn, Ärger oder Frustration verbirgt.

3. Partnerberatung/Ehetherapie

Nicht selten deckt die Übung »Leerer Stuhl« auch konkrete Probleme auf, die zwischen den Partnern geklärt werden müssten: Fragen etwa im Zusammenhang mit Berufstätigkeit, eventuellem Wohnungswechsel oder Entscheidungen für die Kinder. Sind die anstehenden Probleme benannt und ist der Verhandlungsspielraum des Klienten ausgelotet, kann der Übergang vom »Leeren Stuhl« (bzw. einer ähnlichen Übung mit Klötzchen, bei der der Klient explizit beide Dialogpartner vertritt) zum wirklichen Gespräch mit dem Partner vorgeschlagen werden (sicherheitshalber in triadischer Sitzung!). Damit wäre die Rückkehr zur Triade eingeleitet. Der Klient kann auch ermutigt werden, über seine mit dem »Leeren Stuhl« verdeutlichten Gefühle und die dabei gewonnenen Einsichten mit seinem Partner zu sprechen: »Haben Sie ihm/ihr je gesagt, wie wichtig seine/ihre Liebe, Anerkennung, Zuwendung Ihnen ist? Könnten Sie sich vorstellen, ihm/ihr das zu sagen? Könnte das etwas in Ihren Beziehungen verändern?« Und wenn der Klient es zwar mitteilen möchte, aber das Gespräch fürchtet: So was kann ja auch brieflich erfolgen (wenn auch als Notbehelf) ... Übrigens kann die Hemmschwelle oft auch durch inverse Sonden (siehe Seite 199) herabgesetzt werden.
Wird der Zusammenhang von Eheproblemen mit unbereinigten Konflikten (z. B. aus der Kindheit) deutlich, so können Sie zu den »privaten« Problemen überleiten mit der Frage, wozu der Klient seine Eheprobleme bzw. die »Fehler« seines Partners eigentlich »brauche« (benutze). Konkrete Formulierungen empfehlen sich: »Was müssten Sie tun/was dürften Sie nicht mehr tun, wenn Sie eine ›problemlose‹ Ehe führten (einen Partner nach Ihren Wünschen hätten)?« Allerdings ist im Kontext einer Eheberatung mit aufdeckender Arbeit Vorsicht angebracht. Die eventuell wünschenswerte(n) Einzeltherapie(n) könnte(n) eine Trennung zur Unzeit auslösen. Auf jeden Fall zieht Einzelberatung Energie der Klienten von der Partnerberatung ab. Wenn nur *ein* Klient in Einzeltherapie übernommen wird, könnten es die Partner auch als eine implizite Schuldzuweisung missverstehen. Ähnliche Missverständnisse sind denkbar, wenn nur einem der Klienten die Teilnahme an Kommunikations-, Konfliktlösungs- oder ähnlichen Trainings empfohlen wird.

3.4 Partner-Beratung in dyadischer Arbeit

Auch mit »Phantasiereisen« kann die triadische Arbeit vorbereitet werden. Geeignet ist z. B. die »Gerichtsverhandlung«, in der beide Partner auftreten (siehe Seite 227), oder eine gemeinsame »Wanderung«, auf der Schwierigkeiten und Gefahren nur in Zusammenarbeit beider bestanden werden können. Nach der Durchführung und Aufarbeitung in dyadischen Sitzungen, eventuell auch dem als Hausaufgabe absolvierten ersten Austausch der Partner darüber, erfolgt eine gemeinsame Durcharbeitung triadisch: Was bedeutet die Phantasie des einen dem je anderen?

Ebenfalls auf den Übergang zu triadischer Arbeit zielt die Beschreibung des Zusammenlebens der Klienten, wie es deren Meinung nach von Freunden, Nachbarn, Verwandten, Kollegen usw. wahrgenommen und beschrieben wird. Hierbei kommt, wie bei den Phantasiereisen, auch unbewusstes Material zu Tage. Gemeinsamkeiten oder Unterschiede in der Vorstellung beider Klienten werden in triadischer Sitzung bearbeitet. Bei Bedarf können Sie immer noch zu weiterer dyadischer Arbeit zurückkehren.

Auch wenn es zu einer Trennung kommt, sollte über die Modalitäten möglichst zu dritt gesprochen werden. So weit möglich, sind dabei die erfreulichen Erinnerungen und Gemeinsamkeiten »aus den Trümmern zu bergen«, damit die Trennung nicht mit einer *nur* negativen Bilanz abschließt. Zudem ist in einer Sitzung mit den Kindern sicherzustellen, dass diese die Trennung mit einem Minimum an Angst und ohne Schuldgefühle verarbeiten. Mitunter kann die gemeinsame Arbeit für eine »Trennung in gegenseitigem Einvernehmen« und im Bewusstsein der Verantwortung für die Kinder unerwartet ein Maß an Übereinstimmung aufdecken, das einen nochmaligen Versuch des Zusammenlebens nahe legt. Für alle Beteiligten dürfte es im Allgemeinen erfreulicher sein, in den triadischen Gesprächen nicht die Modalitäten der Trennung, sondern des weiteren gemeinsamen Lebens zu besprechen. Doch darf nicht übersehen werden, dass die Partner es vielleicht nur im letzten Moment mit der Angst bekommen haben könnten und einen nötigen und sinnvollen Schritt hinauszögern.

Nach dem Austausch über die Ergebnisse der dyadischen Arbeit sind vor allem an den noch bestehenden Differenzen Konfliktlösungsstrategien einzuüben. Dabei wechselt Ihre Rolle zunehmend von der des Beraters zu der des Moderators eines Dialogs, den die

3.4.2 Arbeit mit nur einem Partner

Die Arbeit mit beiden Partnern, wenn auch in separaten Sitzungen, ist noch immer eine relativ günstige Form der Partnertherapie. Wenn sich jedoch nur einer der Partner einer Beratung stellt, wird die Arbeit mit ihm im Wesentlichen darauf hinauslaufen, ihn zu einem erfüllteren Leben in oder außerhalb der Partnerschaft zu befähigen. Vielleicht bringt die bei ihm bewirkte Nachentfaltung und Nachreifung auch seinen Partner schließlich in Beratung. Wahrscheinlicher jedoch führt die Therapie nur *eines* Partners zum Zusammenbruch der Beziehung. Im Wesentlichen wird es sich um eine Einzelberatung mit dem Fokus auf den gegenwärtigen Beziehungsproblemen und ihren Hintergründen handeln. Eröffnet der Klient in der ersten Sitzung nicht von sich aus, so ist zweckmäßig zu fragen, was er in seiner Ehe verändern wolle. Dies ist u. a. ein Hinweis, dass es sich um *seine* Ziele handelt, die *sein* Engagement erfordern, dass Sie den Partner nicht ändern, sondern lediglich dem Klienten bei der eigenen Veränderung assistieren können. Allerdings könnten Veränderungen im Verhalten und in der Wahrnehmungsweise des Klienten das Zusammenleben erleichtern, aber auch zu Verunsicherung und zu (mitunter auch unerwünschten) Verhaltensänderungen des Partners führen. Ob der Partner von der Beratung des Klienten wisse, ob es ihm nicht doch besser mitgeteilt würde?

Auch wenn der Klient von sich aus eröffnet, wird sich eine Gelegenheit bieten, auf die Therapieziele überzuleiten. Hilfreich sind auf die Ehe bezogene Satzergänzungen: »Ich wünschte (hoffe, fürchte), ich ...«[52], sowie Fragen, was sich nach den Wünschen des Klienten am gemeinsamen Tagesablauf ändern solle und wie er

---

[52] Achtung, Ergänzungen »ich wünschte, mein Partner ...« o. Ä. fokussieren unnötig auf von diesem – nicht vom Klienten – zu erbringende Veränderungen!

3.4 Partner-Beratung in dyadischer Arbeit

diese Veränderungen bewirken könne (!). Stellen Sie möglichst auch entsprechende Hausaufgaben, z. B. tägliche Aufzeichnungen »Heute hat mein Partner gut gemacht .../heute habe ich gut gemacht ...« bzw. (eventuell per Fragebogen) »Heute habe ich ... mal versucht, meinen Partner zu erfreuen/ihn zu verstehen/ihm zu helfen/mit ihm ins Gespräch zu kommen/Hilfe von ihm zu erhalten (anzunehmen)/...« bzw. » ... ihn zu ärgern/zu bestrafen/ins Unrecht zu setzen/...« Bieten Sie dies erst lediglich als Bestandsaufnahme an, später mit dem Versuch, die Zahl der freundlichen Interaktionen zu vermehren, die der unfreundlichen zu vermindern. Sie können auch Sonden einsetzen: »Was erleben Sie, wenn Sie sich vorstellen, Ihrem Partner zu sagen .../von Ihrem Partner zu hören ...?«

Liegen für die folgenden Sitzungen keine dringlichen Themen vor, so kann nach der Besprechung der jeweiligen Hausaufgaben mit Zeichnungen gearbeitet werden: »Mein Partner und ich (unsere Familie)« bzw. »Wir und die Mauer, die wir zwischen uns aufgebaut haben« usw.

Nach dem Zeichnen sind die dabei aufgetretenen Emotionen und Assoziationen abzurufen und zu besprechen. Anschließend oder in der nächsten Sitzung können die Bilder mit den Klötzchen konstelliert werden. Den Dargestellten werden Kurztexte zugeordnet (vgl. »Minispot«, siehe Seite 243), und der Klient fungiert als Hilfs-Ich der Dargestellten, besonders seines Partners. Oder das Bild wird quasi als Momentaufnahme in den Ablauf eingegliedert, der zu der gezeichneten Situation führte, und wird über diese hinaus fortgeführt. Welches alternative Verhalten des Klienten wäre möglich, und welche Konsequenzen könnte es haben? Für diesen Ansatz eignen sich besonders Alltagsabläufe wie die gemeinsamen Mahlzeiten oder nach« immer gleichem Muster ablaufende Auseinandersetzungen. Werden sie mit den Klötzchen und Hilfs-Ichs durchgespielt, ist auf vorherige Zeichnungen zu verzichten.

Schon als Hilfs-Ich seines Partners fungiert der Klient in einer Art Rollentausch mit ihm. Rollentausch (immer auch ein Stück Identifikation) kann auch explizit vorgegeben werden: »Was würde Ihr Partner wohl über Sie und über Ihre Beziehung erzählen: seinen Freunden, seinen Geschwistern, seinem Arzt? Wie mag er sich das Leben mit Ihnen vorgestellt haben? Was macht ihm Sorgen, Kum-

3. Partnerberatung/Ehetherapie

mer, Freude; worauf hofft er?« Der Klient spricht in Ich-Form, in der Rolle seines Partners. Bewältigt er den Rollentausch ohne Schwierigkeiten, können Sie ihn auch zwischen den Rollen des »Ich« und des »Hilfs-Ich« des Partners wechseln lassen, wobei Sie sich gegebenenfalls korrigierend (etwa als Hilfs-Ich) einschalten. Dem Klienten kann bei dieser Übung deutlich werden, wie wenig er eigentlich über seinen Partner weiß und wie wenig er an dessen Leben, Freuden und Sorgen teilnimmt. Ihm dämmert, dass er sich ein einseitiges, verzerrtes und lückenhaftes Bild von seinem Partner gemacht hat. Eine weitere Relativierung, vielleicht sogar eine Korrektur dieses Bildes kann sich mit der Frage ergeben, wie andere den Partner sehen und wie der Klient ihn früher gesehen hat. Schließlich ist zu fragen, wie Nachbarn, Freunde usw. wohl die beiden Partner »als Paar« sehen.

Bei solchen Übungen können auch Gefühle der Zusammengehörigkeit aktiviert werden: Oft geht der Klient auf die Barrikaden, wenn ein Außenstehender am Partner Kritik übt, auch wenn er selbst an ihm kein gutes Haar lässt. In der Rolle eines missgünstigen Nachbarn oder Kollegen, abschätzig über den Partner redend, könnten Sie den Klienten zu einer »Gegendarstellung« provozieren. So kann er sich unversehens in der Rolle eines glühenden Verteidigers seines Partners wiederfinden und die Widersprüchlichkeiten seines Partnerbildes wahrnehmen.

Die Korrektur von Wahrnehmung und Interpretation des Partners gestattet es schließlich, die Ziele des Klienten in Bezug auf Ehe und Partner zu klären und vielleicht sogar zu korrigieren. Wie wichtig ist es dem Klienten, den Partner zu bestrafen, sich an ihm zu rächen, ihm etwas zu beweisen, ihn ins Unrecht zu setzen? Oder den Eltern (oder wem auch immer) zu beweisen, dass es ja doch der »richtige« Partner für einen ist, man also nicht »in der Ehe gescheitert« ist? Welche Kriege aus seiner Herkunftsfamilie führt er mit seinem Partner fort? Aus welchen Gründen und um welchen Preis versucht der Klient, die Ehe aufrechtzuerhalten? Oder sucht er vielleicht ein Alibi für eine Trennung? Zu welchen Zugeständnissen ist er bereit, welche lehnt er aus welchen Gründen oder mit Scheinargumenten ab?

So können Sie schließlich mit dem Klienten als Hausaufgabe Verhaltensänderungen vereinbaren. Eine positive Reaktion des Part-

3.4 Partner-Beratung in dyadischer Arbeit

ners darauf kann die entsprechende Wende in der Beziehung einleiten. Wahrscheinlicher allerdings wird die gesamte Familie versuchen, den »Ausbrecher« in seine gewohnte Rolle zurückzudrängen[53]. Eine Verhaltensänderung *eines* Familienmitglieds bewirkt Änderungen des ganzen Familiensystems und löst bei allen Beteiligten Ängste aus. Daher kommt es zunächst zu schwierigen und unerfreulichen Konfrontationen, die durchgestanden werden müssen. Reagiert der Partner auf die Veränderungen des anderen *auf Dauer* negativ, so hilft dies zumindest zur Klärung der Situation. Dann sollte der Klient eine Entscheidung treffen und durchführen können, auch wenn es möglicherweise nicht die von Ihnen bevorzugte ist. Im Fall einer Trennung braucht er vielleicht noch eine Weile Ihre Stütze. Eine mitunter wünschenswerte anschließende Einzelberatung kann dem Klienten behutsam nahe gelegt werden. In ihr spielt der Partner dann nur noch eine untergeordnete Rolle. Wichtig könnte dabei die Frage sein, wieso der Klient immer wieder »an solche Partner gerät« (»solche Partner *auswählt*«).

---

[53] Siehe z. B. Harriet G. Lerner, Wohin mit meiner Wut?, Frankfurt/Main 1990

4. Gruppenarbeit

Gruppen ermöglichen, besonders in Kombination mit Einzeltherapie, die intensivste Nutzung knappen therapeutischen Potentials, doch sind sie weit mehr als eine »therapeutische Sparmaßnahme«: Während die Einzelsitzung Elemente einer Eltern-Kind-Beziehung reaktualisiert, rekonstellieren sich in der Gruppe Geschwistersituationen. Die Erfahrungsmöglichkeiten unterscheiden sich grundsätzlich von denen der Einzeltherapie; beide ergänzen sich. Zudem übernehmen die Mitglieder füreinander stützende und im weitesten Sinn therapeutische Funktionen, sodass die Gruppe Ansätze ermöglicht, mit denen Patient wie Therapeut in der Einzelsitzung überfordert wären. Doch sind Gruppen nicht jedermanns Sache, und besonders anfangs ist Komoderation mit einem Erfahrenen zu empfehlen.

4.1 Gruppenarbeit – verschiedene Möglichkeiten

4.1.1 Einige Fakten vorab

Die übliche Größe von Therapiegruppen liegt bei 7 bis 9 Mitgliedern, bei Psychotikern und »Borderline«-Patienten oft nur bei 3 bis 5, während in der »Subtherapie« (Neurosenprophylaxe, »Selbsterfahrung«) mit 12 bis 14 Teilnehmern gearbeitet werden kann, in Komoderation und mit Wechsel zwischen Gesamt- und Kleingruppen sogar bis etwa 20. Die Unterscheidung zwischen »Therapie-«, »subtherapeutischen« und »Selbsterfahrungsgruppen« ist fließend, hat aber finanzielle und rechtliche Konsequenzen. Oft firmieren Gruppen therapeutischer Ausrichtung bei enger begrenztem Therapieziel (Verbesserung/Wiederherstellung »sozialer Fertigkeiten«) auch als »Trainings«, wie z. B. Selbstbehauptungs-, Konfliktlösungs-, Kommunikations-Trainings, als »Seminare« oder – berufsbezogen für Angehörige »helfender Professionen« – als Balint- bzw. balintartige Gruppen.

4.1 Gruppenarbeit – verschiedene Möglichkeiten

Teilnehmer in »Therapiegruppen« müssen auf »stärker gestörte« Mitglieder und deren mitunter erschreckend irrationale Reaktionen gefasst sein. »Schwerer gestörte« und instabile Teilnehmer sollten nicht in subtherapeutischen, Selbsterfahrungs- und Trainingsgruppen aufgenommen werden.
»Selbsthilfegruppen«, z. B. für Fress-, Alkohol- oder Drogensüchtige und/oder ihre Angehörigen, arbeiten per definitionem ohne (formalen) Gruppenleiter. Dabei haben sie eindeutig therapeutische Anliegen. Es kann in ihnen zu Machtkämpfen, Sündenbockmechanismen und Problemvermeidung kommen. Kompetente Supervision, zweckmäßig unter Einsatz von Arbeitsmaterialien, könnte Selbsthilfegruppen risikoärmer und therapeutisch wirksamer machen.

»Ambulante« Gruppen arbeiten meist einmal wöchentlich, in Kliniken auch täglich, während einer Sitzungsdauer meist zwischen 1 1/2 und 2 1/2 Stunden, Kleinstgruppen meist unter einer Stunde. Kombination mit »Ganztagen« (4 bis 5 Sitzungen en bloc) bzw. mit »Wochenenden« empfiehlt sich außer vielleicht bei Kleinstgruppen. Längere »Intensivveranstaltungen« (meist zwischen einer und zwei Wochen, gelegentlich länger) werden am besten in Klausur durchgeführt. Ihre Wirkung ist meist stärker als die von ambulanter Arbeit gleicher Gesamtdauer, klingt aber schneller wieder ab, sodass sich »Refresher«- bzw. Ergänzungsveranstaltungen nach einigen Monaten empfehlen.

Ambulante Gruppen mit festem Teilnehmerkreis (»geschlossene Gruppen«) laufen – dann meist »unstrukturiert« (weder Thema noch Procedere werden vorgegeben) – mitunter über ein oder sogar zwei Jahre. Effektiver ist im Allgemeinen »strukturierte« Arbeit[54] über kürzere Zeiten: etwa bei 12 Teilnehmern 12 zweistündige Sitzungen plus einem anfänglichen Ganztag oder Wochenende. Bei Bedarf nehmen Patienten, gegebenenfalls in größeren zeitlichen Abständen, nacheinander an mehreren unterschiedlich zusammengesetzten Gruppen teil.

---

[54] Der Therapeut (Trainer, Moderator) übernimmt deutliche Leiterfunktionen bis hin zur Vorgabe von Themen, Procedere, Kommunikationsregeln und Gruppennormen.

4. Gruppenarbeit

Besonders in der Anfangsphase kommt es in unstrukturierten Gruppen (bei »verweigerndem«, d. h. keine Leitungsfunktion übernehmendem Trainer) zu belastenden Machtkämpfen zwischen den Teilnehmern; das Arbeitsthema lautet implizit »Wer setzt sich hier mit welchen Mitteln durch?« In einem aufreibenden, angstauslösenden Prozess muss die Gruppe zunächst ihre »Normen« (»Spielregeln«) erarbeiten, gewinnt dabei aber auch eine sehr starke Kohäsion. Der innere Friede wird durch kollektive Feindseligkeit gegenüber Nicht-Mitgliedern stabilisiert. Die spätere bzw. zeitweilige Einführung neuer Mitglieder ist daher sehr schwierig, die unstrukturierte Gruppe ist »geschlossen« im Gegensatz zu den meist »offenen« strukturierten Gruppen. Diese können entsprechend ihrem permissiveren Klima neue Mitglieder ziemlich problemlos aufnehmen bzw. ausscheidende ersetzen. So kann – z. B. bei Gruppen in psychiatrischen Kliniken – der Mitgliederbestand bei etwa konstanter Zahl über längere Zeiten langsam wechseln (Verfahren auch vieler Selbsthilfegruppen).

Statt durch ein Gesprächsthema kann eine Sitzung auch durch eine »Übung« strukturiert werden, die meist in einer anschließenden Diskussion aufgearbeitet wird und die Aufmerksamkeit auf bestimmte Gegebenheiten lenkt, spezielle Erfahrungsmöglichkeiten bietet und/oder Erfahrungen bzw. Emotionen (re-)aktiviert. Übungen können z. B. in Fragebogen, Wort- bzw. Satzergänzungs- »tests« oder in gesteuerten Meditationen (meist dem Katathymen Bilderleben verwandt) bestehen, in Kommunikations-, Selbstbehauptungs- oder Konfliktlösungsaufgaben und anderem. »Nonverbale« Übungen, meist Körpererfahrungen, vermitteln besonders als Partnerübungen oft sehr intensive Gefühle, da erotische bzw. aggressive Komponenten zumindest unterschwellig mitlaufen. Sie sollten anschließend verbal aufgearbeitet werden. Mit der Möglichkeit emotionaler Durchbrüche muss besonders bei nonverbalen Übungen gerechnet werden.

4.1.2 Vielerlei Ansätze

Die vielfältigen Ansätze der Gruppenarbeit unterscheiden sich in einer Reihe von Aspekten, deren wichtigste sein dürften:

4.1 Gruppenarbeit – verschiedene Möglichkeiten

- das Ausmaß der vom »Leiter« explizit ausgeübten Leitung
- das Gleichgewicht/Ungleichgewicht in der jeweiligen Beteiligung der einzelnen Mitglieder
- das angezielte Ausmaß rationaler bzw. emotionaler Prozesse

Der jeweils »angemessene« Ansatz richtet sich nach dem »Lehrziel« (Therapieziel), nach den Anliegen und Möglichkeiten (Belastbarkeit!) der Teilnehmer und nach »äußeren« Gegebenheiten wie der verfügbaren Zeit und der Beschaffenheit der Arbeitsräume. Unstrukturierte und hoch emotionale Arbeit empfiehlt sich nur bei entsprechender Erfahrung und mit hinreichend stabilen Teilnehmern.

Das Modell »Einzeltherapie in der Gruppe«, völlig zentriert auf einen Protagonisten, bietet der Restgruppe die Möglichkeit zum Rückzug und macht kaum Gebrauch von den spezifischen Möglichkeiten der Gruppe. Doch lassen sich meist mindestens einige der Mitglieder von dem vor ihnen ablaufenden Drama des Protagonisten erschüttern, ziehen ihre Nutzanwendungen daraus und stützen ihn mit ihrer Betroffenheit und ihrem Mitgefühl. Durch »an alle« gerichtete Einschübe (z. B. Fragen »Woher kennen Sie alle derartige Gefühle/wem tragen Sie einen ähnlichen Groll nach/wie würden Sie in einer solchen Situation reagieren?«) können die Identifikation der Teilnehmer mit dem Protagonisten verstärkt und das Ungleichgewicht zwischen ihm und den anderen Mitgliedern vermindert werden. Lassen Sie derartige Fragen möglichst schriftlich beantworten, wobei die Notizen bei den Teilnehmern verbleiben. Die bei der Restgruppe aktualisierten Emotionen und Assoziationen sollten nach der Arbeit mit dem Protagonisten zumindest kurz bearbeitet werden, was bei starker Betroffenheit von Teilnehmern unverzichtbar ist.

Das Ungleichgewicht zwischen Protagonist und den übrigen Teilnehmern lässt sich weiter vermindern beim Durchspielen der vom Protagonisten eingebrachten Situationen (Kindheitserinnerungen, Träume, akute Konflikte) im Rollenspiel, wobei mit Rollenwechsel und/oder -alternativen sowie als Hilfs-Ichs (siehe Seite 243) alle Teilnehmer einbezogen werden können. Auch das »privateste« Problem ist (zumindest in Abwandlungen) potentielles Problem *jedes* Teilnehmers. Anschließend folgt die Aufarbeitung in der

4. Gruppenarbeit

Gruppe, wobei sich der Protagonist und die anderen Mitspieler als Erste äußern sollten, dann bei Bedarf Einzelgespräche mit besonders betroffenen Teilnehmern. Das Verfahren ist etwas zeitaufwändig, aber die wohl beste Kombination von Elementen der Einzel- und der Gruppenarbeit.

Im »klassischen« gruppendynamischen Ansatz sind die gegenseitigen Emotionen und Interaktionen der Teilnehmer im Hier und Jetzt der Gruppe einzig zulässiges Thema. Auch damit wird jedoch kein wirkliches Gleichgewicht in der Beteiligung erreicht. »Gleichgewicht« ergibt sich noch am ehesten durch Vorgabe von Themen bzw. Übungen zu zentralen und daher für *alle* Mitglieder bedeutsamen Aspekten menschlicher Existenz, z. B. dem Umgang mit Begrenztheit, Fehlbarkeit und Sterblichkeit des Menschen, mit Aggression, mit Sexualität und mit eigener wie mit fremder Autorität. Die Themen werden durch Übungen bzw. Meditationen aktualisiert und zunächst in Kleingruppen, dann in der Gesamtgruppe aufgearbeitet.

Derartige Ansätze erfordern allerdings deutliche Leitung seitens des Therapeuten (Moderators). »Verweigert« er sich, überlässt er den Gruppenprozess seiner Eigendynamik (»Unterstrukturierung«, »Laissez-faire-Stil«), so kommt es zu unkontrolliert freigesetzten Emotionen (Angst, Aggressivität) und oft zum Ausscheiden, zumindest zu innerem Rückzug labilerer Teilnehmer – nicht immer ohne psychischen Schaden. Eine zeitweise und »dosierte« Verweigerung (eine der Gruppe abverlangte Entscheidung) kann eingesetzt werden, um in einer theoretisierenden Gruppe das Geschehen in Richtung emotio zu steuern. Diese Strategie ist allerdings manipulativ und sollte im Nachhinein offen gelegt werden. Zu straffe Leitung (»Überstrukturierung«), autoritativer, mitunter sogar autoritärer Führungsstil, schränkt die Autonomie der Mitglieder ein, dispensiert sie von der Verantwortung für das Gruppengeschehen und bietet wenig Training für Selbstbehauptung, Entscheidung und Kompromissfindung. So weit möglich, sollte die Gruppe an Entscheidungen beteiligt werden (»sozial-integrativer Führungsstil«), doch steht die dafür benötigte Zeit mitunter in keinem Verhältnis zum erreichten Nutzen. Generell richtet eine eventuelle Überstrukturierung weniger Schaden an als eine Unter-

4.1 Gruppenarbeit – verschiedene Möglichkeiten

strukturierung (vor allem bei dadurch bewirktem Verlust von Mitgliedern). Diese ist nur scheinbar »liberal«, tatsächlich jedoch hochgradig manipulativ. Zu straffe Führung kann jederzeit gelockert werden – schon dadurch, dass der Leiter seine Entscheidung im Nachhinein kurz begründet (nicht verteidigt!). Durch Unterstrukturierung ausgelöste Feindseligkeit dagegen ist kaum wieder auszugleichen.

Zur Steuerung in Richtung emotio können Übungen wie »Handkontakt«, »Freikämpfen« oder »Tragen und Wiegen« (siehe Seite 268 f., 267 f.) eingesetzt werden – besonders für Gruppen geeignet, die zum Rationalisieren/Intellektualisieren neigen. Diese tendieren auch dazu, theoretisch *über* Emotionen zu reden, statt sie zu empfinden (Modell »psychologisches Seminar«). Emotionen können für Gefühlsungewohnte sehr beängstigend sein. Es empfiehlt sich daher, Emotionen (vor allem schmerzliche wie Trauer, Scham oder Angst) »dosiert« freizusetzen und das Erleben anschließend verbal (rational!) aufzuarbeiten. Bei labileren Teilnehmern können unkontrolliert freigesetzte Gefühle, die nicht integriert werden, inneres Chaos bis hin zum psychotischen Schub auslösen. Vor allem ihrer eigenen emotio unsichere Moderatoren sollten behutsam mit Gefühlen umgehen – eine eventuelle Panik des Moderators greift leicht auf die Gruppe über.

Das »Modell psychologisches Seminar« fixiert das Interesse auf ein »Dort und Dann« außerhalb der Gruppe, ungefährlich, aber weitgehend steril. Annäherung an das »Hier und Jetzt«, die gegenseitigen Beziehungen in der Gruppe, setzt Gefühle frei und aktualisiert Ängste. Mit der Frage nach Querbeziehungen zwischen »Hier und Jetzt« und »Dort und Dann« (z. B. »kennen Sie solche Gefühle/Situationen von früher?«/»bringen Sie ähnliche Gefühle wie damals jemandem aus der Gruppe entgegen?«) lässt sich die momentane Intensität der emotionalen Prozesse ebenfalls steuern. »Deutungen«/Interpretationen Ihrerseits ziehen Energie von der emotio ab; sie sollten jedoch als »*Denk*anstöße« angeboten und den Mitgliedern nicht aufgedrängt werden.

Komoderation (auch und gerade mit Kollegen einer anderen »Schule«) ist bei guter Kooperation wünschenswert und kann den Teilnehmern u. a. die Erfahrung vermitteln, wie unterschiedlich

4. Gruppenarbeit

Realität wahrgenommen und interpretiert wird. Wenn allerdings die Moderatoren einander nicht vertrauen, miteinander konkurrieren oder versuchen, bestehende Gegensätze zu verbergen, ist von Komoderation unbedingt abzuraten.

4.1.3 Was vorher zu entscheiden ist

Die wohl wichtigste Entscheidung zu Beginn der Arbeit ist die über Ihre Rolle und Funktion: z. B. Durchführer eines vorher festgesetzten Programms/»Projektionsschirm«/sachkompetenter Partner/»starker Helfer«/»sich verweigernder Trainer« usw. In – für Sie akzeptablen – Grenzen variiert Ihre Rolle auch mit den jeweiligen Themen und Zielen der Gruppe. Übernehmen Sie keine Gruppe, deren Zielsetzung mit Ihrem Rollenverständnis kollidiert, in der Sie nicht authentisch sein oder in die Versuchung der Problemvermeidung geraten könnten.

Wenn Sie Gruppen im Auftrag oder in Trägerschaft einer Institution durchführen, sind Sie gut beraten, *vorab* zu klären, wie weit Ihr Rollenverständnis, Ihre Ziele, Werte und Normen mit denen der Institution vereinbar und ob die Arbeitsbedingungen akzeptabel sind. Es empfiehlt sich ein rechtzeitiges Arbeitstreffen mit *allen* Beteiligten, vor allem mit eventuellen Komoderatoren, ehe Sie einen Vertrag unterzeichnen.

Mit Ihrem Arbeitsstil sind Vorentscheidungen über die benötigten Räume sowie über den zeitlichen Verlauf der Arbeit gegeben. Allgemein gilt »lieber etwas zu eng als zu groß«. Zu bequeme Sitzmöbel und schummerige Beleuchtung fördern die Regression, was sich (außer für gesteuerte Meditationen) nicht unbedingt empfiehlt. In kühlen, nüchternen, hell ausgeleuchteten Räumen sind emotionale Prozesse schwer in Gang zu setzen. Sehr trauliche Räume bestärken Harmonisierungstendenzen und behindern eine eventuell nötige Konfliktaustragung. – Als Ausstattung sind Teppichboden, Flip-Chart (zumindest große Wandtafel) und Möglichkeit zu Wandzeitungen wünschenswert.

Die übliche Sitzordnung im Kreis ohne Mitteltisch kann bei labileren Teilnehmern Angst auslösen, doch sollte der Tisch nach einigen Sitzungen entfernt werden. Ein »Chefsessel« für Sie betont

4.1 Gruppenarbeit – verschiedene Möglichkeiten

einen Machtanspruch, der Aggressionen aus der Gruppe auslösen kann. Wenn die Mitglieder die Sitzordnung nicht von sich aus gelegentlich ändern, sollten Sie das anregen. Wie fühlt es sich an, einen anderen Nachbarn zu haben und die Gruppe von einem anderen Platz aus zu betrachten? Zwischen den Komoderatoren bleibt am besten etwa $1/3$ Kreis Abstand.

Bei ambulanter Arbeit wie in Blockveranstaltungen führen großzügige Zeitvorgaben (Länge und Zahl der Sitzungen) leicht zu schlechter Nutzung der Zeit, während Zeitdruck in die Tiefe gehende Arbeit behindert. Therapiegruppen, deren ausscheidende Mitglieder durch »Neuzugänge« ersetzt werden, können bei langsam wechselndem Mitgliederbestand permanent arbeiten. Die Arbeit wird dann meist relativ wenig strukturiert, und die Sitzungen dauern meist eine oder anderthalb Stunden. In der subtherapeutischen und Selbsterfahrungsarbeit mit ihrer meist stärkeren Strukturierung empfehlen sich relativ kurze Sequenzen: einige Sitzungen mehr als Teilnehmer. Bei zusätzlichen körperbezogenen bzw. Entspannungsübungen und größerer Teilnehmerzahl können Sitzungen bis zu zweieinhalb Stunden dauern.

Sitzungen am späten Abend fördern emotionale Arbeit bis hin zum Durchbruch, doch könnten die Teilnehmer auf der Heimfahrt unfallgefährdet und/oder am nächsten Tag nicht arbeitsfähig sein. Für stark emotional ausgerichtete Arbeit sind ohnehin Klausurseminare vorzuziehen.

Kurze Blockseminare bis zum »verlängerten Wochenende« gestatten eine intensive Arbeit mit meist nur kurzen Pausen. Vom frühen Samstag Nachmittag bis Sonntag Nachmittag lassen sich acht, maximal neun 90-Minuten-Sitzungen durchführen, am verlängerten Wochenende (Freitag Abend bis Sonntag Nachmittag) allenfalls zwei mehr, da mehr Freizeit zugestanden werden muss. Dabei fällt die zusätzliche Abendsitzung am Freitag ins Gewicht. Generell steigt die für Arbeit verfügbare Zeit langsamer als die Gesamtdauer, da längere Klausuren längere Pausen und mehr freie Nachmittage erfordern, die allerdings der Entwicklung privater Kontakte zugute kommen.

Es ist hinreichender Spielraum bei den Zeit- und Kraftreserven der Moderatoren einzuplanen, falls Einzelsitzungen mit höher belasteten Teilnehmern nötig werden. Gewarnt sei übrigens vor Klausu-

4. Gruppenarbeit

ren in Umgebungen mit hohem »Freizeitwert«, die Ablenkungen bewirken und die Arbeit erschweren können. Sie empfehlen sich lediglich für Spezialseminare mit »Urlaubsunfähigen« (»workoholics«), bei denen Meditations- und Entspannungsübungen und Selbsterfahrung, gegebenenfalls auch Einzeltherapie mit einem ausgiebigen Urlaubsprogramm kombiniert werden.

Auch die Auswahl der Teilnehmer, soweit sie überhaupt möglich ist, gehört zu den »Vorabentscheidungen«. Wünschenswert ist möglichst große Heterogenität bei etwa gleicher Verbalisierungsfähigkeit und psychischer Belastbarkeit aller, da Sie sonst auf labilere Mitglieder Rücksicht nehmen oder sie zu großen Belastungen aussetzen müssen. Außer bei bestimmten Themen für reine Männer- bzw. Frauengruppen erleichtert eine etwa gleichgewichtige Verteilung beider Geschlechter die Arbeit. Bei weniger als einem Drittel männlicher Teilnehmer kann die Arbeit schwierig werden. Wie alle »kleinen Minderheiten« in Gruppen geraten ein oder zwei einzelne Männer in einer Frauen- bzw. Frauen in einer Männergruppe leicht in Isolation oder in Konfrontation. Minderheiten von drei und mehr Teilnehmern in einer sonst homogenen Gruppe (z. B. Angehörige einer anderen sozialen Schicht, Volks- oder Berufsgruppe) stabilisieren sich meist recht gut, doch ist durch Segregationsübungen (siehe Seite 281) o. Ä. für ihre Integration zu sorgen. Problematisch sind alle Abhängigkeitsverhältnisse in einer Gruppe, außer wenn es explizit um die Bearbeitung von Abhängigkeiten geht.

Indirekt bewirken die geforderten Teilnehmergebühren eine Auswahl der Teilnehmer. Honorare, mit denen Sie sich unbehaglich fühlen, können ebenso zum Bumerang werden wie ein Teilnehmerkreis bzw. ein Tagungsort, der Ihnen zuwider ist. Es ist nicht die schlechteste Entscheidung, auf ein Seminar zu verzichten, an das Sie schon vorher nur mit Widerwillen denken.

4.2 Gruppenrollen und Gruppenverläufe

4.2.1 Gruppenphasen – Gruppenverläufe

Der Verlauf von Gruppen unterliegt allgemeinen Gesetzmäßigkeiten und weist daher typische »Phasen« auf. Trotzdem ist bei adäquater Leitung jede Gruppe – auch bei gleichem Thema und vergleichbarer Klientel – unterschiedlich und »neu«.
Solange zu Gruppenbeginn Gruppennormen und Rangordnung (»Hackordnung«) unklar sind, ist die Herstellung der Gruppennormen implizit das momentane Thema. Zunächst schätzen die Teilnehmer in einer »Orientierungsphase« die gegenseitigen Kräfte und Ambitionen ab, melden versuchsweise Ansprüche auf Positionen an, suchen nach möglichen Koalitionspartnern und potentiellen Gegnern und testen Verhalten und Reaktionen des Moderators. Dabei werden die Grenzen des erwünschten, des tolerierten und des verpönten Verhaltens – eben die Gruppennormen – erkundet. Das momentane »formale« Thema ist dabei ziemlich unwichtig.
Gibt der Moderator nicht direkt (z. B. durch Kommunikationsregeln) oder indirekt (durch sein Verhalten) Normen und Regeln vor, so geht die Orientierungs- in eine »Machtkampfphase« über, einen Kampf aller gegen alle, in dem Normensystem und Hackordnung ausgekämpft werden. Die Phase ist umso länger, je größer die Zahl und die Ängstlichkeit der Teilnehmer und je geringer die vom Moderator ausgeübte Leitung. Sie ist selbst für durchsetzungsfreudige Mitglieder belastend und kann bei labileren zu Rückzug und zu explizitem Ausstieg aus der Gruppe führen, manchmal unter psychischer Schädigung.
Übergeschlagene Arme und Beine, zurückgekippte oder sogar aus dem Kreis zurückgezogene Stühle signalisieren Ausstiegstendenzen und sind Zeichen der Unterstrukturierung. Sündenbock-Mechanismen sind dabei häufig. Die schließlich erreichte Konsolidierung führt zu umso engerer Kohäsion und umso stärkerem Konformitätsdruck, je aggressiver und mühseliger der Machtkampf war: Jede Normabweichung könnte das so mühsam hergestellte Gleichgewicht gefährden. Entsprechend ist die Gruppe unflexibel,

4. Gruppenarbeit

und die nun intern verpönte Aggressivität wird auf die »outgroup«, die Nicht-Mitglieder, abgeleitet. Erst wenn die Gruppennormen klar sind, kann die Gruppe in einer »Arbeitsphase« an ihrem »eigentlichen« Thema, etwa den persönlichen Problemen der Mitglieder, arbeiten. Bei vom Leiter vorgegebenen Normen wie Toleranz und gegenseitiger Rücksicht kann die Gruppe schon in ihrer ersten Sitzung die Arbeitsphase erreichen. Die Rangordnung beruht dann auf Kooperation statt auf Rivalität. Die Gruppe bleibt offen und flexibel mit Normenspielraum und ohne Gruppendruck/Konformitätszwang; die Konfliktfähigkeit ist deutlich besser als in unterstrukturierten Gruppen. Bei »Überstrukturierung« kann es zum »Aufstand der Gruppe« bzw. ihrer prominentesten Mitglieder gegen den Trainer kommen (mitunter mit einer mit ihm koalierenden Subgruppe), und die Arbeitsfähigkeit ist schlechter als in einer moderat geführten Gruppe.

Gegen Gruppenende sind Trennungskummer und Strategien zu seiner Abwehr typisch. Verhaltensweisen der ersten Sitzungen treten wieder auf, sodass ein anderweitiges Thema schwer zu bearbeiten ist. Sinnvollerweise werden Gruppenende und Trennungskummer explizit angesprochen und als Beispiele der Unvermeidlichkeit von Abschied bearbeitet. Zur Abwehr des Trennungskummers vereinbarte spätere Wiedersehens-Termine werden meist nur von wenigen Teilnehmern eingehalten, der Trennungskummer klingt i. d. R. schnell ab.

In »permanenten« Gruppen mit langsam wechselnden Mitgliedern ist bei jeder bedeutsamen Veränderung mit erneuten Machtkämpfen (auch zwischen den »alten« Mitgliedern) zu rechnen, vor allem bei Neueintritt von dominanten Teilnehmern. Leiterfreie permanente Gruppen können durch Arbeitsmaterialien und/oder Supervision strukturiert werden, sodass Machtkämpfe und Sündenbockmechanismen nicht überhand nehmen und die Gruppe arbeitsfähig bleibt. Jedenfalls empfiehlt es sich, ihnen etwa zweimal im Jahr moderierte Veranstaltungen anzubieten, in denen »unter den Teppich gekehrte Konflikte« aufgearbeitet werden und einer eventuellen Problemflucht entgegenzuwirken ist. Auch damit kommt es zu Zäsuren und zur Ausbildung von Phasen.

4.2.2 Gruppenrollen

Menschen tendieren dazu, ihre gewohnheitsmäßig im Leben eingenommenen Rollen – sei es die des »Leiters«, des »Widersachers« oder des Sündenbocks (alle drei dominant), des Mitläufers oder des Außenseiters, des Clowns, des »starken Helfers«, der Naiven usw. – auch in der Gruppe zu realisieren. Niemandem kann die Gruppe gegen seinen Willen eine Rolle aufzwingen, wie auch niemand gegen den Willen einer Gruppe eine Rolle übernehmen kann, da die anderen Mitglieder dann die Übernahme der Komplementärrollen (etwa der »Verfolger« eines Sündenbocks) verweigern. Allerdings können unbewusste Tendenzen der Gruppe bzw. des Moderators das Rollenverhalten verstärken bzw. abschwächen. So kann auffälliges Verhalten eines Mitglieds (z. B. Nörgelei, Clownerie, Aggressivität, »small talk«) auf unterschwellige Aggressivität bzw. auf Problemvermeidung von Gruppe und/oder Moderator deuten.

Bei gutem Gruppenklima und »sozial-integrativer« Führung wechselt die Rolle des momentanen (informellen) »Leiters«, der »Zentralfigur«, zwischen den Teilnehmern entsprechend den jeweiligen Gegebenheiten, doch bleibt der Moderator bereit, bei Bedarf jederzeit die Führung wieder zu übernehmen. Verweigerung des Moderators bewirkt Machtkämpfe um die »Alpha-Position«, die des »informellen Leiters«, mit Kampf-, seltener mit Koalitionsangeboten an den Moderator. In günstigen Fällen trägt der Alpha-Teilnehmer zur Integration und Arbeitseffektivität der Gruppe bei; in der Variante des »Widersachers« (d. h. wenn der Moderator sich in Machtkämpfe mit ihm einlässt) kann er aber auch recht lästig werden. Hinter seinem Dominanzstreben steht oft Angst vor Überwältigung oder ein Autoritätskonflikt. Der Alpha-Aspirant zeigt sich meist bereits zu Beginn der ersten Sitzung als der Teilnehmer, der als Erster bzw. als Erster nach dem Moderator spricht. Es empfiehlt sich, ihn im Auge zu behalten.

Noch mehr Aufmerksamkeit verdient der »Sündenbock«, da er oft verdrängte (nicht bewusstseinsfähige) Tendenzen der Gruppe – verleugnete Probleme/Konflikte – zum Ausdruck bringt. Damit verstößt er gegen ihre kollektive Vermeidungsstrategie und wird

4. Gruppenarbeit

bei schlechtem Klima aus der Gruppe gedrängt. Durch den Kampf mit ihm vermeidet die Gruppe die Arbeit am eigentlich anstehenden Problem, und der Sündenbock büßt gewissermaßen für Versäumnisse des Moderators (vernachlässigte Probleme, schlechtes Gruppenklima). In einer habituellen Opferrolle bereitet er oft seinen Ausstieg aus der Gruppe vor und lastet die Verantwortung dafür – ebenfalls gewohnheitsmäßig – anderen (»Widersachern«, Gruppe, Moderator) an. Bei starken Vermeidungstendenzen kann die vakant gewordene Stelle eines ausgeschiedenen Sündenbocks von einem anderen, dann ebenfalls ausscheidenden Mitglied übernommen werden. Umgehende Bearbeitung des verdrängten Problems verhindert den u. U. drohenden schrittweisen Zerfall der Gruppe. Zunehmende Feindseligkeit deutet auf ein verdrängtes Problem, das umgehend thematisiert und bearbeitet werden sollte, ehe es zu Sündenbock-Mechanismen kommt.

Auch durch Clownerie oder Streit kann von angst- oder schambesetzten Themen abgelenkt werden. Ein notorischer Streithahn volontiert u. U. für eine Sündenbockrolle, um unter Schuldzuweisung an die Gruppe auszusteigen. Diese Vermutung liegt vor allem nah, wenn Sie selbst in Versuchung sind, ihn zum Ausscheiden zu veranlassen.

Hartnäckige, jedoch offenbar interessierte Schweiger – eine Variante des »Außenseiters«, doch meist besser als dieser integriert – können die Phantasie von Gruppe und Moderator sehr beschäftigen, während der ostentativ desinteressierte Schweiger als das wahrgenommen wird, was er ist: eine Variante des »Widersachers«. Der interessierte Schweiger wechselt mitunter in die Rolle eines »Experten«, in der er eine gewisse Dominanz ausübt, ohne sich öffnen zu müssen. Übrigens erscheint auch ein guter Moderator über weite Strecken eher als »Experte« denn als »Leiter«.

Es empfiehlt sich, schwer zu integrierenden Mitgliedern vorübergehend Expertenrollen anzubieten, etwa als Diskussionsleiter, »Prozessbeobachter« oder Protokollführer. In diesen herausgehobenen Rollen können sie ihr Selbstbewusstsein und ihre Position in der Gruppe festigen (seltener trifft sie dem Moderator geltende Aggressivität). Kampflustige Alpha-Aspiranten können so durch gruppenförderndes (statt -schädigendes) Verhalten Dominanz gewinnen: eine leicht manipulative, sehr wirksame Strategie zu ihrer Integration.

Es widerspricht der therapeutischen Ethik, »ständige Beobachter« in eine Gruppe zu bringen, auch nicht zu Studien- oder Ausbildungszwecken. Menschen sind kein (Beobachtungs-)Objekt: Wer ihr Verhalten in Gruppen studieren will, tue es als Teilnehmer, unter dem Risiko emotionaler Beteiligung wie alle Mitglieder. Zulässig sind zeitweilige Beobachter aus der Gruppe, die ihre Beobachtungen und die dabei ausgelösten Emotionen an die Gruppe zurückfüttern und anschließend wie gehabt in der Gruppe teilnehmen.

4.3 »Schwierige« Teilnehmer, »schwierige« Gruppen, schwierige Situationen

4.3.1 »Schwierige« Teilnehmer

Tatsächlich gibt es Teilnehmer und Gruppen, mit denen *jeder* Moderator Schwierigkeiten hat. Darüber hinaus aber hat ein Moderator auf Grund seiner Gegenübertragung bestimmte Teilnehmer, bestimmte Gruppen, mit denen er sich schwer tut, während sie für andere Therapeuten unproblematisch sind. Ein »schwieriger« Teilnehmer könnte auch Symptomträger der Vermeidungsstrategie einer problemflüchtigen Gruppe oder sogar Ihrer eigenen Vermeidungstendenz sein. Vor einer »Schuldzuweisung« sollte immer (z. B. durch Supervision) geklärt werden, wie weit das Problem bei Ihnen selbst liegt.

Nicht bzw. nur bedingt gruppenfähig sind Menschen, die in einer Gruppe panische Ängste oder andere Blockierungen erleben. Ihre Gruppenfähigkeit kann mitunter in stark strukturierten Kleinstgruppen (maximal fünf Teilnehmer) oder durch vorbereitende Einzeltherapie verbessert werden. Andere leiden nicht selbst in oder an der Gruppe, be- oder verhindern jedoch deren Arbeit, z. B. durch Aggressivität oder Vermeidungsmanöver (vielleicht aus Angst, überwältigt/ausgelacht/zurückgewiesen/übersehen/von

4. Gruppenarbeit

Gefühl überflutet zu werden): Teilnehmer, die Schwierigkeiten *machen*, *haben* Schwierigkeiten. Doch können sie dem Moderator die Arbeit verleiden und die anderen Mitglieder behindern. Notfalls können Sie einem Teilnehmer nahe legen, unter Rückzahlung des Honorars auszuscheiden; Sie können sogar eine Gruppe vorzeitig abbrechen und Ihr Honorar anteilig zurückzahlen; dieses Bewusstsein mag Ihnen die Arbeit erleichtern. Weniger drastisch, aber doch oft hilfreich sind Komoderation und/oder der Austausch von Mitgliedern mit anderen Gruppen.

Vermeidungstendenzen von Gruppe oder Moderator werden mitunter ausagiert durch das »Sensibelchen«, meist eine nicht mehr junge Frau mit großer Konfliktscheu, die sich vor Mitgefühl in Tränen auflöst, bei dem geringsten Konflikt die Fassung verliert und abzuwiegeln sucht und auf die leiseste Kritik mit gekränktem Rückzug reagiert. Sie kombiniert betonte Hilf- und Wehrlosigkeit mit hohem moralischem Anspruch (»Eltern-Ich«), macht sich zum Objekt von Angriffen (und damit zum Mittelpunkt) und polarisiert die Gruppe in »Helfer« und »Verfolger«, womit am eigentlichen Thema nicht mehr gearbeitet werden kann. Ihr Gegenspieler ist der oft ebenfalls als »schwierig« erlebte Zyniker, hinter dessen vordergründiger Aggressivität und Kaltschnäuzigkeit i. a. Angst vor Selbstkonfrontation und vor Gefühlen steht.

Ein ähnliches komplementäres Gegensatzpaar, das auch zu Streit und damit Problemvermeidung in der Gruppe führen kann, bilden Vielredner/Klugredner (Besserwisser) und Schweiger, die einander als Alibi für ihr Verhalten dienen. Gefällt sich ein Vielredner auch noch wertend/interpretierend/deutend in der Rolle des Kotherapeuten, kommt es leicht zu einem Aufstand der Gruppe gegen ihn. Der interessierte Schweiger (im Gegensatz zum hochmütig-desinteressierten) kann zwar die Phantasie der Gruppe beschäftigen, stört aber nicht – wenn Sie sich nicht verpflichtet fühlen, alle Mitglieder gleichgewichtig redend zu beteiligen. Auch der »Mauernde« wird vor allem durch Ihren Ehrgeiz, ihn einzubeziehen, zum »Problem«. Wenn er die in der Gruppe gebotenen Möglichkeiten nicht nutzt, ist das *seine* Entscheidung – und *Ihre*, sich von ihm nicht unter »Erfolgszwang« setzen zu lassen. Sie sind verantwortlich dafür, Erfahrungsmöglichkeiten zu bieten, aber nicht dafür, dass alle Teilnehmer sie nutzen! Selbst bei einem mauernden Pro-

4.3 »Schwierige« Teilnehmer, »schwierige« Gruppen ...

tagonisten können Sie die Arbeit durch Einschübe »an alle« für die Gruppe fruchtbar machen (und was wissen wir, was beim Mauernden vielleicht doch langfristig ausgelöst wurde!). Die – zwar bedauerliche – Verweigerung Einzelner bedeutet keine Blockierung der Gruppe. Bemühen Sie sich nicht *mehr* um einen Teilnehmer, als dieser sich selbst bemüht; seine Arbeit können Sie doch nicht für ihn leisten!

Provokative Verweigerung kann, ähnlich wie habituelle Nörgelei, ein Machtkampfangebot sein, hinter dem ein Anspruch auf die Alpha-Position und ein Autoritäts- bzw. Elternkonflikt stehen könnten. Versuchen Sie den Teilnehmer durch Rollentausch in die Position des Autoritätsträgers zu bringen, auch als zeitweiligen »Leiter« der Gruppe; halten Sie sich aber bereit, einzuspringen, ehe er dabei in Schwierigkeiten gerät. Je sicherer Sie Ihrer selbst sind, desto gelassener können Sie mit Zweifeln an Ihrer Kompetenz und Ihrer Integrität umgehen. Allerdings wird ein *ignoriertes* Kampfangebot als große Provokation erlebt: Lassen Sie sich nicht herausfordern, aber nehmen Sie das Angebot und die dahinterstehenden Bedürfnisse ernst. Der Teilnehmer sucht zumindest Beachtung, wahrscheinlich sogar (auf eine verschrobene und pervertierte Art) Zuwendung, die er sich nur als »negative Zuwendung« zu verschaffen weiß.

»Schwierig« kann ein Teilnehmer werden, der, anfangs »unauffällig«, einen psychotischen Schub entwickelt (besonders wenn Sie sich an dieser Entwicklung Mitschuld anlasten). Oft kann er nur zu »Sonderkonditionen« und zu Lasten der anderen Mitglieder in der Gruppe gehalten werden; andererseits kann ihm der Ausschluss den letzten Realitätskontakt und die letzte Stütze entziehen. In subtherapeutischen Gruppen müssen Sie sich eventuell doch entschließen, dem Teilnehmer das Ausscheiden nahe zu legen: Anscheinend sei er »unter falschen Voraussetzungen« zur Gruppe gekommen und in einer »Spezialgruppe« besser aufgehoben.

Vor allem lassen Sie Ihren Komoderator wissen, mit welchen Teilnehmern Sie sich schwer tun, und versuchen Sie, sich über Ihre Gegenübertragung klar zu werden. Supervision könnte dabei hilfreich sein.

4. Gruppenarbeit

4.3.2 »Schwierige« Gruppen

Im Idealfall sind die Teilnehmer einer Gruppe aufgeschlossen, friedfertig, risikofreudig und am gemeinsamen Arbeitsziel interessiert; unter ihnen und zwischen ihnen und Moderator(-en) herrscht Sympathie, und es gibt keine ernsten Konflikte zwischen Teilnehmern bzw. zwischen Subgruppen. Erfolgreiche Arbeit ist aber auch unter schwierigeren Bedingungen möglich, z. B. wenn

- die (ein Teil der) Mitglieder nicht aus eigenem Antrieb an der Arbeit teilnehmen/das Arbeitsthema ablehnen/Moderator(-en) bzw. veranstaltender Institution misstrauen (mit ihm/ihnen/ihr in Konflikt stehen)
- zwischen Teilgruppen bzw. zwischen Teilnehmern soziale oder persönliche Konflikte bestehen (speziell verleugnete Konflikte), bzw. wenn während der Arbeit aufkommende Konflikte verleugnet werden
- anstehende Themen die Angsttoleranz der Teilnehmer sehr unterschiedlich beanspruchen
- Konflikte zwischen Moderatoren bzw. zwischen Moderator (-en) und veranstaltender Institution nicht geklärt werden
- Institution bzw. Moderator(-en) der Gruppe Themen aufzudrängen suchen
- bei Moderator(-en) Widerstände gegen Gruppe, Institution oder Thematik bestehen.

Allerdings müssen dann vor Beginn der »eigentlichen« Arbeit die Widerstände ausgeräumt/die »Probleme« bearbeitet werden.
»Das Problem« könnte sogar die Vorstellung des Moderators sein, er müsse bei allen Teilnehmern jeder seiner Gruppen *sein* (!) Arbeitsziel (und zu 100% !) erreichen (seine Themen durchsetzen), unter ständigem Konsens in der Gruppe und ohne auch nur vorübergehende Aufteilung in Parallelgruppen. Was wir leider nur selten erfahren: Dass Teilnehmer oft gerade von den Gruppen Gewinn hatten, in denen wir mit »unseren Zielen« gescheitert zu sein glaubten. Und *alle* und jedesmal erreicht zu haben, ist ohnehin ein perfektionistischer Anspruch.
Eine Gruppe ist objektiv schwierig z. B. bei stark divergierenden Interessen der Mitglieder oder durch ein Überwiegen verwöhnter,

4.3 »Schwierige« Teilnehmer, »schwierige« Gruppen ...

selbstgerechter, ängstlicher, gefühlsscheuer, negativistischer oder depressiver Teilnehmer. Wenn diese nicht durch eine ausreichende Mehrheit »unproblematischer« Teilnehmer neutralisiert werden, kommt es fast zwangsläufig zu Vermeidungsstrategien: Streit, Nörgelei, »small talk« bis hin zum beharrlichen mürrischen Mauern. Allerdings: Eine Gruppe kann nur »verweigern«, wenn Sie drängen; doch wenn Sie gelassen bleiben, lässt sich vieles »aussitzen«, sodass Sie zumindest »über die Runden kommen«. Mehr ist eben manchmal nicht zu erreichen.

Mitunter wird eine an sich arbeitswillige Gruppe durch eine Teilgruppe behindert, z. B. durch deren Streit, Nörgelei, Rationalisieren, Be- und vor allem Verurteilen, Herumalbern oder Abschweifen. In »leichten« Fällen kann die Vorgabe von Kommunikationsregeln derartiges Verhalten unterbinden; meist ist es jedoch zweckmäßiger, die Ursache der Störung (oft Ängste, Konflikte, mitunter Widerstand gegen Sie/die veranstaltende Institution oder schlechthin gegen »die Autorität«) aufzudecken und zu bearbeiten. Je nach Situation empfiehlt es sich dabei, das Problem im Plenum zu behandeln (die verweigernde Teilgruppe könnte Symptomträger der Gesamtgruppe sein) oder die Gruppe zeitweilig zu teilen. Um dabei einen endgültigen Gruppenzerfall zu vermeiden, ist ein Austausch der Teilgruppen über Thema, Verlauf, Gefühle und Ergebnisse – am besten schriftlich in Thesen für die Wandzeitung – in den letzten zehn Minuten jeder Sitzung unverzichtbar. *Achtung: Lassen Sie die Teilgruppen nie ohne klare Vereinbarung über Zeit und Ort des Treffens für diesen Austausch auseinander gehen!*

Stört eine Teilgruppe von der ersten Sitzung an, so ist das vorgegebene Thema ihr offenbar nicht vordringlich. Vielleicht ist einigen Mitgliedern der Beginn einer Erstsitzung besonders unbehaglich. Dann hilft Aufteilung in Kleingruppen »zum Kennenlernen«. Bei einer »echten Subgruppe« dagegen (z. B. Angehörige einer bestimmten Berufsgruppe oder sozialen Schicht) empfiehlt sich eine Segregationsübung (siehe Seite 281). Liegt der »Störung« ein Konflikt zugrunde, so sollte er angesprochen und bearbeitet werden, was mitunter auf eine zeitweilige Trennung der Gruppe hinausläuft. Oft reicht auch bereits die Vereinbarung einer »Sondersit-

zung« für die am Konflikt Beteiligten, um die Gesamtgruppe arbeitsfähig zu halten.
Mitunter entsteht ein Konflikt erst im späteren Verlauf der Arbeit, bzw. er wird erst dann (eventuell im Kontext eines dann gestellten Themas) akut, führt zu einer blockierenden/verweigernden Teilgruppe und muss angesprochen werden. Ebenso kann ein Thema selbst eine Blockade auslösen (auf den genauen Zeitpunkt einsetzender Verweigerung achten!), etwa wenn für einige Teilnehmer
- das vorangegangene Thema noch nicht erledigt,
- das angebotene Thema stark angst- oder schambesetzt,
- uninteressant/unwichtig ist (an den Bedürfnissen vorbeigeht),
- unklar formuliert wurde.

Zweckmäßig ist dann die Frage, unter welchen Bedingungen bzw. in welcher Abwandlung das Thema akzeptabel sei. Implizit ist damit zunächst ein Themenwechsel gegeben: Das »momentane Thema« ist eine neue Themenfindung und oft auch der Modus in der Gruppe zu treffender Entscheidungen. Mehrheitsentscheidungen sparen nur scheinbar Zeit; die zeitaufwändigere Kompromissfindung macht sich durch besseres Gruppenklima und stärkeres Engagement fast immer bezahlt. Bleibt das ursprüngliche Thema (auch in Abwandlungen) nur für eine Teilgruppe akzeptabel (und ist wichtig genug für diese), so kann eine rasche Teilung der Gruppe – bis auf weiteres – die beste Lösung sein: Zumindest ein Teil der Mitglieder kann ungestört daran arbeiten, während die anderen ein neues Thema definieren und so ebenfalls mitarbeiten, statt zu mauern und die Gesamtgruppe zu behindern.
Themenwechsel und Wechsel der Methode sind bei schwierigem Verlauf der Arbeit oft hilfreich, z. B. Einschübe von nonverbalen Übungen und/oder »Bewegungsspielen«; das explizite Ansprechen der »Störung« (eventuell Klärung unter Einsatz von Fragebogen, siehe Nr. 16, Seite 340) ist oft unvermeidlich. Eine Teilung der Gruppe wird dadurch häufig unnötig. Kleingruppen sind angezeigt, wenn Vielredner/Klugredner/Schnellredner (vor allem theoretisierende) die andern behindern. Fassen Sie unter Themenvorgabe je drei bis fünf »Schweiger« bzw. Vielredner zu einer Kleingruppe zusammen. Nach etwa 15 Minuten Bericht der Kleingruppen (unter Redezeitbegrenzung) in der Gesamtgruppe

4.3 »Schwierige« Teilnehmer, »schwierige« Gruppen ...

über die dabei gemachten Erfahrungen, eventuell eine Kommunikationsübung wie den »Kontrollierten Dialog« (siehe Seite 285) nachschieben. Bei sehr unterschiedlicher Verbalisierungsfähigkeit der Teilnehmer müssen mitunter beträchtliche Teile der Arbeit in derartigen Kleingruppen durchgeführt werden. Dabei können sich für die Diskussion in der Gesamtgruppe Kommunikationsregeln empfehlen, z. B. kurze Sätze, die mit »ich« anfangen und mit einem Verb weitergehen und Erfahrungen oder Gefühle, aber keine Theorien oder Wertungen zum Inhalt haben.

Wenn eine Gruppe geschlossen »verweigert« (streitet, herumalbert, nörgelt oder schlichtweg »mauert«), auf kein Angebot, keinen Themen- oder Methodenwechsel reagiert, muss wohl geklärt werden, wie weit Moderator(-en) oder Veranstalter Ursache bzw. Anlass sind.

Sollte es Ihnen *deutlich öfter* als Ihren Kollegen passieren, dass Sie an »schwierige Gruppen« geraten, liegt der Grund wahrscheinlich bei Ihnen selbst, und Kontroll- oder Kollegialanalyse sind angezeigt. Ebenso, wenn eine Gruppe Sie besonders stark erzürnt, anstrengt, belastet, langweilt oder wenn Sie sich in der Arbeit deutlich mehr engagieren als die Teilnehmer (wenn Sie »die Arbeit der Gruppe zu leisten versuchen«).

Ihre eigene Befindlichkeit – ohne Vorwurf – der Gruppe mitzuteilen, ist ein Gebot der Partnerschaftlichkeit, doch dürfen Sie Ihre Enttäuschung und Frustration keinesfalls ausagieren. Mitunter reagiert die Gruppe auf Ihre persönliche Äußerung und hatte sich nur an Ihrem unpersönlichen Verhalten als »Rollenträger« gestört. Neigt eine Gruppe zum Rationalisieren, da die Teilnehmer gefühlsscheu/gefühlsungewohnt sind, so ist handlungs- und/oder erlebnisbezogene Arbeit angezeigt: nonverbale Arbeit wie »Blindenführen« (siehe Seite 271), Bewegungsspiele wie die »Molekülübung« (siehe Seite 272), Rollenspiele. All diese Ansätze rücken das Hier und Jetzt der Teilnehmer (entgegen dem bevorzugten »Irgendwo und Irgendwann«) in den Fokus.

Bei »gefühlsseligen« Gruppen handelt es sich meist um Harmoniesucht und Konfliktscheu sowie um eine Abkehr von den oft unerquicklichen Seiten der Realität. Auch hier ist handlungsbezogen, möglichst auch »produktorientiert« gegenzusteuern. Zweckmäßig sind Konkurrenzspiele zwischen Teilgruppen, wie etwa die Puzz-

4. Gruppenarbeit

leübung (siehe Seite 301) oder der »Gruppen-Rorschach« (siehe Stichwort »Einigung«). Die jeweiligen Arbeitsthemen sind klar zu formulieren, sodass bei Abweichungen vom Thema »zur Ordnung gerufen« werden kann.

Bei mauernden oder ganz verweigernden Gruppen helfen Fragebogen (siehe Nr. 16, Seite 340), die Ursachen aufzudecken – sofern der Fragebogen von den Teilnehmern noch angenommen wird. Dabei ist die indirekte Frage, »weshalb Teilnehmer sich wohl in der Gruppe zurückhalten«, zweckmäßiger als die direkte »warum halten *Sie* sich eigentlich so zurück?« Sie bekommen die gleichen Antworten, ohne dass der Einzelne sich zu seinen Gründen zu bekennen braucht. Ist die Ursache einmal offen gelegt, arbeitet die Gruppe meist auch an ihrer Überwindung mit. Schwierig wird es allerdings, wenn selbst der Fragebogen zurückgewiesen wird. Dann hilft allenfalls noch eine zeitweise Unterbrechung der Arbeit mit der Bitte, die Teilnehmer mögen untereinander ihre Wünsche in Bezug auf die Fortsetzung abklären und in der nächsten Sitzung (Ort und Zeit an die Wandtafel schreiben!) entsprechende Vorschläge anbieten. Ihr Risiko dabei – es könnte wegen Mangel an Teilnehmern zu einer nächsten Sitzung nicht mehr kommen, doch wäre dann die Gruppe ohnehin nicht mehr zu halten gewesen. Im günstigsten Fall dagegen motiviert diese explizite Übertragung der Verantwortung an die Gruppe die Teilnehmer wieder zur Mitarbeit, wahrscheinlich allerdings nicht unter der ursprünglichen Themenstellung.

Im Übrigen ist es keine Schande, *gelegentlich* eine Gruppe, in der nichts geht und eine Umverteilung von Mitgliedern mit anderen Gruppen (ein probates Mittel, doch nicht immer praktikabel) nicht möglich ist, vorzeitig abzubrechen, notfalls unter Rückzahlung eines Teils des Honorars (ein derartiges Angebot kann eine Gruppe sogar wieder in Bewegung bringen).

4.3.3 Schwierige Situationen

Auch in sonst unproblematischen Gruppen kann es gelegentlich zu »schwierigen« Situationen kommen. Wenn Sie die Aggressivität der Teilnehmer nicht bis zum Unkontrollierbaren angeheizt ha-

4.3 »Schwierige« Teilnehmer, »schwierige« Gruppen ...

ben, kann kaum ein ernstlicher Schaden entstehen (selbst ein in der Gruppe ausgelöster Herzanfall mit fatalen Folgen hätte sich sonst bei anderer Gelegenheit ereignet), solange Sie selbst nicht die Nerven verlieren: Die Panik eines Moderators greift leicht auf die Gruppe über. Kaum eine Situation (außer offener Gewalt), die sich nicht durch »Aussitzen« schließlich löste und die nicht (auch für die Teilnehmer) die Erfahrung vermitteln könnte, schließlich aus allen Ängsten doch im Wesentlichen unversehrt hervorgegangen zu sein. Ihr eigenes Vertrauen in sich und in die Gruppe hilft, selbst wenn Sie nichts »tun« können.

Lästig, aber in keiner Weise dramatisch ist die »überkochende« Gruppe: der plötzliche Zerfall in heftig diskutierende Grüppchen. Statt zu versuchen, den Lärm zu übertönen, schreiben Sie an die Tafel »Pause bis ...« (etwa 7 Minuten sind meist angemessen, notfalls wird der Zeitraum verlängert) und verlassen Sie eventuell den Gruppenraum. Danach ist kurz zu fragen, was sich da eigentlich zugetragen hat, vermeiden Sie aber längeres Nachkarten. Ereignete sich der Zwischenfall kurz vor Sitzungsende in einer Klausurveranstaltung, so ist der Beginn der nächsten Sitzung anzuschreiben und die Sitzung dann zu eröffnen mit einer Frage der Art »was liegt jetzt an?« Möglicherweise hat sich das Intermezzo für die Gruppe inzwischen erledigt. Achten Sie jedenfalls darauf, rechtzeitige und ausreichende Pausen anzubieten! Ähnlich kann es bei nonverbalen Übungen zu einem Ausbruch von Gekicher/Gelächter/Geschwätz kommen, wobei es sich oft um die Abwehr einer beängstigenden/beunruhigenden Erfahrung handelt. Gegebenenfalls ist die Übung auszusetzen und zunächst der Widerstand zu bearbeiten.

Schwierige Situationen beginnen oft mit einem aggressiven Ausbruch gegen Einzelne oder Teilgruppen, die darauf entweder als »Opfer« (mit Tränen und Hilflosigkeit, also indirektem Vorwurf) oder mit Gegenangriff (als »Verfolger«) reagieren. Es ist das Recht eines Mitglieds, daraufhin weinend aus dem Gruppenraum zu laufen, um in Ruhe die Fassung wiederzufinden, gelegentlich aber auch ein Schuldvorwurf an Aggressor, Gruppe und Moderator: »Seht, was ihr mir angetan habt!« Fast immer wäre es ein Fehler, dem Mitglied sofort nachzugehen; selbst nach einigen Minuten ist der Hinweis an die Gruppe, jemand könne vielleicht einmal nach-

4. Gruppenarbeit

sehen, besser. Die direkte Beachtung durch den Moderator würde eine eventuelle manipulative Strategie nur bestärken. In der Gruppe darf der Zwischenfall nicht übergangen werden, zumindest ist er mit einer Frage wie »Wo stehen wir jetzt?« zur Diskussion anzubieten. Dabei darf jedoch keinesfalls in Abwesenheit über den Betroffenen gesprochen werden: Die Anwesenden sprechen über ihr eigenes Erleben der Situation, über ihren Umgang damit. Gehen Angegriffene zum Gegenangriff über, so ist Weiterarbeit ohnehin erst nach Bereinigung des Konflikts möglich. Z. B. kann die Gruppe als Hilfs-Ich der Konfliktpartner aufgerufen werden: Was wurde im Hintergrund der Äußerungen wohl gedacht und gefühlt? Danach dürfen die Konfliktpartner Stellung nehmen – welche Äußerungen der Hilfs-Ichs trafen zu, gegebenenfalls mit welchen Korrekturen? Anschließend kann die Restgruppe etwa über eigene Erfahrungen mit vergleichbaren Konflikten berichten; der Konflikt wird direkt oder unter Rollentausch im Quasi-Rollenspiel und mit Hilfs-Ichs von den Betroffenen weitergeführt oder »stellvertretend« von anderen Teilnehmern durchgespielt. Ähnliche Ansätze helfen meist auch, wenn der anfangs Geflüchtete zur Gruppe zurückkehrt. Insgesamt wird damit der Konflikt aus einer »Privatsache« einzelner Beteiligter zu einem zumindest potenziellen Konflikt auch für die anderen Mitglieder gemacht, und die unmittelbar Betroffenen geraten damit aus dem Fokus. Übrigens müssen sich manchmal Moderatoren zum Sündenbock machen und die auf ein Mitglied gerichtete Aggression auf sich lenken, um dem Opfer eine Atempause zu verschaffen. Wichtig ist in solchem Fall die Frage, was die Einzelnen denn an dem Verhalten des Betroffenen so erzürnt und was das wohl mit ihnen selbst zu tun hat. Fast immer wirken nämlich Projektionen mit, und die über dem Opfer entladene Aggression gilt zu großen Teilen anderen Adressaten (eine Einsicht, die das Opfer sehr entlasten kann, doch ist unter vier Augen auch dessen Anteil an der ausgelösten Feindseligkeit anzusprechen). Oft handelt es sich um Neuauflagen alter Primärkonflikte.
Statt mit Flucht/Rückzug (eventuell in hochmütig-verdrossenes Schweigen) reagiert ein Betroffener mitunter mit einem Tränenausbruch, Herz- oder Asthma-Anfall angesichts der Gruppe, vielleicht manipulativ, öfter redlich (die Scheu, aus einer Sitzung weg-

4.3 »Schwierige« Teilnehmer, »schwierige« Gruppen ...

zulaufen, ist oft noch größer als die vor einem Durchbruch *in* der Gruppe). Auch unabhängig von Aggression treten Durchbrüche/Anfälle auf, mitunter im Zusammenhang mit der aktuellen Gruppensituation (z. B. dem Thema oder durch Identifikation mit einem anderen Teilnehmer), oder ohne erkennbaren Anlass vielleicht durch eine Lockerung der Kontrollen gegenüber einem lange zurückgestauten Groll oder Gram. Je selbstverständlicher die Moderatoren mit Kummer und Tränen (selbstverständlichen Gegebenheiten menschlichen Daseins) umgehen, desto leichter können sich auch die Teilnehmer in einer solchen zunächst beängstigenden Situation arrangieren.
Widerstehen Sie der Versuchung, einen Weinenden zu »trösten«! Echte Tränen wirken kathartisch; und wenn der Anlass »nichtig« scheint, gelten sie wahrscheinlich einem alten, schon viel zu lange zurückgestauten Leid. Die Frage »an alle«: »Tun Sie jetzt, was Sie eigentlich möchten?« ermutigt u. U. zögernde Teilnehmer, sich dem Weinenden stützend zuzuwenden. Und drängen Sie eventuell angesichts des Kummers aufsteigende eigene Tränen nicht zurück, Sie würden damit selbst unglaubwürdig.
Ein sehr Bekümmerter/Weinender mag sich in der Mitte der Gruppe auf eine Decke legen. Wer möchte, setzt sich dazu und legt ihm die Hände auf. Enger körperlicher Kontakt vermittelt Wärme, Zusammengehörigkeit und Geborgenheit, muss allerdings relativ bald mit einer Bewegungsphase (z. B. Spannen und Durchrekeln) beendet und nach einer Pause möglichst verbal aufgearbeitet werden. Auch »Tragen und Wiegen« (siehe Seite 268) ist eine Möglichkeit, den Betroffenen wie die Gruppe zu stützen, und kann anschließend allgemein angeboten werden, womit der anfänglich Betroffene aus dem Fokus kommt. – Auf alle Fälle sollten Sie sich nach einem Durchbruch zu einem Einzelgespräch (zur Notfallversorgung) verfügbar halten.

4. Gruppenarbeit

4.4 Modelle für die Durchführung von Gruppenveranstaltungen

Abschließend werden modellhaft Aufbau und Durchführung einiger ambulanter und Blockveranstaltungen zu verschiedenen Themen beschrieben. Die dabei benutzte Einteilung in (sub-)therapeutische Arbeit, in »allgemeines« und in »berufsbezogenes« Verhaltenstraining ist recht grob. Da hinter »sozialen Defiziten« oft zumindest subneurotische Störungen stehen, greift das »Verhaltenstraining« oft in zumindest subtherapeutische Bereiche über. Oft ist die Versuchung, therapeutisch einzusteigen, groß, doch sollten »Trainings« nicht zu Therapiegruppen entarten. Allenfalls längere Klausurseminaren dürfen etwas mehr in Richtung Subtherapie/Selbsterfahrung laufen.

Der Übersicht halber sind bei den stark strukturierten Wochenend-Seminaren die Sitzungen tageweise durchnummeriert. Zur Zeitplanung von Blockveranstaltungen siehe Seite 139.

4.4.1 Therapie/Subtherapie/Tiefenpsychologie

In der Therapie ist das wohl gängigste Verfahren die zeitlich unbegrenzte, offene Gruppe, bei der ausscheidende Mitglieder umgehend durch neue ersetzt werden. Dabei sollte das neue Mitglied einsteigen in der letzten Sitzung des Ausscheidenden. So kann es die Bilanz des Vorgängers – zugleich eine Bilanz über die Arbeit der Gruppe – als »Einführung« nutzen. Nach und zu dieser Bilanz kann der neue Teilnehmer Fragen stellen, und er sollte über seine Ziele und Anliegen in der Gruppe berichten, sich vielleicht auch einer Befragung durch die anderen stellen.

Auch bei überwiegend unstrukturierter Arbeit können fallweise Übungen angeboten werden, um Problembereiche zu thematisieren oder Verhaltensweisen zu verdeutlichen. Auch der Einsatz von Rollenspiel und eine zumindest kurze Phase körperbezogener Arbeit in den Sitzungen empfehlen sich.

In der »Subtherapie« (Neurosenprophylaxe, »Selbsterfahrung«) sind zeitlich begrenzte ambulante Gruppen, kombiniert mit min-

4.4 Modelle für die Durchführung von Gruppenveranstaltungen

destens einer Blockveranstaltung, vorzuziehen. Sie sind effektiver als »unbegrenzte« Gruppen. Bei stärker themenbezogener subtherapeutischer Arbeit eignen sich am besten reine Blockveranstaltungen, möglichst in Klausur.
Der folgende Ansatz für ambulante subtherapeutische Gruppen hat sich als besonders effektiv erwiesen:

4.4.1.1 »Nach Art des Hauses«

Es handelt sich um einen unspezifischen subtherapeutischen Ansatz auf der Basis von Rollenspiel für Patienten mit »leichteren Störungen«. Bei etwa 12 Teilnehmern umfasst eine »Sequenz« einen Ganztag bzw. ein Wochenende und zirka 10 etwa zweistündige Sitzungen, sodass jeder Teilnehmer in einer Sitzung Protagonist sein kann.

In der ersten Sitzung erhalten die Teilnehmer organisatorische Informationen und haben Gelegenheit zu Fragen. Dann wird aufgeteilt in Kleingruppen zum Kennenlernen. Nach etwa 12 Minuten erfolgt eine kurze Zwischenaufarbeitung im Plenum: »Haben Sie getan/gesagt/gefragt, was Sie eigentlich wollten?« Ein zweiter Durchgang in anders zusammengesetzten Kleingruppen und ein zweites Plenum sowie ein abschließendes Blitzlicht »Was war Ihnen heute wichtig?« folgen.

Die Intensivveranstaltung liegt am Wochenende nach der ersten Sitzung. Eröffnet wird am besten mit einer Meditation oder Entspannungsübung oder direkt mit einem Blitzlicht »Was ist Ihnen von der ersten Sitzung jetzt noch wichtig?« Mit diesem »Ritual« (Meditation bzw. Entspannung und/oder Blitzlicht) werden weiterhin alle ambulanten Sitzungen eröffnet. Es schließt sich an eine Phantasiereise, die an der Problematik der Teilnehmer orientiert ist (die Problematik sollte sich in der ersten Sitzung abgezeichnet haben).

Danach zeichnen/malen die Teilnehmer den Höhepunkt ihrer Phantasie (DIN-A4-Blätter, Zeitvorgabe etwa 10 Minuten). Nach einer kurzen Besprechung darüber, wie »Reise« und Zeichnen erlebt wurden, werden reihum die Bilder gezeigt. Der Urheber gibt eine kurze Erläuterung dazu (*keine* Deutungen, *keine* Interpretationen!). Fragen sind nur zum Verständnis des Dargestellten

4. Gruppenarbeit

zulässig. In der anschließenden Pause bereitet sich der Protagonist der nächsten Sitzung auf sein Rollenspiel vor und erwägt speziell die Auswahl der »Darsteller«[55] einschließlich eines »Stellvertreters« für ihn selbst.

Der Protagonist kann wahlweise an seinem Bild, an einem aktuellen Konflikt/Problem, an einem Traum oder an einer Kindheitserinnerung arbeiten. Er zeigt zu Sitzungsbeginn noch einmal sein Bild bzw. beschreibt Traum, Erinnerung oder Konflikt, um die es ihm geht. Er wählt die Darsteller und konstelliert die Szene als Lebendes Bild. Mitunter tauscht er (vom Moderator aufgerufen) vorübergehend die Rolle mit einem Darsteller, speziell mit seinem Stellvertreter, oder er schaltet sich als Hilfs-Ich ein. Es folgt der Übergang zu Minispot und Rollenspiel.

Projektionen und parallele Konflikte von Teilnehmern (besonders von Darstellern) zeigen sich oft in ihren Äußerungen. Sie werden kurz angesprochen und zur weiteren Bearbeitung vorgemerkt.

Nach Abschluss des Rollenspiels erhalten zuerst Protagonist und Darsteller Gelegenheit, ihre Gefühle und Assoziationen zu äußern. Nach der Aufarbeitung und einer kurzen Denkpause wird die Sitzung abgeschlossen mit einem Blitzlicht: »Was war Ihnen in dieser Sitzung wichtig?/Was wurde Ihnen deutlich?«

Selbst bei zwischengeschalteten Bewegungsspielen o. Ä. reicht ein Ganztag für die ersten zwei oder drei Protagonisten. Den Abschluss des Ganztags bildet das übliche »Schlussritual« – das Blitzlicht »Was war Ihnen heute wichtig?« Wird statt des Ganztags ein Wochenende durchgeführt, so empfiehlt sich am Sonnabend der Abschluss nach dem Ansehen der Bilder, der Wahl/Meldung eines ersten Protagonisten und dem Blitzlicht. Am Sonntag wird dann mit dem üblichen »Ritual« eröffnet. Dann kann die Arbeit mit dem ersten Protagonisten beginnen. Bei ausreichender Zeit werden zusätzliche, besonders körperbezogene Übungen angeboten. – In der Abschlusssitzung der Sequenz ist (vielleicht nach einer Runde »Handkontakt« oder »Tragen und Wiegen«) eine ausführliche Gesamtbilanz angebracht.

---

[55] Übrigens wählen die Protagonisten fast hellsichtig Darsteller, deren Eigenproblematik mit der des Dargestellten korrespondiert.

4.4 Modelle für die Durchführung von Gruppenveranstaltungen

Der Ansatz ist sehr direktiv und fordert von allen Beteiligten beträchtlichen Einsatz. Die schon früh vorliegenden Zeichnungen und die protagonistenzentrierte Arbeit ermöglichen ein strikt fokales und damit sehr wirksames Vorgehen.

4.4.1.2 Ambulante Gruppe für »Kopatienten«

Auch mit »Kopatienten«, den unmittelbar betroffenen Angehörigen chronisch oder langzeitig Erkrankter, kann in ambulanten Gruppen gearbeitet werden. Der Ansatz hat prophylaktische wie therapeutische Züge. Eine Selbstüberlastung des Kopatienten soll vermieden werden und er soll lernen, mit der Krankheit und den Ansprüchen des Patienten sinnvoll umzugehen. So kommen derartige Gruppen auch dem Kranken selbst und der ganzen betroffenen Familie zugute. Die Institutionen der Krankenversicherung wären gut beraten, derartige Gruppen anzubieten.

Zweckmäßig sind Gruppen von etwa 12 Kopatienten, die wöchentlich oder 14-tägig anderthalbstündig arbeiten. Langfristig können sie in supervisierte Selbsthilfegruppen übergeleitet werden. »Koalkoholiker«, Angehörige von Suchtkranken und von psychotischen Patienten sollten in separaten, deutlicher therapeutisch orientierten Gruppen untergebracht werden, da sie wahrscheinlich an einer Familienneurose beteiligt sind.

Fast immer steht der Kopatient im Spannungsfeld zwischen eigenen Bedürfnissen und den Ansprüchen anderer – häufig im Dilemma, sich selbst aufzureiben oder dem Patienten nicht gerecht zu werden. Die Alternative eines Pflegeheims wird meist als »Abschieben« erlebt und als (dem Patienten) nicht zumutbar betrachtet. Ohnmächtiger Groll und Hilflosigkeit des Kopatienten, Schuldschein- und Opferspiele (»ich Ärmster«) sind häufig. Sie sollten aufgedeckt und sinnreichere Strategien zum Umgang mit der Situation eingeübt werden. Die Gruppen erfordern straffe Führung, damit es nicht zu »Klagemauer«- und ähnlichen Spielen kommt.

Nach dem Kennenlernen in der ersten Sitzung erfolgt eine Diskussion der Übung mit dem Fokus »Haben Sie gesagt/gefragt/getan, was Sie wollten, *oder haben Sie ›Rücksichten‹ genommen?*« Damit ist das Spannungsfeld zwischen eigenen Bedürfnissen und

4. Gruppenarbeit

»Rücksichten« thematisiert. Der Moderator muss dabei die Teilnehmer gegebenenfalls als »Erlauber« auf die Berechtigung ihrer eigenen Ansprüche hinweisen, die oft nicht einmal zum Bewusstsein zugelassen werden. Außer Satzergänzungen »ich wünschte, ich könnte (dürfte) ...« können auch Sonden (siehe Seite 198 ff., 281 ff.) angeboten werden, z. B. »Sie dürfen auch für sich selbst sorgen«, »Auch Ihre Bedürfnisse sind wichtig« u. Ä. – so werden auch Hausaufgaben vorbereitet, wie »Welche Ihrer Bedürfnisse lassen Sie unberücksichtigt?« Die Sitzung wird abgeschlossen durch ein Blitzlicht »Was ist Ihnen deutlich geworden? Was sollten Sie zu Hause anders machen?«

Auch in der zweiten Sitzung wird an der Berechtigung eigener Wünsche gearbeitet und an der Abgrenzung gegenüber den Ansprüchen des Patienten und anderer Familienangehöriger. Hilfreich sind Stegreif-Rollenspiele, in denen eine Familie versucht, eine Lösung z. B. für einen Urlaub des Kopatienten zu finden. Die Gruppe beteiligt sich mit Hilfs-Ichs und Vorschlägen von Varianten, möglichst unter Video-Aufzeichnung. Andere Rollenspiele ergeben sich über einen in Kleingruppen erstellten Zwei-Minuten-Sketch »Patient und Pfleger« oder mit Zeichnungen der Teilnehmer zum gleichen Thema. An Hand der Video-Aufnahmen bzw. der Zeichnungen wird protagonistenzentriert weitergearbeitet. Der Fokus liegt dabei auf den Fragen »Was belastet Sie an der Pflege am meisten? Was ist das eigentliche Problem dabei? Was hat das mit Ihnen selbst zu tun?«

Konflikte des Kopatienten mit dem Patienten und/oder der Familie werden im Rollenspiel nach den Regieanweisungen des Protagonisten, mit ihm in der Rolle des Kranken (!), bearbeitet. Dabei sind Hilfs-Ichs einzusetzen und Verhaltensalternativen vorzuschlagen. Weiter ist die Konfrontation mit der Sterblichkeit/Zerstörbarkeit des Menschen anzusprechen, um die entsprechenden Ängste zu mindern. Für Kopatienten tödlich Erkrankter sollte auch eine behutsame Hinlenkung auf die Zeit nach dem Ende, auf das dann ja auch wieder leichter werdende Leben erfolgen. Zudem brauchen sie meist Hilfe, um den Sterbenden in Frieden gehen zu lassen und ihn auch nicht über seinen Zustand zu täuschen[56].

Der Erfahrungsaustausch zwischen den Teilnehmern ist zu fördern und Informationsmaterial zur Pflege, zum möglichen Verlauf

4.4 Modelle für die Durchführung von Gruppenveranstaltungen

der Krankheit und zu Hilfsmöglichkeiten wie Pflegediensten u. Ä. anzubieten. Die Teilnehmer sind zu ermutigen, auch vom behandelnden Arzt Informationen anzufordern, was oft aus dieser oder jener Angst heraus unterbleibt.
Mit adaptierten Übungen aus dem Selbstbehauptungstraining und mit Sonden werden Antreiber und elterliche Einschärfungen wie »sei bescheiden/sei hilfsbereit/stell keine Ansprüche/andere sind wichtiger als du« durch entsprechende »Erlauber« (»Auch du hast berechtigte Ansprüche!«) ersetzt und Ängste vor Liebesentzug/ -verlust gemildert. So können die Teilnehmer lernen, bei Bedarf freundlich, aber bestimmt Nein zu sagen. Weiter ist eine Einübung in Entspannungstechniken für die fast immer sehr gestressten Kopatienten hilfreich.

4.4.1.3 Umgang mit Verlusten – Ambulante Gruppe

Verluste und Rückschläge können von den Betroffenen als Herausforderung erlebt werden und so zu einem Zuwachs an Kräften und Kompetenzen führen. Nicht selten kommt es statt dessen zu einer Fehlverarbeitung, die schließlich in einer Depression und/oder in psychosomatischen Beschwerden (Herz-Kreislauf-Syndromen, Magen-Darm-Beschwerden, Schlafstörungen u.s.w.) mündet. Statt bzw. neben medikamentöser Behandlung könnten weit mehr als bisher entsprechende Gruppen eingesetzt werden. Ein derartiges Angebot, den Betroffenen über die Hausärzte nahe gebracht, könnte auch zur Kostensenkung im Gesundheitswesen helfen.
Gearbeitet wird mit etwa 10 bis 12 Teilnehmern möglichst unterschiedlicher »Verluste« (z. B. Tod oder Trennung von Bezugspersonen; körperliche Beeinträchtigung nach Unfall oder Krankheit; Zusammenbruch der Laufbahn; schwere materielle Verluste). In ein- bzw. zweiwöchigen Abständen werden etwa 16 anderthalbstündige Sitzungen durchgeführt. Körperbezogene Arbeit zu Beginn jeder Sitzung (z. B. Eutonie) demonstriert, dass und wie das

---

[56] Vgl. Anne-Marie Tausch, Reinhard Tausch, Sanftes Sterben, Reinbek bei Hamburg 1991

4. Gruppenarbeit

Befinden durch eigenen Einsatz verbessert werden kann. In der Aufarbeitung ist explizit darauf hinzuweisen, wie sehr tätige Veränderung/Selbstveränderung die Situationen erleichtern kann. Weiter ist von da zu Holzbein-Spielen und ihren Adressaten überzuleiten.
Versuchen Sie nie, zu »trösten« oder zu »begütigen«! Kummer, der »weggetröstet« wird, kann zu Schuldgefühlen des Betroffenen führen (»Du solltest diese Gefühle nicht haben!«). Damit kann aus einem situations-angemessenen Kummer eine Depression werden. Lassen Sie aber auch keine »Ich-Ärmste(r)«-Spiele zu. Stärken Sie (z. B. mit adaptierten Ansätzen aus dem Kreativitätstraining) das Vertrauen der Teilnehmer in ihre eigenen Fähigkeiten und Möglichkeiten. Aktivieren Sie die gegenseitige Hilfe.
Die Arbeit zentriert sich auf Themen wie
- Was ändert sich konkret durch Ihren Verlust in Ihrem Alltag und was daran ist das eigentlich Belastende (»Schlimme«)?
- Welche (vielleicht unbegründeten?) Befürchtungen haben Sie?
- Was könnten Sie an Ihrer Situation ändern, was müssten Sie dafür tun?
- Was müssten Sie tun, was dürften Sie nicht mehr tun, wenn Sie Ihren Verlust akzeptierten? Wer tröstet oder verwöhnt Sie oder macht sich um Sie Sorgen, ärgert sich vielleicht über Ihren Kummer oder zürnt Ihnen (Frage nach dem »Adressaten« ostentativen Leidens)?
- Welche Vorwürfe machen Sie sich und/oder anderen – wer hätte vielleicht mehr helfen sollen (Schuldschein-Spiele)?

Tenor ist immer wieder »Was (die Situation und/oder sich selbst) können Sie verändern?« So schmerzlich (und berechtigt!) der »Trennungskummer« bei einem schweren Verlust ist: Ein akzeptierter und integrierter Verlust erweist sich schließlich als eine Bereicherung, und sei es auf der Basis »selbst das habe ich überstanden!«
Das gegenseitige Kennenlernen der Teilnehmer in der ersten Sitzung erfolgt etwa unter dem Thema »Wie ich für mich selbst sorge« (Vor Aufteilung in die Kleingruppen Denkpause zum Thema anbieten!). In der Aufarbeitung im Plenum wird die eigene Verantwortung für das eigene Ergehen betont. Schon in der ersten Sit-

4.4 Modelle für die Durchführung von Gruppenveranstaltungen

zung können mit der Gruppe »Hausaufgaben« erarbeitet und vereinbart werden. Ab der zweiten oder dritten Sitzung wird jeweils mit körperbezogenen Übungen und deren Aufarbeitung eröffnet. Daran schließen sich ein Blitzlicht »Was ist mir jetzt wichtig?« und der Bericht über die »Hausaufgaben« an. Dann wird mit Übungen oder protagonistenzentriert weitergearbeitet.

Sinnvolles Thema für die zweite Sitzung sind Zeichnungen wie »Lebenslinie« (siehe Seite 262) oder »ein Weg in die Zukunft«. Oder es wird eine Meditation »Verlust als Herausforderung (als Chance)« angeboten und in Kleingruppen und/oder Plenum diskutiert. Damit erhalten die Moderatoren Einblick in die Problematiken der Teilnehmer und in ihre Art des Umgangs mit Schwierigkeiten und Verlusten.

Vordringlich ist der Abbau von Groll, Schuldgefühlen und Schuldvorwürfen. Dazu kann auch mit dem »Leeren Stuhl« (siehe Seite 181) gearbeitet werden, eventuell sind einschlägige Kindheitserinnerungen anzusprechen. Priorität hat die Arbeit mit Teilnehmern mit stark resignativen, eventuell sogar suizidalen Tendenzen, dann die mit Teilnehmern, die »wichtige Träume« berichten möchten.

Für die Gruppe »Umgang mit Verlusten« geeignete Übungen sind u. a. »Hilfe geben – Hilfe nehmen« (siehe Seite 289), möglichst durch entsprechende Fragebogen verstärkt; in späteren Sitzungen »Tauschbörse« (»Wer würde den Verlust/den Kummer eines anderen Teilnehmers übernehmen, wenn er dafür seinen eigenen abgeben könnte?«, vgl. Seite 257); unter den körperbezogenen Übungen (vgl. Seite 186 ff., 263 ff.) vor allem »Schmerz lass nach!« (Akzeptieren von Schmerz), »Stützen und Auffangen«, »Passive Bewegungen«, »Sturz«, Balance-Übungen sowie »Tragen und Wiegen« (bei Letzterem kann es leicht zu Durchbrüchen kommen).

In den letzten Sitzungen kann mit dem Thema »jedes Ende ist auch ein Anfang« auf die Chance des Neubeginns und Wendepunkts hingewiesen werden. Es ist zunehmend auf die Aktivierung noch ungenutzter Fähigkeiten und Möglichkeiten hinzuweisen.

In einer der letzten Sitzungen ist auf Verlust als zutiefst menschliches Schicksal, als »conditio humana«, hinzuweisen – Vorbereitung auf das letzte, endgültige »Loslassen« (»Was immer wir in der Welt haben können, ist uns nur auf Zeit geliehen!«). Ein weiterer Fokus sind bisherige Verluste, die die Teilnehmer schließlich zu akzeptieren lernten, auch wenn sie ihnen zunächst unerträglich schienen[57]. Wird die Gruppe nicht in eine supervisierte Selbsthilfegruppe übergeleitet, können in der letzten Sitzung mit der »Abschlussbilanz« zwischen den Teilnehmern »Arbeitsverträge« für die weitere Selbstveränderung/Veränderung der Situation ausgehandelt werden.

4.4.1.4 Umgang mit Verlusten – Klausur-Wochenende

Die folgende Beschreibung eines Klausurseminars zu diesem Thema soll zugleich Hinweise für die Planung von Blockveranstaltungen geben. Bringen jedoch Teilnehmer sinnnvolle Vorschläge ein, so haben diese Vorrang vor Ihrer Planung. Generell wird die emotionale Intensität durch den in Klausur engeren Kontakt der Teilnehmer meist größer als bei ambulanten Veranstaltungen. Beschrieben wird ein verlängertes Wochenende von Freitag Spätnachmittag bis zum frühen Sonntag Nachmittag mit maximal 20 Teilnehmern und zwei Moderatoren. Die Sitzungen sind im Folgenden tageweise durchnummeriert: zwei am Freitag, vier + eine (gegebenenfalls fünf + eine) am Sonnabend, drei am Sonntag. Es beginnt Freitag mit gemeinsamem spätem Kaffee oder frühem Abendbrot (Klausuren beginnen am besten mit einer gemeinsamen Mahlzeit!).

FR I: »Kennenlernen« z. B. unter dem Thema »Was ich hier zu erreichen hoffe«. Nach einer kurzen Denkpause im Plenum folgen ein erster Durchgang in Kleingruppen, eine Zwischenaufarbeitung im Plenum (»Was haben die Äußerungen der anderen für Sie bedeutet?«); ein zweiter Durchgang in Kleingruppen anderer Zusammensetzung und ein weiteres Plenum.

FR II: Diese Abendsitzung eignet sich besonders für körperbezogene Arbeit, vorzugsweise Eutonie (z. B. »Grundübung« im Liegen, dann Liegen auf Tennisbällen [»Schmerz lass nach«], siehe

---

[57] Vgl. Doris Wolf, Rolf Merkle, Verschreibungen zum Glücklichsein, Mannheim [5]1989

4.4 Modelle für die Durchführung von Gruppenveranstaltungen

Seite 192) mit anschließender Aufarbeitung. Der Fokus liegt dabei auf dem Umgang mit körperlichem Schmerz. Anschließend etwa »Stützen und Auffangen« (siehe Seite 190) und »Rock 'n' Roll« (siehe Seite 266). Mit diesen Übungen lässt sich auch die Schwierigkeit thematisieren, Hilfe anzunehmen, geschweige denn zu erbitten. Weiter eventuell mit meditativem Tanz (gut zur Entspannung vor dem Schlafen!). Der Tag wird abgeschlossen mit einem Blitzlicht »Was war Ihnen wichtig?« und »Wie fühlen Sie sich jetzt?«

SA I: Eröffnen Sie mit einem Blitzlicht »Was war gestern wichtig, was ist jetzt wichtig?« Fragen Sie auch nach eventuellen Träumen der Teilnehmer, die Priorität haben könnten. Träume und andere von den Teilnehmern eingebrachte Themen werden möglichst im Lebenden Bild und/oder im Rollenspiel bearbeitet. Sonst können die »Lebenslinie« (siehe Seite 262) gezeichnet und die Bilder der Teilnehmer verglichen werden: Wie bilden sich frühere »Verluste« in der Lebenslinie ab und wie ging es danach weiter; wie sind die Teilnehmer mit früheren Verlusten umgegangen und mit welchen Konsequenzen? Was war das eigentlich »Schlimme« an diesen Verlusten? – Es wird zeitweilig in Halbgruppen gearbeitet. Das abschließende »Bilanz«blitzlicht erfolgt im Plenum.

SA II: Es wird an den in SA I angesprochenen Themen weitergearbeitet, oder es werden schriftliche Satzergänzungen angeboten »Ich könnte leichter mit meinen Verlusten umgehen, wenn ...« Die Diskussion erfolgt erst in Kleingruppen, dann im Plenum. Dabei werden Verhaltensweisen und Problematiken deutlich, die möglichst konkret, z. B. im Rollenspiel, zu bearbeiten sind. Fokussieren Sie vor allem auf eventuelle (mitunter schon längst verstorbene) »Adressaten« von Leiden (Schuldschein-Spiele). Dabei wird bei Bedarf auch der »Leere Stuhl« eingesetzt. Vor dem Abschluss-Blitzlicht »Was war wichtig?« werden die Teilnehmer aufgefordert, während der Mittagspause (auch in gemeinsamen Gesprächen) die Anliegen/Themen für die weiteren Sitzungen zu klären.

SA III, SA IV: Liegen keine anderen Themen an, ist jetzt Zeit für »Hilfe geben – Hilfe nehmen« (siehe Seite 289 f.), wobei eine gründliche Aufarbeitung im Plenum wichtig ist. Dabei wird übergeleitet zum Thema der Sitzung SA IV: »Was konkret können Sie verändern? Oder wollen Sie in Ihrem Leiden beharren, und wenn – wozu wohl?« Dabei ist zunehmend auf die Möglichkeiten von Veränderung und Neuanfang zu fokussieren. Falls sechs Sonnabend-Sitzungen vorgesehen sind, wird in der anschließenden Sitzung an diesem Thema weitergearbeitet.

SA Abend: Falls nicht andere dringliche Themen anliegen, sollte die Sitzung für tröstliche und versöhnliche Übungen genutzt werden, wie etwa »Tragen und Wiegen«, »Blind gehen«/»Blindenführen«, »Handkontakt« (siehe Seite 268 f., 270 f.) oder auch »Marsnamen« (siehe Seite 262).

SO I, SO II: Ergeben sich bei dem einführenden Blitzlicht »Was ist jetzt wichtig?« keine anderen dringlichen Themen, sind vor allem Groll und Schuldgefühle aufzuarbeiten, z. B. durch den »Leeren Stuhl«. Mit der Befreiung von Groll, Scham und Schuldgefühlen wird übergeleitet zum Hauptthema der Sitzung SO II: »Verlust als Chance«, wobei wieder auf die Möglichkeiten neuen Anfangs fokussiert wird: »Was könnten Sie versuchen?«

SO III: In der Sitzung erfolgt die »Abschlussbilanz« unter dem Aspekt »Womit sollten Sie gleich anfangen, womit aufhören?«, möglichst auch mit dem Aufstellen von »Arbeitsverträgen«. Mit Themen zu »Abschied, Trennung und Loslassen als zentrale Erfahrungen menschlichen Lebens« (z. B. »Jedes Ende ist auch ein Anfang!«) und vielleicht einem abschließenden »Marktplatz« (siehe Seite 255) klingt das Seminar aus.

Eine derartige Vorplanung dient insgesamt eher der Einstimmung der Moderatoren als dem Festlegen eines Arbeitsplans. Je früher die Teilnehmer Themenfindung und Gestaltung übernehmen (je aktiver und verantwortlicher sie sich beteiligen), desto günstiger ist es.

4.4.1.5 Nach der Trennung – Ambulante Gruppen

Die Teilnahme an derartigen Gruppen empfiehlt sich, wenn Tod oder Trennung von einer Bezugsperson in eine ohnehin kritische Zeit fällt und/oder wenn die Beziehung symbiotisch war, sodass der Verlust zu einer Krise führt. U. a. besteht dann die Gefahr selbstzerstörerischer Spiele (vor allem ostentativen Leidens: »Sieh, was du angerichtet/mir angetan hast!«). In der Gruppe werden die

4.4 Modelle für die Durchführung von Gruppenveranstaltungen

neurotischen Beziehungsmuster gelöst und die eigenen Anteile an der zu der Trennung führenden Entwicklung verdeutlicht. Damit verbessern sich auch die Chancen für eventuelle neue Beziehungen. Gearbeitet wird mit etwa 14 Teilnehmern während ungefähr 20 protagonistenzentrierten ambulanten Sitzungen. Eingesetzt werden vor allem der »Leere Stuhl« (Abschluss »unerledigter Geschäfte« mit dem »Davongegangenen«), Lebende Bilder (z. B. mit einer Version von »Denkmal«, siehe Seite 244) sowie Rollenspiel, etwa an Hand von Zeichnungen »Meine Familie«. Auch die Phantasien zu Inhalt und Vorgeschichte entsprechender TAT-Darstellungen können als Einstieg zum Rollenspiel dienen. Im weiteren Verlauf sind Konflikte mit der »Restfamilie« (von der Trennung betroffenen Kindern, sich einmischenden Eltern und/oder Geschwistern) zu behandeln. So wird auf die aktive Gestaltung und Bewältigung der Zukunft übergeleitet. Eine Version von »ich hatte erwartet« (siehe Seite 232 f.) kann bei entsprechender Aufarbeitung helfen, an eine neue Beziehung mit weniger Illusionen und Wunschdenken heranzugehen. Als Lektüre ist den Teilnehmern das Buch von Partner[58], für Frauen auch von Kahn[59] zu empfehlen.

Für eine begrenzte Zeit kann sich die Überleitung zumindest einiger der Teilnehmer in eine supervisierte Selbsthilfegruppe anbieten. Besondere Stütze brauchen Teilnehmer meist während ihrer Scheidung sowie bei einer eventuellen Wiederverheiratung ihres früheren Partners.

4.4.1.6 Traum-Workshop – Wochenend-Seminar, gegebenenfalls verlängert

Gearbeitet wird mit je drei bzw. je vier Sitzungen am Sonnabend und Sonntag, bei Durchführung in Klausur mit zwei bzw. drei weiteren Sitzungen am Freitag. Machen Sie in der Ankündigung hinreichend deutlich, dass aktive Mitarbeit der Teilnehmer erwar-

---

[58] Peter Partner, Den andern verlieren, sich selbst finden, München 1987
[59] Sandra S. Kahn, Das Ex-Frau-Syndrom, München 1991

4. Gruppenarbeit

tet wird und dass es sich nicht um psychologische Theorie, sondern um Selbsterfahrung/Selbstentfaltung handeln wird!
Zum »Kennenlernen« in der Eröffnungssitzung berichtet reihum jeder Teilnehmer über Art und Hintergrund seines Interesses an Träumen. Danach fragen Sie, wer (*wer*, nicht *ob* jemand!) an einem eigenen Traum arbeiten möchte. Verwenden Sie notfalls als »Eisbrecher« einen Traum aus der Lehrbuchliteratur, den Sie bis zum Höhepunkt erzählen und durch Phantasien der Teilnehmer ergänzen (zu Ende führen) lassen.
Findet sich ein Protagonist, so soll er zunächst seinen Traum, im Präsens und in direkter Rede der handelnden Personen sprechend, bis zu seinem Höhepunkt berichten. Die Teilnehmer imaginieren eine dazu passende Ergänzung. War der Traum des Protagonisten nicht »abgeschlossen«, so soll auch der Protagonist ein passendes Ende imaginieren (bei »abgeschlossenem« Traum ein anderes mögliches/sinnvolles Ende). Die Ergänzungen werden stichwortartig notiert.
Falls sich insgesamt nur wenige Protagonisten gemeldet haben, lassen Sie die Höhepunkte der imaginierten »Ergänzungen« zeichnen. So können Sie anschließend an Hand der Bilder auch die anderen Teilnehmer zu Protagonisten machen. Der ursprüngliche Protagonist berichtet danach Ende bzw. Ergänzung seines Traums.
Die weitere Bearbeitung (eventuell auch der von den Teilnehmern imaginierten Ergänzungen) erfolgt mit Rollenspiel. Dabei können alle Teilnehmer als Hilfs-Ichs bzw. über von ihnen vorgeschlagene Varianten einbezogen werden. Gefühle und Assoziationen werden immer wieder abgerufen.
Stattdessen oder zusätzlich können die Teilnehmer reihum ihre in den einzelnen Phasen des Traumberichts aufgetretenen Gefühle und Assoziationen berichten. Nach Abschluss der Runde schildert der Protagonist die dadurch bei ihm ausgelösten Assoziationen. Auch kann gefragt werden, welche Gefühle bei den Teilnehmern die Vorstellung bewirkt, sie selbst hätten den betreffenden Traum geträumt. Schließlich sind vom Protagonisten übersehene positive Aspekte seiner Träume herauszuarbeiten.
Bei der Arbeit an einer Traum*serie* (wiederkehrende und serienhafte Träume haben besonderen Stellenwert!) berichtet der Protagonist das den einzelnen Träumen gemeinsame »Grundmuster«.

4.4 Modelle für die Durchführung von Gruppenveranstaltungen

Die Teilnehmer imaginieren und notieren die auftretenden Variationen. Diese, besonders die tatsächlichen Variationen in den Träumen des Protagonisten, werden u. a. in ihrem Bezug zum jeweiligen Lebensstil/Lebensplan aufgearbeitet.
Fragen Sie in den Morgen-Sitzungen nach eventuellen eindrucksvollen Träumen der letzten Nacht. Sie gewinnen damit wahrscheinlich zusätzliche Protagonisten. Durch Phantasiereisen oder nonverbale Übungen wie Blindenführen oder durch meditativen Tanz in der letzten Abendsitzung kann die Traumbereitschaft verstärkt werden.
Arbeiten Sie in einer der letzten Sitzungen möglichst an den von den Teilnehmern eingebrachten Traumergänzungen. Jeder Teilnehmer schildert kurz seine Ergänzungen zu den verschiedenen Träumen, sodass die übereinstimmenden, für ihn charakteristischen Züge deutlich werden. Weiter können an den Ergänzungen der verschiedenen Teilnehmer zu einem vorgelegten Traum die vielfältigen unterschiedlichen Wahrnehmungs-, Interpretations- und Wertungsmöglichkeiten aufgezeigt werden.
Die Gefahr, dass Teilnehmer sich mit »Deutungen« als Amateur-Therapeuten versuchen, ist in Traum-Seminaren beträchtlich. Weisen Sie immer wieder darauf hin, dass die Interpretationen/Assoziationen zu den Träumen anderer weit mehr mit ihrem *Urheber* als mit dem *Träumer* zu tun haben!
Es ist sinnvoll, in der letzten Sitzung zu fragen, wie die Teilnehmer die im Seminar gewonnenen Einsichten nutzen wollen und wie weit Träume sich als »Ratgeber« eignen[60].

4.4.2 »Allgemeines« und berufsbezogenes Verhaltenstraining

Hierbei ist in erster Linie an Kommunikations- und Selbstbehauptungstrainings zu denken. Diese können ohne Klausur als Blockveranstaltung »am Ort« durchgeführt werden, etwa am Sonnabend von 15.30 bis 21.00, am Sonntag mit einer nur kurzen (etwa

---

[60] Vgl. Helmut Hark, Träume als Ratgeber, Reinbek bei Hamburg 1986

4. Gruppenarbeit

halbstündigen) Mittagspause im Tagungsraum (! – sonst müssen Sie mit *beträchtlich* verspätetem Beginn der nächsten Sitzung rechnen!) von 10.00 bis 17.00 Uhr. So lassen sich insgesamt acht anderthalbstündige Sitzungen mit kürzeren Pausen unterbringen. Die Veranstaltungen sollten weder rein verhaltens»technisch« sein noch zu Therapiesitzungen entarten. Tiefenpsychologische Hintergründe einer Kommunikationsstörung oder »fehlenden Durchsetzungsvermögens« sollten angesprochen, aber nicht bearbeitet werden. U.U. ist den Betroffenen die Teilnahme an einer Selbsterfahrungsgruppe entsprechender Ausrichtung zu empfehlen. Die Arbeit sollte auf das Thema ausgerichtet bleiben und das Programm straff durchgeführt werden.

4.4.2.1 *Kommunikationstraining*[61, 62] – *Wochenend-Seminar*

Da die meiste Arbeit in Kleingruppen durchgeführt wird, kann mit bis zu etwa 16 Teilnehmern gearbeitet werden, die möglichst Kassettenrecorder und Leerkassetten mitbringen sollen. Zur Verdeutlichung der nonverbalen Kommunikationsanteile ist eine Video-Anlage nützlich.

SA I: Nach einer kurzen Einweisung zu Ziel und »Spielregeln« des Seminars (z. B. den Cohn-Regeln, siehe Seite 240) wird zum »Kennenlernen« in Kleingruppen aufgeteilt, in denen sich jedes Mitglied mit drei Minuten Redezeit (einschließlich eventueller Zwischenfragen der anderen) vorstellt. Dann wird in den Kleingruppen für 7 Minuten (Zeit eventuell verlängern) diskutiert »Was ist uns bei dieser Übung aufgefallen?« Die gesamte Kleingruppenphase wird mit einem der Rekorder aufgenommen. Im anschließenden Plenum stellt jeder Teilnehmer seinen linken Nachbarn aus der Kleingruppe an Hand der von diesem gegebenen Informationen vor.

---

[61] Berichte und Arbeitsmaterialien zum Kommunikationstraining z. B. bei Bernd Fittkau u. a., Kommunizieren lernen (und umlernen), Braunschweig [7]1994

[62] Friedemann Schulz von Thun, Miteinander reden: Störungen und Klärungen, Reinbek bei Hamburg 1981/1988

4.4 Modelle für die Durchführung von Gruppenveranstaltungen

Nach jeder Beschreibung sollen erst die anderen Mitglieder, dann der Beschriebene selbst eventuelle »Unstimmigkeiten« korrigieren, bei größeren Diskrepanzen wird das Tonband konsultiert. Sind alle Teilnehmer so vorgestellt, schließt eine Plenumsdiskussion an: »Was ist uns aufgefallen; was hat uns bei der Kommunikation Schwierigkeiten gemacht (gestört)?« Dabei deutlich gewordene Kommunikations»fehler« (siehe Liste zum Kontrollierten Dialog Seite 285) sind an der Tafel oder Wandzeitung aufzulisten.

SA II: Die Kleingruppen spielen die Aufnahmen der je drei Minuten Vorstellung ihrer Mitglieder noch einmal ab und vergleichen sie mit der eigenen Wahrnehmung/Erinnerung. Dabei achten sie auf Zusammenhänge von »Verständnisfehlern« und »Fehlern« bei der Mitteilung (Fehlern auf Seiten des »Sprechers« und des »Hörers«) sowie auf die unterschiedlichen »Wahrnehmungen« und Interpretationen der Teilnehmer. Die Ergebnisse werden erst in den Kleingruppen, dann im Plenum diskutiert. Dabei ist zu fokussieren auf die beträchtliche »Störanfälligkeit« menschlicher Kommunikation sowie auf die Verkettung von »Wahrnehmung« und »Interpretation«[63].

SA III: Unter Tonbandaufnahme wird in Dreiergruppen »Aktives Zuhören« (siehe Seite 283 ff.) durchgeführt. Die Ergebnisse werden erst in den Kleingruppen, dann im Plenum diskutiert. Im Plenum liegt der Fokus auf der Frage »Wo/Womit hatte ich Schwierigkeiten?«. Dabei wird die Liste der »Kommunikationsfehler« ergänzt.

SA IV: Freiwillige führen im Plenum Aktives Zuhören vor, wobei Teilnehmer und Moderatoren als Hilfs-Ichs fungieren. Besonders ist dabei auf eventuell fehlende nonverbale Rückmeldung des »Hörers« an den »Sprecher« über sein Verständnis/Unverständnis hinzuweisen. Eventuell kann bereits im Plenum mit einem Beispiel zum Kontrollierten Dialog begonnen werden. Sitzung und Tag sind abzuschließen mit einem Blitzlicht »Was war mir heute wichtig?«

SO I: Nach einem eröffnenden Blitzlicht »Was ist gestern deutlich geworden?« wird im Plenum oder gleich in Dreiergruppen unter Tonbandaufnahme und mit neutralem Thema ein Kontrollierter

---

[63] Achtung – es besteht die Gefahr von Durchbrüchen!

4. Gruppenarbeit

Dialog durchgeführt. Diskussion in den Gruppen, dann folgt in Gruppen anderer Zusammensetzung ein weiterer Dialog mit brisanterem Thema. Diskussion in den Kleingruppen; in der anschließenden Plenumsdiskussion ist Fokus u. a. der Unterschied in der Kommunikation bei neutralem und brisanterem Inhalt.

SO II: Bringen Sie »ein bisschen Theorie« – vor allem die Aspekte Information/Selbstenthüllung/Appell/Beziehung und die nonverbalen Anteile der Kommunikation[64, 65]. Je nach Interesse der Teilnehmer lohnt auch ein Exkurs über Sprache als Kommunikations- und/oder als Machtmittel oder über die typischen Sprachformen der verschiedenen »Ich-Zustände« der Transaktionsanalyse (siehe Seite 89). Zur Demonstration können Sie Beispiele aus den Dialogen der Teilnehmer benutzen. Zu den im Lebensstil begründeten Wurzeln von Sprachunarten siehe Seite 286 f.). Geben Sie besonders hier den Teilnehmern Gelegenheit zu Fragen.

SO III: Zur Überwindung der »Mittagsmüdigkeit« empfiehlt sich zunächst eine kurze Bewegungsphase. Es folgt im Plenum (bei Komoderation in Halbgruppen) die Gelegenheit für Freiwillige, »Gespräche, denen sie sich nicht gewachsen fühlen (die sie lieber schon hinter sich hätten)«, durchzuspielen. Dabei können Sie anleiten zu präziserem Fragen (»die Aussage hinter der Frage angeben«) und zu rechtzeitigen Rückfragen bzw. zur Rückmeldung des Verstandenen.

SO IV: Eventuell können die Trainingsgespräche noch etwas fortgesetzt werden. Es ist nach noch offenen Problemen zu fragen und diese sind aufzuarbeiten. Abgeschlossen wird mit einem Blitzlicht »Was habe ich gelernt/was müsste ich noch üben?«

4.4.2.2 Selbstbehauptungstraining – Wochenend-Seminar

Zeitplan und Teilnehmerzahl entsprechen denen beim Kommunikationstraining. Als Arbeitsgrundlage, den Teilnehmern auch für

---

[64] Z. B. nach Friedemann Schulz von Thun, in Bernd Fittkau u. a., Kommunizieren lernen (und umlernen), Braunschweig [7]1994

[65] Berichte und Arbeitsmaterialien zum Kommunikationstraining z. B. bei Bernd Fittkau u. a., Kommunizieren lernen (und umlernen), Braunschweig [7]1994

4.4 Modelle für die Durchführung von Gruppenveranstaltungen

weiteres eigenes Training zu empfehlen, eignet sich Smith[66]. Gearbeitet wird mit Rollenspiel an realen Problemen der Teilnehmer. Durch Hilfs-Ichs können Ängste (meist Katastrophenphantasien) entschärft und »Verbieter« (von den Eltern übernommene Normen) thematisiert werden. Eine Liste der »Antreiber« und »Verbieter«, wie sie im Lauf der Arbeit auftauchen, wird angeschrieben und später durch die entsprechenden »Erlauber« (auch als Sonden) ergänzt. Soweit es die Zeit erlaubt, sind je mehrere Durchgänge zur Erprobung von Verhaltensalternativen anzubieten.

Oft müssen Sie als »Eisbrecher« ein Rollenspiel einsetzen, etwa die Bitte um eine Gehaltserhöhung, die Reklamation einer mangelhaften Reparatur oder überhöhten Rechnung o. Ä. Finden sich auch dafür keine Freiwilligen, so kann ein Video-Spot mit eingebauten »Strategiefehlern« helfen. Er wird gezeigt und es wird gefragt, wo der dargestellte Protagonist »Fehler gemacht« (seine Chancen vergeben) hätte und wie er zweckmäßiger vorgegangen wäre. Meist lassen sich Teilnehmer damit zu einem ersten Rollenspiel-Versuch provozieren. Das vermindert die Ängste/»Hemmungen«[67], sodass die Arbeit danach leichter läuft und die Teilnehmer auch eigene Probleme benennen. Bieten Sie den Teilnehmern jedoch prinzipiell nicht mehr Hilfe als unumgänglich! Mitunter hilft es schon, wenn Sie als »alter ego« und »Ermutiger« hinter einen schüchternen Protagonisten treten, ihm notfalls sogar die Hand auf die Schulter legen.

Oft wünschen Teilnehmer zum Einstieg eine Runde gegenseitigen Vorstellens (es hilft nicht viel, schadet aber auch nichts: es strukturiert die Situation und wirkt damit angstmindernd). Beziehen Sie die Vorstellungsrunde auf das Seminarthema: In welchen Situationen/gegenüber was für Menschen wünschen sich die Teilnehmer mehr Selbstbewusstsein? Wichtig ist die Frage, warum sie den Wunsch nach dieser Runde, falls sie ihn hatten und nicht äußerten, nicht rechtzeitig aussprachen.
Spezielle Übungen zum Selbstbehauptungstraining siehe S. 291 ff.).

---

[66] Manuel J. Smith, Sag Nein ohne Skrupel, Landsberg am Lech ^{5}1995
[67] Übrigens empfiehlt es sich, gerade diese Ängste später als Beispiele für Selbstbehinderungen anzuführen.

4. Gruppenarbeit

SA I: Ziel und Spielregeln der Veranstaltung geben Sie vor mit der Beschreibung des Seminars als »Möglichkeit, Situationen unter verringertem Risiko auszuprobieren und zu üben«. Daher würden Sie auch nicht »das Wort erteilen«: Jeder Teilnehmer müsse selbst sehen, nach Wunsch zu Wort zu kommen und seine Anliegen zu äußern. Schon damit hätten sie während des Seminars ständig eine Trainingsmöglichkeit. (*Sehr* Verschüchterten werden Sie anfangs allerdings doch ans Wort helfen müssen!) Das Seminar orientiere sich an den konkreten Problemen der Teilnehmer. Was also sei ihnen momentan wichtig?

Thematisieren Sie notfalls als Hilfs-Ich die Ängste und Selbstüberforderungen der Teilnehmer – die »Gründe« für das anfängliche allgemeine Schweigen. Kommt das Seminar auch damit nicht in Gang, schalten Sie ein Brainstorming vor »In was für Situationen haben Menschen Schwierigkeiten, sich zu äußern, zu behaupten, durchzusetzen?« Listen Sie die Ergebnisse auf, fassen Sie sie zu Problemfeldern zusammen und schreiben Sie zu den einzelnen Punkten die Zahl daran interessierter Teilnehmer. So erhalten Sie eine (zumindest vorläufige) Prioritätenliste, und die Teilnehmer sind entlastet, dass auch andere im Raum die gleichen Probleme haben.

Ein mühsam anlaufendes Seminar kann auch durch eine Anwärmphase »Gespräch suchen – Gespräch meiden« (siehe Seite 292) in Gang gebracht werden. Meist tun sich die Teilnehmer in den Dreiergruppen leichter als im Plenum. Bei der anschließenden Aufarbeitung im Plenum können Sie Ängste und Antreiber/»Verbieter« thematisieren und von da überleiten zu »schwierigen Situationen«, zu Problemen der Teilnehmer und zu einer Prioritätenliste. Beenden Sie die Sitzung mit einem Blitzlicht »Was hat mich eben am meisten beeindruckt?«

SA II, SA III: Es werden Rollenspiele über die von den Teilnehmern benannten Probleme durchgeführt. Die Restgruppe beteiligt sich als Hilfs-Ichs. Fokussieren Sie dabei auf die Gedanken und Gefühle *vor* Beginn der »eigentlichen« (verbalen) Auseinandersetzung: Die Entscheidung fällt noch *vor* Beginn mit der inneren Einstellung und Haltung der Kontrahenten, die sich in Körperhaltung und Klang der Stimme ausdrücken. Strategien wie »Schallplatte mit Sprung« und »Vernebelung« (siehe Smith[68]) sind ein-

4.4 Modelle für die Durchführung von Gruppenveranstaltungen

zuüben und »Strategiefehler« aufzuzeigen (so ist z. B. mit »Eigentlich wollte ich ...« die Kapitulation bereits angeboten!). Auch ist darauf hinzuweisen, dass »Verhandlungsspielräume« (Kompromissmöglichkeiten) *vor* einer Verhandlung zu bedenken sind. Selbstbehinderungen der Protagonisten sind durch die Hilfs-Ichs zu thematisieren.
SA IV: Ansetzend an »Wem gegenüber haben Sie es besonders schwer, sich durchzusetzen?« können Sie überleiten zu einer Liste der Normen und »Einschärfungen«, mit denen sich die Teilnehmer bei der Selbstbehauptung behindern (z. B. »sei bescheiden/sei ›sozial‹!«). Als inzwischen Erwachsene sollten die Teilnehmer sich auf ihr Recht besinnen, nun selbstverantwortlich, d. h. selbst »Richter der eigenen Handlungen« zu sein. Doch werden Sie dabei oft genug als (expliziter) »Erlauber« wirken müssen, oder Sie arbeiten mit Sonden wie »Du darfst dich wehren (dich verweigern)/Dein Leben gehört dir/Deine Rechte sind wichtig« u. Ä. Es kann mit Übungen wie »Gabentisch« (siehe Seite 272) weitergearbeitet werden, oder es werden akute Probleme der Teilnehmer behandelt. Schließen Sie ab mit einer Runde »Was hat mich betroffen gemacht, woran möchte ich morgen weiterarbeiten?«
SO I: Wenn das eröffnende Blitzlicht »Was von gestern ist wichtig – woran möchten Sie arbeiten?« unergiebig sein sollte, können Sie neue Probleme aktualisieren mit der Frage: »Wem hätten Sie schon längst mal die Meinung sagen wollen/sollen/müssen?« Wichtig und von den Teilnehmern nur selten angesprochen sind der Widerruf einer übereilt gegebenen Zusage sowie die Ablehnung von Bitten/Forderungen Älterer, Kränklicher und Behinderter sowie von nahen Bezugspersonen. Damit sollten genügend Themen für Rollenspiele gegeben sein. Mitunter empfiehlt es sich, mit parallelen Kleingruppen zu verschiedenen Themen zu arbeiten und die Ergebnisse im anschließenden Plenum auszutauschen.
SO II: Es wird weitergearbeitet an den Problemen der Teilnehmer. U. a. ist dabei der Unterschied zwischen akzeptablem und »faulem« Kompromiss (»mit in der Tasche geballter Faust«) zu verdeutlichen. Bieten Sie eventuell auch Übungen wie »Mangelware«

---

[68] Manuel J. Smith, Sag Nein ohne Skrupel, [5]1995

4. Gruppenarbeit

oder »Gib es mir!« (siehe Seite 293) an. Falls »Gespräch suchen – Gespräch meiden« noch nicht durchgeführt wurde, wird es jetzt auch dafür Zeit.

SO III: Die »Mittagsmüdigkeit« wird bekämpft mit der Übung »Wegdrücken« (siehe Seite 194). Fragen für die Aufarbeitung sind u. a. »Welche Gefühle traten auf, welche Rücksichten wurden genommen; welche Strategien angewandt, welche vermieden?« Wenn keine Wünsche der Teilnehmer anliegen, können Sie Übungen von Seite 279 ff., »spit back!« (Umgang mit Lob und Tadel, Seite 291), oder zur Auflockerung »Familie Lehmann« anbieten.

SO IV: Es können Übungen wie »Hier stehe ich« oder »Sag ihm was!« (siehe Seite 278) durchgeführt werden. Lassen Sie jedoch ausreichend Zeit für die Abschlussbilanz: »Wie haben Sie hier Ihre Belange vertreten, womit haben Sie sich dabei behindert?« sowie »Womit sollten Sie gleich anfangen, womit aufhören; welche Konflikte sollten Sie umgehend bereinigen?«

4.4.2.3 Interview-Techniken für Lehrer/angehende Lehrer bzw. Ärzte (Workshop)

Interview-Techniken befähigen »Beratende« (im weitesten Sinn), durch einfühlsames Zuhören und hilfreiche Fragen auch dann ein klares Bild zu bekommen, wenn der »Ratsuchende« sein ihm selbst oft nur halb bewusstes Problem nicht zu formulieren weiß. Gehört ein entsprechendes Kommunikationstraining nicht zur Ausbildung, so kann ein kurzer Workshop zumindest eine erste Einweisung bieten. Grundlage dabei sind die Standard-Übungen »Aktives Zuhören« und »Kontrollierter Dialog« (siehe Seite 283 ff.), ergänzt durch berufsspezifische Übungen, gegebenenfalls auch durch Balint-artige Arbeit. Auch hier kann Fittkau[69] als Arbeitsgrundlage dienen.

Für eine erste Einweisung reicht ein Ganztag mit sechs Sitzungen. Ein Wochenende gestattet die Erweiterung u. a. auf Lehrer-Referendar-Kommunikationen und -Interaktionen. Im Folgenden An-

---

[69] Bernd Fittkau u. a., Kommunizieren lernen (und umlernen), Braunschweig [7]1994

4.4 Modelle für die Durchführung von Gruppenveranstaltungen

leitungen für den Ganztag. Die Sitzungen sind durchlaufend nummeriert. Gearbeitet wird mit etwa 12 bis 14 Teilnehmern pro Moderator. Günstig sind größere Seminare mit mehreren parallel arbeitenden Gruppen und zwischengeschalteten Plenumssitzungen.

I: Nach einer kurzen Einführung zum Ziel des Seminars wird in Kleingruppen aufgeteilt. Das »Kennenlernen« erfolgt unter dem Thema »Was für Beratungsgespräche/Gespräche mit Eltern mache ich ungern?« bzw. für angehende Lehrer »... stelle ich mir schwierig vor?« Anschließend formulieren die Gruppen ihre Ergebnisse als schriftliche Thesen für das Plenum. Dort erfolgt die Aufarbeitung mit dem Fokus »Wie haben Sie einander zugehört, wie weit fühlten Sie sich verstanden?«. Die dabei deutlich werdenden Schwierigkeiten des Zuhörens werden an der Tafel oder als Wandzeitung gesammelt.

Wenn mehrere Teilnehmer aus dem gleichen Kollegium stammen, ist mit gegenseitiger Befangenheit zu rechnen. Dann empfiehlt sich ein anderer Einstieg: Gezeigt wird ein kurzer Video-Streifen eines Beratungsgesprächs (z. B. mit Eltern, die sich um absinkende Schulleistungen/um Schulangst ihres Kindes sorgen) mit »eingebauten Fehlern«. Die Teilnehmer werden gefragt, was ihnen »aufgefallen« ist. Der Streifen wird eventuell noch einmal gezeigt, dann sollen die Teilnehmer die enthaltenen Kommunikationsfehler auflisten und begründen, worin jeweils der »Fehler« lag[70]. In der Aufarbeitung wird die »Liste häufiger Kommunikationsfehler« (vgl. Seite 286) vorbereitet. Es kann auch schon gefragt werden, gegenüber welchen Menschen die Teilnehmer Schwierigkeiten beim Zuhören haben.

II: Als Thema für das anschließende »Aktive Zuhören« eignet sich »Schüler/Klassen, die mir Sorgen machen« (für angehende Lehrer: »... die ich mir schwierig vorstelle/nicht gern unterrichten würde«). Dabei sollte über reale Schüler/Klassen gesprochen werden. Die Aufarbeitung im Plenum steht u. a. unter dem Fokus »Haben Sie sich verstanden gefühlt? Wo gab es Schwierigkeiten, den Sprecher zu verstehen? Womit hätten Sie es einander leichter

---

[70] Generell wird zweckmäßiges – »richtiges« – Verhalten eher über Fehler als über ein »perfektes« Beispiel gelernt.

4. Gruppenarbeit

gemacht?«. Steht mehr Zeit zur Verfügung, sollten Gespräche auf Ton-, besser auf Videoband aufgenommen werden, sodass geklärt werden kann, wann und wodurch die Kommunikation abriss.

III: Als Thema für den jetzt folgenden kontrollierten Dialog eignen sich z. B. »Wie sehen Sie die derzeitige Situation der Lehrer?« oder »Welches sind die dringlichsten Reformen im Schulwesen?« Nach der Aufarbeitung im Plenum sollte die Liste der häufigsten Kommunikationsfehler (siehe Seite 286) ausgegeben werden. Steht ein ganzes Wochenende zur Verfügung, so kann ein kontrollierter Dialog zweier Freiwilliger oder ein Gespräch zwischen drei oder vier Teilnehmern, mit brisantem und kontroversem Thema, auf Video aufgenommen und anschließend mit Hilfs-Ichs durchgearbeitet werden.

IV: Für die jetzt anstehende Übung »Hilfe geben – Hilfe nehmen« (siehe Seite 289) eignet sich das Thema »Schüler (Klassen, Referendare), mit denen ich Schwierigkeiten habe/die mir Sorgen machen«, wobei es sich um echte Probleme des jeweiligen Teilnehmers handeln sollte. Wichtige Fragen für die Aufarbeitung im Plenum sind u. a. »Fühlte sich der ›Beratene‹ verstanden? War ihm das Gespräch hilfreich? Was hätte er sich anders gewünscht? Ist ›Rat erteilt‹ worden – wenn ja, wie wurde das erlebt?« Ein weiterer wichtiger Fokus aller Beratungen ist, ob die Sorgen und Probleme des Beratenen abgewertet/abgewehrt wurden (»Das ist doch alles nicht so schlimm!«) und wie er sich dabei fühlte. Immer wieder ist die Grundregel zu betonen, den Besorgten/Bekümmerten in seinen Gefühlen ernst zu nehmen, selbst wenn sie übertrieben und unangemessen scheinen!

V: Sinnvollerweise ist jetzt ein Rollenspiel »Beratungsgespräch« anzubieten, möglichst über eine von den Teilnehmern eingebrachte Situation. Rufen Sie Freiwillige als Darsteller auf und beziehen Sie die Restgruppe als Hilfs-Ichs ein, und lassen Sie sie anschließend Alternativen vorschlagen und durchspielen.

VI: Es geht weiter mit Rollenspiel – z. B. bekümmerten Eltern nahe zu legen, ihr lernbehindertes/verhaltensgestörtes Kind in eine Sonderschule zu geben. Lassen Sie hinreichend Zeit für eine Abschlussbilanz, in der auch eventuell noch offene Fragen geklärt werden können.

4.4 Modelle für die Durchführung von Gruppenveranstaltungen

Als Bewegungsübung für den Beginn der ersten Sitzung nach der Mittagspause empfiehlt sich »Hände parallel« (siehe Seite 221).

Steht ein Wochenende zur Verfügung, können Teilnehmer Beratungsgespräche vor der Video-Kamera führen und sich den Streifen in der Freizeit (möglichst unter Assistenz eines Moderators) ansehen. Auch sollten dann in Hilfs-Ich-Technik die Gedanken und Gefühle eines Lehrers/Referendars unmittelbar vor Betreten einer Klasse verdeutlicht werden, ebenso die vermuteten Gedanken und Gefühle von Eltern, die zu einer Beratung/einem Sprechtag kommen, sowie die Gedanken und Gefühle von Schülern.

Hinweise für *Mediziner-Trainings:* Nach dem gleichen Muster können mit entsprechend adaptierten Themen Kommunikations-Kurztrainings für angehende bzw. praktizierende Ärzte durchgeführt werden. Allerdings ist die Kommunikation zwischen Arzt und Patient bzw. Angehörigen, über die »normalen« Fehlerquellen hinaus, zusätzlich durch Ängste und Vorurteile behindert. Diese zu bearbeiten, geht weit über die bloßen kommunikations-»technischen« Aspekte hinaus und erfordert entsprechend mehr Zeit.

Es ist besonders wichtig, (angehende) Ärzte zur Identifikation mit Patienten und Angehörigen zu bringen. Dazu wird zum Beispiel nach Situationen aus der Kindheit/Jugend der Teilnehmer gefragt, in denen sie selbst als Patient oder besorgter Angehöriger dem Arzt gegenüberstanden: Was hätten sie sich damals seitens des Arztes anders gewünscht? Mit welchen Verhaltensweisen hat der Arzt damals sie vielleicht eingeschüchtert oder erschreckt? Welches Verhalten sollten sie also selbst zu vermeiden suchen? Bei Mediziner-Trainings ist Video zur Konfrontation mit dem eigenen Verhalten fast unverzichtbar, und es ist ausgiebig mit Hilfs-Ichs zu arbeiten. Vor allem sollen die Mediziner als Hilfs-Ichs der Patienten im Rollenspiel agieren.

5. Hilfsmethoden, Spiele, Übungen und Materialien

5.1 Hilfsmethoden in der Einzeltherapie

Auch bei einer auf dem Gespräch basierenden Therapie laufen über Mimik, Haltung, Gestik und Stimmklang nicht-verbale Anteile in Kommunikation und Interaktion mit. Die nicht-verbalen Signale des Patienten sind oft verbindlicher und aufschlussreicher als die verbalen. Umgekehrt kann der Therapeut durch eine Geste der Zuwendung (etwa die auf den Arm des Patienten gelegte Hand – oder widerspräche das Ihrem Rollenverständnis?) oder eine vermittelte Körpererfahrung mitunter weit mehr erreichen als durch Worte. Das Wort transportiert in erster Linie Informationen. Körpererfahrungen (Körper*gefühle*!), Bilder u. Ä. wirken auf einer weniger intellektuellen Ebene und setzen oft unmittelbare Betroffenheit und starke Emotionen frei. Wer mit Betroffenheit und Gefühlen, eigenen, wie denen des Patienten, umgehen kann, hat wichtige Hilfsmethoden u. a. in Ansätzen aus der Kunsttherapie wie der »Körperarbeit« (z. B. Bioenergetik) sowie in Sonderformen des Rollenspiels.

5.1.1 »Rollenspiel« in der Einzelsitzung

Die eigentliche Domäne des Rollenspiels ist die Gruppe, doch stehen in der Einzeltherapie immerhin »Ersatzmethoden« zur Verfügung: der Dialog mit der Handpuppe, der als Therapeutikum eingesetzte Szeno-Test (häufiger in seiner einfacheren Version mit Holzklötzchen als Figuren), der »Leere Stuhl« und die Video-Konfrontation. Handpuppen sind aufwändig und werden von Patienten öfter abgelehnt. Leichter ist ein Quasi-Rollenspiel in Gang zu setzen mit den Holzklötzchen (z. B. zylindrische als weibliche, quaderförmige als männliche Figuren, in verschiedenen Größen und Dicken zur Darstellung von Erwachsenen und Kindern verschiedenen Alters und verschiedener Statur). Stilisierte (!) Gesich-

5.1 Hilfsmethoden in der Einzeltherapie

ter markieren die Vorderseite, sodass die Figuren sich erkennbar einander zu- oder voneinander abwenden können.
Geeignete Situationen, etwa aus Traum, Kindheitserinnerung oder akutem Konflikt des Patienten, werden zunächst mit den Klötzchen gestellt (weitere Klötzchen für Tisch, Bett o. Ä. als einfachstes Szenarium). Der Patient spricht den »Text« der dargestellten Personen in direkter Rede. Notfalls schalten Sie sich, auf die Figur zeigend, ein: »Der Vater sagt Ihnen also ›das tust du doch nicht!‹ (oder was sonst die Texte sind) – und was antworten Sie?« Darauf geht der Patient meist zu direkter Rede über. Manchmal müssen Sie anfangs auch die eventuellen Bewegungen der Personen mit den Klötzchen ausführen. Ein Mitschnitt der Szene mit Ton- oder Videoband empfiehlt sich meist und ist bei einem zweiten Durchgang zur Bearbeitung mit Hilfs-Ichs nützlich. Als zweiter Durchgang können auch »erwünschte Versionen« oder Verhaltensalternativen durchgespielt werden, die dann entsprechend aufzuarbeiten sind.
Im Verhaltenstraining sind die Handpuppen nicht immer ersetzbar. So kann der Patient mitunter die »Hausaufgabe« erhalten, mit einer ihm geliehenen Handpuppe die gefürchtete Auseinandersetzung mit einem Konfliktpartner zu üben. Diese soll er nach Möglichkeit mit dem Kassettenrekorder aufnehmen, damit er seine Fortschritte überprüfen kann. Auch ein Dialog des Patienten mit »seinem Jähzorn«, »seiner Angst«, seinem Kind-Ich (für Jähzorn, Angst, Mut usw. Tierpuppen zur Auswahl anbieten!) sind so zu arrangieren.
Eine andere Methode, einen Konflikt (auch mit einem bereits Verstorbenen) durchzuarbeiten, ist der sog. »Leere Stuhl«[71]. Wird im Gespräch z. B. ein Vaterkonflikt deutlich, so wird dem Patienten ein leerer Stuhl gegenübergestellt: »Stellen Sie sich vor, auf diesem Stuhl säße Ihr Vater! Was müssten Sie ihm sagen/was hätten Sie ihm schon längst sagen müssen?« (auch »was hat er Ihnen nie gesagt, was Sie bitter entbehrt haben?«). Anfangs müssen Sie mitunter helfend oder ermutigend eingreifen, da ja meist hoch tabuierte Gefühle ins Bewusstsein zu bringen sind.

---

[71] Frank-M. Staemmler, Der »leere Stuhl«, München 1995

5. Hilfsmethoden, Spiele, Übungen und Materialien

Übersetzen Sie gegebenenfalls als Hilfs-Ich des Patienten seine noch sehr zaghaften Äußerungen in »Klartext«. »Warum hast du mich so behandelt?« heißt z. B. meist »Du hast mich behandelt wie den letzten Dreck!« Die sonst verpönten »Du-Botschaften« (siehe Gordon[72]) sind hier notwendig, um die zurückgestauten Gefühle freizusetzen. Zwischendurch kann der Patient gefragt werden, ob er eine Antwort des Vaters »höre«, oder er wird als »Sprecher« oder als Hilfs-Ich des Vaters aufgerufen (Identifikation mit dem Konfliktpartner). Zu fragen ist auch, was der Vater wohl seinerseits von *ihm* nie gehört (und bitter entbehrt) habe.

Nie gehörte Äußerungen der Liebe und/oder Anerkennung können dem Patienten als Sonden (siehe Seite 198), nie geäußerte Worte der Liebe als inverse Sonden angeboten werden.

Allmählich wird zu den fast immer hinter Groll und Enttäuschung liegenden Gefühlen der Liebe übergeleitet: »Hinter Ihrem Groll klingt mir an ›... und ich hätte dich so gern geliebt und habe deine Liebe so entbehrt ...‹ – könnte das stimmen?« Oft wird damit ein kathartischer Durchbruch ausgelöst und die nötige Versöhnung eingeleitet. Die mit der Übung bewirkten Gefühle der Erleichterung werden mit einer abschließenden Frage »Wie fühlen Sie sich jetzt (Was sagt Ihr Körper Ihnen?)?« verdeutlicht.

Um Missverständnisse zu vermeiden, ist der Patient ausdrücklich darauf hinzuweisen, dass er Zwiesprache mit seiner *Vorstellung* vom Konfliktpartner gehalten hat und dass diese wahrscheinlich deutlich vorurteilsbehaftet ist. *Keinesfalls* dürfe er diese Vorwürfe nun unbedacht auch dem realen Menschen ins Gesicht schleudern (meist sind Zorn und Groll durch die Übung ohnehin weitgehend abgebaut und es ist allenfalls Trauer geblieben). Soweit eine Auseinandersetzung mit dem Konfliktpartner in der Realität nötig ist, ist sie anschließend unter Tonbandaufnahme durchzuspielen mit dem Fokus »Was wollen Sie mit diesen Worten erreichen; was *werden* Sie wahrscheinlich damit erreichen?«. Trainieren Sie dabei den Patienten auf Ich-Botschaften (siehe Seite 216) ein.

Für die »Video-Konfrontation« (besonders bei Patienten mit starker Selbstablehnung) werden Kamera und Monitor so arrangiert,

---

[72] Gordon, Thomas, Familienkonferenz, Hamburg [14]1994

5.1 Hilfsmethoden in der Einzeltherapie

dass der Patient sich im Monitor wie in einem Spiegel sieht. Der Therapeut fordert den Patienten auf, sich die Person auf dem Monitor anzusehen, ihren Namen zu sagen (!) und zu ihr zu sprechen; er möge »dem da« sagen, was ihm an ihm gefällt und missfällt, was er tun und/oder an sich ändern solle. Nach höchstens 10 Minuten wird das »Gespräch« beendet. Der Patient berichtet zunächst dem Therapeuten über die dabei ausgelösten und die momentanen Gefühle und Gedanken. Dann wird das Band abgespielt. Der Patient ist nun als Hörender den Vorwürfen des »Monitor-Ichs« ausgesetzt. Dabei wird oft schon an Tonfall und Vokabular deutlich, wessen Vorwürfe er als »Selbst-Vorwürfe« übernommen hat (»... und wer hat Ihnen das früher mal gesagt?«). Nachdem so der Urheber klar ist, werden die Vorwürfe auf ihre Stichhaltigkeit überprüft, die eventuell wirklich nötigen Verhaltensänderungen diskutiert und Trainingsprogramme dafür erstellt. Eventuell sind die Vorwürfe durch entsprechende Sonden (z. B. »es ist o. k., Schwächen zu haben/Fehler zu machen«) zu entkräften. Wo immer der Patient beim Abspielen des Bandes Reaktionen zeigt, ist das Bild anzuhalten und die Reaktion aufzuarbeiten. Dieses Gespräch mit dem Therapeuten zeigt den Patienten in seinem Verhalten andern gegenüber. Sie können ihn damit konfrontieren und so ins Verhaltenstraining einsteigen. Auch mitgeschnittene Übungen aus dem Kommunikationstraining (nie ohne Einwilligung des Patienten; dieser en face und in Großaufnahme!) sind oft sehr wirksam und können zu heftigen Reaktionen und zu Durchbrüchen führen. Handhaben Sie die Konfrontation also entsprechend behutsam!

5.1.2 Malen, Zeichnen, Modellieren[73]

Bei »kopflastigen« Patienten oder bei Gesprächswiderstand ist ein Bild oft die einzige Möglichkeit, »unzensierte« Informationen bzw. überhaupt Informationen vom Patienten zu erhalten. Fast immer macht der Patient anfangs Einwände, er »könne nicht

---

[73] Siehe auch Gisela Schmeer, Das Ich im Bild, München 1992

5. Hilfsmethoden, Spiele, Übungen und Materialien

zeichnen«. Die Bilder sind tatsächlich oft erstaunlich infantil, dabei jedoch vor allem in den Details sehr aussagekräftig: Der Zeichenstift ist wahrheitsliebend. Dann müssen Vollkommenheitsanspruch und/oder die Angst, sich zu decouvrieren, aufgearbeitet werden. Sie können auch den Widerstand umgehen mit der Bemerkung, man kenne die einschlägigen Einwände und bitte, nun anzufangen. Gebraucht werden nicht zu aufwändiges Papier DIN-A-3 (*mindestens* DIN-A4), Zeichenmaterial, Buntstifte und Farben zur Auswahl.

Wird das Bild nicht anschließend bearbeitet (auch ohne explizite Bearbeitung wirken Bilder oft kathartisch), so ist der Patient zumindest nach den beim Zeichnen aufgetretenen und den momentanen Gefühlen, Erinnerungen und Gedanken zu fragen, vielleicht auch nach seinen Phantasien, was der Therapeut aus dem Bild wohl »herauslese«. Geben Sie dabei dem Patienten, besonders bei Bildern zu diagnostischen Zwecken, so viel Information wie möglich, damit er sich nicht als Ihr Objekt fühlt! Die meisten Patienten versuchen, decouvrierende Bild-Details (»unrealistische« Größenverhältnisse bzw. Haltungen/Stellungen, fehlende Augen, Münder oder Hände usw.) als »an ihrem fehlenden Zeichentalent liegend« gewissermaßen zu »widerrufen«. Lassen Sie sich nicht täuschen: Gerade in diesen Details liegen wichtige Aussagen. Gehen Sie allerdings bei aufdeckender Bearbeitung behutsam vor! – Geeignete Bildthemen sind Darstellungen der Person des Patienten in seinem sozialen Umfeld bzw. mit seinem Partner oder Konfliktpartner, Bilder seiner Eltern bzw. seiner Familie, die Personen u. U. als Tiere, Pflanzen, Häuser oder Autos dargestellt. Die meisten Patienten zeichnen das Selbstbild wie selbstverständlich bekleidet und zeigen Widerstände bei der Bitte um eine Nacktdarstellung. Das ermöglicht einen Einstieg in Probleme der Körperlichkeit und der Sexualität. Ein weiteres, mit der linken Hand (enerviert von der rechten, der emotio zugeordneten Gehirnhälfte) gezeichnetes Selbstbild zeigt vor allem dessen unbewusste Aspekte.

Weitere Bildthemen sind Haus und (Lebens-)Baum; oder die Höhepunkte von Kindheitserinnerungen, Träumen, Phantasiereisen oder dem Lieblingsmärchen. Beim Selbst- und Familienbild kann zu dem »Ist«-Zustand (dem als »Ist« *erlebten* Zustand!) der

5.1 Hilfsmethoden in der Einzeltherapie

erwünschte »Soll«-Zustand gezeichnet werden. Somit ergibt sich die Frage, wie der Patient diesen Zustand erreichen (zumindest annähern) könnte (z. B. eine zu große Distanz zum Partner von sich aus verringern). Wird bei Langzeittherapien dasselbe Thema nach einiger Zeit nochmals angeboten, zeigen sich die Therapiefortschritte oft sehr »anschaulich« in der Veränderung des Bildes.

Ist die Angst eines Patienten Thema, so mag er sie (möglichst als Tier) zeichnen. Es folgt die Aufforderung, mit dem Tier zu sprechen, es zu beschreiben, es vielleicht zu verscheuchen. Fragen Sie, was der Patient mit dem Tier tun wolle, wer ihm gegen das Tier beistehen, es wegjagen könne, was im Leben des Patienten anders wäre, wenn er endgültig von dem Tier befreit wäre. Er kann auch zum Hilfs-Ich seiner Angst eingesetzt werden. Auch hier zeigen später wiederholte Zeichnungen die Fortschritte und können therapieverstärkend/ermutigend eingesetzt werden.

Mitunter wollen Sie (etwa bei Gruppenarbeit) mit dem Bild vor allem Assoziationen evozieren, der Patient zeichnet aber nur eine nichtssagend »leere« Landschaft bzw. ein leeres Zimmer. Dann können Sie fragen, wer da wohl »ausgespart« oder »ausgesperrt« ist oder was auf dieser leeren Bühne geschehen ist, geschehen wird oder geschehen könnte. Ein gezeichneter Wirbel (ein »schwarzes Loch«) kann zu der Aufforderung benutzt werden, sich – angeseilt und gegebenenfalls mit Atemgerät und Stirnlampe, eventuell mit einem zuverlässigen Begleiter – in das Loch hinabzulassen. Damit wird das Bild zum Ausgangspunkt einer Phantasiereise.

Zur Bearbeitung von Bildern (falls gewünscht) eignen sich die verschiedenen assoziativen Methoden. Das Bild kann meist zum Ausgangspunkt einer Phantasiereise gemacht werden; z. B. wird das gezeichnete Haus vom Keller (»dort ist ein Schatz verborgen«) bis zum Dachboden (»was müsste hier entrümpelt werden?«) erkundet, Fenster und Türen sind zu öffnen, ungenutzte Räume in Nutzung zu nehmen usw. Hilfs-Ich-Ansätze verleihen nicht nur den dargestellten Personen, sondern auch Gegenständen Stimme: »Was sagt die Mauer, der Weg oder das verrammelte Fenster?« Zudem kann von der bisher »ungenutzten Möglichkeit« zu zeichnen allgemein auf noch ungenutzte Fähigkeiten, noch nicht entfaltete »Talente« übergeleitet werden. Verweigert der Patient hartnäckig, selbst zu zeichnen, so helfen eventuell Assoziationen zu vorgegebenen Bildern, wie etwa TAT-Tafeln oder Kunstdarstellungen. Verwenden Sie TAROT-Karten[74], so stellen Sie klar, dass es sich nicht um »Zukunftsdeuterei« handelt, sondern um das Auslösen von Gefühlen und Assoziationen: »Was sehen Sie auf der Karte, welche Gefühle und Vorstellungen löst sie aus, was bedeutet das für Sie?«

Das Modellieren mit Ton löst oft starke Regressionen aus (daher ist Ton dem saubereren Plastilin vorzuziehen). Es kann zu Durchbrüchen führen, besonders wenn der Patient mit geschlossenen Augen arbeitet. Mitunter werden verdrängte, sehr belastende frühkindliche Erinnerungen reaktualisiert oder hoch tabuierte sexuelle Phantasien ausgelöst – es kann da einiges zu Tage kommen, womit Sie selbst in Bedrängnis geraten könnten!

Insgesamt erleichtert die Arbeit mit Ton den Einstieg in Sexualproblematiken, ist also nicht angezeigt, wenn Sie über sexuelle Themen nicht sprechen möchten. Bei labilen Patienten kann es zudem über die Regression hinaus zu einer Dekompensation kommen.

5.1.3 Körperarbeit

Mit Körperarbeit[75] sind selbst Patienten in schweren Erschöpfungszuständen oder bei abnormen Trauerreaktionen noch zu erreichen, die verbal nicht ansprechbar sind. Arbeiten Sie nicht mit ganzheitlichen Methoden wie Hakomi oder Focusing, so lohnt

---

[74] Empfehlenswert das Jungianische Tarot-Set nach Robert Wang, Urania-Verlags-AG, Neuhausen 1988

[75] Siehe z. B.: Ron Kurtz, Eine körperorientierte Psychotherapie: Hakomi, München 1994; Martin Siems, Dein Körper weiß die Antwort (Focusing als Methode der Selbsterfahrung), Reinbek bei Hamburg 1986/1995 (zugleich eine sehr lesbare und lesenswerte Einführung in die Grundzüge der Hakomi-Therapie); Eugene T. Gendlin, Johannes Wiltschko, Focusing in der Praxis, Stuttgart 1999; Alexander Lowen, Bioenergetik, Reinbek bei Hamburg ²1988; Sammer, Ulrike, Entspannung erfolgreich vermitteln (Progressive Muskelentspannung und andere Verfahren), Stuttgart 1999

zumindest eine Ergänzung der Psychotherapie durch Körperarbeit, da eindringliche Erfahrungen vermittelt werden, die Befindlichkeit sich bessert und organische Symptome sowie Erschlaffung bzw. lokale Verspannungen auch diagnostische Hinweise geben. Allerdings führen Körpererfahrungen leicht zu emotionalen Durchbrüchen und lösen mitunter intensive Ängste und/oder libidinöse (auch auto- und homoerotische) Versuchungen aus: Körperarbeit ist behutsam einzusetzen.

Bei der Aufarbeitung »therapiebegleitender« Körpererfahrungen (im Gegensatz zu »integrierten« Konzepten wie Hakomi oder Focusing) ist zunächst auf die je erreichten Veränderungen zu fokussieren, dann auf die dabei ausgelösten Emotionen und Assoziationen. Schließlich ist, unter Betonung der *Selbst*hilfe, zu fragen, wie und wozu der Patient die Übung nutzen will. Die mangelnde Akzeptanz des Körpers sollte angesprochen (Versöhnung mit dem Körper als Teil der allgemeinen Versöhnung mit dem Selbst) und in ihren Ursprüngen und Folgen aufgearbeitet werden.

5.1.3.1 *Eutonie*

Eine bewährte Methode bietet die Eutonie[76, 77], die im Gegensatz zu den im Autogentraining verwendeten *Vorstellungen* mit der Körper*wahrnehmung* arbeitet, Verspannungen lokal und zentral löst und Gewebetonus und Gesamtbefinden verbessert. Bewegungen und Berührungen werden dabei als (reaktionsauslösender) »Reiz« eingesetzt, nach dem Motto »so wenig wie möglich, aber mit gesammelter Wahrnehmung« (also Wiederholungen nur mit zwischengeschalteten Pausen zur Wahrnehmung der ausgelösten Veränderungen!). Die sachgemäße Durchführung einer Eutonieübung zeigt sich an dem dadurch bewirkten tiefen, befreienden Atemzug. Anschließend gegebenenfalls verbale Aufarbeitung.

Zu Beginn einer Eutonieübung versucht der Klient, in »*innere Achtsamkeit*« (siehe Seite 198) zu gehen und die Unruhe und Hetze abklingen zu lassen. Er nimmt den Wunsch, zu sehen, zurück,

---

[76] Mariann Kjellrup, Bewusst mit dem Körper leben, München ²1987
[77] Ulrich Brand, Eutonie, München ³1994

5. Hilfsmethoden, Spiele, Übungen und Materialien

sodass sich die Augen sanft schließen (neigt er dazu, sie zuzukneifen, mag er sie mit einem leichten Tuch verbinden). Er richtet die Aufmerksamkeit zunächst auf den Gesamteindruck von Körper und Atmung, macht aber noch keinen Versuch, etwas zu verändern. Erst nach dieser »Bestandsaufnahme« folgt die »eigentliche« Übung, danach erneute Bestandsaufnahme zur Wahrnehmung der Veränderungen. Werden dabei Schmerzen bewusst, die sich vorher der Wahrnehmung entzogen, ist das ein positiver, wenn auch lästiger Effekt (Thema »Verleugnung unbequemer Realität«). Schmerzen, die durch die Übung *ausgelöst* wurden, deuten auf gewalttätigen und unsensiblen Umgang des Klienten mit sich selbst (Thema »Wie gehen Sie mit sich selber um?«). Gähnen sollte nicht zurückgestaut werden, es zeigt intensivierten Stoffwechsel und vertiefte Atmung.

Für Übungen im Liegen empfiehlt sich eine untergelegte Wolldecke: Der Boden soll als hart, aber nicht als kalt gefühlt werden. Gegebenenfalls ist eine feste Kissenrolle unter die Kniekehlen, ein flaches, hartes Kissen unter den Kopf bzw. unter die nicht auf dem Boden aufliegenden Schultern zu legen. Bei Übungen im Sitzen verwenden Sie Stühle, besser Hocker, mit harter, ebener Sitzfläche. Bei flach aufruhenden Ober- und senkrecht stehenden Unterschenkeln sollen die Füße flach auf dem Boden aufruhen (Höhenausgleich durch auf den Stuhl oder unter die Füsse gelegte Telefonbücher).

Für die erste Bekanntschaft mit Eutonie kann die »Grundübung« angeboten werden, anschließend die Atemübung:

☞ *Grundübung:* Nach der einleitenden Bestandsaufnahme wird im Sitzen oder Liegen die rechte Körperseite, vom Fuß anfangend und Stück für Stück aufsteigend, erspürt. Die Wahrnehmung kann durch minimale (nur angedeutete) Muskelbewegungen oder durch Auflegen einer Hand erleichtert/intensiviert werden. Anschließend Vergleich beider Seiten, dann weiter mit der linken Seite. Bei Zeitknappheit nur einen Arm oder ein Bein erspüren, dann Seitenvergleich.

☞ *Atemübung:* Der Atem soll dabei frei fließen (es wird nichts mit dem Atem »gemacht«!); wo überall ist er zu spüren? Allmählich verändert sich die Atmung bei anhaltender Aufmerksamkeit »von selbst«. Schließlich – möglichst lange mit der Luft auskommen –

5.1 Hilfsmethoden in der Einzeltherapie

stimmhaft ausatmen (der Nachbar in der Gruppe soll es hören können!). Bestandsaufnahme. Erst wenn der Atem sich wieder normalisiert hat, zweiter Versuch, dabei – sowie der Ton deutlich hörbar ist – Hände spreizen, Spannung einen Moment halten und *langsam* abklingen lassen bei andauerndem Ausatmen. Treten dabei Verspannungen ein, so wird der Atem abgeklemmt oder es kommt zu »stotterndem« Ausatmen. Wiederholungen immer erst, nachdem der Atem wieder normal fließt (Gefahr von Überventilation und Schwindelanfällen!). Aufarbeitung auch unter dem Aspekt »haben Sie sich vielleicht ›erpresst‹, um lange summen (viel ›leisten‹) zu können?«

Die Problemkreise »Loslassen« und »Vertrauen« werden angesprochen bei den »*passiven Bewegungen*«[78]: Der Klient liegt rücklings auf dem Boden oder einer Massagebank. Falls im Liegen Komplikationen auftreten, sitzt er auf einem Hocker. Er versucht loszulassen und wahrzunehmen, während Sie ihm anfangs einen Arm, dann auch ein Bein, schließlich den von unten unterstützten Kopf langsam und großräumig bewegen und immer wieder zur Bestandsaufnahme zum Liegen kommen lassen. Den wenigsten Patienten gelingt es, sich Ihnen dabei wirklich passiv und vertrauensvoll zu überlassen. Die einen versuchen, die erwartete Bewegung vorwegzunehmen, und die anderen blockieren bzw. lassen allenfalls kurzzeitig los, sodass die Bewegung zahnradhaft ruckartig wird.

Wenn der Klient sich Ihnen vertrauensvoll überlässt, können auch Muskeln und Gelenke behutsam (!) gedehnt werden (sehr angenehm z. B. das Langziehen und Spreizen der Finger oder das Dehnen der Nackenmuskulatur). Arbeiten Sie dabei in Richtung etwaiger Verspannungen: Sind die Schultern des Klienten vom Boden weggezogen, drücken Sie sie nicht auf den Boden, sondern heben Sie sie noch etwas mehr an, um sie dann nach einiger Zeit wieder zum Liegen kommen zu lassen. Seien Sie besonders sensibel bei Bewegungen des Kopfes. Bei in den Rumpf gezogenem Kopf Hals nicht dehnen, sondern Kopf behutsam »in den Rumpf

---

[78] Nach Siems bezeichnet als »Abnehmen«, nach Kurtz »passives Übernehmen«.

5. Hilfsmethoden, Spiele, Übungen und Materialien

drücken«. – Nach jeder einzelnen Übung Veränderungen (auch in Atmung und Durchblutung) abfragen! Beim Bewegen von Arm oder Bein mit der rechten Seite anfangen, dann beide Seiten vergleichen, dann linke Seite bewegen, dann abschließende Bestandsaufnahme, diese dann anschließend auch im Stehen. Lassen Sie dem Klienten viel Zeit beim Aufstehen! Zur Aufarbeitung fragen Sie auch nach den aufgetretenen Assoziationen.

Variante: Der Klient wird aus der Rücken- in die Bauchlage und nach Bestandsaufnahme und Bericht darüber wieder zurückgedreht.

Hat der Klient Schwierigkeiten, seinen Kopf vertrauensvoll zu überlassen, kann er das Loslassen im »Droschkenkutschersitz«[79] üben. Er versucht, den Kopf mit jedem Ausatmen noch etwas mehr loszulassen, hebt ihn kurzzeitig um Millimeter (!) an und lässt ihn langsam wieder los.

☞ Bereiten die passiven Bewegungen dem Klienten keine Schwierigkeiten mehr, kann es weitergehen mit »*Stützen und Auffangen*«: Sie stehen ziemlich dicht hinter dem Klienten, dem Sie die Hände stützend dicht unter den Schulterblättern gegen den Rücken legen. Der Klient lehnt sich mit geschlossenen Augen, *geradem Körper* und *flach auf dem Boden bleibenden Füßen* leicht dagegen. Sie lassen den Klienten, ständig stützend, leicht nach hinten kippen und schaukeln ihn etwas vor und zurück. Beim geringsten Anzeichen von Angst (u. a. Körper des Klienten nicht mehr gestreckt, Füße nicht mehr flach auf dem Boden) stellen Sie ihn wieder auf die Füße und gönnen Sie ihm eine Pause zur Bestandsaufnahme und zum Ausruhen. Schließlich können Sie den Klienten bei gestrecktem Körper und flach auf dem Boden bleibenden Füßen ein Stück nach hinten fallen lassen und ihn auffangen. Bleibt danach der befreiende Atemzug aus, so haben Sie den Klienten offenbar mit einer zu großen Fallstrecke überfordert. – Vorbereitung eventuell mit Sonden »Ich lasse dich nicht fallen/Du bist hier ganz sicher«.

Achtung: Probieren Sie Eutonieübungen mit Berührungen des Klienten erst in der Supervisionsgruppe aus und führen Sie sie nur

---

[79] Unterarme auf die gegrätschten Oberschenkel gestützt, und den Kopf zwischen den Knien hängen lassen.

5.1 Hilfsmethoden in der Einzeltherapie

durch, wenn Sie selbst in »innerer Achtsamkeit« *(siehe Seite 198) sind!*

Mit den verschiedenen **Balanceübungen** werden Themen wie »Ausgeglichenheit/inneres Gleichgewicht«, »Neigung zu vorzeitigem Aufgeben« und »gewalttätiger Umgang mit sich selbst« angesprochen:
Der knieende oder stehende Klient verlagert sein Gewicht langsam immer mehr auf ein Knie/einen Fuß, bis er das andere Bein leicht (!) vom Boden lösen kann. Eine Weile balancieren, dann kniend/stehend ausruhen. Seitenvergleich. Wiederholung mit derselben oder der anderen Seite. Anfangs mit offenen, später mit geschlossenen Augen, dabei notfalls mit einem Finger *leicht* an der Wand abstützen. Immer wieder Pausen zur Bestandsaufnahme. *Varianten:* Auf einer auf dem Boden oder an den Enden auf Telefonbüchern liegenden Stange (etwa 4 cm Durchmesser) balancieren. Stehend/gehend ein schweres Buch (eine Untertasse), ohne festzuhalten, auf dem Kopf tragen. Oder (bei Neigung zu Kopfschmerzen) in Rückenlage bei geschlossenen Augen den Kopf auf einem untergelegten Tennisball und/oder eine schwere Kugel auf der Nasenwurzel balancieren. – Aufarbeitung auch in Richtung »Verkrampfung/krampfhafte Anstrengung« und »Ängstlichkeit/Resignation«.

Der für Neurotiker charakteristische motorische und emotionale Überaufwand kann mit der Übung *aktive Bewegung* erfahrbar gemacht werden: Der Klient sitzt auf Stuhl oder Hocker, hebt das rechte Bein etwas aus der Hüfte an, hält es kurzzeitig und lässt es wieder nieder. Verspannungen dabei können durch gleichzeitiges stimmhaftes Ausatmen (stotternder Atem) verdeutlicht werden. Bestandsaufnahme, dann Bein vom Fuß her hochstützen, kurzzeitig halten und wieder niederlassen. Zum Vergleich noch einmal von der Hüfte, dann wieder vom Fuß anheben. Seitenvergleich. Aufarbeitung unter anderem »Warum einfach, wenn es auch schwierig geht?« (Antreiber: Streng dich an!)

Um die allgemeinen Muskelverspannungen (»Überspanntheit«) und ihre Auflösung geht es unter anderem bei der Übung *Rückfront:* Bei der Bestandsaufnahme in Rückenlage konzentriert sich der Klient besonders auf seine Auflagefläche. Er versucht, bei jedem Ausatmen noch etwas mehr nachzugeben, gewissermassen

5. Hilfsmethoden, Spiele, Übungen und Materialien

auf dem Boden »auseinander zu fließen«. Erneute Bestandsaufnahme. Dann versucht er, durch möglichst kleine Bewegungen auch die nicht aufliegenden Partien wenigstens vorübergehend in Bodenkontakt zu bringen, den Boden »abzutasten«. Gegebenenfalls stützen Sie vom Boden weggezogene Körperpartien des Klienten etwas hoch, halten sie ein Weilchen und lassen sie langsam wieder sinken. Die abschließende Bestandsaufnahme zeigt meist deutlich verbesserten Bodenkontakt. *Variante*: Mit gegen die Wand gestemmten Füßen oder auf einen Hocker gelegten Unterschenkeln Becken etwas anheben, kurzzeitig so halten, *langsam* wieder zum Liegen kommen lassen. Aufarbeitung unter anderem »Du kannst etwas gegen deine Rückenschmerzen tun.«/»Du bist nicht so sehr Opfer wie du glaubst.« (»Opfer« als Mittäter)/»Wie gehst du mit dir selber um?«

Zur Linderung/Auflösung schmerzhafter Verspannungen hilft ☞ auch die Übung *Schmerz lass nach!*, zugleich eine Demonstration zum Umgang mit und zur Einstellung zu (seelischem wie körperlichem) Schmerz. Wieder Bestandsaufnahme in Rückenlage unter Konzentration auf die Auflagefläche. Dann hebt der Klient mit angezogenen Beinen das Becken etwas an und legt zwei Tennis- oder Massagebälle symmetrisch unter das Gesäß, um sich behutsam darauf niederzulassen (an sehr schmerzempfindliche Stellen allmählich, nach Bearbeitung der Umgebung, herangehen). Entsprechend im oberen Rückenbereich gegen Verspannungen der langen Rückenstrecker. *Variante:* Bei den Schultern beginnend sich über die Bälle hinwegschieben, sich alle paar Zentimeter erneut darauf niederlassen, bis die Bälle schließlich unter den Oberschenkeln liegen. – Wird der anfängliche Schmerz akzeptiert, so bewirkt diese »selbst applizierte« Akupressur die Auflösung der Verspannungen und damit eine Verminderung/ein Abklingen der Schmerzen. »Widerstand« gegen den Schmerz (zusätzliche Verspannung) verstärkt dagegen die Empfindlichkeit.

Isometrische Spannungsübungen werden zu eutonischen Übungen, indem die Spannungen langsam und bewusst auf- und wieder abgebaut werden. Dabei ist mit jedem Ausatmen noch etwas mehr nachzugeben: Wo überall wird das Abklingen der Verspannungen wahrnehmbar? Auch Übungen aus dem Stretching (z. B. nach Anderson[80]) werden zu Eutonieübungen, indem das Abklingen der

5.1 Hilfsmethoden in der Einzeltherapie

anfänglichen Verspannungen und Schmerzen, mit jedem Ausatmen noch etwas mehr nachgebend, bewusst wahrgenommen wird. Weitere Eutonieübungen z. B. bei Kjellrup (l. c., besonders »Kontrollstellungen«).

Bereits mit einer halben Stunde Eutonie täglich kann sich ein Patient in wenigen Wochen in einen deutlich besseren körperlichen und damit auch seelischen Zustand bringen. Fehlt ihm dazu die Bereitschaft, so ist damit sein Verwöhnungsanspruch oder seine »Leidens-Seligkeit« thematisiert. »Fehlt ihm die Zeit« für Eutonie, so sind Prioritäten zu überdenken. Erfolgreiche Selbsthilfe durch Eutonie lässt sich auf andere Bereiche übertragen: »Wo sonst könnten Sie sich selbst helfen? Was müssten Sie dafür tun? Was würde sich dadurch verändern?«

Übrigens lohnt es meist, bei Patienten, die abgehetzt und/oder erschöpft zur Therapiesitzung kommen, die Sitzung mit einer Eutonieübung zu beginnen. Die dafür aufzuwendende Zeit wird durch verbessertes Konzentrationsvermögen mehr als aufgewogen.

5.1.3.2 Aggression und »kreatives Kämpfen«

Auch bei der Bearbeitung von Aggressionsstaus und -hemmungen ist ein Einstieg über Körperarbeit, mit kathartischem Ausagieren, oft zweckmäßig (*Vorsicht allerdings bei Hypertonikern und Herzpatienten!*). Waren einem Patienten in der Kindheit Zorn bzw. Wut »verboten«, so reagiert er oft mit Trauer, wo Zorn und Wut angebracht wären. Darüber hinaus gerät er dann wegen »mangelnder Selbstbehauptung« oft auch noch in Schwierigkeiten. Der Patient kann seine zurückgestaute Wut durch Schlagen auf ein schweres und sehr festes Kissen ableiten, eventuell sogar mit einem Stock o. Ä. Notfalls müssen Sie ihn anfeuern oder gar abwechselnd mit ihm zuschlagen. Gleichzeitig sollte der Patient seine Wut, seinen Zorn in möglichst kurzen Phrasen herausschreien: »Du Heuchler!/Verdammte Hexe!«, wobei Sie meist seine moderateren Formulierungen in »Klartext« übersetzen müssen. Er kann auch stattdessen mit einem Telefonbuch auf einen stabilen (!) Tisch eindreschen oder es in Fetzen reißen.

---

[80] Bob Anderson, Stretching, München 1996

5. Hilfsmethoden, Spiele, Übungen und Materialien

Mit der Übung ist möglichst bis zur körperlichen Erschöpfung oder bis zum emotionalen Durchbruch fortzufahren. Danach braucht der Patient Zeit, um sich zu erholen; oft ist heißer Tee o. Ä. angebracht. Anschließend ist die erste Frage, wie er sich jetzt fühle und was »sein Körper ihm jetzt mitteile« (oft sind Muskelschmerzen verschwunden!). Dann erst sind die aufgetretenen Assoziationen und Emotionen aufzuarbeiten und die Konsequenzen für aktuelle Konflikte anzusprechen. Bei mitunter ausgelösten emotionalen Durchbrüchen kann zeitaufwändige »Notfallversorgung« nötig werden. – Geht ein Patient auf das Angebot, seinen Zorn auszuagieren, nicht ein, so sollten Sie ihn *auf keinen Fall dazu drängen!*

Beruht ein Aggressionsstau oder eine Verspannung auf der Angst des Patienten, bei einer Lockerung der Kontrolle von seiner ungezügelten Aggressivität überwältigt zu werden, setzt Kurtz[81] das
☞ *»aktive Übernehmen«* ein: Der Therapeut hält den Arm (das Bein) des Patienten fest, während dieser zu schlagen bzw. zu treten sucht. Abwechselnd damit versucht der Therapeut, mit dem Arm des Patienten zu schlagen, während dieser die Bewegung blockiert. So merkt der Patient, dass er seine aggressiven Impulse durchaus kontrollieren kann, womit sich die Angst vor der eigenen Destruktivität meist auflöst.

☞ Auch das ritualisierte *»Wegdrücken«* eignet sich zur Aggressionsbearbeitung: Sie stehen dem Patienten in etwa einem halben Meter Abstand gegenüber, Hände gegen Hände, und versuchen, einander wegzudrücken. Gegebenenfalls tritt bei sehr unterschiedlichen Kräften der eine Partner mit der rechten oder sogar mit beiden Händen gegen die linke des anderen an. Mitunter müssen Sie den Patienten lange ermutigen oder provozieren, bis er seine Kräfte gegen Sie einsetzt und ernstlich versucht, Sie beiseite zu schieben. Thematisieren Sie anschließend seine Hemmungen und Katastrophenphantasien, ebenso eine eventuelle Tendenz, sich kampflos (aber gekränkt) beiseite schieben zu lassen, eine offensichtlich erfolglose Strategie beizubehalten oder blindwütig loszupreschen

---

[81] Ron Kurtz, Körperzentrierte Psychotherapie: Die Hakomi Methode, Essen 1985

5.1 Hilfsmethoden in der Einzeltherapie

und sich unnötig zu strapazieren (mangelnder Realitätskontakt). Selbstunterschätzung und Katastrophenphantasien werden deutlich und bearbeitbar, und für manchen Klienten ist die »Erlaubnis« »ich darf mich wehren« (eventuell zusätzlich als Sonde gegeben) von großer Tragweite.

Eine Steigerung des »Wegdrückens« bietet das *Freikämpfen*, wobei allerdings beträchtliche Anforderungen an Ihre Kräfte und Ihre Kondition gestellt werden. Einen Patienten, der klagt, von einer Bezugsperson »geklammert«/»gefesselt« zu werden, umklammern Sie oder halten ihm die Arme auf dem Rücken fest. Dabei geht es um seinen Einsatz beim Versuch, sich zu befreien. Schieben Sie Pausen ein, in denen Sie die ausgelösten Emotionen und Assoziationen abrufen. *Achtung: Der Prozess könnte sich verselbstständigen! Lassen Sie rechtzeitig los, ehe es zu ungezügelter Aggression und zu Verletzungsgefahr kommt!*

Bei Aggressionshemmungen mit Berührungsangst empfiehlt sich die Übung *Ausfall*: Zunächst lassen Sie den Patienten »Ausfälle« wie beim Fechten gegen ein imaginäres Zielobjekt machen und rufen immer wieder die ausgelösten Emotionen und Assoziationen ab. Allmählich können Sie ihm als Zielobjekt gegenübertreten, immer in einer Distanz, die gegenseitige Berührung ausschließt. Schließlich wechseln Sie mit dem Patienten mit den Ausfällen ab, wobei die Ausfälle durch einen Schrei begleitet werden. Stehen sehr große Räume oder ein Garten zur Verfügung, kann der Patient Ihnen auch über möglichst große Distanz (es soll Kraftaufwand erfordern!) einen schweren Medizinball zuschleudern und die Würfe mit einem Ruf (Ho!/ICH/Ich darf!/Mist!/Ich will!/...) begleiten. Dabei wird die elterliche Einschärfung »Kinder darf man sehen, aber nicht hören« überwunden und der Mut zu einem »akustischen Revieranspruch« gestärkt – sehr nützlich für Patienten mit Selbstskrupeln.

Gestisch wird ein Revieranspruch durch aufrechte Haltung, erhobenen Kopf und greifend ausgebreitete Arme ausgedrückt (»Ich nehme diesen mir zustehenden Raum in Anspruch«. Sonde dazu: »Du hast ein Recht auf deine Rechte!«). Diese Haltung ist in der Sitzung einzuüben und als tägliche Hausaufgabe vor dem Spiegel zu empfehlen (die damit gemachten Erfahrungen des Patienten abrufen!). Besonders die Entmutigten wie Langzeitarbeitslose, Ent-

5. Hilfsmethoden, Spiele, Übungen und Materialien

stellte oder Behinderte müssen lernen, ihren Kopf (wieder) hoch zu tragen, was u. a. das bewusste Stehen auf dem Boden, dem sicher tragenden Grund, voraussetzt.

5.1.3.3 Einige weitere Möglichkeiten

☞ **Eutonischer Tanz** kann nicht nur bei Bewegungsgehemmten (»Verklemmten«) Blockaden lockern. Die Musik sollte stark rhythmisch, nicht zu laut und weder schrill noch disharmonisch sein. Hat der Patient im Stehen Atmung und Körper erspürt, setzt die Musik zunächst noch sehr leise ein. Bei Bewegungshemmungen soll der Patient sich zunächst »bewegen lassen«, noch ohne die Füße vom Boden zu lösen oder großräumige Bewegungen zu versuchen. Erst allmählich werden immer mehr Bewegungen bis schließlich zum Tanz durch den Raum, zu Sprüngen und zum Übergang auf den Boden und zurück »erlaubt«. Bei Unlust des Patienten fragen Sie, was ihm die Übung erleichtern bzw. akzeptabler machen könnte. Nach dem Tanzen erneute Bestandsaufnahme, dann Abruf der ausgelösten Emotionen und Assoziationen und Aufarbeitung. – Manche Patienten tun sich mit Tanz leichter, wenn sie dabei mit zwei Jongleurbällen spielen können.

☞ Weniger zeitaufwändig als der Tanz ist zur Lockerung blockierter Beweglichkeit die Übung »*unten durch*«: Der Klient kriecht unter einem möglichst niedrigen und engen Stuhl oder Hocker durch, wobei vor allem die Beweglichkeit im Rumpf beansprucht wird. Aufarbeitung unter anderm »Nutzung aller Möglichkeiten/Ausprobieren statt Theoretisieren/Es darf Spaß machen (Es darf dabei gelacht werden)/Gewaltsamer Umgang mit sich selbst«.

☞ »Verweigerung« kann es auch bei der Übung **Sturz** geben. Dabei lässt sich der Patient anfangs aus dem Knien, später aus dem Stand, auf den Boden fallen, was allerdings riskant ist, wenn er sich aus Angst verspannt. Legen Sie zu Anfang mehrere Decken unter und rufen Sie vor dem ersten Sturz die Phantasien des Patienten ab. Er sollte sich erst fallen lassen, nachdem er seinen Körper erspürt hat und der Atem frei fließt. Die gemachte Erfahrung wird abgerufen, noch ehe der Patient wieder aufsteht. »War es so schlimm, wie Sie erwartet hatten? Wo sonst machen Sie sich unnötig Sorgen«? Weisen Sie den Patienten auch darauf hin, dass

»Mut« nicht bedeutet, keine Angst zu haben, sondern das als wichtig Erkannte trotz der Angst durchzuführen (Entlastung bei der Einschärfung »sei mutig!«).

Schließlich können verschiedene Körperhaltungen (aufrecht, bedrückt, ängstlich, zornig usw.) als »inverse Sonden« (siehe Seite 199 f.) vorgegeben werden: Der Patient nimmt in innerer Achtsamkeit die Haltung ein und berichtet, was er dabei erlebt. Sie können sogar mit einer Diskrepanz zwischen Körperhaltung und gleichzeitig gemachter Aussage arbeiten. Bei Tendenz eines Patienten zu Selbstmitleid etwa kann seine Jeremiade unterbrochen werden: Er möge mit seinen Klagen fortfahren, jedoch in der Körperhaltung und mit dem Tonfall eines zutiefst selbstzufriedenen Menschen. Damit wird das Verhaltensmuster durchbrochen – dem Patienten kommt beim Versuch, die Anweisung durchzuführen, das Lachen. Er erkennt die komische Seite seines Verhaltens, was sehr entlastend wirkt.

Ein wichtiges Agens der Körperarbeit ist die Berührung. Das Auflegen der Hände ist ein uraltes Heilungsritual, seit einigen Jahren von vielen Schulen wiederentdeckt. Jede Berührung des Patienten, die über den ritualisierten Händedruck der Begrüßung/Verabschiedung hinausging, war (und ist wohl immer noch) bei orthodoxen Analytikern streng verpönt und phobisch vermieden: Der Körper wurde implizit ausgeblendet und tabuiert. Die Akzeptanz und Integration seines Körpers (eines ja immerhin nicht ganz unwichtigen Teils der Person) wurde dem Patienten damit zusätzlich erschwert. Die auf die Schulter gelegte Hand, die Umarmung, die sanfte Berührung vermitteln Akzeptanz, Zuwendung und Trost, die der Patient vielleicht sein Leben lang entbehrt hat, können allerdings auch einen Durchbruch auslösen. Setzen Sie sie »einfach so« bei Bedarf ein oder geben Sie sie in der Form einer Sonde. »Berührung ist häufig glaubhaft, wo Worte nicht geglaubt werden können«.[82] Voraussetzung ist allerdings immer, dass Sie sich dabei im Zustand innerer Achtsamkeit befinden. Eine lieb- und achtlose Berührung kann viel Schaden anrichten.

---

[82] Ron Kurtz, Körperzentrierte Psychotherapie; die Hakomi-Methode, Essen 1985, S.128

5. Hilfsmethoden, Spiele, Übungen und Materialien

5.1.4 Sonden

Sonden gehen auf Ron Kurtz und seine Hakomi-Therapie zurück[83] und werden auch im Focusing (siehe Siems[84]) viel benutzt, lassen sich aber auch in anderen Therapieformen anwenden. Die Sonde bietet dem Patienten einen »Reiz«, der Emotionen, Bilder, Erinnerungen, Assoziationen und (selbst bei verbalen Sonden) Körpergefühle auslöst. Über diese soll der Patient unmittelbar bei ihrem Auftauchen berichten: So spricht er über *Gegenwärtiges* statt über das weniger therapiewirksame vergangene Erleben. Dabei sollte sich der Patient in »innerer Achtsamkeit« (s. Kurtz, l. c.) befinden, einem Zustand »entspannter Konzentration«, in dem die Aufmerksamkeit von der Außenwelt abgezogen und auf die gegenwärtigen inneren Prozesse gerichtet wird. Dieser Zustand ist vielen Meditations-Gewohnten vertraut. Mit etwas Erfahrung erkennen Sie am Klang der Stimme, ob Ihr Gegenüber in innerer Achtsamkeit ist: Das Sprechtempo ist sehr verlangsamt, die Stimme leise, aber tragend und lebendig. Oft sind auch die Augen geschlossen. »Fällt« ein Patient aus der inneren Achtsamkeit, so klingt die Stimme wieder »geschäftsmäßig« – flach und unlebendig, oder schrill, exaltiert und kurzatmig, und der Klient spricht mehr *über* das, was er *denkt*, als von seinem momentanen Erleben. Mit etwas Training schaffen es die meisten Menschen (außer unter starkem Stress), auf Aufforderung ihre Aufmerksamkeit nach innen zu richten und »in innere Achtsamkeit zu gehen«. Wenn Sie eine Sonde geben, fordern Sie den Patienten zuerst auf, sich »vorzubereiten« (»in innere Achtsamkeit zu gehen«), und fragen nach kurzer Pause: »Was erleben Sie (was passiert bei Ihnen), wenn Sie jetzt gleich hören ...« (bei nonverbalen Sonden »was erleben Sie, wenn ich jetzt gleich .../wenn Sie jetzt gleich ...«). Vermeiden Sie Formulierungen »was fühlen Sie/was denken Sie«, mit denen Sie die Aufmerksamkeit in bestimmte Richtungen lenken.

---

[83] Ron Kurtz, Hakomi, Eine körperorientierte Psychotherapie, München 1994
[84] Martin Siems, Dein Körper weiß die Antwort, Reinbek bei Hamburg, 1986/1995, Teil II/2 – II/7, Teil III/6

5.1 Hilfsmethoden in der Einzeltherapie

Nach einer erneuten kurzen Pause folgt im Ton einer Aussage die Sonde selbst, wobei einleitend der Patient mit Namen angeredet wird: »Hans, Sie leisten genug«, »Maria, es ist o. k. auszuruhen«. Die Sonde soll den Patienten nicht überzeugen oder belehren, sondern Antworten auslösen. Ist nach etwa einer Viertelminute keine Antwort erfolgt, so fragen Sie nach: »Was passiert bei Ihnen?« Auch Hinweise auf Körperreaktionen (»Sie runzeln so bedenklich die Stirn/Sie atmen auf einmal viel tiefer/War das eine abwehrende Bewegung?«) bewirken oft Antworten. Zu schnell gegebene Antworten stammen selten aus der inneren Achtsamkeit und erfordern Interventionen wie »ich verstehe, was Sie sagen, aber lassen Sie sich Zeit und schauen Sie noch mal nach: Was passiert bei Ihnen?« – Bei der Variante der »inversen Sonde« lautet die einführende Frage »was passiert bei Ihnen, wenn Sie mir sagen ...« (z. B. »rutschen Sie mir doch den Buckel runter!«), bzw. »was passiert bei Ihnen, wenn Sie sagen ›Vater/Mutter, ...‹«.

Sonden müssen aus einem kurzen, einfachen Satz bestehen. Günstig sind Formulierungen »Sie sind (Sie können/Sie dürfen) ...«, oder auch »es ist o. k., ... zu sein (zu haben/zu tun)«. Verneinungen (»Sie sind nicht .../Sie brauchen nicht ...«) werden möglichst durch positive Formulierungen ersetzt – etwa »Sie dürfen sich helfen lassen« statt »Sie brauchen nicht alles allein zu tun«. Auf keinen Fall darf eine Sonde negative Aussagen über den Patienten enthalten! – Aussagen, die mit »ich« oder »wir« anfangen (»ich finde Sie liebenswert/wir werden Sie stützen«) können zu Interaktionen (»das glauben Sie doch nicht wirklich!«) führen und damit den Zweck einer Sonde verfehlen. Betonen Sie, dass die Sonde Teil eines Experiments ist, nicht eines Gesprächs! Unbedenklich sind mit »ich« bzw. »wir« beginnende Sonden, wenn der Patient um diesen Wortlaut gebeten hat oder wenn Sie »stellvertretend« für den Patienten oder eine seiner Bezugspersonen sprechen: »Was erleben Sie, wenn Sie sich vorstellen, von Ihrem Vater (Ihrer Frau) zu hören/ihm/ihr zu sagen: ...« – »Inverse Sonden«, bei denen der Patient selbst die Sonde spricht, beginnen dagegen häufig mit »ich« (z. B. »Vater, ich zürne dir«).

Sonden werden angeboten, wenn zu einem Thema unbewusstes Material bewusst gemacht oder wenn eine Katharsis ausgelöst

5. Hilfsmethoden, Spiele, Übungen und Materialien

werden soll. Sonden wirken weit intensiver als das normale therapeutische Gespräch und lösen auch leichter Durchbrüche aus. Im günstigsten Fall reagiert der Patient auf eine Sonde mit einem tiefen befreiten Aufseufzen und sichtbarer Entspannung: Die Sonde »ging hinein«. Häufiger sind anfängliche Reaktionen der Art »schön wär's ja, aber ...«. Dann können Sie fragen, wie eine Sonde lauten müsste, die der Patient akzeptieren könnte, die zutreffender wäre oder die er gern hören würde; oder was ihm helfen könnte, die Sonde in der gegebenen Form zu akzeptieren. Experimentieren Sie mit den Vorschlägen des Patienten. Oft geht es dabei um quantitative Aspekte: Wird eine Sonde »Sie dürfen sich ausruhen« zurückgewiesen, wird vielleicht die Sonde »Sie dürfen sich jetzt ein paar Minuten ausruhen« angenommen. Sonden, die zunächst nicht »hineingingen«, können Sie gegen Sitzungsende – dann meist mit besserem Erfolg – noch einmal anbieten.

Nonverbale Sonden sind z. B. dem Patienten »verordnete« Haltungsänderungen und/oder Bewegungen bzw. Selbstberührungen, Berührungen des Patienten durch den Therapeuten, mitunter auch des Therapeuten durch den Patienten. Viele der Eutonie-Übungen sind als Sonden geeignet und in dieser Form besonders wirksam. *Achtung – keine Berührungen mit dem Patienten ohne sein Einverständnis!!!* Auch wenn er auf Ihre Frage keinen Vorbehalt *ausspricht*, aber abwehrende Körperreaktionen zeigt, muss die Fremdberührung zunächst zurückgestellt, vielleicht durch eine Selbstberührung ersetzt werden (zwar sollte möglichst schon in der ersten Therapiesitzung vermittelt werden, dass Berührungen o. k. sind, doch stehen für manche Menschen Fremdberührungen unter schwerstem Tabu, das nur ganz allmählich abgebaut werden kann). Bei aktivem Übernehmen (etwa, wenn Sie mit der Faust des Patienten zu schlagen suchen, während der Patient gegenhält, oder wenn der Patient aktiv übernehmend mit Ihrer Faust zu schlagen sucht) ist das Berührungstabu meist geringer, doch ist dabei die innere Achtsamkeit nicht immer aufrechtzuhalten.

Mit dem durch Sonden erbrachten Material arbeiten Sie entsprechend weiter. *Achtung: Besonders bei nonverbalen Sonden kann es leicht zu Durchbrüchen kommen!* Planen Sie also auf alle Fälle genügend Zeit ein!

5.1 Hilfsmethoden in der Einzeltherapie

Schließlich noch eine Auswahl verbaler Sonden:
- Sie sind auch o. k., wenn Sie Angst haben (zornig, ärgerlich, hilflos, traurig, albern, ungeduldig, aggressiv, ... sind) – wenn Sie anders sind als ich (als Ihr Vater; als andere es von Ihnen erwarten/wünschen/verlangen) – wenn Sie (meine) Wünsche nicht erfüllen/Forderungen stellen/Hilfe erbitten/sich abgrenzen/sich verweigern.
- Sie dürfen Sie selbst sein – sich selbst vertrauen – sich selbst ein guter Freund sein – sich mit sich selbst (mit ...) versöhnen – sich Ihre Fehler (Schwächen) vergeben – gut (besser) für sich sorgen – sich etwas (sich mehr) gönnen – es sich gut gehen lassen – sich Ihre Wünsche erfüllen – mit sich zufrieden sein – Hilfe annehmen – auch mal eine Arbeit liegen lassen (abbrechen) – auch mal etwas schlampig sein – den Kopf hoch tragen – mir (dem Leben) die Zunge rausstrecken – Gefühle haben/Gefühle äußern – Ihre Bedürfnisse wichtig nehmen – auch mal über die Stränge schlagen – mehr (öfter) an sich selbst denken – Ihre Entscheidungen selbst treffen – loslassen – sich entspannen – ausruhen – fröhlich (glücklich) sein – Spaß haben am (im) Leben.
- Sie können frei sein (sich befreien) – Sie haben viele Möglichkeiten – Sie sind niemandes Opfer – Ihr Leben gehört Ihnen.
- Ihre Gefühle sind o. k. – alles in Ihnen ist menschlich – Sie (Ihre Bedürfnisse/Wünsche/Gefühle) sind wichtig – Sie können haben (bekommen), was Sie brauchen – Sie werden Genüge haben – Sie werden nicht zu kurz kommen – Sie können sich verändern – es gibt Hoffnung – Sie haben viel mehr zu bieten, als Sie glauben – Sie haben (längst) genug geleistet – Sie werden es schaffen – nehmen Sie sich Zeit (so viel Zeit, wie Sie brauchen).

Hier noch einige nonverbale Sonden, die nicht von Eutonie-Übungen abgeleitet sind:
- Fordern Sie den Patienten auf, es sich (in seinem Sessel/auf der Couch) behaglich zu machen – in die Haltung eines Depressiven/eines »Mutigen« zu gehen – sich (körperlich) »zusammenzunehmen« – sich zu entspannen – mit den Zähnen zu knirschen – die Fäuste zu ballen – Ihnen den Rücken zu kehren – Ihnen die Zunge rauszustrecken ...

5. Hilfsmethoden, Spiele, Übungen und Materialien

- ... sich die Hände freundschaftlich über das Herz (das Gesicht, die Augen) zu legen – sich den Mund (die Augen) zuzuhalten – »der Welt den Rücken zu kehren« (lassen Sie ihn eine Weile in dieser Haltung verharren!) – sich in sich selbst zurückzuziehen – sich unter einer Decke zu verstecken ...
- Sind Fremdberührungen für den Patienten o. k., können Sie ihn in beengenden Haltungen bzw. in verspannten Körperpartien noch zusätzlich zusammendrücken
- Den Patienten an Ihren Rücken gelehnt ausruhen lassen – ihm Ihre Hand auf Herz, Arm, Schulter ... legen – ihm über das Haar streicheln – ihm die Tränen abwischen ...

Achtung bei Fremdberührungen! – Wenn Sie Erfahrung haben und sich von Ihrer Intuition leiten lassen, wird Ihnen die je »richtige« Sonde einfallen, und Sie werden keine Sonde verwenden, mit der Sie sich selbst vergewaltigen.

5.1.5 Hausaufgaben

Mit dem Patienten vereinbarte »Hausaufgaben« (glücklich gewählt ist die Vokabel nicht!) dienen u. a. dazu:
- durch Vor- und Nachbereitung der Sitzungen die Therapie effektiver zu machen
- Therapiefortschritte bewusst und damit selbstverstärkend zu machen
- Widerstand evident und bearbeitbar zu machen
- dem Therapeuten zusätzliche Informationen über den (die) Patienten und seine (ihre) Therapiefortschritte zu geben
- Rückmeldung für den Therapeuten zu beschaffen
- die Selbsterforschung/-veränderung des (der) Patienten anzuregen und zu steuern
- den (die) Patienten an bestimmte Sicht-, Denk- und Verhaltensweisen zu gewöhnen
- Vorurteile des (der) Patienten zu überwinden
- Vermeidungsverhalten abzubauen
- soziale Fertigkeiten zu trainieren
- bei Partnerproblemen die gegenseitige Akzeptanz und Empathie zu verbessern.

5.1 Hilfsmethoden in der Einzeltherapie

Es können von Sitzung zu Sitzung neue Aufgaben vereinbart werden, oder eine »Standardaufgabe« bleibt über längere Zeit bestehen. Vermeiden Sie Assoziationen zu Schularbeiten: »Ich hätte gern, dass Sie das machen, aber die Entscheidung liegt bei Ihnen!« Und notieren Sie, welche Aufgabe Sie vereinbart haben, denn Sie müssen zu Beginn der nächsten Sitzung darauf zurückkommen! Führt ein Patient eine Aufgabe, der er zugestimmt hatte, nicht aus, bedeutet das nicht unbedingt »Widerstand«. Vielleicht haben Sie den Patienten überfordert, die Aufgabe unklar formuliert, oder er überfordert sich selbst durch zu hohe Ansprüche. Selbstüberforderung und/oder mangelnde Behauptung gegenüber den Forderungen/Erwartungen anderer sind dann vordringliche Themen. Fragen Sie auch, was es dem Patienten erleichtern könnte, die Aufgabe durchzuführen. Steckt ein Autoritätskonflikt oder tatsächlich Therapiewiderstand hinter der Verweigerung, so sind ebenfalls die vordringlichen Themen gegeben. Im Zweifelsfall verzichten Sie besser zunächst auf eine Aufgabe: Auch ein »gewonnener« Machtkampf ist auf lange Sicht ein Verlust. Ist der Patient der Aufgabe nicht oder nur teilweise nachgekommen, fragen Sie, was anders gewesen wäre, *wenn* er sie gemacht hätte: Ob er sich dann wohl anders gefühlt, die Umgebung anders reagiert hätte, welche Einsichten er dann wohl gewonnen hätte?
Bei schreibgewohnten Patienten empfehlen sich schriftliche Berichte über die mit den Aufgaben gemachten Erfahrungen. Erst bei schriftlicher Formulierung werden die vorher noch etwas vagen Gedanken verbindlich, und Kopien zeigen Ihnen, wie der Patient mit den Aufgaben umgeht. Allerdings ist es nicht immer ratsam, Kopien oder auch nur Einsicht in die Aufzeichnungen zu erbitten (Ihr Interesse können Sie auch durch entsprechende Aufarbeitung zeigen, ohne die Aufzeichnungen sehen zu müssen). Besprechen Sie Zweck und erwarteten Umfang vorab mit dem Patienten und fragen Sie in der folgenden Sitzung, welche Schwierigkeiten *(welche, nicht ob!)* es dabei gegeben habe. Und betonen Sie, dass Stil und Rechtschreibung kein Thema seien, daran sei kein Gedanke zu verschwenden ...
In einigen therapeutischen Schulen ist das Aufschreiben aller Träume Hausaufgabe. Besonders bei Perfektionisten kann es dadurch zu Schlafstörungen kommen. Die Vereinbarung wäre dann

5. Hilfsmethoden, Spiele, Übungen und Materialien

allenfalls für die Nächte vor und nach einer Sitzung zu empfehlen.
– Eine empfehlenswerte, aber selten vereinbarte und noch seltener durchgeführte Hausaufgabe: Gedächtnisprotokolle der Sitzungen, ausdrücklich unter dem Aspekt »was war Ihnen wichtig?« und ohne Anspruch auf Exaktheit und Vollständigkeit (»Gerade Ihre Erinnerungslücken bzw. Fehlerinnerungen sind wichtig; die klären wir dann in der nächsten Sitzung!«). Zweck der Protokolle ist vor allem die Selbstkonfrontation des Patienten. Zudem wird durch die nochmalige und intensive Beschäftigung mit der Sitzung und durch die dabei ausgelösten Gefühle und sonstigen Assoziationen die Wirkung verstärkt, was die Therapie verkürzen und die Kosten verringern dürfte.

Sprechen Sie die Berichte jeweils zu Beginn der Sitzungen an: »Was ist Ihnen beim Schreiben deutlicher oder fraglich geworden, was haben Sie dabei erlebt, welche Schwierigkeiten hat es eventuell gegeben?« Zusätzliche Fragebogen, z. B. zu aufgetretenen Gefühlen, ausgelösten Träumen, zu Kindheitserinnerungen, Beziehungen zu aktuellen Konflikten usw. helfen, die Aufmerksamkeit des Patienten auf einen Fokus zu lenken. Besonders in Kurztherapien oder bei viel beschäftigten Patienten mag das Gedächtnisprotokoll (notfalls auch auf Tonband) durch einen Fragebogen ersetzt werden. Dieser fokussiert auch auf die Therapiefortschritte und macht sie damit selbstverstärkend. Allerdings ist Vorsicht geboten, der Fragebogen könnte auch von anderen wichtigen Aspekten ablenken. Zur Vorbereitung des Patienten auf die Sitzungen eignen sich Fragebogen wie Nr. 5 (siehe Seite 329).

Für schreibungewohnte Patienten ist ein skalierter Fragebogen vorzuziehen, auch mit Fragen, die sich der Patient vielleicht nicht von selbst stellen würde: »Wie gut haben Sie in der Sitzung Ihre Interessen vertreten/die Ihnen wichtigen Themen eingebracht/die Zeit genutzt/bei Missverständnissen protestiert bzw. nachgefragt/sich verstanden und akzeptiert gefühlt? Haben Sie sich auf die Sitzung gefreut, sie als belastend erlebt, sich in ihr gelangweilt?« Mit Fragen nach der Zufriedenheit des Patienten (»Sind Sie mit der Sitzung/der Therapie insgesamt/den gemachten Fortschritten zufrieden?«) verdeutlichen Sie seine Verantwortung, eventuelle Unzufriedenheit rechtzeitig und nicht erst als »verspätete Reklamation« zum Thema zu machen. Allerdings sollten Sie sich solche Fragen

5.1 Hilfsmethoden in der Einzeltherapie

nur zumuten, wenn Sie auf Kritik nicht verärgert und mit »Strafmaßnahmen« reagieren. Übrigens braucht ein »Verriss« nichts mit Ihrer Person oder Ihrer Arbeit zu tun zu haben, und die Therapie kann trotz geäußerter Unzufriedenheit durchaus erfolgreich sein. Bei *anhaltender* Unzufriedenheit allerdings wäre zu fragen, ob der Patient zu einem anderen Therapeuten wechseln möchte bzw. »sollte«. Will er bei Ihnen weitermachen, so brauchen Sie sich um die »schlechten Noten« nicht zu grämen, sollten jedoch die Beziehung zum Thema machen.

Auch »Therapietagebücher« intensivieren die Arbeit und können als Hausaufgaben vereinbart und jeweils zu Sitzungsbeginn angesprochen werden (»was gibt es zu [aus] Ihrem Tagebuch zu berichten?«). Ein solches Tagebuch sollte in einem Heft geführt werden, nicht auf losen Blättern, die zu leicht verloren gehen. Es kann unspezifisch alles enthalten, was dem Patienten bemerkenswert erscheint: Fortschritte und Schwierigkeiten, Sitzungsprotokolle, Träume, reaktivierte Freundschaften und Konflikte, Kindheitserinnerungen, abklingende Beschwerden (diese entgehen meist der Wahrnehmung, wenn sie nicht explizit angesprochen werden) usw. Oft ist es günstiger, genauer zu sein: »Bitte notieren Sie jeden Abend mindestens dreierlei, was Sie im Lauf des Tages gut gemacht (worüber Sie sich gefreut/woran Sie Spaß gehabt/was Sie sich gegönnt/was Sie Anerkennendes gehört/womit Sie andere erfreut) haben!« Damit lenken Sie die Aufmerksamkeit des Patienten auf positive Aspekte. Fragen Sie vorbereitend den Patienten, was er für den vergangenen Tag eintragen könnte, und weisen Sie ihn darauf hin, dass es gerade um die »kleine Münze« geht, dass es bereits »gut gemacht« bzw. »erfreulich« ist, auch nur im Vorbeigehen ein Lächeln ausgetauscht, sich an Blumen in einem Schaufenster oder an einem Wegrand gefreut oder sich über Ärgerliches eben gerade *nicht* geärgert zu haben.

Patienten, die zu Konflikten neigen, erhalten die Hausaufgabe, tägliche Aufzeichnungen darüber zu führen, was der (die) Konfliktpartner gut gemacht, dem Patienten an Freundlichkeit erwiesen, was der Patient ihm (ihnen) Freundliches erwiesen hat und mit welchen Konsequenzen. Wenn Sie Verhaltenstraining vereinbart haben, gibt es Anweisungen wie »Versuchen Sie, täglich (täglich mindestens dreimal) jemandem etwas Freundliches (Anerken-

5. Hilfsmethoden, Spiele, Übungen und Materialien

nendes) zu sagen (jemandem zuzulächeln)/eine Bitte zu äußern (eine Forderung zu stellen)/Nein zu sagen/einen Fremden anzusprechen/eine Arbeit aufzuschieben (für Rigide) bzw. eine lange aufgeschobene Arbeit in Angriff zu nehmen (für orale Charaktere)/etwas Neues auszuprobieren! Notieren Sie täglich die damit gemachten Erfahrungen! Lesen Sie am Wochenende/kurz vor der nächsten Sitzung die Eintragungen der Woche durch und notieren Sie die dabei auftretenden Einsichten und Gefühle!« Wieder beginnen dann die Sitzungen mit einer kurzen Besprechung der Resultate. Selbst wenn er keine »Erfolge« zu melden (keine Aufzeichnungen gemacht) hat, muss sich der Patient zumindest in Gedanken mit der Aufgabe beschäftigen. Die Ängste und Widerstände, mit denen er sich dabei vielleicht behindert, werden so deutlich und bearbeitbar.

Derartige »maßgeschneiderte« Hausaufgaben erfordern gute Vorbereitung, um den Patienten weder zu über- noch zu unterfordern (beides würde entmutigen). Fürchtet der Patient Schwierigkeiten, fragen Sie, wem gegenüber bzw. unter welchen Voraussetzungen ihm die Aufgabe leichter fiele. Dann lassen Sie ihn mit der leichteren Version anfangen. Sowie sich ausreichende Fortschritte zeigen, ist die Aufgabe unter Hinweis auf den erreichten Erfolg durch eine schwierigere zu ersetzen.

Sonderformen der »Tagebücher« – tägliche »Bilanzen« – empfehlen sich bei Symptomatiken wie Streit- oder Fresssucht, Jähzorn u. Ä. Die Hausaufgabe besteht in der täglichen detaillierten Buchführung darüber, wie oft der Patient sich stritt, worüber und mit wem; wofür er seine Zeit (sein Geld) aufwendete; was er im Detail (da zählt jeder Bissen »zwischendurch«!) gegessen und getrunken hat; wie viele Fress-, Wut- oder Migräneanfälle auftraten (»er sich leistete«) usw. Wieder ist die Bilanz regelmäßig durchzusehen, und die dabei aufgetretenen Gefühle und Einsichten sind zu notieren. Betonen Sie, dass der Patient zunächst keinesfalls versuchen solle, die derzeitige Zahl seiner Anfälle/den Nahrungs- oder Genussmittelkonsum zu verringern: »Offenbar brauchen Sie das noch, behalten Sie es also bitte noch bei!« Kaum etwas könnte ein größerer Anreiz sein, *doch* eine Verringerung anzuzielen. Bei täglichen Angst-, Depressions-, Fress- oder Herzanfällen können Sie dem Patienten auch sagen, Sie rechneten zunächst auch weiterhin

5.1 Hilfsmethoden in der Einzeltherapie

mit einem täglichen Anfall (mindestens ... Anfällen pro Woche). Die Versuchung, Ihre Prognose zu widerlegen, dürfte meist unwiderstehlich sein ...
Benutzen Sie diese hochmanipulativen »paradoxen« Interventionen jedoch nicht, wenn Sie damit in Widerspruch zu Ihrer »therapeutischen Ethik« geraten. Und decken Sie, wo immer möglich, in der Abschlusssitzung die verwendete Methode auf: »Gerade damit konnte ich Ihre Selbstheilungskräfte aktivieren!« Und generell Vorsicht mit paradoxen Interventionen bei Suizidalen!
In der Systemischen Therapie[85] werden auch »Verhaltensbeobachtungen« als Hausaufgaben vereinbart, etwa die tägliche Beobachtung, was der Patient und/oder seine Umgebung anders machten und was daraufhin anders war als sonst. Damit werden dem Patienten Verhaltensmöglichkeiten deutlich, die eine Verringerung seiner Beschwerden bewirken. Auch dabei empfiehlt sich oft die zusätzliche Verhaltensverschreibung, die Beschwerden zunächst noch beizubehalten, selbst wenn sich schon Möglichkeiten zu ihrem Abbau zeigten. Mit der Standardintervention der ersten Sitzung einer Kurztherapie[86] (der Aufgabe, bis zur nächsten Sitzung die Geschehnisse zu beobachten, von denen der Patient wünscht, dass sie sich möglichst oft ereignen) wird die Aufmerksamkeit ebenfalls auf Möglichkeiten gelenkt, sich das Leben erfreulicher einzurichten. Auch Symptomverschreibungen werden in der Systemischen Therapie (und nicht nur dort) als Hausaufgaben eingesetzt: Dem Patienten wird aufgetragen, sein sonst »spontan« produziertes Symptom (z. B. Erröten, Schweißausbrüche, Zittern, Übelkeit) bewusst kraft seiner Vorstellung herbeizuführen. Durch das so bewirkte Sei-Spontan-Paradoxon kann das Symptom nicht mehr spontan auftreten.
Eine andere Kategorie von Hausaufgaben bezieht sich auf den Umgang des Patienten mit seinem Körper. Sie können z. B. tägliche Eutonieübungen oder Ernährungsumstellungen o. a. vereinbaren. Der schriftliche Bericht über die damit gemachten Erfahrun-

---

[85] Thomas Weiss, Gabriele Haertel-Weiss, Familientherapie ohne Familie, München/Zürich 1995
[86] Thomas Weiss, Gabriele Haertel-Weiss, l. c., S. 144

gen vertieft wieder die Wirkungen. Nicht zuletzt wird so (wie bei allen schriftlichen Berichten zu den Hausaufgaben) ein »leichter Druck« auf den Patienten ausgeübt – denn erfahrungsgemäß klingt das Engagement ab, wenn die Beschwerden zurückgehen, und gerade dann wird die Stabilisation der neuen Denk- und Verhaltensmuster besonders wichtig. Die regelmäßige Besprechung der Hausaufgaben ist also nicht zu vernachlässigen.

5.2 Übungen und Hausaufgaben für die Partnerberatung

Besonders im Anfangsstadium der Eheberatung empfehlen sich strukturierte Übungen. Mit ihnen sind bestimmte Gegebenheiten bewusst zu machen, neue Erfahrungen zu ermöglichen, Verhaltensalternativen zu erproben und neues Verhalten zu trainieren. Auch zu eventuell vereinbarten »Hausaufgaben« können Übungen zur Vor- und Nachbereitung nötig sein.

5.2.1 Empathie-Übungen

Die Empathie-Übungen verbessern das gegenseitige Verständnis und damit die Chancen für Kompromisse, und sie machen gegenseitige Fehlwahrnehmungen und Fehlinterpretationen deutlich. Einfache schriftliche Satzergänzungen, z. B. zu »Ich glaube, mein Partner freut sich (macht sich Sorgen), wenn (weil) ...«/»... hofft ...«/»... würde gern ...«, werden in der Sitzung notiert, vorgelesen und aufgearbeitet und sind wenig zeitaufwändig. Die Erweiterung »Ich glaube, mein Partner denkt, ich freue mich (mache mir Sorgen) ...« erfordert mehr Zeit, lohnt aber meist. Fast alle schriftlichen Übungen lassen sich durch eine entsprechende Empathie-Übung erweitern, z. B. »Ich könnte leichter mit dir leben, wenn *ich* ...« (*ich*, nicht *du*!) durch »Ich glaube, du könntest leichter mit mir leben, wenn *ich* ...« Bei Zeitknappheit beginnen Sie mit der Aufarbeitung der Empathie-Übung, die ja die Grundübung enthält.

5.2 Übungen und Hausaufgaben für die Partnerberatung

Wie bei allen schriftlichen Übungen sollte nichts aufgeschrieben werden, wenn es Bedenken oder Ängste auslöst. Gerade dann ist jedoch eine klare Formulierung wenigstens in Gedanken nötig. Zudem sollte der Klient sich klarmachen, welche Konsequenzen schriftlicher Festlegung er befürchtet. Die Klienten behalten ihre Zettel als Ergänzung ihrer Gedächtnisprotokolle, die bei Partner-Beratungen besonders zu empfehlen sind. Die Aufarbeitung beginnt mit der Frage nach den Gedanken und Gefühlen der Klienten, momentan sowie beim Nachdenken und Aufschreiben. Dann liest einer der Klienten seine Aufzeichnungen vor, und der Partner erklärt, wie weit sie seinen Vorstellungen entsprechen. Die sachlichen Aspekte werden erst bearbeitet, nachdem beide Klienten sich so geäußert haben.

Hierbei kann das Dilemma der Triade auftreten, dass ein für einen Partner dringliches Thema in Konflikt gerät mit dem ebenso dringlichen oder noch dringlicheren des anderen. Wollen die Klienten über die Priorität entscheiden, kann es zu Streit (Themenwechsel »wer setzt sich jetzt durch«?) kommen. Treffen Sie die Entscheidung notfalls selbst, und sei es durch Auslosen, und sorgen Sie dafür, dass das zurückgestellte Thema nicht in Vergessenheit gerät (Notiz an der Wandtafel!).

Auch Tarot-Karten sind für Empathiearbeit verwendbar: »Suchen Sie (aus den Hofkarten) die Karte heraus, die Sie am meisten an Ihren Partner erinnert/die am besten ›zu Ihrem Partner passen würde‹/die der Partner selbst für sich aussuchen würde.« Fragen Sie eventuell auch nach den Auswahlkriterien.

Zu den Empathie-Übungen im weiteren Sinn gehören auch der Rollentausch der Partner sowie der Einsatz eines Partners als Hilfs-Ich des anderen, sofern er dafür bereits genügend Einfühlung aufbringt. Pflegt z. B. einer der Klienten mit den Schwiegereltern oder einem der Kinder zu streiten, so kann er diesen Streit (möglichst unter Videorekorder-/Tonband-Mitschnitt) mit den Klötzchen als »Darstellern« durchspielen. An entsprechenden Stellen unterbrechen Sie und rufen den Partner als Hilfs-Ich auf. Er äußert die unausgesprochenen Gedanken und Gefühle des anderen, wie er sie vermutet. Anschließend werden sie vom Protagonisten bestätigt bzw. präzisiert oder korrigiert. Manchmal müssen Sie als Hilfs-Ich hinter Deckempfindungen wie Zorn oder Wut

5. Hilfsmethoden, Spiele, Übungen und Materialien

behutsam die verdrängten eigentlichen Gefühle (z. B. Angst, Trauer oder Scham) aufdecken. Schließlich kann der Protagonist selbst als Hilfs-Ich seiner Streitpartner eingesetzt werden.
Nicht ganz ohne Risiko ist die Bearbeitung eines Streits zwischen den Partnern mit Rollentausch bzw. mit gegenseitigem Einsatz als Hilfs-Ich. Fast immer erinnern beide das Geschehen sehr unterschiedlich, und es kann zu einem eskalierenden Streit über den »tatsächlichen Verlauf« kommen. Lassen Sie die Versionen beider Partner, möglichst unter Bandaufnahme, durchspielen, und fragen Sie, warum die Partner wohl so unterschiedlich wahrnehmen und erinnern. U. a. vermeiden Sie damit, zum Schiedsrichter zwischen den Klienten zu werden. Zudem können Sie so charakteristische persönliche Wahrnehmungs- und Interpretationsmuster aufdecken. So machen Sie deutlich, dass differierende Darstellungen weder auf bewusster Entstellung noch auf Dummheit oder »Verblendung« zu beruhen brauchen und dass die Frage nach den »tatsächlichen« Geschehnissen meist müßig ist. Werden dann beide Versionen mit Hilfs-Ichs bearbeitet, klären sich viele der unterliegenden Fehlwahrnehmungen und -interpretationen, und das Ausmaß der Fehlkommunikation wird deutlich. – Keine Empathie-Übung, aber trotzdem lohnend, ist der anschließende Versuch, eine weniger destruktive Variante des Streits (gewissermaßen eine »verbesserte Neuauflage«) durchzuspielen.
Ähnlich der Kurzlebenslauf unter Rollentausch: Nachdem beide Partner den Lebenslauf (möglichst auf Band) gesprochen und ihre Gefühle dabei und beim Anhören des andern berichtet haben, können sie eventuelle Fehldarstellungen korrigieren. Die Übung ist meist zeitaufwändig, aber lohnend. Das so erhobene biographische Material ist allerdings nicht zuverlässig.
Als Empathie-Übung verwendbar ist auch eine Variante des ☞ *»Heißen Stuhls«* (siehe auch Seite 279): Der Partner gibt, als Hilfs-Ich hinter dem Protagonisten stehend, in der Ich-Form eine »Selbstdarstellung« des Protagonisten. Dieser soll zunächst nur zuhören, darf allerdings jederzeit die Übung abbrechen. In der Aufarbeitung wird zunächst nach seinen Gefühlen, dann nach denen des Partners gefragt. Dann erst sollte er Stellung nehmen, am besten beschränkt auf »das wusste ich schon«, »das war mir neu« und »dazu brauche ich nähere Erklärungen«. Bei Aussagen, die

5.2 Übungen und Hausaufgaben für die Partnerberatung

der Protagonist mit offensichtlicher Gereiztheit bzw. Gekränktheit zurückweist, steigen Sie ein: Hier wurde offenbar eine ihm unangenehme Wahrheit angesprochen. Anschließend sollte sich auch der Partner der Übung stellen (Zeitplanung!). Auch sonst kann während des triadischen Gesprächs immer wieder eine Kurzübung eingeblendet werden: »Wie mag sich Ihr Partner jetzt fühlen, was mag er denken? Wollen Sie ihn fragen? Wollten Sie solche Gedanken und Gefühle bei ihm auslösen?«. Schließlich kann auch der eine Sitzung abschließende Satz »mir war heute wichtig ...« zur Empathie-Übung werden: »Ich glaube, dir war heute wichtig ...« Ähnlich für die Eröffnung, mit der an die vorherige Sitzung angeknüpft wird: »Vom letzten Mal ist mir jetzt noch wichtig ...«, »Ich glaube, dir ist vom letzten Mal noch wichtig ...«

5.2.2 »Ich mag an dir .../Es würde mich freuen ...«

Die hier zusammengefassten Übungen können teilweise auch als Empathie-Übungen durchgeführt werden (»Ich glaube, du magst an mir ...«). Sie betreffen das Bild, das die Partner voneinander haben, wobei auf die positiven Aspekte fokussiert wird.
Satzergänzungen zu »mir gefällt an dir (ich mag an dir) ...« können in günstigen Fällen positive Seiten des Partners (wieder) bewusst machen. Schalten Sie sich allenfalls ein mit »mir gefällt an Ihrer Frau/Ihrem Mann ...« oder mit der Frage, was Freunden des Partners an ihm gefalle. So wird ein Gefühl gegenseitiger Akzeptanz bestärkt, ehe in der Fortsetzung »ich würde es begrüßen, wenn du ...« Wünsche nach Verhaltensänderungen des Partners thematisiert werden. Auf ihrer Grundlage werden »Verträge« erarbeitet: »Ich bemühe mich, in Zukunft ...; und du wirst dich bemühen, ...« (Achtung: ganz konkret und quantifizierbar, der Teufel steckt wie immer im Detail). Achten Sie dabei besonders auf positive Formulierung (»freundlicher zu sein« statt »weniger unfreundlich« usw.)! Wieder ersparen Sie dabei den Partnern, den ersten Schritt bei eventuellen Zugeständnissen zu tun, und eröffnen ihnen damit einen größeren Verhandlungsspielraum.

5. Hilfsmethoden, Spiele, Übungen und Materialien

Erwartungen und Wünsche an den Partner werden gerade in belasteten Ehen selten ausgesprochen und entsprechend selten erfüllt. Das »Spiel« heißt »errate und erfülle meine Wünsche (aber das wird dir nicht gelingen!)«, oft auf dem Hintergrund »wenn du mich liebtest, *wüsstest* du, was ich wünsche«, oft aus einer Trotzhaltung, wenn man seine »selbstverständlichen Ansprüche« (Geheimverträge!) nicht erfüllt findet. Daher empfiehlt sich im Anschluss an die obige Übung eine Auflistung kleinerer Aufmerksamkeiten, über die der Partner sich freuen würde. Beide sollen angeregt werden, einander auch ohne »konkrete Anlässe« Freude zu bereiten, um selbst mehr Freude dabei zu haben.

Ein wichtiger Teilaspekt ist die Frage, welche Freundlichkeit des Partners man in der letzten Zeit als »selbstverständlich« hingenommen und entsprechend wenig honoriert hat. Wie überhaupt pflegt man auf Freundlichkeit des Partners zu reagieren (»Ist ja sehr nett, dass du mir Blumen mitbringst – aber weißt du noch immer nicht, dass ich Tulpen nicht mag?/Jetzt, wo dich der Berater darauf hingewiesen hat, kochst du mein Leibgericht – selber hättest du drauf kommen müssen!«). Wie weit (und zu welchem Zweck?!) haben die Partner damit selbst eventuelle Freundlichkeiten des anderen verhindert?! Achten Sie darauf, dass es nicht zu Vorwürfen und Gegenvorwürfen kommt.

Als begleitende Hausaufgabe empfiehlt sich eine Version des »Tagebuchs«: Jeden Abend sind in dem Heft mindestens drei Freundlichkeiten zu notieren, die der Partner einem am selben Tag erwiesen hat, einschließlich der (sehr wichtigen!) Angabe, wie man sie ihm honorierte; und mindestens drei weitere, die man selbst dem Partner erwies, sowie eine Bilanz darüber, welche leicht zu erweisenden Freundlichkeiten man ihm vorenthielt und warum. Ein Fokus der Aufarbeitung dieser Hausaufgabe ist der Übergang aus der Haltung »*Kriege* ich meinen Anteil?« zu der »*Gebe* ich meinen Anteil?« (mit der Erfahrung, dass man – scheinbar paradoxerweise – seinen Anteil bekommt, wenn man darauf ausgerichtet ist, den fairen Anteil zu geben). Die zunehmende beiderseitige Zufriedenheit dürfte sich bald bemerkbar machen, nicht zuletzt, wenn die Strategie der gegenseitigen Freundlichkeiten sich auch auf die Sexualität erstreckt.

Bei sehr unzufriedenen Paaren allerdings führt die Satzergänzung

5.2 Übungen und Hausaufgaben für die Partnerberatung

»ich mag an dir ...« leicht in die Konfrontation. Den Partnern ist nichts Liebenswertes mehr aneinander bewusst, und die Frage, was ihnen denn früher aneinander gefallen habe (sonst hätten sie sich ja nicht zusammengetan), kann die gegenseitige Gereiztheit weiter steigern. Dann wäre wohl zu klären, ob die Partner sich lieber trennen möchten – aber oft gilt die Gereiztheit gar nicht dem Partner, sondern dem gegengeschlechtlichen Elternteil.

Auch kann die Erkenntnis, dass man nicht vom Partner getäuscht wurde, sondern sich mit seinem Wunschdenken selbst getäuscht hat, die Bereitschaft, sich für die Verbesserung der Beziehung zu engagieren, stärken.

Kommen im Lauf der Gespräche »Mängel« bzw. »Unarten« des Partners zur Sprache, so steht die Frage an, mit welchem Verhalten jeweils der eine Partner den anderen in diesen Mängeln bzw. diesen Unarten »fixiert«. Eine Rolle dabei spielen Fehlwahrnehmungen und -interpretationen als selbsterfüllende Prophezeiungen. Vor allem jedoch bauen sich Teufelskreise gegenseitiger Verhaltensmuster auf. Jeder der Partner erlebt das Verhalten des anderen als Rechtfertigung des eigenen Verhaltens, das er nicht ändert, da ja der andere »schuld ist« und daher »den ersten Schritt tun müsste«. So mag z. B. der Mann spät nach Hause kommen (vielleicht sogar angetrunken), weil die Frau ja doch nur herummotzt; die Frau motzt, weil der Mann spät, ungern und vergnatzt heimkommt. Beide leiden, sind aber nicht bereit, den ersten Schritt zu tun.

Lassen Sie mit den Klötzchen eine derart typische Szene (in unserem Beispiel die abendliche Heimkunft des Mannes) durchspielen und rufen Sie die Klienten gegenseitig als Hilfs-Ich auf: Was denkt und fühlt der Mann, ehe und während er die Tür aufschließt, was die Frau, die ihn an der Tür hört? Schalten Sie sich gegebenenfalls als Hilfs-Ich ein. Erreichen Sie dabei Bereitschaft zu gegenseitigem Verständnis, so können Sie Satzergänzungen anbieten: »Ich könnte mich auf mein (auf dein) Nachhausekonmen freuen, wenn ...« Damit ergibt sich wieder die Grundlage für gegenseitige »Verträge«, wenn die Partner tatsächlich an der Verbesserung ihrer Beziehung interessiert sind.

Ähnlich bei »außerehelichen Beziehungen«: Fragen Sie die Frau, was der Mann wohl bei der Freundin, den Mann, was die Frau bei

5. Hilfsmethoden, Spiele, Übungen und Materialien

ihrem Freund findet, was sie von bzw. bei seinem/ihrem »legitimen« Partner nicht bekommen. Diese Frage wird zwar von den Klienten selbst öfter gestellt, doch im Sinn eines Vorwurfs (aus dem »strafenden Eltern-Ich«), und nicht als Bitte um Information (aus dem »Erwachsenen-Ich«). Sie haben bereits zur Hälfte gewonnen, wenn Sie an Stelle gegenseitiger Gekränktheit Interesse an den Gründen des beiderseitigen Verhaltens wecken. Dann können Sie verdeutlichen, wie die Frau z. B. mit Krittelei und Nörgelei ihren Mann in die Arme einer Freundin getrieben hat, die ihn bewundert; oder dass der Mann mehr mit seinem Beruf als mit seiner Frau verheiratet ist, sodass sie die entbehrte Zuwendung schließlich bei einem Freund suchte. Bei gutem Willen sind dann auch Veränderungen im beiderseitigen Verhalten möglich.

Oft sind die Klienten jedoch nicht bereit, sich mit ihrem eigenen Anteil am Verhalten des anderen und an den gemeinsamen Problemen auseinander zu setzen. Sie beharren darauf, der andere müsse den ersten Schritt tun, und so scheinen sie an einer Verbesserung ihrer Beziehungen weniger interessiert als an einer Fortsetzung ihres Ehekrieges bzw. an einer Trennung. Unter Umständen können Sie herausarbeiten, wozu die Partner ihre problematische und unerfreuliche Ehe (ge-)brauchen: »Was müssten Sie tun/was dürften Sie nicht mehr tun, wenn Sie auf einmal keine Probleme mehr in Ihrer Ehe hätten?« Eheprobleme können z. B. als »Entschuldigung« für fehlenden Einsatz bzw. fehlende Erfolge dienen: »Wie kann ich denn – mit *den* Verhältnissen zu Hause?!« (eine Variante des Spiels »Holzbein«, siehe Seite 92) oder etwa zusammenhängen mit einem gegen die Eltern gerichteten Schuldscheinspiel. Hier bestehen noch Chancen für die Ehe, wenn es (meist in Einzelsitzungen) gelingt, den Bedarf an einem Alibi aufzuheben.

War aber die Partnerwahl von Anfang an ein Missgriff (auf Grund von Wunschdenken, Trotz o. Ä.), so würde selbst der bestmögliche Kompromiss nicht zufrieden stellen. Dann können Sie allenfalls noch ein halbwegs erträgliches Arrangement erreichen oder mit den Partnern auf eine möglichst faire Trennung hinarbeiten. Es wäre dann schon viel, wenn Sie durch entsprechende Einzelberatung bzw. Gruppen verhindern könnten, dass die Klienten sich mit neuen Partnern in eine »Neuauflage« ihrer Ehe (-problematik) stürzen.

5.2.3 Kommunikations- und Konfliktlösungs-Übungen

Kommunikationsschwierigkeiten sind zugleich Folge und Ursache von Beziehungsproblemen: Bei ohnehin gestörten Beziehungen besteht wenig Bereitschaft, sich dem Partner mitzuteilen oder ihm zuzuhören; je schlechter die Kommunikation, desto geringer werden die Chancen für gegenseitiges Verständnis und für Verständigung. Wenn die Klienten weder einander noch Ihnen zuhören, ist nur durch eine umgehende Verbesserung der Kommunikation Leerlauf in den Sitzungen zu vermeiden. Bieten Volkshochschulen/Familienbildungsstätten keine entsprechenden Seminare an, müssen Sie selbst für die Verbesserung der Kommunikation sorgen.

Grundübung jedes Kommunikationstrainings ist das »Aktive Zuhören« (siehe Seite 283 ff., dort auch Anleitung und Materialien und Hinweise für die Aufarbeitung). Nach einem ersten Durchgang mit neutralem Thema werden zunächst die ausgelösten Gefühle und Assoziationen abgerufen und wichtige aufgetretene Kommunikationsfehler in möglichst positiver Formulierung angesprochen: »Sie machen es Ihrem Gesprächspartner leichter, wenn Sie ...« Es folgen weitere Durchgänge mit zunehmend kontroversen und emotional belegten Themen, und eventuell ein »Kontrollierter Dialog« (siehe Seite 285). Themen, bei denen gehäuft Fehlkommunikation auftritt, sind zu weiterer Bearbeitung vorzumerken. Bei stark gestörtem Sprachverhalten ist ein Klient z. B. zu bitten, eine Weile auf Nebensätze zu verzichten, seine Hauptsätze mit »Ich« bzw. »Du« zu beginnen und mit einem Verb fortzufahren. Anschließend sind die davor und dabei bei ihm und seinem Partner aufgetretenen Gefühle und Assoziationen abzurufen.

Um die mitlaufenden nonverbalen Botschaften bewusst zu machen, benutzen Sie eine Variante des Aktiven Zuhörens, in der zunächst Sie die Äußerungen des Sprechers kommentieren gemäß »ich habe gesehen (gehört) ... und habe gedacht/gefühlt ...«. Weisen Sie dabei vor allem auf eventuelle Diskrepanzen zwischen verbaler und nonverbaler Botschaft hin (verbindlich ist die nonverbale Botschaft!). Der Kommentar »ich habe *gehört* ...« bezieht sich

5. Hilfsmethoden, Spiele, Übungen und Materialien

dabei auf die nicht-»verbalen« Anteile der Sprache: auf Tonfall, Stimmlage und Sprechtempo.
Geben Sie für einen weiteren Durchgang emotional hoch belegte Themen vor und lassen Sie die Klienten einander entsprechend kommentieren. Damit lernen sie, einander die im Gespräch ausgelösten Gedanken und Gefühle mitzuteilen. Je bewusster diese wahrgenommen und rückgemeldet werden, desto geringer wird die Gefahr von Fehlkommunikation und gegenseitiger Verstimmung. Nach dieser Vorübung meldet der Hörer dem Sprecher die durch seine Äußerungen ausgelösten Gedanken und Gefühle (»ich habe gehört/gesehen ... und denke/fühle/frage mich ...«). Und der Sprecher teilt mit, wie weit diese Reaktion seinen Absichten und Erwartungen entspricht, und/oder er versucht, adäquater auszudrücken, was er vermitteln wollte.
Fokussieren Sie bei dieser Übung vor allem auf die unterschiedlichen Reaktionen auf »Ich-« bzw. »Du-Botschaften« bzw. auf »Eltern-Ich-Botschaften« des Typs »man sollte .../man kann doch nicht ...« sowie schließlich auf »verkappte« Du-Botschaften (der formalen Ich-Botschaft sind durch Tonfall und Mimik [An-]Klage und Vorwurf unterlegt). Die Du-Botschaft stammt fast immer aus dem kritischen Eltern-Ich und evoziert damit beim andern das angepasste/trotzige Kind-Ich. Die redliche Ich-Botschaft transportiert Information über die eigene Befindlichkeit; sie stammt aus dem Erwachsenen-Ich und richtet sich an das Erwachsenen-Ich des Partners (vgl. Seite 89).
Video- (notfalls Tonband-)Aufnahme und Durcharbeiten mit Hilfs-Ichs verstärkt die Wirkung von Kommunikationsübungen beträchtlich, mitunter bis zu einem Durchbruch. Die Klienten lernen, ohne Vorwurf rückzumelden/rückzufragen, wenn sie sich durch eine Formulierung des Partners gekränkt, gereizt oder angegriffen fühlen.
Durch die Strategie »rückfragen statt einschnappen« wird auch die nicht-destruktive Behandlung von Konflikten[87] erleichtert, bei der es keine »Sieger« und »Unterlegene« gibt, sondern (sofern es überhaupt um ein verhandelbares Streitobjekt ging) zwei durch einen

---

[87] Siehe Thomas Gordon, Familienkonferenz, Hamburg [14]1994

5.2 Übungen und Hausaufgaben für die Partnerberatung

fairen Kompromiss zufrieden gestellte Partner. Der erste Schritt ist die Klärung der tatsächlichen Ziele der Konfliktpartner, die oft nicht bewusst sind. Die Partner können gegenseitig auf Überwältigung oder Bestrafung zielen, sie können einen Streit suchen als letzte ihnen verbliebene Form des Kontakts und der Kommunikation. Differenzen über konkrete Streitobjekte (die »Aufteilung eines Kuchens«, also die Bestimmung der auf jeden Partner entfallenden Anteile von Begehrenswertem bzw. von Lästigem) sind noch am einfachsten zu lösen.

Steigen Sie bei einem konkreten Konflikt ein, über den die Partner kürzlich in Streit gerieten bzw. der zur Klärung ansteht. Zunächst notiert jeder der Klienten, was er bei der Auseinandersetzung erreichen möchte (wollte), was er schlimmstenfalls zu verlieren fürchtet (fürchtete) und welche Zugeständnisse er ohne Grimm und Groll machen könnte (hätte machen können), sowie die von ihm vermuteten Ziele, Wünsche und Befürchtungen des Partners.

Wird ein bereits stattgefundener Streit bearbeitet, so ist als erstes zu notieren, was dem Partner und vom Partner (nach Meinung der Kontrahenten) mitgeteilt wurde. Dabei zeigt sich, dass weder die Wünsche noch die Befürchtungen klar ausgesprochen wurden bzw. werden (Video- oder Tonbandaufnahme!). Schließlich sind die tatsächlichen (die als »tatsächlich« erlebten!) »Ergebnisse« einschließlich der »Sekundärfolgen« aufzulisten – etwa lang anhaltende Verstimmung, mit der der »Sieger« seinen »Gewinn« meist weit überbezahlte. Die Übung kann beträchtliche Betroffenheit bewirken, die durch die Frage nach den ausgelösten Gefühlen und Gedanken noch verstärkt wird.

Eine »verbesserte Neuauflage« der Auseinandersetzung (möglichst mit Video-Aufnahme!) kann sich anschließen. Wie würden Partner sich verhalten, denen es weniger darum geht, sich durchzusetzen, Recht zu behalten, es »dem anderen zu zeigen«, sondern die auf Kompromisse und beiderseitige Zufriedenheit zielen? Fällt bei dieser »verbesserten Neuauflage« einer der Klienten gelegentlich aus der Rolle, schalten Sie sich ein als Hilfs-Ich oder mit der Frage »worauf zielt ›der‹ (›die‹)jetzt?«.

Kaum anders ist das Vorgehen bei einem zur Klärung anstehenden Konflikt. Jeder Partner notiert zunächst seine Ziele und Befürchtungen, die vermuteten Ziele und Befürchtungen des anderen so-

5. Hilfsmethoden, Spiele, Übungen und Materialien

wie seinen »Verhandlungsspielraum«. Oft erleichtert es die anschließenden Verhandlungen, wenn sie gewissermaßen stellvertretend mit den »Klötzchen« durchgespielt werden, denn die Partner sind emotional nicht so stark dabei betroffen, was es ihnen erleichtert, »im Erwachsenen-Ich zu bleiben«. Eröffnen sollte der Partner, der sich zurückgesetzt, benachteiligt oder gekränkt fühlt bzw. akute Befürchtungen hat. Er spricht seine Gefühle, Wünsche und Befürchtungen aus. Sie schalten sich ein, um (über Hilfs-Ich-Ansätze bzw. direkte Rückfragen) Fehlkommunikation aufzudecken, besonders wenn ein Klient Anschuldigungen äußert oder Trotzreaktionen zeigt (aus dem Erwachsenen- ins Eltern- oder Kind-Ich übergeht). Sie fragen bei Kompromissvorschlägen nach Details und Konsequenzen und weisen auf Wunschdenken hin, fragen nach den Gefühlen, wenn die Gefahr fauler Kompromisse besteht.

Liegt das Schwergewicht mehr auf der Kommunikation als auf der Kompromissfindung, wird die Verhandlung auf Band mitgeschnitten und nach einer Weile unterbrochen. Beide Kontrahenten notieren, was ihrer Meinung nach gesagt wurde. Dann erfolgt der Vergleich mit der Aufnahme. Fast immer finden sich Passagen, die etwa per Hilfs-Ich geklärt werden müssen. Das unvermutete Ausmaß der Fehlkommunikation löst bei beiden Partnern meist beträchtliche Betroffenheit aus und verbessert die Bereitschaft, zuzuhören und bei Bedarf rückzufragen. Auch die anschließende Fortsetzung der Verhandlung wird mitgeschnitten und zeigt meist schon bessere Kommunikation.

Erliegen Sie nicht der Versuchung, vorgeschlagene Kompromisse zu bewerten oder den Klienten Zufriedenheit bzw. Unzufriedenheit zu suggerieren, die sie Ihrer Meinung nach empfinden »sollten«! Es geht um die Gefühle und Wertsysteme der Klienten, nicht um Ihre eigenen! Sorgen Sie jedoch dafür, dass die getroffenen Vereinbarungen hinreichend ins Detail gehen und dass ein Zeitpunkt der »Wiedervorlage« (im Allgemeinen nach wenigen Wochen) vereinbart wird, zu dem die Klienten überprüfen, wie der ausgehandelte (schriftlich zu formulierende!) Kompromiss sich bewährt hat und welche Korrekturen nötig sind.

Konflikte vom »Ei-Küken-Typ« (»Du kannst nur das Ei *oder* das Küken haben!«) bieten keine Möglichkeit für Kompromisse. Im besten Fall sind über die Einbeziehung anderer Wünsche doch

5.2 Übungen und Hausaufgaben für die Partnerberatung

noch »Kompensationsgeschäfte« zu beiderseitiger Zufriedenheit möglich. Beim »echten« Ei-Küken-Konflikt (zum Glück ist er selten) *muss* jedoch einer der Beteiligten verzichten. Zudem mündet der »Ei-Küken-Konflikt« häufig in einen Machtkampf, bei dem es in erster Linie um Durchsetzung geht. Dann allerdings helfen selbst optimale Kompromissangebote nicht, *da das Ziel ja gerade in der Überwältigung liegt.*
Bei in Machtkampf verstrickten Klienten sind vor allem die unbewussten Hintergründe aufzuarbeiten. Der Wunsch nach Überwältigung des Partner-Gegners entspringt oft der Furcht, sonst selbst überwältigt zu werden. Fragen Sie auch nach vergleichbaren Konflikten in den Herkunftsfamilien der Partner (vgl. Napier und Whitaker[88]).

Und schließlich könnten Klienten »auf Verlust spielen«, ihre vertraute Rolle des »Ungeliebten« und »Verlassenen« wiederherzustellen suchen, indem sie den Partner solange bedrängen, bis er die Beziehung tatsächlich aufkündigt. In schweren Fällen ist (zumindest zeitweilige) Einzeltherapie angeraten. In leichteren können Sie zunächst mit Satzergänzungen »Wenn ich Zugeständnisse machte, würde mein Partner (würde ich) ...« die Befürchtungen und Vorurteile aufdecken. Mitunter hilft es auch, die jeweiligen »Kriegskosten« zu verdeutlichen, etwa mit einer »Zeittorte« (siehe Seite 86): »Wie viel unserer gemeinsamen Zeit/meiner gesamten Zeit verbringe ich täglich mit Streit, Groll und Gram; wie viel bleibt noch übrig für Erfreuliches?«
Und immer wieder: Nehmen Sie den Klienten den »schwarzen Peter« ab, sodass keiner von ihnen den ersten Schritt tun, die ersten Zugeständnisse anbieten muss – *Sie* machen den Vorschlag, Kompromisse zu suchen und Verhaltensalternativen zu erproben. Doch ist diese Strategie später aufzuarbeiten – die Klienten müssen lernen, Konflikte auf Dauer ohne Ihre Hilfe anzusprechen und zu bereinigen. Neigen die Partner zu faulen Kompromissen, da sie Schwierigkeiten haben, »Nein« zu sagen, können Übungen wie »Gib es mir!« oder »Gespräch suchen – Gespräch meiden« (siehe

---

[88] Augustus Y. Napier, Carl A. Whitaker, Die Bergers, Reinbek bei Hamburg 1982 (sehr lesenswert!)

5. Hilfsmethoden, Spiele, Übungen und Materialien

Seite 292) helfen (möglichst mit Video aufzunehmen und mit Hilfs-Ich-Ansätzen aufzuarbeiten!). So können die Ängste bewusst gemacht werden, mit denen sich der Klient beim Nein-Sagen behindert, also wieder ein Ansatz von »Einzeltherapie in der Partnerberatung«. Widerstehen Sie der Versuchung, den Klienten eine Lösung – *die Lösung* – vorzuschlagen oder eventuelle faule Kompromisse zu verhindern: Zentral geht es nicht um die optimale Lösung für das gerade anstehende Problem, sondern darum, die Klienten zu selbstständiger Kompromissfindung zu befähigen! Allerdings ist bei einer der nächsten Sitzungen zu fragen, wie der Kompromiss sich bewährt hat.

5.2.4 Körperbezogene Übungen

In der Paarberatung empfehlen sich körperbezogene bzw. nonverbale Übungen vor allem bei wenig oder unterschiedlich wortgewandten Partnern sowie bei starkem Hang zum Rationalisieren. Behutsamkeit ist geboten, wenn Klienten zu Unsensibilität und zu gewaltsamem Umgang mit sich selbst neigen. – Sollten sich nach einer Übung die Partner weinend in den Armen liegen, so ziehen Sie Ihre Aufmerksamkeit diskret zurück, vielleicht machen Sie inzwischen einen heißen Tee: Zerreden Sie nichts!

5.2.4.1 *Ritualisierte Kämpfe (Kreatives Kämpfen)*

Eine wichtige Gruppe nonverbaler Übungen sind ritualisierte Kämpfe, mit denen Dominanz- und Submissionstendenzen und Durchsetzungsstrategien erfahrbar gemacht werden. Sie dienen *nicht* dem Ausagieren gegenseitiger Aggression, sondern verdeutlichen Verhaltensweisen, und sie sind *nicht* als Hausaufgaben geeignet! Video-Mitschnitt ist günstig, macht allerdings die Aufarbeitung zeitaufwändig. Nach der Übung sind zunächst die freigesetzten Gefühle abzurufen, dann die aufgetauchten Assoziationen und Erinnerungen. Mit der Frage, was den Klienten am eigenen Verhalten wie an dem des Partners aufgefallen ist, wird zum Nachdenken über die Erfahrung aufgefordert. Dabei können Sie auch Ihre eigenen Eindrücke mitteilen. Das Videoband hilft zur

5.2 Übungen und Hausaufgaben für die Partnerberatung

Verdeutlichung. Wichtige Passagen werden mit Hilfs-Ich-Ansätzen bearbeitet.

Die mildeste Form der Kämpfe bietet die Übung »*parallele Hände*«, wobei »Überwältigung« nur durch die Submission des »Überwältigten« möglich ist. Damit wird der Anteil des »Unterlegenen« (»Opfers«) an seinem Unterliegen deutlich. In der Aufarbeitung sind die damit erreichten Gratifikationen anzusprechen.

Die Partner stehen sich zunächst mit auf Schulterhöhe erhobenen, einander zugekehrten Händen in etwa 1 m Abstand gegenüber, sodass eine kleine Bewegung vorwärts die Hände in Kontakt brächte. Bei den nun folgenden Bewegungen der Arme und des Körpers sollen die Hände (nicht notwendig im gleichen Abstand) parallel und gegenüber bleiben. Dabei kann sich das Paar auch durch den Raum bewegen. Die Führung bei den Bewegungen soll *(ohne verbale Verständigung)* zwischen den Partnern mehrfach wechseln. – Bei leise einsetzender rhythmischer Musik gewinnt die Bewegung mitunter »von selbst« mehr Gemeinsamkeit. Mit der Aufforderung, die Übung fortzusetzen, »als ginge es dabei um einen Preis für harmonisch ausgeglichenen Paar-Tanz«, nehmen Sie den schwarzen Peter der »Nachgiebigkeit« aus dem Spiel.

Manche Paare harmonisieren ihre Bewegungen auch dann nicht, bei anderen dagegen zeigt sich, dass sie durchaus noch zu Kooperation in der Lage sind. – Rufen Sie die ausgelösten Gefühle und Assoziationen ab, dann fragen Sie nach den entsprechenden Verhaltensweisen im Alltag und ihren Konsequenzen.

In einer *Variante* halten die Klienten gemeinsam einen nicht zu langen Stab, der »harmonisch bewegt« werden soll, möglichst bei geschlossenen Augen. Wieder ist nach einer Weile mit leiser Musik einzusetzen. Unter den körperbezogenen Übungen bietet diese das geringste Risiko emotionaler Durchbrüche.

Risikoarm ist auch die Übung »*Ausfall*« (siehe Seite 195). Zunächst üben Sie den Ausfall (noch ohne Schrei) erst mit dem einen, dann mit dem anderen Partner und rufen dann die dabei ausgelösten Emotionen und Assoziationen ab. Erst danach treten die Partner gegeneinander an. Videomitschnitt und anschließendes Abspielen und Aufarbeiten können nützlich sein.

Auch die *Kissenschlacht* ist wenig risikobehaftet. Die Partner schlagen mit größeren, stabilen (jedoch nicht zu schweren) Kis-

5. Hilfsmethoden, Spiele, Übungen und Materialien

sen aufeinander ein. Verletzungen sind kaum möglich, doch sind Durchbrüche nicht auszuschließen. Auch beim »*Wegdrücken*« aus dem Stand Rücken an Rücken besteht kaum physische Gefahr. Der Schwerere bzw. Stärkere kann zum Kräfteausgleich auf nur einem Bein stehen. Kräfteausgleich ist auch bei Wegdrücken »face to face« möglich: der schwächere (sich schwächer fühlende) Partner tritt mit beiden Händen gegen eine des stärkeren an. Bei dieser Variante kann es jedoch zu aggressiven Ausbrüchen bis hin zu ernstlichen Verletzungsabsichten kommen. (Erhöhtes Risiko von emotionalen Durchbrüchen!) Daher wird diese sehr intensive Übung besser in einer Gruppe durchgeführt, wo die Kampfpartner in schneller Folge wechseln und die Interaktionen unterbrochen werden können, ehe sie eskalieren.

Fühlt sich ein Partner vom anderen »eingeengt« oder gar »geklammert«, so kann man ihn durch den anderen in einer Nische oder Zimmerecke »einsperren« lassen. Er soll dann versuchen sich zu »befreien«. Im Videomitschnitt können Sie demonstrieren, wie weit seine Ausbruchsversuche ernsthaft, beharrlich und zweckmäßig waren. Ähnlich gegebenenfalls auch, wenn er in Bauch- oder Rückenlage auf dem Boden festgehalten oder im Stand von hinten umschlungen wird.

Mitunter müssen Sie im Rollentausch demonstrieren, wie Sie dem »Eingeengten«, der jetzt festhalten muss, entkommen. In der Aufarbeitung geht es um die Hintergründe seines Verhaltens – vielleicht einen Versuch, den »einengenden« Partner ins Unrecht zu setzen. Übrigens können Sie ähnlich demonstrieren, dass unter normalen Umständen (d. h. körperliche Gewalt ausgeschlossen) niemandem eine Last aufgelegt werden kann, der dies nicht zumindest duldet: Der »Belastete« soll Ihnen ein Kissen als »Last« auf den gebeugten Rücken legen. Sie richten sich auf oder treten beiseite, sodass das Kissen herabfällt.

Bei älteren Paaren sind körperliche Kämpfe nicht immer machbar bzw. empfehlenswert. Doch können Überwältigung und Submission auch bei gemeinschaftlichem Malen demonstriert werden. Bei ☞ »*Haus/Baum/Hund*« (siehe Seite 252) zeichnen die Partner ohne verbale Verständigung mit gemeinsam gehaltenem (!) Stift Haus, Baum und Hund. Dabei kann es zu deutlichen Machtkämpfen kommen. Gegenseitige Abgrenzungen zeigen sich eher beim »*ko-*

5.2 Übungen und Hausaufgaben für die Partnerberatung

operativen Malen« (siehe Seite 318). Fokus der Aufarbeitung ist der Umgang miteinander, besonders unter dem Aspekt »Kooperation und/oder Rivalität (Machtkampf)«. Therapiefortschritte drücken sich meist in veränderter Qualität der Zusammenarbeit und des entstehenden Bildes aus; die Übung kann zur Verdeutlichung von Fortschritten im Lauf einer Beratung mehrmals eingesetzt werden.

Auch die Übung *»Denkmal«* zielt in ähnliche Richtung: »Ihr Verein will Ihnen beiden ein Denkmal setzen und Sie sollen zeigen, wie Sie dargestellt werden möchten« bzw. »Stellen Sie bitte miteinander ein Modell (›Lebendes Bild‹) für eine Plastik ›Ehepaar‹ (›die Partner‹/›Partnerschaft‹) dar!« In der ersten Form liegt der Fokus auf der Beziehung zwischen den Klienten, in der zweiten auf ihrer Vorstellung von Partnerbeziehungen schlechthin. Wieder kann verbal oder nonverbal gearbeitet werden, möglichst mit Video-Aufnahme, ersatzweise zumindest mit Polaroidaufnahmen des »Denkmals«. Als »Stellvertreter« erst des einen, dann des anderen Klienten ermöglichen Sie es dem jeweils Vertretenen, die »Plastik« von allen Seiten zu betrachten, während der jeweils Verbliebene nachspürt, wie er sich in derselben Pose mit einem anderen Partner fühlt. Auch wenn Video-Aufnahmen gemacht wurden, sollte diese Phase nicht ausgelassen werden! In einer Variante (bzw. wenn die Partner sich nicht auf ein gemeinsames Modell einigen) konzipiert jeder Partner seine eigene Version, die er skizziert und dann mit dem anderen stellt. Anschließend ist herauszuarbeiten, wie die Klienten sich während der Übung fühlten, wie sie dabei mit sich und miteinander umgingen und ob diese Art des Umgangs ihren Wünschen entsprach, was in der erstellten Plastik bzw. in den erstellten Plastiken zum Ausdruck kommt und was schließlich die Darstellung des anderen ihnen bedeutet. Es können auch ihre Phantasien über die Äußerungen eventueller Betrachter des Denkmals abgerufen werden. Anschließend können Sie einen zweiten Durchgang für ein »verbessertes Modell« anbieten. Ähnlich kann das Paar einen 3-Minuten-Sketch »Ehe«, »Ehe-Krieg«, »die Partner« o. Ä. konzipieren und vor der Kamera spielen, wobei der Mitschnitt der gemeinsamen Vorbereitung (Dauer ca. 10 Minuten) mindestens so wichtig ist wie der des Sketchs.

5. Hilfsmethoden, Spiele, Übungen und Materialien

5.2.4.2 »Miteinander« – Eutonie und Shiatsu

Bereits beim »kooperativen Malen«, mitunter auch beim »Denkmal«, klingt das »Miteinander« an. Um das Miteinander geht es zentral bei den Partnerübungen der Eutonie (siehe Seite 187 ff.) und des Shiatsu[89]. – Eutonie wie Shiatsu eignen sich vor allem als Hausaufgaben. Sie erfordern aber eine sehr sorgsame Einweisung in der Sitzung und dürfen nur angesetzt werden, wenn die Partner sensibel und freundlich mit sich und miteinander umgehen. – In Frage kommen aus der Eutonie zunächst die »passiven Bewegungen«, später das Stützen, gegebenenfalls sogar das Auffangen (siehe Seite 190).

Sie demonstrieren die Übungen erst mit dem einen, dann mit dem anderen Partner. Dann können die Partner bei mehrfachem Rollentausch unter Ihrer Supervision miteinander arbeiten. Zeigen sich bei der gegenseitigen Berührung der Klienten Verspannungen, nicht aber bei Berührungen durch Sie, so ist es für die Übung noch zu früh. – Fragen Sie in der Aufarbeitung zunächst nach den körperlichen Veränderungen, dann nach den Gefühlen und Assoziationen und schließlich nach der Art des Umgangs mit sich selbst und miteinander (unter anderem: Wer hat sich oder den Partner beim Stützen überfordert?!). Sollte es Schwierigkeiten geben, lohnt oft die Frage, was die gemeinsame Arbeit akzeptabler machen könnte.

Ebenso sorgfältig ist Shiatsu vorzubereiten. Voraussetzung für Shiatsu ist, dass die Partner einander noch (oder wieder!) mögen und vertrauen und dass sie körperlich gesund sind. Weiter sollten nur die Griffe »für den ganzen Menschen« (siehe Metzner, l. c.) eingesetzt werden. Bei fehlendem Vertrauen zwischen den Partnern (wie es in der Vorbereitung deutlich werden könnte) ist von Partner-Shiatsu unbedingt abzuraten! (»Diese Übungen müssen wir offenbar noch etwas vertagen«.) Auch Hektik ist Shiatsu abträglich – dann schalten Sie besser Eutonie vor, bis die Klienten gelernt haben, »bei sich anzukommen« und »innere Achtsamkeit« zu erreichen.

---

[89] Z. B. Klaus Metzner, Shiatsu – heilsame Berührung, München [4]1994

5.2 Übungen und Hausaufgaben für die Partnerberatung

Andere Aspekte der Beziehung und des Umgangs miteinander verdeutlicht die Übung *Nähe-Distanz*: Die Klienten stehen einander zunächst in mehreren Metern Abstand gegenüber. Dann werden sie aufgefordert, in »innerer Achtsamkeit« (siehe Seite 198) aufeinander zuzugehen und schließlich einen Abstand einzustellen, der für beide zumindest akzeptabel, wenn nicht angenehm ist (ist bei unterschiedlichen Distanzbedürfnissen nicht immer möglich!). Mehrfache Wiederholung (mit Pausen zum Abruf der gemachten Erfahrungen), da die ersten Durchgänge regelhaft zu schnell durchgeführt werden. Abwechseln mit der Annäherung nur eines Partners, während der andere stehen bleibt. Mehrfacher Rollentausch und immer wieder Abruf der aufgetretenen Emotionen und Assoziationen (»Was haben Sie jetzt erlebt?/Was ist bei Ihnen passiert?/Haben Sie möglicherweise sich selbst oder einander überfordert/›vergewaltigt‹?«). Videomitschnitt kann nützlich sein, wird aber sehr leicht konfrontativ erlebt, besonders bei stark unterschiedlichen Distanzbedürfnissen, bei Überwältigungstendenzen oder bei ausgeprägtem Abwehrverhalten. Es könnte dabei deutlich werden, dass selbst der bestmögliche Kompromiss unbefriedigend bleibt und Trennung schließlich als die bessere Lösung erscheint. Es kann allerdings auch gezeigt werden, wie stark die »Fluchtdistanz« vom *Tempo* der Annäherung abhängt, sodass geduldige, achtsame und langsame Annäherung weit mehr Nähe akzeptabel macht.

5.2.5 Zeichnen und Konstellieren

Bei einer anderen Gruppe nonverbaler Übungen wird zunächst gezeichnet bzw. gemalt. Zeichnungen unterliegen weit weniger der »Zensur« als verbale Darstellungen und fördern daher viel unbewusstes Material zu Tage. Sie können dadurch allerdings auch leicht in die Konfrontation führen: Das bisher vielleicht verleugnete Ausmaß der gegenseitigen Entfremdung und Abkehr wird offenbar. Diese Einsicht (wenn sie Ihnen nicht verfrüht erscheint) kann so gezielt vermittelt werden, um die Bereitschaft zur eventuellen Trennung zu erhöhen.
Geeignete Themen der Zeichnungen sind z. B. »mein Partner und ich«, »unsere Familie«, »meine Traumfamilie«, »unser Haus«,

»mein Partner und das andere Geschlecht«, »meine (unsere) Zukunft«. Die Klienten zeichnen, möglichst ohne dabei das Blatt des anderen zu sehen, die von ihnen erlebte, die gewünschte und die gefürchtete Konstellation. Ehe die Bilder betrachtet und besprochen werden, fragen Sie nach den Gefühlen und Assoziationen während des Zeichnens. Sind die Bilder sehr provokativ bzw. deprimierend, kommen sie besser ungezeigt »zu den Unterlagen«. Meist jedoch können sie gemeinsam betrachtet werden. Danach wird wieder zunächst nach den aufgetretenen Gefühlen und Assoziationen gefragt, dann danach, was die Bilder für die beiden Partner bedeuten. Oft lohnt es, Übereinstimmungen bzw. Gegensätzlichkeiten herauszuarbeiten. Bei den entsprechenden Zeichnungen ist auch zu fragen, was die Klienten tun bzw. unterlassen müssten, um eine dargestellte gewünschte Situation zu erreichen bzw. eine gefürchtete zu vermeiden.

Die Zeichnungen können als Vorlage für ein »Lebendes Bild« dienen, an dem (etwa per Hilfs-Ich) die zugehörigen »Schlüsselsätze« (»Dir werde ich es schon zeigen/Das kannst du mir nicht antun/Nicht mit mir/Ich wollte, ich wäre tot/Lass mich bloß in Ruhe« o. Ä.) herausgearbeitet und zum »Minispot« (siehe Seite 243) ergänzt werden. Wiederholung gegebenenfalls bis zum emotionalen Durchbruch oder bis – spontan oder von Ihnen angeregt – Änderungen in Gebärde, Tonfall und schließlich Text eintreten. Die Übung kann dramatisch verlaufen, und nicht selten müssen nach einem Durchbruch die Partner »aufgefangen« werden (Zeitplanung!). Weniger zeitaufwändig und dramatisch, aber auch weniger eindrucksvoll ist es, mit Hilfs-Ichs an den Zeichnungen anzusetzen.

5.2.6 Phantasiereisen

Auch die *»Phantasiereisen«* (siehe auch Seite 256 ff.), gegebenenfalls mit Zeichnung ihres Höhepunktes, Konstellation als »Lebende Bilder« und Übergang zum Psychodrama, können in der Partnerberatung eingesetzt werden. Soll dabei vor allem das Bild verdeutlicht werden, das die Klienten sich von ihrem Partner machen, so ist der Partner »Held« der Phantasiereise. Geht es mehr um die

5.2 Übungen und Hausaufgaben für die Partnerberatung

gegenseitige Beziehung, treten beide Partner in der Phantasiereise auf. Geeignete Vorgaben sind z. B.:

- Im Traum finden Sie sich und Ihren Partner in einer Gerichtsverhandlung – in was für einem Verfahren und in welchen Rollen? Wer bringt gegebenenfalls gegen wen welche Beschuldigung/Anklage vor? Wer sagt für oder gegen wen als Zeuge aus? Was geschieht? Wie geht die Geschichte aus?
- Im Traum finden Sie sich mit Ihrem Partner (sehen Sie Ihren Partner) auf einer Bühne. In was für einem Stück, in welcher Rolle und welchem Kostüm? Was geschieht?
- Im Traum finden Sie sich und Ihren Partner (sehen Sie Ihren Partner) vor einem großen Tor. Was mag dahinter sein? Wie kommen Sie (kommt er) durch das Tor, was findet sich dahinter, was geschieht? Wie geht die Geschichte weiter, wie endet sie?
- Im Traum haben Sie mit Ihrem Partner (hat Ihr Partner) den »weisen alten Mann im Gebirge« aufgesucht. Welche Gefahren waren auf dem Weg zu bestehen, wie haben Sie sich (hat Ihr Partner sich) dabei verhalten, wer kam vielleicht zu Hilfe? Sie dürfen dem alten Mann Fragen stellen, dürfen einen Wunsch äußern; er stellt Ihnen eine Aufgabe und gibt Ihnen einen Rat und/oder ein Geschenk. Was fragen, erbitten, hören und bekommen Sie (bekommt er)? Wie geht der Rückweg vor sich, wie endet die Geschichte?
- Sie finden sich im Traum mit Ihrem Partner in einem kleinen Boot auf dem Wasser: Was für ein Boot, was für ein Gewässer? Es kommt ein Gewitter mit Sturm auf. Was geschieht, was tun Sie, was tut Ihr Partner? Wie geht die Geschichte aus?
- Sie finden sich im Traum mit Ihrem Partner in einem Gefängnis, vielleicht in Geiselhaft. Es bietet sich Ihnen (Sie suchen) eine Gelegenheit zur Flucht, die nicht ungefährlich sein wird. Wie verhalten Sie sich, wie verhält sich Ihr Partner? Was geschieht? Wie geht die Geschichte weiter, wie endet sie?

Bieten Sie zunächst mit den entsprechenden Ausschmückungen die gesteuerte Meditation an und holen die Partner anschließend mit einem der üblichen Verfahren in die Realität zurück. Reicht die Zeit nicht zur ausführlichen Bearbeitung an Hand von Zeichnungen, notieren die Partner zunächst stichwortartig die imaginierten Erlebnisse, die anschließend besprochen werden. Bei ausreichender Zeit wird zunächst der »Höhepunkt« gezeichnet, danach das Geschehen in Stichworten notiert. Die Gefühle und Assoziationen während der Meditation, des Zeichnens und Schreibens werden abgerufen (Bandaufnahme empfehlenswert, da meist viel Material anfällt, das sehr schnell vergessen oder in der Erinnerung verfälscht werden kann!). Dann wird ein Bild nach dem anderen (weniger zeitaufwändig mit Klötzchen) konstelliert und mit Hilfs-Ich-Ansätzen (auch für dargestellte Nebenpersonen, Gegenstände und Tiere) bearbeitet. Einbeziehung der Vorgeschichte oder der weiteren Entwicklung erweitert das »Lebende Bild« zum Psychodrama. Bei Zeitknappheit wird dabei auf die für die Beziehung wesentlichen Aspekte beschränkt.

Mitunter muss mit Kurzformen gearbeitet werden, z. B.: »Sie finden sich im Traum mit Ihrem Partner bei einem Magier, der jedem von Ihnen einen Wunsch gewährt, dafür aber vom anderen ein Opfer verlangt. Was wünschen Sie für Ihren Partner und was sind Sie bereit dafür zu opfern?« Kurze schriftliche Notiz, Abruf der Gefühle und Assoziationen, Bericht der Phantasien und Aufarbeitung ihrer Bedeutung für die Beziehung der Partner – bei konzentrierter Arbeit ist das gerade noch im Rahmen einer normalen Sitzung zu schaffen.

5.2.7 Hausaufgaben für Paare

Auch in der Partnertherapie dienen Hausaufgaben (Allgemeines zu Hausaufgaben und ihrer Bearbeitung siehe Seite 202) der Vor- und Nachbereitung und damit der Intensivierung der Sitzungen, weiter der Überwindung eheschädigender Gewohnheiten, der Erkundung von Verhaltensalternativen und dem Training der Konfliktlösung, zunächst noch (in der Nachbereitung) unter Ihrer Supervision. Die Klienten engagieren sich bei der Durchführung umso mehr, je deutlicher das Ziel der Aufgabe ist und je mehr »Erfolgserlebnisse« dabei vermittelt werden. Die Aufgaben sind im Detail und positiv (!) zu formulieren. Besonders anfangs sind Übungen zu wählen, die zu einer möglichst raschen Zunahme der

5.2 Übungen und Hausaufgaben für die Partnerberatung

Zufriedenheit miteinander und mit dem eigenen Verhalten führen. Meist ist eine Aufarbeitung in der Sitzung nötig.

Die – möglichst schriftliche – Vor- und Nachbereitung der Sitzungen (zumindest auf Tonband oder per Fragebogen) sollte ständige Hausaufgabe sein. Dabei kann, besonders zu Anfang der Beratung, der Austausch der Protokolle zwischen den Partnern zu Streit führen. Fokussieren Sie allenfalls auf die unterschiedliche Wahrnehmung/Erinnerung und lassen Sie sich nicht auf »Gerichtssaal-Spiele« (»was passierte tatsächlich?«) ein. Im Protokoll bzw. zusätzlich zu beantworten sind z. B. einige der folgenden Fragen (von Mal zu Mal zu wechseln!):

- Welches war für Sie das wichtigste Ergebnis, welches die wichtigste Einsicht über Ihr eigenes Verhalten? Welche Verhaltensweisen Ihres Partners verstehen Sie jetzt besser? Was hat Sie gefreut, was geärgert, was hat eventuell Ängste (welche?) ausgelöst?
- Wie sind Sie in der Sitzung mit Ihrem Partner umgegangen? Haben Sie versucht, ihn anzuschwärzen, ins Unrecht zu setzen, zu überwältigen? Was hat Sie dazu bewogen? Womit haben Sie ihn bekümmert, verletzt, enttäuscht, schockiert, womit ihn erfreut?
- Welche Gefühle haben bei Ihnen und bei ihm in der Sitzung überwogen?
- Wie haben Sie Ihre eigenen Belange vertreten, womit haben Sie gegen Ihre eigentlichen Interessen gehandelt?
- Wie haben Sie die Zeit genutzt? Haben Sie sich und Ihrem Partner ausreichend Zeit gelassen; haben Sie Zeit vertan und womit?
- Wie weit haben Sie Ihre Befindlichkeit und Ihre Bedürfnisse wahrgenommen? Wie sind Sie mit sich selbst und miteinander umgegangen? Was haben Sie nicht ausgesprochen und warum? Wie hätten Sie sich sinnvoller verhalten?
- Welche »geheimen Ziele« haben Sie verfolgt? Welche Ihrer offenbaren Ziele haben Sie erreicht?

Stellen Sie bei fortgeschrittener Beratung auch Fragen als Empathieübung. Jeweils zu Sitzungsbeginn kann nach den Gefühlen beim Ausfüllen des Fragebogens bzw. beim Schreiben des Ge-

5. Hilfsmethoden, Spiele, Übungen und Materialien

dächtnisprotokolls gefragt werden. Mit der Frage nach dem »wichtigsten Ergebnis« (gegebenenfalls auch für den Partner) wird der Anschluss an die letzte Sitzung erleichtert.
Die Vorbereitung auf die nächste Sitzung erfolgt ähnlich wie die Nachbereitung. »Was wollen Sie in der kommenden Sitzung erreichen? Welche Erfahrungen, welche Probleme wollen Sie ansprechen? Was waren für Sie die wichtigsten Ergebnisse der ›Hausaufgaben‹? Was möchten Sie anders machen als in der letzten Sitzung?« Die (möglichst schriftliche) Vorbereitung sollte erst einen oder zwei Tage vor der Sitzung erfolgen, damit die bis dahin gewonnenen Ergebnisse noch berücksichtigt werden können. Ergänzende Fragen, z. B. »Worüber hat es Streit gegeben? Wie wäre er zu vermeiden gewesen? Welche Kompromisse haben Sie erreicht und wie sind Sie (ist Ihr Partner) damit zufrieden?« (Gegebenenfalls auch andere Fragen, entsprechend der Situation.)
Ebenfalls als Standard- bzw. Dauervereinbarung sollte das »Tagebuch« geführt werden: mindestens dreierlei, was der Partner an dem Tag gut gemacht, und mindestens drei Freundlichkeiten, die man vom Partner erfahren hat, einschließlich der eigenen Reaktion darauf (honoriert, gleichgültig angenommen, zurückgewiesen). Eventuelle andere Punkte sind nach Bedarf und Gelegenheit vorzuschlagen. Mit dieser Übung soll die Aufmerksamkeit der Klienten auf die positiven Aspekte des Partners gelenkt und dafür gesorgt werden, dass gegenseitige Freundlichkeiten wahrgenommen und honoriert werden. Durch entsprechende Vorbereitung in einer Sitzung ist sicherzustellen, dass den Klienten Entsprechendes einfällt und der Schuss nicht nach hinten losgeht, wenn die Partner nichts Positives mehr aneinander wahrnehmen *wollen*. Wenn in einer Sitzung die vorbereitende Frage »was hat Ihr Partner gestern gut gemacht, welche Freundlichkeiten hat er Ihnen erwiesen?« nur mürrische Feindseligkeit auslöst, könnte die Übung eher schaden als nützen – es sei denn, Sie wollten Bereitschaft zur Trennung wecken.
Als Dauervereinbarung sind mitunter auch Kommunikationsregeln vorzugeben, vor allem der Verzicht auf Du-Botschaften zugunsten von Ich-Botschaften sowie Rückfrage/Rückmeldung, wenn eine Äußerung des Partners als befremdlich, unfreundlich oder aggressiv erlebt wurde. Zu weiteren Vereinbarungen, beson-

5.2 Übungen und Hausaufgaben für die Partnerberatung

ders über »verbotene Themen« bei Streit (»... genau wie deine Mutter, die kann auch nie .../... vor drei Jahren hast du auch schon ...«) siehe u. a. Wahlroos[90]. Die Hausaufgabe besteht in der Einhaltung der Regeln und einem kurzen schriftlichen Bericht über die damit gemachten Erfahrungen, speziell über eventuell selteneren oder kürzeren bzw. weniger heftig verlaufenden Streit, sowie möglichst quantitative Angaben darüber, wie häufig durch Rückfragen Missverständnisse vermieden wurden.

Aus der Systemischen Therapie stammen Hausaufgaben, die mit Ritualen Häufigkeit, Dauer und Schwere von Streit vermindern können: »Probieren Sie bitte, was passiert, wenn Sie ..., und geben Sie einen kurzen schriftlichen Bericht!« Z. B. erhalten die Partner bei Streit abwechselnd 10 Minuten Redezeit, in der der andere wortlos zuhören muss – er darf erst sprechen, wenn diese 10 Minuten vorbei sind, auch wenn es dadurch lange Pausen geben sollte. Oder die Partner müssen während des Streits Rücken gegen Rücken oder in benachbarten Zimmern sitzen. Solche Rituale durchbrechen die üblichen »Muster« und erschweren damit das Streiten. Ebenfalls aus der Systemischen Therapie stammt eine »paradoxe« Hausaufgabe bei sexueller Verweigerung: Erlaubt wird jede Form der Zärtlichkeit bis auf den Koitus. So fallen unter anderem Versagensängste weg, und meist nimmt die Natur dann ihren natürlichen Verlauf ...

Anlass einer Hausaufgabe sind oft Beschwerden der Klienten, der Partner sage nie bitte oder danke, lasse immer alles herumliegen, sei immer unpünktlich u. Ä. Werden derartige Vorwürfe nicht ohnehin mit Gegenvorwürfen beantwortet, fragen Sie den Beschwerdeführer, womit *er* wohl seinen Partner nervt. Beschränken Sie sich auf einen, maximal zwei Punkte von jeder Seite und schlagen Sie vor, die Partner sollten täglich notieren, wie oft der andere doch danke gesagt oder seine Sachen weggeräumt hat, doch freundlich oder pünktlich war und wie es ihm honoriert wurde. Bei genauerem Hinsehen zeigt sich nämlich, dass meist tendenziöse Wahrnehmung »mitunter« oder »öfter« zu »meist« oder

---

[90] Sven Wahlroos, Familienglück kann jeder lernen, Frankfurt/Main 1980

5. Hilfsmethoden, Spiele, Übungen und Materialien

»immer« verzerrt hat[91] und dass positives Verhalten nicht beachtet und schon gar nicht honoriert wurde. Mitunter reagieren die Klienten auf diesen Vorschlag mit dem Einwand, dann werde sich der Partner allerdings bemühen, höflicher/pünktlicher/ordentlicher ... zu sein. Damit ist ein zentrales Thema angeschnitten: Ist es den Klienten wichtiger, den Partner ins Unrecht zu setzen, ihn auf seinen »Fehlern« zu fixieren, oder zu erfreulicherem Zusammenleben zu kommen? Fokus der Aufarbeitung in der Sitzung ist die Wahrnehmung und »Belohnung« (verhaltenstheoretisch »Verstärkung«) »erwünschten Verhaltens«.

Meist wird in der Aufarbeitung auch deutlich, wie sehr der Teufel im Detail steckt: Bei wie viel Verspätung fängt die Unpünktlichkeit, bei welchem Tonfall die »Unfreundlichkeit« an? Wie flüchtig darf ein Kuss sein, um als »Kuss« zu zählen? Hier zeigen sich die unterschiedlichen Maßstäbe (was dem einen viel erscheint, ist dem anderen zu wenig) und das unterschiedliche Maß, mit dem man sich selbst und andere misst: Was man sich selbst gestattet, verübelt man oft dem Partner ... So werden die späteren »Kompensationsgeschäfte« vorbereitet: Vereinbarungen zwischen den Klienten, einander »im Austausch« bestimmte Zugeständnisse zu machen. Oft handelt es sich dabei scheinbar um Trivialitäten, z. B. »Ich wasche noch in dieser Woche den Wagen und du machst die Steuererklärung«, »Du kommst mit zur Familie meines Bruders und ich lade dafür deine Mutter zum Mittagessen ein« bzw. »Wir bestimmen abwechselnd, was wir am Sonntag anfangen« – doch trivial oder nicht, hier liegt oft eine Quelle lang anhaltender Verärgerungen. Derartige Vereinbarungen, anfangs noch mit Ihrer Hilfe in den Sitzungen getroffen, werden später zu Hausaufgaben: die gegenseitigen Wünsche herauszufinden, Kompromisse zu erarbeiten und ihre Tragfähigkeit zu überprüfen.

☞ Zur Vorbereitung solcher Kompromisse dient auch eine Aufgabe, mit der »Geheimverträge« bewusst gemacht werden: *Ich hatte erwartet ...* « Die Klienten werden aufgefordert, sich in einer ruhi-

---

[91] »Immer« und »nie« sind typische Vokabeln des »Eltern-Ichs« und zeigen, dass hier Versuche einer Erziehung und/oder Bestrafung vorliegen.

5.2 Übungen und Hausaufgaben für die Partnerberatung

gen Stunde ihren Tagesablauf im Detail vorzustellen und sich darüber klar zu werden, welche Erwartungen sie an den Partner hatten, z. B. er werde als erster aufstehen, das Bad aufgeräumt hinterlassen, das Frühstück vorbereiten, beim Frühstück den Tagesablauf besprechen; und schließlich die Erwartungen (meist tabuiert, aber für die beiderseitige Zufriedenheit sehr wichtig) über Zahl, Art und Verlauf der sexuellen Kontakte. Es ist schriftlich und mit zwei Rubriken nebeneinander zu arbeiten: »Was habe ich erwartet?« und »Was hat wohl mein Partner von mir erwartet?« In der Aufarbeitung liegt der Fokus auf den vom Klienten nicht erfüllten Erwartungen seines Partners, seine eigenen sind ihm ohnehin bewusst. Zunächst jedoch sind in der Aufarbeitung die Gefühle und Einsichten beim Aufschreiben abzurufen. Anfangs werden die Klienten auch Ihre Hilfe beim Aushandeln von Kompromissen brauchen.

Die sexuellen Erwartungen und Wünsche werden wegen der Sexualtabus (»Scham«) oft nicht thematisiert; aber auch viele sonstige Problemfälle werden vor der Eheschließung/vor dem Bezug einer gemeinsamen Wohnung meist nicht angesprochen, weil ihre Wichtigkeit den Partnern noch nicht bewusst ist. Zu diesen vergessenen Bereichen gehören unter anderem:

- Familienplanung sowie die »strenge« bzw. »liberale« Erziehung der Kinder
- Aufteilung der Arbeiten (u. a. Haushalt, Einkauf, Gartenarbeit, Reparaturen, Behördengänge) und des Einkommens (z. B. auf Ernährung, Garderobe, »Repräsentation«, Rücklagen und Versicherungen, Reisen und Freizeit), auch »Taschengeld« der Partner und Verfügung über eventuelle Konten
- Außenkontakte nach Zahl, Art und Umfang (nicht zuletzt mit den Eltern/Schwiegereltern)
- angezielte Karrieren (Berufstätigkeit der Ehefrau? Hohes Einkommen und Prestige oder lieber geruhsame, bescheidenere Lebensführung?)
- Gestaltung der Freizeit
- Wohnung, Wohnort, Wohnumfeld (sehr wichtig: ein eigenes Zimmer für die Ehefrau?)

Die Klärung der beiderseitigen Wünsche bzw. Erwartungen, später dann auch die Kompromissfindung, sind (immer wieder unter

Ihrer Supervision) als Hausaufgaben geeignet. Stellen Sie präzise Fragen: »Was genau ist Ihnen daran wichtig?« und »Was genau daran stört Sie?«

Auch die folgenden Fragen eignen sich als Hausaufgabe mit späterer Bearbeitung in der Sitzung: »Was könnten Sie nicht mehr tun, was müssten Sie tun, wenn Sie (wieder) allein lebten?«, zweckmäßig wieder strukturiert nach Tages- und Jahresablauf und langfristigen Perspektiven (»Wie würde im Alter Ihr Leben als Alleinstehende[r] aussehen?«). Glauben Klienten, sie brauchten für eine erfolgreiche Beziehung lediglich den Partner zu wechseln, so ist nach den an den »Traumpartner« gerichteten Erwartungen zu fragen sowie danach, wie weit sie realistisch sind und welche Forderungen der »Traumpartner« seinerseits erheben könnte. Verdeutlichen Sie auch, dass bei Veränderungen des eigenen Verhaltens auch vom derzeitigen Partner die Wünsche zumindest teilweise erfüllt würden. Trachten Sie vor allem die Illusion des Klienten abzubauen, *irgendein* Partner könne ihm die Aufgabe der eigenen Veränderung, des eigenen »Erwachsenwerdens« abnehmen.

Für ein verbessertes Zusammenleben können weiter Hausaufgaben aus der Verhaltenstherapie helfen[92].

Nicht immer sind die Klienten geneigt, sich für die Wünsche ihres Partners zu interessieren. Hier kann eine paradoxe Intervention helfen: Die Partner sollten vorläufig ohnehin noch nichts an ihrem gegenseitigen Verhalten ändern, dazu sei es zu früh. Mitunter hilft auch eine Bemerkung, *falls* sie einmal nicht mehr vorrangig daran interessiert wären, einander zu bestrafen – ob sie überhaupt wüssten, womit sie, im Fall der Fälle, dem anderen eine Freude machen könnten? Das sollten sie doch einmal aufschreiben. Dabei mag der Hinweis hilfreich sein, dass Sie in erster Linie an Kleinigkeiten dächten: das Lieblingsgericht, die schon lange überfällige Reparatur im Haushalt, den für den Partner angestrichenen Zeitungsartikel oder die Frage, was unterwegs für den anderen zu besorgen sei. Thema der Aufarbeitung ist u. a., ob und wie klar man die eigenen Wünsche zu erkennen gibt oder ob gespielt wird »errate

---

92 Z. B. Herbert Fensterheim, Jean Baer, »Sag nicht Ja, wenn Du Nein sagen willst«, München 1979, Kap. V

5.2 Übungen und Hausaufgaben für die Partnerberatung

meine Wünsche – wenn du kannst!« Die Hausaufgabe kann darin bestehen, dem Partner täglich eine erfreuliche Überraschung zu bereiten.

Die Beschäftigung mit den Wünschen des Partners ist nur ein Aspekt des allgemeinen Interesses an ihm. Hausaufgabe kann sein, den Lebenslauf des Partners zu schreiben, mit dem Fokus auf den Ereignissen, die ihm wichtig und für seine Entwicklung bestimmend waren, und mit seinen Wünschen, Hoffnungen und Befürchtungen für die Zukunft. Was tut der Partner gern, was ungern und was genau daran ist ihm unangenehm? Welche seiner Fähigkeiten und Möglichkeiten lässt er brachliegen, und wie könnte ihm geholfen werden, sie zu entfalten und zu nutzen? Und was weiß der Partner über einen selbst?

So kann verdeutlicht werden, wie wenig die Partner übereinander wissen und wie viel Interessantes ihnen im Leben des andern unbekannt ist (sie einander vorenthalten haben). Wird damit die Kommunikation wieder belebt, so ist ein wichtiger Schritt gelungen. Vielleicht finden sich sogar gemeinsame Hobbys, die einen wesentlichen verbindenden Faktor bilden können, falls die Klienten daneben genügend eigenständige Interessen behalten. – In einer anderen Variante derartiger Übungen zeichnen die Klienten die »Zeittorte« (siehe Seite 86) des Partners. Wie teilt sich dessen Zeit auf – tatsächlich oder wenn es nach den eigenen Wünschen ginge? Bleibt ihm genügend Freiraum für seine Interessen und für die eigenen Freunde? Was könnte man selbst tun, damit der Partner mit seiner Zeiteinteilung zufriedener wäre? Bei grundsätzlich konfliktverdeckender Arbeit allerdings ist mit dieser Übung Vorsicht geboten: Sie kann bei einem Missverhältnis im Arbeitseinsatz der Partner leicht in eine unbeabsichtigte Konfrontation führen.

Hausaufgabe kann schließlich sein, bestimmte Literatur (s. u.) durchzuarbeiten und auf das eigene (!) Verhalten anzuwenden; etwa eine Strichliste darüber zu führen, wie oft man täglich aus dem trotzenden Kind-Ich bzw. dem strafenden Eltern-Ich (siehe Seite 89) handelt und redet (charakteristische Eltern-Ich-Redensarten sind z. B.: »Nie kannst du …/Immer musst du …/Du hast schon wieder …/Du solltest lieber …/Wenn du auch immer …« usw.). Um unerfreuliche gegenseitige Aufrechnungen zu vermei-

5. Hilfsmethoden, Spiele, Übungen und Materialien

den, ist eventuell beiden Partnern unterschiedliche Literatur vorzugeben. Infrage kommt u. a.:
- Sven Wahlroos, »Familienglück kann jeder lernen«, Fischer-Taschenbuch 3302
- Peter Partner, »Das endgültige Ehebuch«, Knaur Taschenbuch 7699
- Thomas Gordon, »Familienkonferenz«, Hamburg ^{14}1994
- Paul Watzlawick, »Anleitung zum Unglücklichsein«, München ^{40}1995
- Rüdiger Rogoll, »Nimm Dich, wie Du bist«, Herderbücherei 593
- Werner Rautenberg, Rüdiger Rogoll, »Werde, der Du werden kannst«, Herderbücherei 776
- Eric Berne, »Spiele der Erwachsenen«, Rowohlt-Taschenbuch 6735 (speziell Kapitel »Ehespiele«)
- A. Y. Napier, C. A. Whitaker, »Die Bergers«, Rowohlt-Taschenbuch 7652
- A. H. Chapman, »Die verräterischen Spiele der Kinder«, Ravensburg 1974

Weisen Sie die Partner sicherheitshalber darauf hin, dass sie in den Büchern nach Beispielen des *eigenen* (Fehl-)Verhaltens, nicht nach dem ihres Partners suchen sollten (»die Bücher als Spiegel und nicht als Brille benutzen«).

Falls eine Trennung ernstlich erwogen wird, empfiehlt sich
- Peter Partner, Den anderen verlieren – sich selbst finden, Knaur Taschenbuch 3824

Auch Unternehmungen mit den Kindern können »zur Hausaufgabe gemacht« (mit den Klienten vereinbart) werden. Manchmal muss das Interesse der Klienten erst auf die Kinder und ihre Nöte gerichtet werden, etwa durch die Bitte um genauere Beschreibung der Kinder und ihrer eventuellen Verhaltensauffälligkeiten (notfalls an Hand eines offenen Fragebogens mit Fragen z. B. nach den Beziehungen der Kinder untereinander, zu den Eltern, zu anderen Verwandten und zu Freunden; ihrer Neigung zu Krankheiten usw.). Auch gemeinsame Tätigkeiten der Klienten können vereinbart werden, z. B. die schon längst überfällige Renovierung eines Zimmers, das Aufräumen der Garage oder der Besuch bei Ver-

5.3 Hilfsmethoden, Übungen, Spiele, Materialien für Gruppen

wandten – Unternehmungen, die den Partnern schon lange auf der Seele liegen, Anlass zu Streit sind und nicht in Angriff genommen werden, weil beide sich mit dem Vorschlag oder der Zustimmung »etwas vergeben könnten« (wieder nehmen Sie dabei den Schwarzen Peter aus dem Spiel, was in der Aufarbeitung zu thematisieren ist).

Eine völlig andere Kategorie von Hausaufgaben bieten die verschiedenen körperbezogenen Partner-Übungen (Eutonie, Shiatsu, siehe Seite 187 ff., 224). Durch schriftliche Berichte ist sicherzustellen, dass die Klienten kompetent und freundlich mit sich und miteinander umgehen und gesteigertes Wohlbefinden erreichen. Dabei ist auch die gegenseitige Rückmeldung über die Wirkung der jeweiligen Berührungen wichtig als vorbereitendes Training der Rückmeldung beim Sex.

5.3 Hilfsmethoden, Übungen, Spiele und Materialien für Gruppen

Bei der Arbeit mit Gruppen hängt die gewählte Methode zunächst vom Arbeitsziel ab: z. B. Therapie, Supervision, Selbsterfahrung/Selbstentfaltung, Kommunikationstraining und andere. Weiter wird sie bestimmt von »äußeren Gegebenheiten« wie Teilnehmerzahl, verfügbarer Zeit, von der Verbalisierungsfähigkeit der Teilnehmer sowie ihrer Stabilität (Angsttoleranz, Gefahr von Gefühlsüberflutung und Dekompensation). – Das generelle Ziel »erhöhter Mündigkeit der Teilnehmer« mit den Hauptbereichen

- Korrektur illusionärer Vorstellungen, Wahrnehmungs- und Interpretationsweisen (Therapie/Subtherapie)
- Selbsterfahrung/Selbstentfaltung (Integration ungenutzter kreativer Persönlichkeitsanteile)
- »Verhaltenstraining« (speziell Verbesserung/Erwerb von »sozialen Kompetenzen« wie Kommunikations-, Konflikt- und Kompromissfähigkeit)

enthält Detail-Ziele wie den Abbau psychosomatischer Symptomatiken, die Korrektur neurotischer Lebensstrategien, die Aufarbeitung von Traumata, Verbesserung von Selbstakzeptanz und

5. Hilfsmethoden, Spiele, Übungen und Materialien

Akzeptanz anderer, den kompetenteren Umgang mit Gefühlen. Es erfordert die Vermittlung von Erkenntnissen/Einsichten, die Arbeit mit und an Gefühlen und das Verhaltenstraining in je wechselnden Anteilen.

Ihre *unbewussten* Ziele können Sie mit Ergänzungs»tests« verdeutlichen:
- ein guter Moderator sollte .../... würde auf keinen Fall ...
- Ich würde es mir als Versagen anrechnen, wenn ich in einer (dieser) Gruppe ...
- Ich bin zufrieden, wenn wenigstens ...
- Auf keinen Fall möchte ich ...

Zur Vermittlung von Einsichten und Erkenntnissen (rationale Ziele, »linke Hemisphäre«) eignen sich vor allem wortbezogene Methoden: Gespräch/Diskussion, Übungen per Fragebogen sowie Satzergänzungen. Emotionen werden freigesetzt bei Varianten des Rollenspiels, bei gewissen Meditationen wie dem katathymen Bilderleben, bei non-verbalen Übungen und vielen Übungen des Selbstbehauptungstrainings, aber auch bei verbalen Methoden wie »Wer bist du?«

5.3.1 Das Handwerkszeug I: Gespräch und Rollenspiel

Das Gespräch ist eines der wichtigsten und mitunter das einzige Arbeitsmittel der Gruppenarbeit. Die »gruppentypische« Gesprächsform, bei der jeder mit jedem kommunizieren kann, formale Gesprächsleitung unnötig ist und zumindest im Prinzip alle Teilnehmer im Lauf der Sitzung zu Wort kommen, setzt Teilnehmerzahlen unter etwa 20 voraus.

5.3.1.1 *Hilfsmethoden für Großgruppen*

In Großgruppen wird zumindest ein formaler »Gesprächsleiter« benötigt, oder der jeweils Sprechende gibt das Wort an einen von ihm gewählten Nächsten weiter. Das eine wie das andere erscheint als dürftiger Notbehelf. Das intimere Klima einer »normalen«

5.3 Hilfsmethoden, Übungen, Spiele, Materialien für Gruppen

Gruppendiskussion kann jedoch auch in »Großveranstaltungen« (etwa das Plenum in Seminaren mit mehreren parallel arbeitenden Gruppen) nach der Methode *»Fishbowl«* (»Goldfischglas«) angenähert werden:
Die »eigentliche« Diskussion findet in einem inneren Kreis von sieben bis zehn Mitgliedern statt. Meist entsendet jede Gruppe, auch die der Moderatoren, je einen oder zwei Teilnehmer in den Innenkreis. Dieser kann mit zwei »Extrastühlen« erweitert werden, die jeweils für eine Minute bzw. für einen kurzen Beitrag Interessenten aus dem Plenum zur Verfügung stehen.

Nach einigen Minuten Diskussion innerhalb des »delegierten« Innenkreises dürfen Teilnehmer aus dem Plenum jemanden (meist nur einen Teilnehmer ihrer eigenen Gruppe) aus dem Innenkreis ablösen. Der Abgelöste darf sich nicht weigern und darf seinen Nachfolger nicht wieder ablösen, wohl aber einen anderen Teilnehmer. So hat jeder Interessierte die Möglichkeit, sich zu beteiligen. Das Verfahren eignet sich z. B. für eine Zwischenbilanz zur Halbzeit, mit der auch eine neue Gruppenaufteilung erleichtert wird.

Entsprechender Ansatz auch in Veranstaltungen mit Teilnehmern unterschiedlicher Berufs-, Alters- oder sozialer Gruppen bzw. von Teilnehmern aus unterschiedlichen Wirtschaftsbereichen oder Unternehmen.

Zur Vorbereitung von *Fishbowl* sind in einem Großplenum gegebenenfalls einige Minuten **Bienenkorb** vorzuschalten: Die Teilnehmer bilden im Auditorium, wie sie gerade sitzen, sich zueinander umwendend kleine Nachbarschaftsgrüppchen von 3 bis 5 Teilnehmern. Moderatoren leisten Hilfe, wo Teilnehmer keinen Anschluss an eine Gruppe finden. Die Grüppchen diskutieren (möglichst leise!) ein (am besten schriftlich an der Tafel) vorgegebenes Thema, etwa zu kontroversen Fragen. Zur Halbzeit können durch Umwendung zu anderen Teilnehmern neue Grüppchen gebildet werden. Gegebenenfalls benennen die Grüppchen Sprecher, die ihre Resultate dem Plenum vortragen oder in einem Fishbowl-Innenkreis diskutieren. Oder die Grüppchen formulieren schriftlich Thesen, die als Wandzeitung ausgehängt und von den Moderatoren vorgelesen werden. Oder die Teilnehmer kommen nach vorn und lesen sie selbst, wobei sich meist spontan neue Diskussionsgruppen bilden. – Für die Bienenkorb-Diskussion Zeit kurz bemessen und gegebenenfalls verlängern! Mit Bienenkorb kann auch nach Vorträgen die Diskussion mit dem Vortragenden bzw. dem »Podium« angeregt werden, die sonst mitunter nur sehr unlustig, wenn überhaupt, anläuft.

5.3.1.2 Das Gespräch und seine Strukturierung

Das Gespräch erhält seine Struktur durch vorgegebene Themen, in geringerem Maß auch durch explizite Kommunikationsregeln. Bewährt haben sich einige auf Ruth Cohn zurückgehende Regeln, die zugleich die Rollen von Moderatoren und Teilnehmern vorgeben:

- »Jeder Teilnehmer entscheidet selbst, wann, worüber und wie lange er redet, wobei er seine eigenen Wünsche/Bedürfnisse wie die der anderen Mitglieder berücksichtigen muss« (»Sei dein eigener chairman«; 1. Cohn'sche Regel).
- »Störungen haben Vorrang vor der Sachdiskussion und sind entsprechend vorrangig zu äußern« (durch Störungen abgelenkte Mitglieder können am Gespräch allenfalls halbherzig teilnehmen).
- »Formulierungen per ›man‹ oder ›wir‹ sind zu vermeiden und Aussagen nicht als Fragen zu kodieren; Fragen sind durch die dahinter stehende Aussage (»Ich frage das, weil/damit ...«) zu ergänzen« (ermöglicht präzisere Antworten und mindert die Asymmetrie zwischen Fragendem und Befragtem).

Mit der 1. Cohn'schen Regel stehen die Teilnehmer selbst in der Verantwortung für Gesprächsverlauf und Gruppengeschehen. Mitunter muss auch in kleineren Gruppen zeitweilig die Redezeit bzw. die Länge der Sätze (etwa nur Haupt- und *ein* Nebensatz) begrenzt werden, oder es werden lediglich Wahrnehmungen, jedoch keine Vorstellungen und Gefühle (bzw. Wahrnehmungen und Gefühle, aber keine Interpretationen und Wertungen) als Inhalt zugelassen.

Besonders wichtig ist die Regel »Nur ein Satz« (seltener »maximal drei Sätze«) beim »*Blitzlicht*«. Mit diesem wird ein rascher Überblick über die momentane Befindlichkeit/die Wünsche der

5.3 Hilfsmethoden, Übungen, Spiele, Materialien für Gruppen

Teilnehmer bzw. ein Meinungsbild erhoben (und so eine Entscheidung vorbereitet) oder die Gruppe auf ein Thema eingestimmt. Mit einem Freiwilligen oder dem linken Nachbarn des Moderators beginnend äußert reihum jeder Teilnehmer einen Satz zur vorgegebenen Frage (z. B. »Was fällt Ihnen zu diesem Thema ein?«/»Was ist von der letzten Sitzung erinnerlich?«). Als letzter äußert sich der Moderator. Rückfragen (außer zum rein *akustischen* Verständnis) oder Kommentare sind nicht zulässig. Dazu kann nach Schluss der Runde Gelegenheit geboten werden. Ein Kissen o. Ä., das dabei vom jeweiligen Sprecher zum nächsten weitergegeben wird, zeigt, wer jeweils »am Wort« ist.

Beim *Brainstorming* zur Themenfindung gibt meist der Moderator ein Grobthema vor (z. B. »Was fällt Ihnen zum Thema unseres Seminars ein?«). Die Teilnehmer notieren sich während einiger Minuten ihre Assoziationen, ehe diese *unzensiert und unkommentiert* an der Wandtafel/Wandzeitung gesammelt und anschließend zu einem Thema/einer Themenfolge strukturiert werden (Vermeidung von Assoziationsketten durch die vorherige Notierung!). Der Hang einer Gruppe zu theoretischem und allgemeinem Gerede ist oft Folge zu allgemeiner bzw. zu theoretischer Themenvorgabe. Formulieren Sie präzise, konkret und realitätsnah und fokussieren Sie auf die positiven Aspekte: z. B. »Wie überwinde ich meine Prüfungsangst« statt »Prüfungsängste«. Es empfiehlt sich, das vereinbarte Thema an die Tafel zu schreiben und der Diskussion eine auf das Thema abgestimmte Übung vorzuschalten. Eine Bearbeitung in Kleingruppen vor der »Plenumsdiskussion« gestattet es auch den weniger Wortgewandten, sich zu äußern. Einen auf Erfahrung/emotio gerichteten Einstieg ins Gespräch bieten vorgeschaltete nonverbale Übungen wie Nähe/Distanz, Stütz- und Fall-Übung u. a., oder Bildmaterial (TAT-Tafeln, dramatische Zeitungsfotos), Videostreifen, eine Annonce, ein Gedicht usw. Mit einleitenden Fragen »Wie haben Sie es erlebt?/Welche Gefühle hat das ausgelöst?« bzw. »Was ist Ihnen aufgefallen?/Was hat Sie überrascht?« steuern Sie die Diskussion in Richtung emotio bzw. ratio. Theoretisch orientierte Themen bewirken meist auch eine »rationale«, wenn nicht sogar eine intellektualistische Diskussion ohne nennenswerte Betroffenheit und emotionale Beteiligung. – Im laufenden Gespräch (bei dem Sie sich möglichst zurückhalten sollten) thematisieren Sie ausgesparte Aspekte, machen unterschwellige Inhalte sichtbar, hinterfragen Positionen, bieten (mitunter und sehr sparsam) Deutungen an oder bringen Ihre eigenen Gefühle ein.

Sollen Träume, Kindheitserinnerungen oder reale Konflikte von Teilnehmern in der Diskussion bearbeitet werden, so kann der Bericht des Protagonisten beim Höhepunkt unterbrochen werden, worauf die Teilnehmer den weiteren Ablauf und den Schluss imaginieren und in Stichworten notieren. Wahlweise kann das Schwergewicht dann mehr auf den Aspekten des Protagonisten oder auf den von den Teilnehmern eingebrachten Varianten und ihrer Beziehung zum jeweiligen Lebensplan liegen.

5.3.1.3 Lebendes Bild und Rollenspiel

Die Darstellung von Träumen oder Erlebnissen im Rollenspiel oder zumindest im »Lebenden Bild« (einer Art Momentaufnahme des Höhepunkts) führt zu weit stärkerer emotionaler Beteiligung von Protagonist und Gruppe als der bloße Bericht. Das Lebende Bild gestattet vor allem die Verdeutlichung von Haltungen, Einstellungen und Gefühlen, das Rollenspiel die von Verhaltensweisen und Interaktionen. Die als Mitspieler und/oder Hilfs-Ichs eingesetzten Teilnehmer bringen eigene Problematiken in die Darstellung ein, was die Aufarbeitung aufwändig machen kann. Das Risiko emotionaler Durchbrüche macht Rollenspiel bei Psychotikern und Borderline-Patienten nicht unbedenklich. Im Verhaltenstraining ist Rollenspiel unverzichtbar.

Mitunter wird das Lebende Bild eingesetzt, um momentane Situationen in der Gruppe zu verdeutlichen. Es kann der in Kleingruppen aufgeteilten Gruppe auch als Übung angeboten werden, wobei Themen wie »Mann und Frau«, »Familienfoto«, »Gewalt«, »Arzt und Patient« o. Ä. darzustellen sind. Ähnlich auch als Vorbereitung der Diskussion entsprechender Themen. TAT- oder entsprechende Vorlagen oder die Höhepunkte erzähler Abläufe eignen sich ebenfalls zur Darstellung im Lebenden Bild.

Eventuelle Requisiten bleiben auf das Nötigste beschränkt. Besonders herausragende Figuren können doppelt besetzt werden. Für Szenen aus Traum, Kindheitserinnerung oder akutem Kon-

5.3 Hilfsmethoden, Übungen, Spiele, Materialien für Gruppen

flikt sucht in der Regel der Protagonist zunächst seine Darsteller einschließlich eines »Vertreters« für sich selbst aus (damit er das Bild auch »von außen« betrachten kann), führt sie zu ihren Positionen und »modelliert« sie in die richtigen Haltungen. Nicht auf einen Protagonisten bezogene Bilder werden meist in mehreren Durchgängen mit verschiedenen Teilnehmern dargestellt, wobei sich Video-Aufzeichnungen ebenso empfehlen wie bei eventuellen Variationen beim Bild eines Protagonisten.

Anschließend werden die Empfindungen von Protagonist und Darstellern, dann auch der »Zuschauer« abgerufen, was mitunter zu Veränderungen am Bild führt. »Hilfs-Ichs« (»freiwillige« oder vom Moderator aufgerufene) treten hinter die Darsteller und sprechen als deren Double die bei ihnen vermuteten Gedanken und Gefühle aus. Dabei vermischen sich Einfühlung und Projektionen. Es muss klar erkennbar sein, ob jeweils der Dargestellte oder der Darsteller »gedoubelt« wird. Mitunter fungiert auch der Protagonist als Hilfs-Ich jeder seiner Figuren (wichtig bei Traum- und Tagtraum-Darstellungen). Je genauer ein Hilfs-Ich die Körperhaltung des Gedoubelten kopiert, desto präziser wird seine Einfühlung und desto eindringlicher die Konfrontation des »Gespiegelten«, den mitunter die gesamte Gruppe, möglichst genau spiegelnd, im Kreis umgibt (kann einen Durchbruch auslösen!).

Die Eindringlichkeit eines Lebenden Bildes (oder einer solchen »Spiegel-Konfrontation«) wird gesteigert, wenn die Darsteller Position und Haltung in Kurztexte (*ein* Satz pro Darsteller) übersetzen und möglichst übersteigern: »Ich zeige dir die kalte Schulter/ Ich zerreiße mich/Ich sehe über dich hinweg/Ich möchte dir an die Kehle gehen/...« Mehrfache Wiederholung (»Schallplatte mit Sprung«) erhöht die Dramatik und kann schließlich die wahren Gefühle hinter den anfänglichen Deckempfindungen bewusst machen. Ergänzung der Haltung zur Geste erweitert das textunterlegte Lebende Bild zum »Minispot«, der bei mehrfacher Wiederholung emotionale Durchbrüche, auch bei »Zuschauern«, auslösen kann. Weitere Steigerung ist möglich durch Videoaufnahme und anschließende Bearbeitung mit Hilfs-Ichs. Herausnahme einzelner Figuren aus dem sonst unveränderten Lebenden Bild macht die Beziehungen zwischen den Figuren deutlicher.

5. Hilfsmethoden, Spiele, Übungen und Materialien

Über das Lebende Bild sind auch Kindheitserinnerungen zu reaktivieren. Meist ist zumindest noch die Sitzordnung am Esstisch erinnerlich (zumindest kann sie erschlossen werden). Mit der Zuordnung der Kurztexte durch den Protagonisten tauchen meist auch wieder Erinnerungen auf. Lebende Bilder mit Hilfs-Ichs ersparen oft die zeitaufwändigere Bearbeitung von Konflikten im Rollenspiel.

☞ Auch das »*Denkmal*« (siehe Seite 223) ist eine Variante des Lebenden Bildes. Hier werden vor allem die vielfältigen Assoziationen der verschiedenen Teilnehmer wirksam. Je nach Kontext bieten sich Themen wie: »Männer und Frauen/Meine Eltern und ich« und ähnliche an. Wichtig dabei ist der Rollentausch zwischen den Dargestellten. Je nach der verfügbaren Zeit stellen Freiwillige das Denkmal, das dann mit allen Teilnehmern als Hilfs-Ichs oder »Kommentatoren« (»Passanten/Museumsbesucher«, die ihre Meinung über die Skulptur austauschen) bearbeitet wird. Oder die Gruppe wird in Kleingruppen aufgeteilt, von denen jede ein eigenes »Denkmal« erstellt (möglichst Dokumentation mit Video- oder Polaroid-Kamera). Der Fokus der Aufarbeitung kann dabei auf dem »Produkt« (Denkmal) liegen oder auf dem Einigungsprozess, der dazu führte. Wird die Übung zum Training der Kompromissfähigkeit benutzt, so sind zweckmäßigerweise vor der Präsentation der »Produkte« Fragebogen zum Einigungsprozess (siehe Nr. 14, S. 338, Nr. 20, S. 345) auszufüllen.
Bei gutem Gruppenklima und stabilen Teilnehmern kann das Lebende Bild auch als Variante des »*Heißen Stuhls*« eingesetzt werden: Wünscht ein Teilnehmer Rückmeldung aus der Gruppe, so imaginieren und zeichnen die Mitglieder zunächst z. B. »das Denkmal, das man ihm setzen könnte«. Nacheinander werden anschließend die Zeichnungen konstelliert, wobei der Protagonist zunächst nicht kommentieren (allerdings die Übung jederzeit abbrechen) darf. Erst in der anschließenden Besprechung darf er zurückweisen, kommentieren, korrigieren; zudem sollten dabei die von den Mitgliedern eingebrachten Projektionen angesprochen werden. Die meist sehr intensive (und eher für Klausurseminare geeignete) Konfrontation sollte durch eine Übung wie »*Tragen und Wiegen*« oder »*Handkontakt*« abgeschlossen werden.

5.3 Hilfsmethoden, Übungen, Spiele, Materialien für Gruppen

Lebende Bilder eignen sich zur weiteren Bearbeitung von Zeichnungen – z. B. von Versionen der Mitglieder zu einem vom Protagonisten eingebrachten Thema. Damit ergeben sich Variationen bis hin zu »Gegendarstellungen«. Obgleich die Teilnehmer protestieren werden, sie »könnten nicht zeichnen«, erhalten Sie Zeichnungen, wenn Sie sie nur selbstverständlich fordern. Auch können die »Höhepunkte« einer gesteuerten Meditation gezeichnet werden (womit Sie eine sonst kaum zugängliche Menge an unbewusstem Material erhalten). Die Bilder eignen sich als Grundlage Protagonisten-zentrierter weiterer Arbeit.

Die »Familienaufstellungen« nach Hellinger[93] sind eine therapeutisch außerordentlich wirksame Sonderform des Lebenden Bildes. Der Protagonist konstelliert mit von ihm ausgewählten Darstellern aus der Gruppe seine Herkunfts- bzw. seine gegenwärtige Familie. Der Moderator verändert schrittweise die Konstellation (Abstände, Blickrichtung, Haltung), fügt gegebenenfalls ausgesparte Familienmitglieder ein und ruft immer wieder die Gefühle der Darsteller ab, bis ein »heilsames Lösungsbild« erreicht ist. Dabei wird vorausgesetzt, dass die Darsteller die echten Gefühle der *Dargestellten* erleben, ohne Verzerrungen durch die eigenen Projektionen. In Ermangelung einer Gruppe kann die Konstellation mit Schuhpaaren als »Repräsentanten« der dargestellten Familienmitglieder durchgeführt werden. Die Arbeit nach Hellinger erfordert eine außerordentliche geistige Disziplin. Ohne solide einschlägige Einweisung sollten Sie sich nicht daran versuchen!

Das Lebende Bild ist gewissermaßen Vorstufe des »Rollenspiels«, bei dem Teilnehmer aus dem Stegreif, mit oder ohne Vorgaben des Moderators oder eines Mitglieds, reale oder imaginierte Abläufe durchspielen. Dabei werden u. a. Hilfs-Ichs, Rollentausch/Rollenwechsel und »Abruf von Kommentaren« eingesetzt. Im Verhaltenstraining gestattet Rollenspiel »Probehandeln unter verringertem Risiko« und die Einübung von Verhaltensweisen. Auch Konflikte zwischen Teilnehmern können mit verringerter Brisanz und

---

[93] Bert Hellinger, Ordnungen der Liebe, Heidelberg ⁵1998; Bert Hellinger, Familienstellen mit Kranken, Heidelberg ³1998; siehe auch Gunthard Weber, (Hrsg.), Zweierlei Glück, Heidelberg ¹¹1998

5. Hilfsmethoden, Spiele, Übungen und Materialien

damit Belastung für Kontrahenten und Gruppe durchgespielt werden. Wird das Rollenspiel als tragendes Element in Selbsterfahrungs- oder Therapiegruppen benutzt, sollte man es mit gelegentlichen nonverbalen und körperbezogenen Übungen kombinieren. Die Themen, sofern nicht durch ein Rahmenthema festgelegt, werden vom Moderator oder von einem Protagonisten vorgegeben. Die Inhalte variieren von ziemlich banalen Abläufen beim Selbstbehauptungstraining (z. B. Zurückweisen/Durchsetzen einer Forderung oder Bitte[94]) bis zu emotional hochbesetzten Träumen oder traumatischen Erlebnissen in therapeutischer Arbeit. Meist sind mehrere Durchgänge mit unterschiedlichen Mitspielern und/oder Varianten des Ablaufs anzubieten.
Anschließende verbale Aufarbeitung empfiehlt sich fast immer. Zunächst erhalten Protagonist und Darsteller Gelegenheit, die aufgetretenen Assoziationen und gewonnenen Einsichten mitzuteilen und sich so zu entlasten. Die Darsteller, dann auch die anderen Teilnehmer werden gefragt, an welche eigenen Probleme sie erinnert wurden. Verdrängte/verleugnete Aspekte thematisiert der Moderator. Schließlich Frage »an alle«, was sie »erlebt und erfahren« haben, was es für sie bedeutet und wer eine alternative Darstellung oder Interpretation versuchen wolle.
Mitunter entwickelt sich Rollenspiel spontan aus dem Gruppengeschehen, aus einem Bericht über einen Traum oder eine Erinnerung oder bei der Bearbeitung eines Lebenden Bildes. Vermeiden Sie bei spielungewohnten Gruppen die (für manchen beängstigende) Vokabel »Rollenspiel«, führen Sie die Technik etwa über eine vorgeschaltete Runde »Familie Lehmann« ein. Widerstände (auch bei spielgewohnten Gruppen mitunter bei bestimmten Themen) können Sie meist überwinden, indem Sie als Hilfs-Ich der Teilnehmer deren Ängste aussprechen und so zur Diskussion stellen.
Protagonisten-zentrierte Arbeit kann auch an den nach gesteuerter Meditation angefertigten Zeichnungen oder an durch TAT- oder ähnliche Vorlagen ausgelösten Phantasien ansetzen. Oft gibt dabei der Protagonist das detaillierte »Skript« vor, führt Regie und fungiert als Hilfs-Ich aller Darsteller (auch von Tieren und Gegen-

---

[94] Vgl. Manuel J. Smith, Sag Nein ohne Skrupel, Landsberg/Lech [5]1995

5.3 Hilfsmethoden, Übungen, Spiele, Materialien für Gruppen

ständen). In einem zweiten Durchgang äußern sich die Mitspieler als ihr eigenes Hilfs-Ich wie als das des Dargestellten und bieten schließlich eigene Varianten an, zu denen sich dann wieder der Protagonist äußert. Oder er entwickelt seinerseits Varianten, die »sinnvoller wären« (z. B. bei einem Konflikt zu Kompromiss statt zu Streit führten) oder die (bei Entschärfung traumatischer Erinnerungen) »seinen Wünschen entsprächen« (»verbesserte Neuauflage«).

Bei einem anderen Ansatz gibt der Protagonist anfangs nur einen relativ kurzen Bericht. Nach diesem gestalten die Darsteller das Spiel in eigenem Ermessen und erproben verschiedene Varianten (Übergang von protagonisten- zu gruppenzentrierten Ansätzen). Fragen »an alle« wie »Wem sind ähnliche Situationen/Verhaltensweisen/Konflikte vertraut? Wie laufen/liefen ähnliche Ereignisse bei Ihnen ab?« verbessern die Identifikation der Teilnehmer mit dem Protagonisten und gestatten einen fließenden Wechsel des Protagonisten. Dazu eignen sich auch verschiedene »Kommentar-Techniken« (vgl. Ploeger[95]): So drückt z. B. beim »imaginierten Tagebuch« der Kommentierende seine Gefühle und Assoziationen anlässlich des eben abgelaufenen Spiels aus, als spräche er beim Schreiben; oder eine Teilgruppe unterhält sich in einer »fingierten Nachsitzung«, etwa beim Essen, über das eben abgelaufene Spiel, den Protagonisten, die Darsteller und ihr Verhalten beim Spiel und generell in der Gruppe (stark gruppenorientiert).

Den größten Spielraum für Handlung und Ausgestaltung bieten Märchenspiele, etwa »das Lieblingsmärchen der Kindheit« oder, noch immer allbekannt, Hänsel und Gretel. Auch Phantasiereisen haben oft märchenhafte Züge; und der Moderator kann ins laufende Spiel zusätzlich hilfreiche Figuren bzw. Zauberstab/Wunschring einführen.

---

[95] Andreas Ploeger, Tiefenpsychologisch fundierte Psychodrama-Therapie, Stuttgart 1983, speziell Kapitel 5.2

5. Hilfsmethoden, Spiele, Übungen und Materialien

5.3.2 Das Handwerkszeug II: eine Auswahl an Übungen

Gruppen bieten weit mehr Möglichkeiten als nur Gespräch/Diskussionen und Rollenspiel. Vor allem Übungen sind *das* Mittel, um in der Gruppe
- Struktur vorzugeben,
- Aufmerksamkeit und Interesse zu fokussieren,
- durch Assoziationen vor- und unbewusste Inhalte zugänglich zu machen,
- Einstieg ins Verhaltenstraining zu bieten.

Übungen helfen, schwierige Situationen zu bewältigen. Sie sind multifunktional; der Fokus wird durch scheinbar geringfügige Variationen mitunter beträchtlich verschoben. Entsprechend sind die hier beschriebenen Übungen als Denkanstöße gemeint und sollten variiert bzw. adaptiert werden.

Bieten Sie nur Übungen an, an denen Sie bereits selbst teilgenommen haben, und beteiligen Sie sich, so weit möglich, an Übungen der Gruppe. Beanspruchen Sie allerdings keine Zeit der Gruppe für die Aufarbeitung Ihres Erlebens. *Vorsicht mit Übungen, bei denen Sie sehr stark emotional reagieren!* Berücksichtigen Sie bei der Planung die für die Aufarbeitung benötigte Zeit, und fragen Sie bei Widerständen der Gruppe gegen eine vorgeschlagene Übung, unter welchen Bedingungen sie den Teilnehmern akzeptabel wäre. Wird eine Gruppe zeitweilig geteilt, weil einige Mitglieder die Übung verweigern, müssen die Teilgruppen sich anschließend über ihre Erfahrungen (mit Varianten oder mit unterschiedlichen Übungen) austauschen.

Mit ganz wenigen Ausnahmen wie *»Handkontakt«* oder *»Tragen und Wiegen«* werden Übungen, auch nonverbale, nach einer kurzen Denk- und Ausruhpause verbal aufgearbeitet. Zuerst werden dann eventuelle Protagonisten nach ihren Gefühlen und ihrem momentanen Befinden gefragt, bei protagonistenzentrierter Arbeit auch nach Assoziationen und nach vergleichbaren Situationen aus Kindheit und/oder Alltag. Bei gruppenzentrierter Arbeit wird nach Personen bzw. Situationen aus der Gruppe gefragt, die ähnliche Gefühle auslösen. Nach dem/den Protagonisten äußern sich

5.3 Hilfsmethoden, Übungen, Spiele, Materialien für Gruppen

die übrigen Teilnehmer. Dann kann der Bezug zum Rahmenthema herausgearbeitet werden. Abschließend die Frage: »Wer möchte hierzu noch etwas sagen?«
Wird (wie fast immer bei in Kleingruppen durchgeführten Übungen) der Aufarbeitung im Plenum eine Besprechung in Kleingruppen vorgeschaltet, können Themen bzw. Fragen vorgegeben werden. Die Zeit für die Kleingruppenphase ist knapp anzusetzen und notfalls zu verlängern. Im Plenum zuerst die momentane Befindlichkeit abrufen, ehe themenbezogen oder rational weitergearbeitet wird. *Im Zweifelsfall lieber eine Übung weniger anbieten, aber die angebotenen gründlich aufarbeiten.*
Als praxisorientierte (keineswegs zwingende) Einteilung der Übungen bietet sich folgende an:
- Übungen zur Eröffnung, zum Kennenlernen, zum Abschluss
- Meditative und imaginative Übungen
- Körperbezogene und andere nonverbale Übungen
- »Wer bin ich?« – Selbsterfahrung und Selbstkonfrontation
- Verhaltenstraining

5.3.2.1 Übungen zur Eröffnung, zum Kennenlernen und zum Abschluss

Mit der Eröffnung der Erstsitzung werden Gruppenklima und Rollenverteilung zwischen Moderator(-en) und Teilnehmern bereits weitgehend festgelegt und Weichen für den gesamten weiteren Verlauf der Arbeit gestellt. Unstrukturierte Eröffnung führt zu meist lange anhaltender gegenseitiger Rivalität und Aggressivität. Übungen zum gegenseitigen Kennenlernen hingegen (meist vordringliches Anliegen der Teilnehmer) bewirken ein permissiveres Klima, bauen Angst ab, indem sie Inhalt und Reihenfolge der Äußerungen regeln, und stimmen auf ein eventuelles Rahmenthema ein. Oft wird nach einer kurzen Plenumsphase vorübergehend in Kleingruppen aufgeteilt, in denen die meisten Teilnehmer sich leichter äußern.
Allerdings zeigen die Teilnehmer in der Erstsitzung oft ein deutliches Widerstreben, sich Partner für Kleingruppen zu suchen. Nehmen Sie ihnen die »Qual der Wahl« nicht vorschnell ab! Geben Sie allenfalls den Hinweis, die Kleingruppen blieben nur kurz

5. Hilfsmethoden, Spiele, Übungen und Materialien

zusammen, oder thematisieren Sie als Hilfs-Ich vermutete Ängste (zurückgewiesen zu werden, Nicht-Gewählte zu verärgern u. a.). Besprechen Sie eventuell nach Aufarbeitung der eigentlichen Übung die aufgetretenen Katastrophenphantasien (»Was hätte Ihnen schlimmstenfalls passieren können?«/»Könnten auch andere hier ähnliche Befürchtungen gehabt haben?«).

5.3.2.1.1 Übungen zum Einstieg und zum Kennenlernen

☞ *Ich stelle mich dar:* Die Teilnehmer stellen sich im Plenum vor, entweder reihum (beginnend mit einem Freiwilligen oder einem vom Moderator Benannten) oder frei bleibend (»wer möchte jetzt?«), oder der jeweilige Sprecher benennt seinen Nachredner. Vorgaben zum Inhalt erleichtern die Übung:
- »Nennen Sie Ihren Namen mit einem alliterierenden Adjektiv« (der arbeitsame Anton, die betrübte Barbara usw.)
- »Nennen Sie etwas, was Sie gern, und etwas, was Sie ungern tun«
- »Machen Sie drei wichtige Aussagen über sich« (später nach den Auswahlkriterien fragen!)

bzw. zur Einstimmung auf ein Rahmenthema:
- »Beschreiben Sie Ihren Beruf und seine Bedeutung für Sie!«
- »Beschreiben Sie Ihre Herkunftsfamilie!«
- »Sagen Sie, was Ihr Name für Sie bedeutet!«
- »Was würden Sie wünschen, wenn Sie drei Wünsche frei hätten?«

Die Frage »Was erwarten Sie hier?« weckt bzw. verstärkt Erwartungs- und damit Anspruchshaltungen. Besser ist die Formulierung »Was wollen Sie hier erreichen und was sind Sie bereit, zu investieren?« (doch können »Anfänger« in Selbsterfahrungsgruppen anfangs die gebotenen Möglichkeiten noch gar nicht abschätzen).

Eine anschließend angebotene »Denkpause« mindert die Peinlichkeit eventuell längeren anfänglichen Schweigens bei der folgenden Aufarbeitung. Fragen wie »Wer möchte etwas sagen?«/»Was ist Ihnen jetzt wichtig?« bieten wenig Einstiegshilfen. Für die Teilnehmer hilfreicher sind strukturierende Fragen wie »Was haben Sie jetzt über sich und die anderen erfahren?«/»Wie haben Sie sich

5.3 Hilfsmethoden, Übungen, Spiele, Materialien für Gruppen

gefühlt?«/»Haben Sie mitgeteilt, was Sie eigentlich über sich sagen wollten?« Anschließend möglichst einen zweiten Durchgang anbieten. Unfreiwillige Selbstenthüllungen (Freud'sche Versprecher) sollten diskret übergangen werden!

Ich wüsste gern: Gegenseitige Befragung der Teilnehmer in Plenum oder Kleingruppen, wobei zu betonen ist, dass jeder selbst entscheidet, wen er befragt und was er fragt bzw. ob und wie weit er eine Frage beantwortet oder zurückweist. Im Plenum wird dem Befragten zweckmäßigerweise mit der Frage ein Kissen zugeworfen, das dieser dem nächsten Befragten weitergibt. Das Kissen darf nicht unmittelbar dem Geber zurückgeworfen und eine Frage nicht unmittelbar wiederholt werden. Die Befragten sind mit Namen anzureden (Namensschilder!) (Ähnlich auch bei anderen Befragungen/Kommentaren [»Kissen-Übung«]).
Greifen Sie bei Bedarf helfend/steuernd ein, etwa mit dem Hinweis, Fragen und Antworten brauchten nicht besonders »klug«, »originell« oder »tiefschürfend« zu sein, oder sprechen Sie ausgesparte Themenbereiche an. Fällt einem Teilnehmer keine Frage ein oder möchte er nicht antworten, so können »Freiwillige« für ihn das Kissen übernehmen. Sorgen Sie für Tempo und setzen Sie die Übung fort, bis statt der anfänglichen trivialen Fragen und Antworten wesentlichere kommen. Anschließend Aufarbeitung. *Variante für Kommunikationstrainings:* Zu jeder Frage macht der Fragende die »dahinter stehende Aussage«, z. B. »Ich habe im Beruf Probleme und möchte wissen, ob es Ihnen ähnlich geht«.
Die gegenseitige Fremdheit wird bei Befragung in Kleingruppen (etwa 12 Minuten pro Durchgang) am schnellsten überwunden. Kurze Aufarbeitung im Plenum (»Haben Sie gefragt, was Sie wissen, nur so viel geantwortet, wie Sie sagen wollten? Welche Phantasien, welche Gefühle hatten Sie?«), dann erneuter Durchgang in anders zusammengesetzten (eventuell auch rein weiblichen bzw. rein männlichen) Kleingruppen. Dann erneute Aufarbeitung.

Gruppenpräsentation: Aufteilung in Kleingruppen, die ca. 12 Minuten erhalten, um sich über Art und Inhalt ihrer Präsentation im Plenum zu einigen. Anschließend Vorstellung der Gruppen unter strikter Zeitbegrenzung (3 bis 5 Minuten, eventuell Kurzzeitwecker benutzen!). In der Aufarbeitung auch die Art der Präsentation (jeder Teilnehmer stellt sich selbst bzw. einen anderen vor/

5. Hilfsmethoden, Spiele, Übungen und Materialien

ein Teilnehmer stellt die ganze Kleingruppe vor usw.) ansprechen. Fragen Sie auch nach dem Verlauf der Einigung in den Gruppen. Eventuell zusätzlich als »Denkanstoß« die Frage an die Teilnehmer, was sie über sich selbst hätten aussagen und was verschweigen wollen und warum. Von hier können Sie zu Selbstbild und Selbstideal überleiten.

☞ *Indirekte Selbstdarstellung:* Sie bietet einen weniger »rationalistischen« Ansatz. Aus einer Kollektion von Bildmaterial (Kunstpostkarten, TAT-Abbildungen o. a.) zieht zunächst jeder Teilnehmer blind ein Bild, wählt es aus oder erhält es vom Moderator zugeteilt. In Kleingruppen beschreibt jeder sein Bild und dessen Bedeutung für ihn, oder er erzählt eine Geschichte dazu. Die anderen hören kommentarlos zu oder teilen ihre eigenen Assoziationen, Phantasien und Gefühle mit (zeitaufwändig!). Anschließend ist zu fragen »Was haben Sie über sich und übereinander erfahren? Welche Phantasien haben Sie jetzt übereinander?« usw. Nach einem Plenum bieten Sie möglichst einen zweiten Durchgang mit anderer Gruppenzusammensetzung an, am besten auch mit anderen Bildern. Der Ansatz ist für längere Klausurseminare und für Kreativitätstrainings empfehlenswert.

Ähnlich können auch meditative Kurzübungen (siehe Seite 257) verwendet werden. Nach einer Vorbereitung im Plenum werden sie erst in Kleingruppen, anschließend im Plenum besprochen. Für kleine Teilnehmerzahlen sind auch die verschiedenen Formen der »Assoziationen« geeignet (siehe Seite 277), oder die Teilnehmer zeichnen bei entsprechendem Rahmenthema ihre »Familienbilder« (siehe Seite 276). Um dabei Deutungen/Interpretationen durch die Teilnehmer zu vermeiden, ist für die Aufarbeitung eine strikte Themenvorgabe nötig: »Was haben Sie über sich und über einander erfahren?« bzw. »Was haben Sie erlebt?«

☞ *Haus, Baum, Hund* (siehe Seite 222 f.)*:* Besonders für Partnergruppen oder bei Rahmenthemen im Bereich Dominanz/Submission und allgemein als Eisbrecher bei sehr ängstlichen Gruppen zu empfehlen. Mehrere Durchgänge, wobei jeder Teilnehmer mindestens einmal mit einem gleich-, einmal mit einem gegengeschlechtlichen Partner arbeiten soll. Stellen Sie bei der Aufarbeitung den Bezug zum Rahmenthema her!

5.3 Hilfsmethoden, Übungen, Spiele, Materialien für Gruppen

Bei der Eröffnung eines themenorientierten Seminars mit einem *Brainstorming* (siehe Seite 241) bieten Kleingruppen zur Vorstrukturierung des im Plenum gesammelten Materials den Teilnehmern eine gute Gelegenheit, einander kennen zu lernen. Anschließend im Plenum Zusammenfassung zu einem gemeinsamen Arbeitsplan/»Programm«. Gegebenenfalls in neu zusammengestellten Kleingruppen, dann im Plenum Diskussion: »Was haben Sie in den Kleingruppen über sich und übereinander erfahren?«

Einstieg über die Cohn-Regeln (siehe Seite 240): Die Regeln werden im Plenum erklärt, dann 10 Minuten in Kleingruppen diskutiert (»Was bedeuten diese Regeln für Sie?«/»Wie erleben Sie deren Anwendung?«). Dann folgt eine Aufarbeitung im Plenum (»Welche Erfahrungen haben Sie bei der Aufteilung in Kleingruppen, bei der Diskussion in den Kleingruppen und mit der Anwendung der Regeln gemacht? Wie haben Sie sich gefühlt?«). Bei größeren Gruppen teilen Sie zweckmäßig für einen zweiten Durchgang erneut auf. Der Fokus im anschließenden Plenum lautet: »Was war beim zweiten Durchgang in den Kleingruppen anders?«

Bei ambulanten Gruppen mit ihrem meist einwöchigen Sitzungsabstand wird zu Sitzungsbeginn mit einem Blitzlicht rückerinnert: »Vom letzten Mal ist mir noch wichtig ...«, gegebenenfalls weiter »Heute möchte ich ...« Beginnen Sie beim Protagonisten oder bei einem Freiwilligen. Bei Verhaltenstrainings mit »Hausaufgaben« zu Beginn Blitzlicht »seit der letzten Sitzung habe ich versucht .../ erreicht .../ich hatte dabei folgende Schwierigkeiten .../weiter möchte ich versuchen...«. Es empfehlen sich strikte Redezeitbegrenzungen (Kurzzeitwecker!). – Auch eine zu Sitzungsbeginn vorgeschaltete Konzentrations-/Entspannungsübung empfiehlt sich meist.

5.3.2.1.2 Übungen zum Gruppenabschluss

Diese Übungen geben den Moderatoren Rückmeldung über ihre Arbeit und helfen den Teilnehmern, sich über ihre Erfahrungen und Ergebnisse klar zu werden, »nichterledigte Geschäfte abzuschließen« (»was müsste noch gesagt, gefragt, getan werden?«), den Trennungskummer fruchtbar zu machen und sich nach einer Klausur auf die »Back-home«-Situation vorzubereiten, etwa mit

5. Hilfsmethoden, Spiele, Übungen und Materialien

einer Satzergänzungs-Runde: »Ich freue mich darauf, jetzt bald zu Hause ...«

Versuche von Teilnehmern, in der Abschlusssitzung verspätet mit ihren Problemen herauszukommen (»verspätete Reklamationen anzumelden«), sind abzufangen mit der Frage »Was können Sie tun, um Ihre Möglichkeiten in Zukunft rechtzeitig zu nutzen?« Für ergebnisorientierte Gruppen (Verhaltenstraining) eignen sich:

☞ *Bilanzen:* Skalierte Fragebogen zu Gruppenklima, Arbeitseffektivität, Ergebnissen u. a. (etwa »Sind Sie mit dem hier Erreichten sehr – im Wesentlichen – kaum – gar nicht zufrieden?«) fördern Bewertungsdenken und sind fragwürdig. Sie nützen eher den Bedürfnissen der Veranstalter oder der Moderatoren. Zumindest sollten sie durch Fragen wie »Welches sind Ihre Ergebnisse in Bezug auf Ihr Selbstbild (Ihre zwischenmenschlichen Beziehungen, Ihr Lebensgefühl; auf das Seminar-Thema)?« ergänzt werden. Die Rubrik »Was sonst ist Ihnen wichtig/möchten Sie uns mitteilen?« sollte nie fehlen.

In einer mehr »offenen« Bilanz notieren die Teilnehmer zunächst die für sie wichtigsten Ergebnisse (gegebenenfalls nach Vorgabe von Schwerpunkten), die als Wandzeitung ausgehängt und gelesen werden. Anschließend werden sie in Kleingruppen oder direkt im Plenum bearbeitet. *Variante:* die Kleingruppen erhalten eine Stunde Zeit, um eine kurze »Manöverkritik« (etwa eine halbe Seite) zu erstellen. Diese wird ausgehängt und, mit Kommentaren und Ergänzungen der anderen Teilnehmer versehen, im Plenum bearbeitet. Abschließend etwa ein »Blitzlicht«: Reihum fasst jeder Teilnehmer (als letzte die Moderatoren) seine persönliche Bilanz in *einem* Satz zusammen (oder Satzergänzungen »Ich nehme mit das Gefühl .../das Bewusstsein .../die Erfahrung ...«). Danach als Möglichkeit gegenseitigen Abschieds »Marktplatz« (siehe unten). Bei großem Trennungskummer kann eine Kurzsitzung »jedes Ende ist auch ein Anfang« helfen.

☞ *Arbeitsverträge:* In diesem verhaltenstherapeutischen Ansatz erstellen die Teilnehmer, ausgehend von der Bilanz der in der Gruppe erreichten und der noch angezielten Verhaltensänderungen, detaillierte Arbeitspläne: Welche Zwischenziele sollen mit welchen Methoden bis zu welchem Zeitpunkt erreicht werden, woran kann

5.3 Hilfsmethoden, Übungen, Spiele, Materialien für Gruppen

das Erreichte überprüft werden? Die schriftlichen Pläne sind vom Moderator »gegenzuzeichnen«, um diffuse oder unrealistische Planungen zu korrigieren. Die Teilnehmer wählen untereinander Partner (zweckmäßig sind Dreiergruppen, sodass A an B, B an C und C an A berichtet), denen sie zu vereinbarten Terminen (festlegen!) schriftlich über den Fortgang der Selbstveränderung berichten (Schema: »Was habe ich seit dem letzten Bericht versucht, was erreicht, welche Schwierigkeiten hat es gegeben, wie will ich weitermachen, was bis zum nächsten Termin erreichen?«). Damit wird eine Fortsetzung der Arbeit zumindest für eine Weile wesentlich wahrscheinlicher.

Marktplatz: Nach der Frage »Was möchten Sie jetzt, wo wir in Kürze auseinander gehen, noch tun, (einander) noch sagen?« bieten Sie eine kurze Denkpause an. Dann gehen die Teilnehmer in einem großen, leeren Raum umher, sodass sie einander begegnen und Abschied nehmen können. Unterbrechen Sie eventuell nach einer Weile und fragen Sie nach einer kurzen Bedenkpause, ob die Teilnehmer täten/getan hätten, was sie eigentlich wollten (besonders nach Klausur-Seminaren anzubieten!).

Bei Sitzungen ambulanter Gruppen verdeutlichen als Blitzlicht durchgeführte Kurzbilanzen zu Sitzungsende (»Mir war diesmal wichtig ...«) die Ergebnisse und erleichtern die Rückerinnerung. Vor dem Blitzlicht Denkpause. In Varianten wird auf bestimmte Aspekte fokussiert (»Wie sind Sie heute mit sich und miteinander umgegangen?/Haben Sie Ihre Gefühle und Bedürfnisse geäußert«? u. Ä.). Beginnen Sie beim Protagonisten oder bei einem Freiwilligen und enden Sie bei den Moderatoren.

5.3.2.2 Imaginative und meditative Übungen

Diese Übungen sind geeignet für (sub-)therapeutische und Selbsterfahrungsgruppen, in der Partnerberatung und im Kreativitätstraining. Symbolträchtige und archetypische Vorgaben können Therapiewünsche wecken und sind daher in nicht-therapeutischen Gruppen nicht unbedenklich. »Realistische Vorgaben« sind z. B. »Wettkampf«, »Straßenkreuzung« oder »Party« (siehe unten). Kurzformen wie »drei Lose« oder »drei Wünsche« geben einen raschen Überblick über Wünsche, Ängste und Problematiken der

5. Hilfsmethoden, Spiele, Übungen und Materialien

Teilnehmer und können in der Erstsitzung zum gegenseitigen Kennenlernen helfen. Fast immer empfiehlt es sich bei imaginativen Techniken, zur Einstimmung eine kurze Atemmeditation o. Ä. vorzuschalten. Zum Abschluss längerer Meditationen sind die üblichen »Rückkehr-Techniken« unverzichtbar: Bei noch geschlossenen Augen strecken und rekeln, die Hände bewegen, erst dann Augen aufgehen lassen. Lassen Sie eventuelle Notizen bzw. (noch vor diesen) Zeichnungen zum Inhalt der Meditation anfertigen, ehe gesprochen worden ist. Erst danach bieten Sie eine Bewegungsphase an. Die Zeichnungen können als Lebendes Bild bzw. im Rollenspiel weiter bearbeitet werden.

Die größte Freiheit der Imagination bieten Vorgaben wie: »Ein Haus: Wer wohnt darin?/Eine Landschaft: Was geschieht in ihr?« oder Vorgaben aus dem Repertoire des katathymen Bilderlebens[96], TAT-Tafeln oder kurze Videoclips, zu denen eine Geschichte zu imaginieren ist. Enger ist der Spielraum bei den »Kurzformen« oder dem Entwurf des »Wappens« (siehe unten) und anderen Übungen zur Verdeutlichung des Selbstbilds. Bei den Phantasiereisen (gesteuerten Tagträumen) schließlich werden während der Imagination laufend neue Vorgaben und Anweisungen eingefüttert. Durch entsprechende Wahl der Details (z. B. Mitnahme oder Auftauchen von Begleitern/Auftreten bedrohlicher oder hilfreicher Mächte/unerwarteten Hindernissen und Gefahren/Funden und Geschenken) können dabei die verschiedensten Aspekte angesprochen werden. Zusätzlich wird die Variationsbreite durch die Wahl des Schwerpunkts bei der Aufarbeitung vergrößert.

Bei personenbezogener Aufarbeitung von Phantasiereisen kann (wie bei der von Träumen) eine »verbesserte Neuauflage«, etwa unter Einfluss hilfreicher Mächte oder durch aktiveres Verhalten, imaginiert und durchgearbeitet werden. Weiter sind die Bezüge zu Kindheitserinnerungen, zu Träumen und zu aktuellen Problemati-

---

[96] Die zehn Leuner-Motive des katathymen Bilderlebens: Die Wiese/Die Bergbesteigung/Der Weg entlang dem Bachlauf/Das Haus/Die Begegnung mit der Bezugsperson (den Bezugspersonen)/Eine »sexuelle Szene«/Die Begegnung mit dem »Wilden Tier«/Das »Ich-Ideal«/Der »Dunkle Wald«/Das Moor

5.3 Hilfsmethoden, Übungen, Spiele, Materialien für Gruppen

ken anzusprechen. Fragen wie »wie können Sie die Ergebnisse der Meditation nutzen/was damit anfangen?« verhindern ein »Abtauchen« von Teilnehmern in »mystische Tiefen«. Die Benutzung archetypischer Vorgaben dagegen erleichtert den Einstieg in tiefenpsychologische Arbeit.

5.3.2.2.1 Kurzformen

Zwei Kisten: Die Anleitung für die Teilnehmer lautet etwa: »Stellen Sie sich vor, wir hätten hier zwei Kisten: in die eine können Sie alles tun, was Sie loswerden, der anderen alles entnehmen, was Sie haben möchten: Eigenschaften, Gefühle, Fähigkeiten, Dinge, Menschen. Was würden Sie wegtun, was nehmen?« *Variante:* »Für das, was Sie entnehmen wollen, müssen Sie sich von einem ›Besitztum‹ trennen.«

Tauschbörse: Anleitung: »Teilen Sie einander (der Gruppe) mit, was Sie suchen und was Sie abgeben möchten! Vielleicht kommen Tauschgeschäfte zustande (so mag jemand seine Eltern gegen mehr Freiheit, seine »Begabung« gegen einen Partner zu tauschen suchen).«

Drei Lose: »Jemand hat Ihnen drei Lose einer sehr großzügigen Tombola geschenkt. Was würden Sie gern gewinnen, was erwarten Sie zu gewinnen, was gewinnen Sie tatsächlich? Wer gewinnt Gegenstände, die Sie gern gehabt hätten oder ihm anderweitig missgönnen? Was gewinnt Ihr Partner auf seine Lose (auf das Los, das Sie ihm geschenkt haben)?« *Variante:* Es werden nicht Gewinne, sondern Verpflichtungen, etwa bei der Arbeitsverteilung in einem Ferienlager, verlost.

Drei Wünsche: »Sie haben einen Wunschring bekommen, der Ihnen drei Wünsche – bis hin zu ewiger Jugend oder zu Allwissenheit – erfüllt. Was wünschen Sie, wie wirkt sich der erfüllte Wunsch aus?« *Variante für Partnerproblematiken:* »Was würde sich Ihr Partner wünschen? Was würden Sie *für* Ihren Partner wünschen? Was *er* für Sie?« Sprechen Sie bei der Aufarbeitung auch an, wie weit der Wunsch durch größeren Einsatz auch ohne magische Hilfe erfüllbar wäre.

Der Schlüssel: »Sie finden/erhalten (von wem?) einen Schlüssel. Was erschließt er Ihnen, was ändert sich damit an Ihrem Leben?« *Variante:* »Sie können einen Schlüssel erwerben, der Ihnen einen wesentlichen Wunsch erschließt – durch Kauf (zu welchem Preis?) oder durch Überwindung von Hindernissen/Gefahren (welchen?).«

☞ *Straßenkreuzung:* »Sie befinden sich an einer verkehrsreichen Straßenkreuzung. Falls Sie motorisiert sind – was für ein Fahrzeug ist es? Wer lenkt es, wer fährt mit? Was passiert? Was tun Sie, wie verhalten sich die anderen Verkehrsteilnehmer, wie erleben Sie das Ganze?«

☞ *Die Party:* »Sie sind auf einer größeren Party (als Gast oder als Gastgeber?). Wer begleitet Sie, wem begegnen Sie (wem wünschen, wem fürchten Sie zu begegnen)? Was geschieht, was tun Sie, wie erleben Sie es?«

☞ *Der Verirrte:* »Sie haben sich in einer naturnahen Landschaft in der Dunkelheit verirrt. Von weitem sehen Sie ein Licht und gehen darauf zu (eventuelle Hindernisse?). Wo, bei was für Leuten landen Sie? Was geschieht, was tun Sie?«

☞ *Im Boot:* »Sie sind in einem Boot am Meeresufer eingeschlafen und wachen auf, als das Boot weit draußen treibt. Was geschieht, was tun Sie?«

☞ *Im Thronsaal:* »Sie befinden sich im großen Thronsaal vor dem König. In welcher Funktion (z. B. Ratgeber, Prinz, Abgesandter, Diener, Bittsteller, Gefangener, …)/mit welcher Aufgabe? Was wollen Sie erreichen, was wünschen, was fürchten Sie? Was tun Sie, was geschieht, was erreichen Sie?«

☞ *Jahrmarkt:* »Sie suchen auf dem Jahrmarkt die *eine* Bude, in der ein ganz besonderer Gegenstand für Sie bereitgehalten wird.«

☞ *Urlaubsausflug* (besonders für Selbstbehauptungs- und Konfliktlösungstrainings): »Sie sind zu mehreren (mit wem?) im Urlaub und planen einen gemeinsamen Ausflug. Wie wird (welche?) Einigung erreicht, wer setzt sich durch, wer macht (welche?) Kompromisse?« *Mögliche Fortsetzung:* »Was passiert auf dem Ausflug, wer macht daraufhin wem welche Vorwürfe, wie geht es weiter?« *Variante:* Gemeinsame Unternehmung auf einem Jahrmarkt.

☞ *Strandspaziergang:* »Bei einem Strandspaziergang sehen Sie in der Ferne angeschwemmtes Treibgut. Was ist es, was machen Sie damit, was bedeutet Ihr Fund für Sie?« (Findet ein Teilnehmer eine leere Kiste, empfiehlt sich die Frage, was er gern hineintäte, um es

5.3 Hilfsmethoden, Übungen, Spiele, Materialien für Gruppen

loszuwerden.) *Variante:* »Wem begegnen Sie am Strand, was ergibt sich dabei?«

5.3.2.2.2 Größere Phantasiereisen

Die folgenden Übungen haben mehr Tiefgang und sind zeitaufwändiger. Sie eignen sich vor allem für Therapie und Selbsterfahrung.

Gerichtsverhandlung (zur Bearbeitung von Selbstvorwürfen und von Schuldproblematiken/Groll): »Sie finden sich im Traum in einer Gerichtsverhandlung: in welcher Funktion (z. B. Zeuge, Beisitzer, Richter, Zuschauer, Ankläger, Angeschuldigter)? Was wird verhandelt, wer wird welcher Taten angeklagt? Wer zeugt gegebenenfalls für bzw. gegen wen? Wer verteidigt wen – wie, womit?« *Kürzere Variante*: »Sie brauchen ein ›Leumundszeugnis‹ im weitesten Sinn, z. B. darüber, wie Sie Ihre Gaben/Begabungen genutzt haben. Wer bzw. was – Menschen, Tiere, Taten, Ergebnisse – zeugt für Sie?« *Variante zum Abbau von Groll:* »Wer zeugt für jemanden, dem Sie grollen?« Bei protagonistenzentrierter Arbeit »Entlastungszeugen« aus der Gruppe aufrufen.

Der Garten der Begegnungen: »In ihm können Sie den (lebenden oder verstorbenen) Menschen bzw. den ›Wesenheiten‹ begegnen, die Sie am meisten lieben/fürchten/deren Liebe (Hilfe) Sie am meisten wünschen/denen Sie oder die Ihnen etwas schuldig geblieben sind/denen Sie oder die Ihnen ein Unrecht abbitten müssten/denen gegenüber Sie Wichtiges nie ausgesprochen (getan) haben (mit einer gewünschten und/oder einer eher gefürchteten Begegnung anzubieten!). Wem begegnen Sie, was geschieht?«

Der Zug: »Sie sitzen in einem Zug, der Sie an jedes von Ihnen gewünschte Ziel bringen kann – wo möchten Sie hin, was erwarten Sie da? Gibt es eine eigene Begleitung, sonstige Reisende, Gepäck? Wer hat Sie gegebenenfalls an den Zug gebracht und bleibt zurück? Wie verläuft die Reise, wo kommen Sie an?« *Variante nach Ploeger*[97]*:* »Sie müssen sich mit den Mitreisenden einigen auf ein gemeinsames (bzw. auf *einer* Strecke liegendes) Ziel.« Die Situa-

---

[97] Andreas Ploeger, Tiefenpsychologisch fundierte Psychodramatherapie, Stuttgart 1983, Kap. 5.2

5. Hilfsmethoden, Spiele, Übungen und Materialien

tion wird unmittelbar als Rollenspiel durchgespielt: Teilnehmer setzen sich auf die wie in einem Zugabteil stehenden Stühle, steigen später dazu, ersetzen aussteigende Reisende.

☞ *Kreuzweg:* »Sie haben auf Ihrer Wanderung einen Kreuzweg erreicht. Wo kommen Sie her, wo wollen Sie hin? Vergleichen Sie die verschiedenen, nun möglichen Wege und wählen Sie Ihren!«

☞ *Hälfte des Weges* (für Teilnehmer in der »Lebensmitte«): »Sie sind bereits einen weiten Weg gewandert, Ihr Gepäck wird Ihnen zu schwer. In einer Herberge können Sie Dinge, die Sie zurücklassen wollen, gegen andere eintauschen; eventuell auch Ihren Begleiter wechseln.« In der Aufarbeitung die Beziehung zur konkreten Lebenssituation herausarbeiten.

5.3.2.2.3 Große Phantasiereisen

Große Phantasiereisen zielen im Wesentlichen auf tiefenpsychologische Bearbeitung und erfordern entsprechend Zeit. Komoderation ist anzuraten. Die Umsetzung in Rollenspiel ist einfacher, wenn in der Vorgabe außer dem Protagonisten auch andere Personen auftreten.

☞ *Der Wettstreit* (nach Bernard Fröhlig): »Sie sind an einem Wettstreit beteiligt; es geht um einen Ihnen außerordentlich wichtigen Preis (welchen, wer erkennt ihn zu, wer verleiht ihn?). Wer sind die anderen Teilnehmer? Wie sind die Regeln, wer hat sie gemacht? Wie verläuft der Wettstreit, wie geht er aus? Gewinnen Sie den Preis, einen anderen Preis? Wer hat eventuell mit weniger Anstrengung einen besseren Preis, *den* Preis gewonnen? Falls Sie ausgeschieden sind – wie und mit welchen Folgen, wie erleben Sie und die anderen das?« (Geschwisterrivalität, seltener ödipale Konflikte)

☞ *Flucht aus dem Gefängnis:* »Sie finden sich im Traum im Gefängnis (warum?). Sie sind allein auf dem Hof, an der Mauer lehnt eine Leiter. Entkommen Sie? Wer hilft, wer hindert? Wie geht das Abenteuer aus?« (Eventuell Wunschring bzw. Zauberstab anbieten!) *Fokus der Aufarbeitung:* »In welchem ›Gefängnis‹ (z. B. Beruf, Ehe, Wohnung, ...) leben Sie? Wer hat Sie dazu verurteilt? Wie/unter welchen Opfern und Risiken könnten Sie entkommen?«

5.3 Hilfsmethoden, Übungen, Spiele, Materialien für Gruppen

Bühnenaufruf: »Sie finden sich im Traum im Arsenal einer großen Bühne, wo Sie sich ganz nach Wunsch kostümieren können. Wer hilft, wer stört dabei? Wie fühlen, wie bewegen Sie sich in dem Kostüm? Jetzt kommt Ihr Bühnenaufruf. Sie betreten die Bühne. Was ist das für eine Bühne, was für Mitspieler und Zuschauer; was für ein Stück läuft, wie passen Sie hinein? Was tun Sie, was geschieht, wie erleben Sie es?«

Heiligtum im Gebirge: »Sie sind (mit wem?) auf dem mühsamen Weg zum Heiligtum im Gebirge. Der Weg kann nur zu zweit bewältigt werden, viele geben sogar unterwegs auf. Der Heilige erfüllt einen Wunsch und beantwortet eine Frage/gibt einen Satz mit. Was erhalten und erfahren Sie und Ihr Begleiter, wie gestaltet sich der Rückweg?« *Variante (nach Bernard Fröhlig):* »Zum Heiligtum wird nur zugelassen, wer mit einem Begleiter kommt, der für ihn und für den er bürgt.« Bzw.: »Der Heilige gibt jedem einen Satz und eine materielle Gabe mit, lässt Sie aber nur zurückkehren, wenn Sie etwas von sich opfern.« Oder: »Er gewährt Ihnen einen Blick in das ›Land Ihrer Zukunft‹.« Oder: »Bei der Übernachtung im Heiligtum erscheint Ihnen eine Wesenheit/haben Sie eine Vision.«

Gang zum Totemtier: »Sie suchen in einem wilden Wald das Tier, das jedem in anderer Gestalt erscheint, mitunter gefährlich ist, aber auch Wünsche erfüllt und Fragen beantwortet. Wie verlaufen Suche und Begegnung und Rückkehr?«

Drachenhöhle: »Sie versuchen, den in einer Höhle von Riesen (Zwergen, Drachen, Kobolden) bewachten Schatz zu heben. Sie sind mit magischem Schwert bzw. Zauberstab ausgestattet. Was geschieht, was riskieren, was gewinnen Sie?«

5.3.2.2.4 Meditationen zu Selbstbild und Ich-Ideal

Unmittelbar auf die Verdeutlichung von Selbstbild und Ich-Ideal zielen die folgenden Übungen.

Wappen: Vorgeschaltet wird eine Meditation »Was für Situationen und Gefühle sind für Ihr Leben charakteristisch, welche ›Spiele‹ und Rollen pflegen Sie zu spielen (z. B. ›gekränkte Leberwurst‹, Opfer, Rebell, starker Helfer, …)?« Die Einsichten sind in Symbole und einen »Wappenspruch« (nun gerade/und wenn ich drauf-

5. Hilfsmethoden, Spiele, Übungen und Materialien

gehe dabei/ich bin was Besseres/lohnt ja doch nicht/...) umzusetzen. Vorher Brainstorming über »Wappensprüche«. Übrigens kann ein Wappen auch mehrere Felder haben! Oder die Teilnehmer entwerfen Wappen füreinander, die mit dem je eigenen Entwurf zu vergleichen sind (Selbstbild/Fremdbild!). Auch Kurzformen als *»Kissenübung«* (siehe Seite 251): »Dein Wappenspruch müsste heißen: ...« (nicht bei schlechtem Gruppenklima!).

☞ *Viele Bilder:* »Imaginieren Sie sich als Haus/Baum/Vehikel/Garten/Kleidungsstück/Tier/... (feste Vorgaben oder freie Wahl)!« Die Phantasien werden möglichst gezeichnet. In der Aufarbeitung können die Teilnehmer, ehe ein Protagonist sein Bild zeigt/beschreibt, ihre Vorstellung von ihm (Variante: von sich selbst) in dem von ihm gewählten »Kostüm« visualisieren/zeichnen. Wenn alle Bilder präsentiert sind, folgt die Aufarbeitung: »Was ist Ihnen über sich und Ihr Selbstbild klar geworden?«

☞ *Magischer Spiegel:* Der Spiegel sieht durch alle Masken und Verkleidungen und stellt in einem Bild das innerste Wesen der Personen dar. Das imaginierte Bild wird gezeichnet. Der Fokus der Aufarbeitung liegt bei den »Fassaden«, mit denen die Teilnehmer »Stärken« vorzutäuschen und »Schwächen« zu verbergen suchen, einschließlich des für die Fassaden nötigen Aufwands. *Variante:* Die Teilnehmer zeichnen das Bild der Gruppe, wie der Spiegel es zeigen würde.

☞ *Lebenslinie:* Vorzuschalten ist eine Meditation über den bisherigen Verlauf des Lebens, die gegenwärtige Situation und die Ziele und Aspekte für die Zukunft. Der Gesamteindruck wird als »Lebenslinie« gezeichnet. Bei der Aufarbeitung (möglichst erst 20 Minuten in Kleingruppen) u. a. erarbeiten, wie der Lebenslauf sich bei einer optimistischeren/aktiveren Person abbilden würde, was diese bei gleichen Startbedingungen erreicht hätte, was bei mehr Einsatz/ weniger Illusionen zu vermeiden/zu erreichen gewesen wäre. Tenor »Gott ist nicht allein dran schuld (Erich Kästner)« bzw. »Du bist nicht so sehr Opfer, wie du glauben möchtest«.

☞ *Marsnamen* (zum Selbstbild-/Fremdbild-Vergleich): Die Teilnehmer bezeichnen sich und einander mit ihren rückwärts gelesenen Namen (»Airam« statt Maria, »Znieh« statt Heinz) und kommentieren: »Mein (Dein) Name ›Airam‹ bedeutet in meiner Heimat auf

5.3 Hilfsmethoden, Übungen, Spiele, Materialien für Gruppen

dem Mars ... (z. B. die Suchende/ein weinendes Kind/starker Helfer/strahlender Held/guter Acker/schlafender Drache/...).« Führen Sie die Übung als Blitzlicht zum eigenen, als »Kissenübung« zu den Namen der anderen durch. Auch bei mitunter schwierigem Anlauf (dann Hilfe durch die Moderatoren) kommt es meist schließlich gut in Gang und wird bei längerem Verlauf immer intensiver. Bei gutem Gruppenklima schließlich Austausch von tröstlich-stützendem Feedback. Kommentare erst nur zum eigenen Namen, dann zu dem der anderen; guter Abschluss einer Abendsitzung in Klausur. Aufarbeitung, wenn überhaupt, nur kurz und mit Fokus auf der unerwarteten gegenseitigen Freundlichkeit.

5.3.2.3 Körperbezogene und andere nonverbale Übungen

Nonverbale Übungen aus der Einzel- und Paartherapie können auch in der Gruppe eingesetzt werden, z. B. zur Vermittlung von Erfahrungen, zur Einstimmung auf eine Sitzung oder zur Überwindung von Müdigkeit oder Theorielastigkeit. Hinzu kommen Übungen, die eine größere Zahl von Teilnehmern erfordern und nur in der Gruppe durchführbar sind. Meist schließt sich eine Aufarbeitung zur Vertiefung an, doch sollte das Erlebnis nicht zerredet werden. Mit Fragen »Was haben Sie eben erlebt?/Was haben Sie dabei gespürt?« erschweren Sie ein Abgleiten in Theorie und Spekulation. Je nach Gegebenheiten können Sie die Übungen der ganzen Gruppe anbieten oder nur einem Protagonisten (anschließend gegebenenfalls die Frage »Wer sonst möchte das probieren?«). Je nach Angebot verschiebt sich der Fokus der Aufarbeitung.

5.3.2.3.1 Körpererfahrung[98, 99, 100, 101]

Bei Körpererfahrungen kommt vor allem wieder Eutonie in Frage, nicht zuletzt vor ambulanten Sitzungen, damit die oft erschöpften

---

[98] Alexander Lowen, Bioenergetik, Reinbek bei Hamburg ²1988
[99] Mariann Kjellrup, Bewusst mit dem Körper leben, München ²1987
[100] Ulrich Brand, Eutonie – natürliche Spannkraft, München ³1994
[101] Klaus Metzner, Shiatsu – Heilsame Berührung, München ⁴1994

5. Hilfsmethoden, Spiele, Übungen und Materialien

und/oder abgehetzten Teilnehmer erst einmal »ankommen«, sich sammeln können. Mit einer Viertelstunde anfänglicher Eutonieübung und weiteren fünf Minuten Aufarbeitung (»Was hat die Übung bewirkt?/Wie wollen Sie sie im Alltag anwenden?«) ist ein konzentrierter Einstieg in die »eigentliche« Arbeit möglich. Die Auswahl der Übungen richtet sich im Wesentlichen nach den für die Sitzung geplanten Problembereichen. Für die ersten Sitzungen hat sich folgende Sequenz bewährt (siehe Seite 188 ff.):
- Grundübung
- Atemübung
- Isometrische Spannungsübungen
- Aktive Bewegung
- Balanceübung im Knien oder Stehen
- Passive Bewegung

Damit sind Sie bereits bei den Partnerübungen. Partnerübungen sind etwas zeitaufwändiger und erfordern besonders sorgfältige Beobachtung der Teilnehmer. Falls ein Teilnehmer Berührungstabus zeigt, sollte zunächst allenfalls ein Moderator mit ihm arbeiten. Wenn Sie sich den Zeitaufwand leisten können, sollten die Teilnehmer die Übungspartner möglichst mehrmals wechseln und mindestens einmal mit einem gleich-, einmal mit einem gegengeschlechtlichen arbeiten. Sie sollten sich bei jedem neuen Ansatz neu einfühlen. Speziell sollten sie mit der Arbeit als »Aktive« bei »unsymmetrischen« Partnerübungen (ein Aktiver, ein Passiver) nicht beginnen, ehe sie den Atemrhythmus ihres Partners erspürt haben. Auch sollten sie einander beim Rollentausch zur »Halbzeit« genügend Zeit lassen, sich auf die neue Rolle einzustellen. – *Vielfacher* Partnerwechsel beim kreativen Kämpfen und beim Blindenführen!

Sind Komplikationen (etwa durch Berührungstabus) ausgeschlossen, können die Partnerübungen auch in Dreiergruppen mit einem Beobachter und Rollenrotation durchgeführt werden. Anschließend folgt eine kurze Diskussion in der Kleingruppe, eventuell auch eine in Doppelgruppen, dann Aufarbeitung im Plenum.

Als Test auf eventuelle Berührungstabus kann folgende Übung dienen:

☞ *Abklopfen:* Die Teilnehmer suchen sich einen Partner, der ihnen mit der flachen Hand oder mit leicht geballter Faust Rumpf (be-

5.3 Hilfsmethoden, Übungen, Spiele, Materialien für Gruppen

sondere Behutsamkeit beim Abklopfen des Bauchs!) und Gliedmaßen freundschaftlich und einfühlsam abklopft. Ebenso wird auch nach nur mit einer Körperseite durchgeführten Eutonieübungen zum »Seitenausgleich« die Blutzirkulation in der anderen Körperseite angeregt. Anschließend rekeln, dann Rollentausch. Bei Zeitknappheit klopft jeder Teilnehmer sich selber ab. Abklopfen kann auch als rasches Hilfsmittel »zwischendurch« zur Überwindung von Müdigkeit oder nach einer strapaziösen Diskussion eingesetzt werden (»sich selbst mal rasch etwas Gutes tun«).

Eine typische Eutonie-Gruppenübung ist das *Jazz-Summen*. Schalten Sie gegebenenfalls die Atemübung vor. Teilnehmer, die Schwierigkeiten haben, ihre Augen geschlossen zu halten, verbinden sie mit einem leichten Tuch. Bei geschlossenen Augen den Atem erspüren (ohne Versuch, daran etwas zu verändern), dann summend ausatmen, dabei auf harmonischen Zusammenklang achten: »gesummter Jazz«. In Varianten kann reihum jeder Teilnehmer dabei ein Weilchen als »Bandleader« fungieren. Oder es summt reihum jeweils einer (er kann sich dabei nicht mehr hinter den anderen Stimmen »verstecken«), bis sein Nachbar übernimmt (diese Variante vor allem in Kreativitäts- und Selbstbehauptungsarbeit). Aufarbeitung auch in Richtung »Hätten Sie sich einen solchen Zusammenklang zugetraut? Wo sonst lassen Sie Fähigkeiten aus Mangel an Selbstvertrauen brachliegen?«

Wird *Rückfront* (siehe Seite 191 f.) in der Gruppe angeboten, so suchen sich die Teilnehmer (eventuell bei vorgeschalteter Einzelübung auf dem Boden, an der Wand oder einer Schrankkante) einen Partner, mit dem sie sich Rücken an Rücken stellen und durch leichte Bewegungen gegenseitig ihre Rücken zu erkunden suchen. Zwischendurch eventuell auch geringen Abstand zwischen den Rücken: Bis zu welchem Abstand ist die Anwesenheit des anderen hinter einem noch spürbar? Möglichst mehrfacher Partnerwechsel: Wie unterschiedlich fühlen sich die verschiedenen Rücken an? Die von Männern, die von Frauen? Was wird wahrnehmbar, wenn mir der Partner freundschaftlich die Hand an den Rücken legt? Abschließend Bestandsaufnahme im Liegen. Aufarbeitung auch in Richtung »die ungeliebte, vernachlässigte, ungenutzte eigene Rückseite« (der Jung'sche »Schatten«).

5. Hilfsmethoden, Spiele, Übungen und Materialien

☞ Eine »Gruppenversion« von *Stützen und Auffangen* ist *»Rock 'n' Roll«:* Die Gruppe umsteht den »Fallenden«, der die Augen geschlossen hält, in engem Kreis, nach dem Wiederaufrichten fällt er in eine andere Richtung und wird dort von einem anderen Mitglied aufgefangen usf. *Bei allen Varianten Möglichkeit von Durchbrüchen!*
Weitere Eutonieübungen siehe Kjellrup[102], speziell die »Kontrollstellungen«, sowie Brand[103].

5.3.2.3.2 Kampfspiele (»kreatives Kämpfen«)

Bei Kampfspielen kann es zu blauen Flecken kommen, außerdem sind sie anstrengend. *Vorsicht bei Herzkranken, Hypertonikern und Bandscheiben-Patienten!* Eskalationen bei Partnerübungen können Sie meist durch sofortigen Aufruf zu Partnerwechsel stoppen. Arbeit in Dreiergruppen mit Rollenrotation und dem jeweils Dritten als Beobachter wirkt ebenfalls deutlich dämpfend. – Anzubieten sind z. B.:

- Hände parallel
- Ausfall
- Wegdrücken (Achtung: Unfallgefahr bei rutschigen Böden!)

Fragen für die Aufarbeitung sind unter anderem: Was war anders beim Kampf gegen die verschiedenen Partner? Welche Ziele (Überwältigen, Sich-Behaupten o. a.) wurden verfolgt? Welche Beziehung zu Alltagsstrategien wurden deutlich?

☞ Die Übung *In den Kreis/aus dem Kreis* eignet sich u. a. für notorische Außenseiter oder bei Ängsten, von der Gruppe »verschlungen« zu werden. Die Teilnehmer bilden einen dichten Kreis mit untergehakten/miteinander verschränkten Armen. Der Protagonist versucht, den Kreis zu überwinden (zu durchbrechen, zu »unterwandern«, zu übersteigen), um hinein- bzw. hinauszugelangen. Es werden keine einschränkenden Regeln vorgegeben. Einen »erfolglosen« Protagonisten können Sie vorübergehend durch Freiwillige ersetzen und ihm dann einen erneuten Versuch anbieten.

---

[102] Mariann Kjellrup, Bewusst mit dem Körper leben, München ²1993
[103] Ulrich Brand, Eutonie – natürliche Spannkraft, München ³1994

5.3 Hilfsmethoden, Übungen, Spiele, Materialien für Gruppen

Fragen an alle zur Aufarbeitung: »Wie haben Sie sich dabei gefühlt (vor allem, den Protagonisten nicht oder doch durchgelassen zu haben), welche Assoziationen und Erinnerungen sind aufgetaucht?« Fragen an den Protagonisten: »Wie haben Sie es erlebt? Wo haben Sie Alltagsverhalten von sich wiedererkannt?«

Strapaziös für alle Beteiligten, aber manchmal sehr befreiend, ist *Freikämpfen:* Benötigt wird eine große freie Fläche mit Teppichboden oder anderer dämpfender Unterlage. Alle harten oder scharfen Gegenstände wie Uhren, Schmuck usw. sind vor der Übung von allen Teilnehmenden abzulegen. Der Protagonist benennt mindestens zwei Teilnehmer, die ihn festhalten sollen. Er liegt rück- bzw. bäuchlings auf dem Boden und versucht, die ihn festhaltenden Gegenspieler abzuschütteln. Wer einmal abgeschüttelt wurde, darf nicht wieder eingreifen. Geben Sie keine einschränkenden Regeln vor, weisen Sie allenfalls den Protagonisten darauf hin, dass er sich übernommen und zu viele/zu starke Gegenspieler gewählt hat. Einen erfolglosen Protagonisten ersetzen Sie vorübergehend durch einen Freiwilligen oder thematisieren Sie seine Aggressions-Hemmungen durch Hilfs-Ichs.

Fragen für die Aufarbeitung sind z. B.: »Wen hat der Protagonist als Gegenspieler gewählt, wen repräsentierte ihm der Gegenspieler (z. B. Vater, Bruder, Chef, …)? *Variante:* Zur »Befreiung« von einer »klammernden« Mutter oder Ehefrau umklammert den Protagonisten nur *ein* Teilnehmer (zweckmäßig von hinten). Ähnlich wird das Spannungsfeld zwischen zwei Frauen bzw. zwischen Partner und Kind konstelliert. Gegebenenfalls werden auch nur die Fußgelenke umklammert.

»Freikämpfen« wird meist »aus gegebenem Anlass« angeboten, etwa wenn bei einem Teilnehmer Opfer-Spiele oder Emanzipations-Problematiken deutlich werden. Nach erstem Durchgang mit dem Protagonisten folgt meist ein Angebot an alle: »Wer möchte auch?« Immer geht es bei der Aufarbeitung um den Einsatz bzw. gerade fehlenden Einsatz bei der Selbstbefreiung. Zur Vorbereitung bzw. Aufarbeitung eignen sich auch Sonden: »Du kannst es schaffen!/Du darfst dich wehren!/Dein Leben gehört dir!/Gott ist nicht allein dran schuld!/…« – Achtung: Es kann auch bei den Zuschauern zu Durchbrüchen kommen. Planen Sie genügend Zeit für eine eventuelle Notfallversorgung ein!

5. Hilfsmethoden, Spiele, Übungen und Materialien

5.3.2.3.3 Verschiedene weitere nonverbale Übungen

Während nonverbaler Übungen sollte jede verbale Äußerung unterbleiben. Bei Gespräch und Gekicher, die meist der Angstabwehr dienen, muss u. U. die Übung unterbrochen und zunächst die Angst bearbeitet werden.

☞ *Tragen und Wiegen:* Diese Übung eignet sich zur Versorgung nach emotionalen Durchbrüchen oder als Stütze für Bekümmerte/Verzweifelte. Etwa acht bis zehn Teilnehmer stehen sich in zwei Reihen paarweise gegenüber mit zum Tragegriff verschränkten Händen. Sie sollen den Protagonisten lang ausgestreckt tragen. Daher ist es sinnvoll, zwei kräftige Teilnehmer in dessen Gesäßgegend zu plazieren. Der von der Gruppe Getragene wird leicht hin- und hergeschaukelt, eventuell unter leisem begleitenden Jazz-Summen. Geben Sie Acht, dass beim Niederlassen der Kopf höher bleibt als die Füße! Im Normalfall keine verbale Aufarbeitung. Im Anschluss kann die Übung für alle (für alle, die möchten) angeboten werden.

☞ *Der Haufen:* Die Übung ist ebenfalls als Notfallversorgung geeignet, speziell wenn der Protagonist ohnehin schon liegt und vom Moderator und/oder Gruppenmitgliedern umgeben und gestützt wird. Wer mag, darf sich dazulegen, möglichst mit dem Kopf am oder auf dem Protagonisten. Oft brauchen dabei die Draußenbleibenden Stütze, etwa durch den Komoderator. Dieser setzt sich einen Moment zu ihnen und legt ihnen leicht die Hand auf. Im Idealfall liegt schließlich die ganze Gruppe dicht gedrängt um den Protagonisten, mit starkem Gefühl der Zusammengehörigkeit und Geborgenheit. Dehnen Sie die Übung nicht zu lange aus und bieten Sie ein »Rückkehr-Ritual« wie nach Meditationen an! Aufarbeitung nur bei Bedarf, etwa Frage an ein Mitglied, das offenbar darunter leidet, sich nicht beteiligt zu haben, ob es etwas sagen möchte. Die Übung ist nicht zu empfehlen bei stark rationalisierenden Gruppen. Konfliktscheue Gruppen könnten in den Harmoniegefühlen unzulässig »baden«.

☞ *Handkontakt:* Auch diese Übung vermittelt starke Gefühle der Nähe und Verbundenheit. Schalten Sie möglichst eine Eutonieübung zum Erspüren der Hände vor. »Spielregel«: Teilnehmer, die dazu bereit sind (nicht mehr als zwei Drittel der im Kreis sit-

5.3 Hilfsmethoden, Übungen, Spiele, Materialien für Gruppen

zenden Mitglieder gleichzeitig), lassen die Augen zugehen und strecken, sowie sie darauf eingestimmt sind, als Zeichen des Kontaktwunschs die Rechte aus. Die anderen gehen zu denen, bei denen sie es möchten, und ergreifen deren Hand. Hat einer der Partner genug, löst er den Kontakt. Der Sitzende zieht seine Hand zurück, bis er zu erneutem Kontakt bereit ist oder seinerseits die Augen öffnen und sich »aktiv« beteiligen möchte. Jeder sollte mehrmals zwischen »aktiver« und »passiver« Rolle wechseln. *Es sollte immer einer der Moderatoren die Augen offen haben,* während sich der andere »passiv« beteiligt. Sitzt ein Mitglied offensichtlich leidend daneben, so setzt sich ein Moderator dazu und legt ihm vielleicht die Hand auf den Arm (später Aufarbeitung anbieten; falls nötig Einzelgespräch!) Zum Abschluss noch eine Weile mit geschlossenen Augen im Kreis sitzen bleiben und die eigenen Gefühle und die Nähe der anderen erspüren, ehe Sie das »Rückkehr-Ritual« anbieten. Danach kann die Gruppe noch eine Weile schweigend mit offenen Augen beieinander sitzen. Möglichst keine verbale Aufarbeitung.

»Handkontakt« ist sehr anstrengend, unter anderem, weil meist unerwartet viel Zuwendung ausgetauscht wird und so entsprechende Defizite besonders schmerzlich bewusst werden. Es kommt nicht selten zu Durchbrüchen. »Handkontakt« ist vor allem als Abschluss einer Abendsitzung in Klausur zu empfehlen.

Gedränge: Diese Übung zeigt, welche Teilnehmer ein großes Distanzbedürfnis haben und bei »Handkontakt« leicht in Schwierigkeiten geraten können. Die Teilnehmer stehen mit geschlossenen Augen im Kreis und erspüren die Veränderung ihres Raumeindrucks, wenn sie sich alle einen Schritt zum bzw. weg vom Zentrum bewegen. Über leise einsetzende Musik wird nun die Distanz gesteuert: Je lauter sie wird, desto weiter bewegen sich die Teilnehmer zum Zentrum, wird sie wieder leiser, weichen sie in Richtung Peripherie zurück.

Erzeugen Sie schließlich durch große Lautstärke ein starkes Gedränge im Zentrum. Dann schalten Sie die Musik ab und lassen die Teilnehmer bei immer noch geschlossenen Augen nachspüren, wer weiter nach innen/nach außen möchte. Vorübergehend Augen öffnen lassen, um die Nachbarn und die Abstände zu ihnen zu sehen (eventuell vorher Phantasie abrufen: Wer steht neben mir?). Mit

5. Hilfsmethoden, Spiele, Übungen und Materialien

wieder geschlossenen Augen noch einmal zur Peripherie und wieder zur Mitte: Wie stehen sie jetzt? Anschließend möglichst mit geschlossenen Augen den »optimalen Abstand« suchen lassen. Thema der Aufarbeitung ist u. a.: Wer hat auf Grund der »Anweisungen« den eigenen Gefühlen/Bedürfnissen Zwang angetan (Umgang mit Anweisungen/Autoritäten)? – Bereiten Sie Gedränge gegebenenfalls vor mit *Nähe–Distanz* (siehe auch Seite 225).

☞ *Nähe-Distanz in der Gruppe:* Lassen Sie die Partner mehrfach wechseln. Was ändert sich mit einem anderen (einem gleich-, einem gegengeschlechtlichen) Partner? Arbeit eventuell zuerst in Dreiergruppen mit Beobachter und Rollenrotation und kurzer Besprechung in Kleingruppen und Plenum. Danach weiter mit freier Wahl der Übungspartner. *Variante:* Die Partner halten die Enden eines Stabes, der den maximalen/minimalen Abstand vorgibt. Wie gehen sie dabei mit sich/miteinander um?

☞ *Mein Ort im Raum:* Auch bei dieser Übung geht es um Distanzen: Die Gruppe verteilt sich in einem (nicht zu kleinen, möglichst leeren) Raum, bis jedes Mitglied einen ihm akzeptablen Platz gefunden hat. Lassen Sie immer wieder mit geschlossenen Augen überprüfen und Abstand und Ort korrigieren und geben Sie sehr viel Zeit auch für kleine letzte Veränderungen. Wie verändert sich das Gefühl, wenn einzelne/alle Teilnehmer sich am Ort um 90° bzw. um 180° drehen? Aufarbeitung u. a. »haben Sie sich genügend Zeit gelassen?« und »woran haben Sie sich bei der Wahl Ihres Orts orientiert (z. B. Nähe zur Wand, zu Menschen)?«

☞ *Blind gehen:* »Mein Ort im Raum« ist eine gute Vorübung für die Wahrnehmung des Raumeindrucks bei geschlossenen Augen und damit für »Blind gehen«. In einem möglichst großen, möglichst leeren Raum suchen die Teilnehmer zunächst ihren Ort und fühlen sich mit geschlossenen, gegebenenfalls verbundenen Augen ein. Die Moderatoren halten sich bereit, denen, die »in Schwierigkeiten geraten« (es könnten vereinzelt Panik-Anfälle auftreten), zu Hilfe zu kommen. Bei ängstlichen Gruppen zunächst nur wenige Schritte von der Ausgangsposition entfernen lassen, dann eine Pause zum Ausruhen. Dann erst gehen die Teilnehmer (noch immer mit geschlossenen Augen) frei im Raum.

Nach einer Weile leise einsetzende Musik erleichtert für die meisten die Bewegung. Auch der Hinweis, einander bei Begegnungen

5.3 Hilfsmethoden, Übungen, Spiele, Materialien für Gruppen

zu begrüßen, wirkt angstmindernd. Sie können auch darauf hinweisen, dass man auch allein, zu zweit oder zu mehreren nach der Musik tanzen dürfe. Sehr ängstliche Mitglieder werden von einem Moderator geführt. Schließlich, immer noch mit geschlossenen Augen, an den Händen fassen und einen Kreis bilden und ihn so weit wie möglich vergrößern. Dann die Hände der Nachbarn loslassen; nach einem Moment »Rückkehr-Ritual« und Augen öffnen.

Blindenführen: Die Teilnehmer suchen sich Partner. Die Paare verteilen sich im Raum; je einer der Partner schließt die Augen und wird nach kurzer Eingewöhnungspause vom anderen durch den Raum geführt. Bei sehr Ängstlichen führt/stützt ein Moderator von der anderen Seite. Hilfreich ist leise Musik. Nach einer Weile beginnen die Führenden, die Geführten immer wieder untereinander auszutauschen und sie zusätzlich Gegenstände ertasten zu lassen. Schließlich großen Kreis bilden, Hände lösen, ausruhen lassen, dann Rollenwechsel. Auch vor der Aufarbeitung eine Zeit lang schweigend ausruhen lassen.

Varianten/Steigerungen: Der vertraute Raum wird verlassen, es geht treppauf, treppab durchs Haus, über Hindernisse (z. B. Tische) hinweg oder unter ihnen hindurch (ohne verbale Verständigung!). Später übernimmt jeder Führende zwei oder mehrere Geführte bis zur »Großen Schlange« (ein Moderator führt die gesamte Gruppe, der andere geht am Ende). *Die Übung ist sehr anstrengend, Vorsicht bei Herz-Kreislauf-Patienten!* Aufarbeitung in Richtung Vertrauen/Misstrauen und »Umgang mit Verantwortung«.

Schließlich Blindenführung im Freien, auch quer durchs Gelände und über weitere Strecken, dabei immer wieder mit geschlossenen Augen ausruhen lassen. Manche Teilnehmer lassen sich an einem Grashalm führen oder gehen auf Asphalt oder Kies frei nach Gehör neben den »Führenden«. Auf ebenen Strecken kann sogar gerannt werden. Übrigens, wo immer Sie Gelegenheit haben, mit einem Partner im Freien blind zu gehen, nutzen Sie sie. Es ist immer wieder eindrucksvoll!

Tanz (siehe Seite 196): Die Teilnehmer suchen zuerst ihren Ort im Raum, erkunden dann mit geschlossenen Augen ihr Körpergefühl. Bei leise einsetzender Musik bewegen sie sich zunächst am Ort.

5. Hilfsmethoden, Spiele, Übungen und Materialien

Schließlich freie Bewegung im Raum. Bei gesteigertem Tempo Paare oder Gruppen bilden und sich wieder trennen lassen, immer noch mit geschlossenen Augen. *Variante:* Mit geöffneten Augen Einzelne oder Paare unter Beobachtung durch die anderen durch die Länge des Raums tanzen lassen, auch mit Jazz-Summen. Fragen Sie bei der Aufarbeitung u. a. nach eventueller Selbstbehinderung durch die Vorstellung »Was denken die anderen?«

☞ *Molekülübung:* Die Teilnehmer gehen möglichst durcheinander »quirlend« durch einen größeren Raum. Auf Kommando eines Moderators (der selbst nicht teilnimmt) »zu viert« (»Paare«/»zu dritt« usw.) werden die entsprechenden Gruppen gebildet. Die dabei Übrigbleibenden spielen zunächst wieder mit. Nach einer Weile Übergang zu Ausscheidungsspiel (als Erste sollten dabei *mehrere* Mitglieder gleichzeitig ausscheiden). Eine zu große Gruppe, von der niemand freiwillig zurücktritt, scheidet insgesamt aus.

☞ Variante *Rettungsboot* (es ist einer zu viel im Rettungsboot): Aus Kleingruppen von etwa fünf Zusammenstehenden tritt schließlich einer zurück. Geben Sie entweder vor, »sich nonverbal zu einigen« oder »sich nicht ›rausdrängeln‹ zu lassen!« Danach Aufarbeitung, u. a. »wer ist warum ausgeschieden?«

☞ *Gabentisch:* Auch bei dieser Übung geht es um die Durchsetzung der eigenen Bedürfnisse: Auf einem niedrigen, anfangs zugedeckten Tisch in der Mitte der Gruppe (*Variante:* außerhalb des Kreises) sind »Leihgaben« unterschiedlicher Attraktivität vorbereitet, einige mehr als Teilnehmer (in »härteren« Varianten so viele, einige weniger oder nur eine weniger als Teilnehmer, wobei dem leer Ausgehenden nachträglich ein schöner »Trostpreis« gegeben werden sollte). In Frage kommen z. B. Muscheln, Glöckchen, Stofftiere, schön polierte Hölzer usw. Rufen Sie zunächst bei noch zugedecktem Tisch die Phantasien der Teilnehmer über Zahl und Art der Gaben ab sowie über das von ihnen »erbeutete« Objekt. Danach geben Sie die Spielregel vor: nonverbale Einigung, wer jeweils »dran ist«, eine Gabe zu wählen; dabei darf nie mehr als einer stehen bzw. an den Tisch treten. Der Nächste darf erst aufstehen, wenn der Vorgänger wieder sitzt. Die Reihenfolge ist durch Blickkontakt zu klären.

Nützlich ist ein Video-Mitschnitt, der nach einer ersten Aufarbeitung gezeigt und dann ebenfalls aufgearbeitet wird (zeitaufwän-

5.3 Hilfsmethoden, Übungen, Spiele, Materialien für Gruppen

dig!). Aufarbeitung u. a.: Wer erwartete, leer auszugehen? Wer hat rücksichtslos gegrapscht, wer hat das übelgenommen? Wer spielte »alles oder nichts« (verlor jedes Interesse, als der von ihm begehrte Gegenstand weggenommen wurde)? Wer hielt sich vornehm zurück, war dann aber doch enttäuscht/gekränkt? Tauchten Erinnerungen/Assoziationen auf? Gibt es Beziehungen zum Alltagsverhalten/zu Lebensstrategien? Weiter: Welche unerwarteten Geschenke hat das Leben den Teilnehmern beschert? Welche wurden vielleicht zu selbstverständlich hingenommen?

Tauschhandel: Die (verbale oder nonverbale) Übung kann an »Gabentisch« anschließen. Die Teilnehmer sollen versuchen, ihren Gegenstand gegen einen »besseren« einzutauschen. Aufarbeitung: Welche Gefühle treten auf, welche Strategien werden eingesetzt; wer ist beharrlich, wer gibt rasch auf; wer lässt sich bereden und ist dann vielleicht gekränkt/enttäuscht?

Kooperatives Malen (Kleingruppen von zwei bis fünf Teilnehmern): Die Gruppe bietet zusätzliche Anwendungsmöglichkeiten: Bei einem Bildformat möglichst von DIN A3 sind Fingerfarben gut geeignet (Lappen bereithalten!). Sie können Themen vorgeben, oder die Kleingruppen können sich (verbal!) auf ein Thema ihrer Wahl einigen. Danach wird ohne verbale Kommunikation gezeichnet/gemalt, wobei entweder alle Mitglieder der Kleingruppe gleichzeitig arbeiten oder jeder reihum für je eine Minute. Anschließend mit oder ohne vorherige Absprache werden die Bilder im Plenum beschrieben., erst danach gezeigt. *Varianten:* Jeder Teilnehmer notiert vor der Aufarbeitung seine Bildbeschreibung und sein Erleben des Zustandekommens und der Kooperation; Fokus der Aufarbeitung ist dann das unterschiedliche Erleben/Erinnern. *Oder* (zeitaufwändig, aber lohnend!): Jeder Teilnehmer zeichnet/malt anschließend aus dem Gedächtnis seine Version des gemeinsamen Bildes. Dann werden die »Originale« mit den »Reproduktionen« verglichen. Ein zweiter Durchgang in Gruppen anderer Zusammensetzung ist oft lohnend.

Variante für Partner-Problematiken/Paar-Gruppen: Die Teilnehmer arbeiten einmal mit ihren (Ehe-)Partnern, einmal mit einem Partner ihrer Wahl aus der Gruppe. Was war in beiden Durchgängen unterschiedlich? – Gegebenenfalls (wenn nur einer der Partner an der Gruppe teilnimmt): Was wäre nach seiner Vorstellung bei

5. Hilfsmethoden, Spiele, Übungen und Materialien

kooperativem Malen mit dem eigenen Partner anders gewesen? Dann eventuell erst in rein weiblichen bzw. rein männlichen Teilgruppen aufarbeiten: Welche Vorurteile werden dabei vielleicht deutlich? – *Themenvorgabe* für Paargruppen: z. B. »unser Haus«, »unsere Familie« o. Ä. Zuerst Absprache der Partner untereinander, dann wird nonverbal weitergearbeitet. Vor dem Zeichnen visualisieren/skizzieren die Teilnehmer ihre Vorstellung des vereinbarten Bildes (doch bekommt der Partner diese Skizze nicht zu sehen!). Fokus der Aufarbeitung sind außer eventuellen Überwältigungs- bzw. Submissionstendenzen die Fragwürdigkeit der vorherigen Absprache und die Notwendigkeit und Schwierigkeit präziser Vereinbarungen.

5.3.2.4 Übungen zur Selbstkonfrontation

Die meisten der folgenden Übungen sind verbal und ermöglichen unter anderem die Aussöhnung mit abgelehnten Persönlichkeitsanteilen. Bei einigen empfiehlt sich eine Einstimmung über vorgeschaltete Sonden.

☞ *Mein Name:* Schalten Sie eine kurze Meditation vor: »Was fällt Ihnen zu Ihrem Namen ein? Was bedeutet er für Sie?«, eventuell auch »Welcher Name würde (besser) zu Ihnen passen?« Eine Diskussion erst in Kleingruppen, dann im Plenum schließt sich an. *Variante:* Meditation: »Wie viel Zuneigung/Abneigung drücke ich aus bei der namentlichen Anrede anderer/höre ich aus der namentlichen Anrede durch andere heraus?/Wie höre ich mich am liebsten (am wenigsten gern) angeredet?« Arbeiten Sie mit Freiwilligen oder reihum mit allen. Während der jeweilige Protagonist die Augen geschlossen hält und sich ganz auf den Klang konzentriert, spricht reihum jeder Teilnehmer ihn mit Namen an. Dazwischen Pausen, damit er den Klang ganz aufnehmen kann. Der Protagonist darf die Übung jederzeit abbrechen. Falls er es wünscht, schieben Sie eine kurze Aufarbeitung zur Entlastung ein. Nach einer Pause zum Ausklingen fragen Sie eventuell, ob sie einander noch etwas sagen (gegebenenfalls auch etwas tun, z. B. jemanden in den Arm nehmen) möchten. Aufarbeitung: »Was haben Sie erlebt?/ Was ist Ihnen deutlich geworden?« – *Achtung: Es kann zu Durch-*

5.3 Hilfsmethoden, Übungen, Spiele, Materialien für Gruppen

brüchen kommen! *Als Einstieg zum Kennenlernen bei einer Erstsitzung ist die Übung im Allgemeinen nicht geeignet!*

Wer bist du?: In Dreiergruppen fragen die Teilnehmer einander reihum, wobei sie sich mit Namen anreden, »..., wer (was) bist du?«; etwa vier Minuten im Uhrzeiger-, weitere vier Minuten im Gegensinn. Es empfiehlt sich ein weiterer Durchgang in anders zusammengesetzten Gruppen. *Kurze* Antworten wie: »Ein Rebell, ein ängstliches Kind, eine Verlassene; jemand, der sich selbst nicht kennt ...« Die Antworten sind anfangs meist ziemlich trivial, werden jedoch bald wesentlicher. Fortsetzung z. B. »wovon träumst du?«, »worüber (wem) grollst du?«, »was fürchtest du?« Aufarbeitung mehrere Minuten in den Kleingruppen, dann im Plenum. Hier ergeben sich zwei Schwerpunkte: inhaltsbezogen, (»Was haben Sie über sich erfahren?«) oder gefühlsbezogen (»Wie haben Sie es erlebt?«).

Variante: Durchführung in Doppelgruppen (3 + 3), wobei je eine Gruppe die andere beobachtet; anschließend Rollentausch der Gruppen. Aufarbeitung in den Doppelgruppen, dann im Plenum.

Wen ich bewundere: Die Teilnehmer überlegen, wen sie bewundern und weshalb, und machen sich dazu möglichst Notizen. Meist handelt es sich um Eigenschaften/Fähigkeiten, die sie bei sich selbst vermissen. Mehrere Runden »Blitzlicht« »Ich bewundere ..., weil er (sie) ...«. Dabei liegt der Fokus der Aufarbeitung bei der Überschätzung der Fähigkeiten anderer, Unterschätzung der eigenen sowie bei den Möglichkeiten, unterentwickelte Fähigkeiten nachzuentfalten.

Eigenlob: Auch hierbei geht es um die Einschätzung der eigenen Fähigkeiten: Eröffnen Sie mit mehreren Runden Blitzlicht (mit Tempo!) »ich kann gut ...« (den meisten Teilnehmern fällt stattdessen ein, was sie *nicht* gut können). Der Moderator kann als Hilfs-Ich mögliche Hemmschwellen thematisieren bzw. mit eigenen, relativ »einfachen« Fertigkeiten (»Ich kann gut kochen« o. Ä.) erleichternde Vorgaben machen. Gegebenenfalls weiter als »*Kissenübung*« (siehe Seite 241)

Etwas leichter wird es in der *Variante* »Was tue ich gern – Was kann ich gut« (*gern* getan wird im Allgemeinen, was man gut kann). Aufarbeitung vor allem: Anspruchsniveau/Vergleich mit

5. Hilfsmethoden, Spiele, Übungen und Materialien

Profis und Meistern/Anspruch, auch als Anfänger schon perfekt zu sein/»Schwächen« als Alibi, sich gar nicht erst zu bemühen.

☞ *Schattenseite:* Ein Moderator setzt sich mit einigen Freiwilligen, die Rücken aneinandergelehnt, die Augen geschlossen, in der Mitte der Gruppe auf den Boden. Diese äußern Satzergänzungen zu »ich fürchte, abgelehnt zu werden, wenn ... (weil ...)«, z. B. »wenn ich Fehler mache, Nein sage, traurig bin; weil ich behindert, kein Akademiker, ledig bin; weil mein Vater Alkoholiker ist, ...« Die übrigen Mitglieder werden ermutigt, sich dazuzusetzen und sich zu beteiligen. Im Idealfall sitzt schließlich die ganze Gruppe unten und redet sich ihre Ängste und Selbstzweifel vom Herzen. Schwerpunkt der Aufarbeitung könnte z. B. sein: Die »Kosten« der Versuche, diese »Defizite« zu verbergen; dass wahrscheinlich nur sie selbst sich dadurch diskriminiert fühlen; dass sie ihre Ängste nur überwinden können, indem sie sich zu ihren »Schwächen« bekennen und so die Erfahrung machen, trotzdem nicht abgelehnt zu werden.

☞ *Es fällt mir schwer:* Nach kurzer Denkpause zwei oder drei Runden Blitzlicht »es würde mir schwer fallen, jetzt in dieser Gruppe ... zu tun«. Dann rufen Sie Freiwillige auf, die bereit sind, es doch damit zu versuchen, wobei allerdings andere Teilnehmer nicht in Schwierigkeiten geraten dürfen (Veto-Recht!). Es könnte sich z. B. darum handeln, während einer Sitzung nicht zu reden, im Zentrum oder außerhalb des Kreises zu sitzen, Schwächen zuzugeben oder Gefühle zu zeigen, Rückmeldung zu bekommen usw.; möglichst bei regulär weiterlaufender Sitzung. Aufarbeitung: »Wie weit haben sich die anfänglichen Befürchtungen als Katastrophenphantasien erwiesen; wo sonst werden auf Grund von Katastrophenphantasien Möglichkeiten nicht erprobt und Chancen vertan?« Mitunter die Übung »aus gegebenem Anlass« lediglich *einem* Teilnehmer anbieten: »Wollen Sie es mal versuchen?«

☞ *Familienbild:* Die Übung kann einen ersten Überblick über Problematiken der Teilnehmer geben und eignet sich daher für den Anfang einer ambulanten Gruppe oder einer Klausur. – Auf DIN-A4-Blättern zeichnen die Teilnehmer sich und ihre Familie (Herkunfts- oder gegenwärtige Familie) und ordnen jeder dargestellten Person einen Satz und eine Eigenschaft zu. *(Variante:* Die Personen werden wahlweise als Tiere, Pflanzen, Autos o. a. dargestellt.)

5.3 Hilfsmethoden, Übungen, Spiele, Materialien für Gruppen

Lassen Sie möglichst auch die beim Zeichnen der einzelnen Personen aufgetretenen Gefühle, Assoziationen und Erinnerungen notieren. Die Bilder werden präsentiert und kurz erläutert (keine Deutungen!), danach als Lebende Bilder gestellt, gegebenenfalls zum Minispot erweitert. Der Protagonist kann als Hilfs-Ich jeder dargestellten Person sprechen. Aufarbeitung nach Rahmenthema bzw. Arbeitsziel. Ähnlich »*Geschwisterkonstellation*«: »Was bedeutet es für mich, Älteste(r) (Jüngster, Einzelkind, einziger Sohn ...) zu sein? In welcher Position hätte ich es wohl besser?«
Gruppendynamisch orientierte Variante: Gruppen/Teilgruppen bis zu neun Mitgliedern einigen sich auf ein »typisches« Familienbild, das konstelliert wird. Ein (Neben-)Fokus liegt auf dem Einigungsprozess. – Auch *Assoziationen* eignet sich in Erstsitzungen zu einem schnellen Überblick über Problematiken der Teilnehmer: Ein Moderator verliest mit entsprechenden Pausen eine Reihe von Stichworten, bei einem eventuellen Rahmenthema auf dieses abgestimmt. Die Teilnehmer notieren ihre jeweiligen Assoziationen. Anschließend werden zu jedem Stichwort reihum die Assoziationen genannt. Aufarbeitung: »Was bedeuten Ihre eigenen Assoziationen, was die der anderen für Sie?«; mitunter auch Berücksichtigung des Anteils »positiver«/akzeptierender/..., gegenüber »negativer«/ablehnender/ängstlicher Assoziationen. Stichworte z. B. für Rahmenthema »Lebensmitte«:»Abschied/Neuanfang/Risiko/Chance/Verzicht/Verpflichtungen/Aussöhnung/Ziel/Gelassenheit/Alter/Altern ...«. Für Rahmenthema »Beziehungen«: Männer/Freunde/Chef/Frauen/Partner(in)/Gegner/Trennung/Mitarbeiter/Bindung/Alleinsein/Familie/Geschwister/ich selbst ...
Variante »Assoziationskette«: Der Moderator gibt ein erstes Stichwort vor, zu dem alle Teilnehmer sich ihre Assoziation einfallen lassen. Der linke Nachbar spricht seine (*ein* Wort!) als neues Stichwort aus, so geht es mehrfach (Tempo!) im Kreis herum. Fällt dem je linken Nachbarn zum vorgelegten Stichwort nichts ein, kommt der nächste dran. Tonbandaufzeichnung ist mitunter nützlich. Fokussieren Sie in der Aufarbeitung u. a. auf die Unterschiede zwischen den eigenen und den Assoziationen der anderen. Wichtig sind auch die Stichworte, bei denen Teilnehmer Blockaden hatten (sie deuten auf entsprechende Probleme!).

5. Hilfsmethoden, Spiele, Übungen und Materialien

Die folgenden zwei Übungen eignen sich auch gut für Selbstbehauptungstrainings:

☞ *Hier stehe ich:* Der jeweilige Protagonist (Freiwillige oder reihum jeder Teilnehmer) steigt auf einen in der Mitte stehenden Hocker bzw. Tisch, dreht sich einmal langsam herum und sieht dabei die anderen Teilnehmer an, spricht einen Satz (*Variante:* hält eine kurze Ansprache), beliebig oder mit Vorgabe (z. B. über die Gruppe, über sich selbst, über einen beliebigen oder einen bestimmten Teilnehmer; über Menschen, die er fürchtet, über sein schönstes Erlebnis, ...), bleibt noch einen Moment stehen und sieht reihum wieder die Teilnehmer an. Aufarbeitung, nachdem alle (alle, die es wollten) sich »dargestellt« haben: »Wie haben Sie es erlebt, welche Befürchtungen davor, welche Gefühle dabei/danach gehabt?«

☞ *Sag ihm was!:* Hier wird der Adressat direkt angesprochen. Der Protagonist soll einem oder mehreren, von ihm gewählten oder ihm benannten Teilnehmer(n) »etwas sagen«; gegebenenfalls Vorgaben »etwas Anerkennendes, Kritisches, eine Bitte oder Forderung, eine Phantasie über ihn (sie)«. Der Protagonist soll zum Adressaten gehen, ihn mit Namen ansprechen, seine Aussage machen, noch einen Moment ihm in die Augen sehend stehen bleiben, sich wieder hinsetzen. Aufarbeitung: »Wie haben die Sprechenden und die Angesprochenen es erlebt, wie frei haben Sie sich geäußert? Was haben Sie über sich/übereinander erfahren?«

☞ In der Gruppenversion von **Leerer Stuhl** (siehe Seite 181 ff.) wird eine kurze Meditation vorgeschaltet: Welche Person stellen sich die Teilnehmer auf einem in der Mitte stehenden leeren Stuhl vor, der sie Wesentliches sagen müssten/hätten sagen müssen (Vorwürfe mitteilen, Abbitte leisten usw.)? Bieten Sie zunächst Gelegenheit, der imaginierten Person in Gedanken das Versäumte »zu sagen«. Bei protagonistenzentrierter Arbeit tritt zunächst nur ein Protagonist in den Dialog mit dem »Stuhl« ein. Moderator und die anderen Teilnehmer fungieren gegebenenfalls als Hilfs-Ichs. Lassen Sie jedoch keine pseudotherapeutischen »Deutungen« und »Interpretationen« der Mitglieder zu! Nach Abschluss der Arbeit mit dem Protagonisten Frage »an alle«: »Wem ist es wichtig, hierzu noch etwas zu sagen oder zu fragen?« Erlauben Sie auch hier nur Beiträge, die das eigene Leben/Erleben der Teilnehmer betreffen! Abschließend Frage »an alle«, was sie erlebt, wo sie sich wiederer-

5.3 Hilfsmethoden, Übungen, Spiele, Materialien für Gruppen

kannt und welche Variationen (etwa »verbesserte Neuauflagen«) sie anzubieten hätten. *Achtung, es kann zu Durchbrüchen kommen! (Zeitplanung!)* In Therapiegruppen sollten die Teilnehmer eventuell in einem ersten Durchgang ihre Äußerungen nur imaginieren, aber nicht aussprechen. Erst nachdem die dabei ausgelösten Gefühle bearbeitet wurden, werden die Äußerungen auch ausgesprochen. So können Ängste und Belastungen vermindert werden.

Die nächsten zwei Übungen zur »Rückmeldung« sind bei schlechtem Gruppenklima und/oder leicht kränkbaren Teilnehmern nicht zu empfehlen, da es zu verbalen Attacken kommen kann.

Heißer Stuhl: Der Protagonist (Freiwillige oder reihum jeder aus der Gruppe) erhält Kommentare zu seinen Eigenschaften und seinem Verhalten, wobei der je Kommentierende, hinter dem Protagonisten stehend, als dessen Hilfs-Ich spricht (z. B. »ich bin ängstlich, aber das darf keiner merken/ich dürfte mir viel mehr zutrauen/ich hätte mich schon längst von meinem Partner trennen sollen/ich laufe meinen Ohrfeigen nach/...«). Zugelassene Antworten des Protagonisten (wenn überhaupt) sind lediglich »das wusste ich schon«/»das ist mir neu«/»das habe ich nicht verstanden«. Er darf die Übung jederzeit abbrechen, anschließend hat er Gelegenheit zu Stellungnahmen, »Richtigstellungen« usw. Aufarbeitung, nachdem alle (alle Interessierten) Rückmeldung erhalten haben: »Was haben Sie befürchtet, zu hören, was tatsächlich zu hören bekommen?« Wenn die Übung schwer anläuft, kann der Moderator als Hilfs-Ich eröffnen: »Ich wünschte, ihr würdet nun endlich anfangen (mich nicht solange schmoren lassen).«

Spit Back: Dies ist eine »Kissen-Übung«, die mit ritualisiertem Text durchgeführt wird: »Liebe(r) ... (mit Namen anreden und gleichzeitig das Kissen zuwerfen), ich wünsche dir ein schönes, langes Leben, aber es stört mich, dass du ...« Darauf die ebenfalls ritualisierte Antwort: »Liebe(r) ..., ich danke dir, dass du mir das gesagt hast, ich werde es bedenken, aber ich bin nicht auf der Welt, um so zu sein, wie du das gern hättest (um deinen Erwartungen/Anforderungen/Vorstellungen zu entsprechen, deine Wünsche zu erfüllen).« Die Texte sind zweckmäßig an die Tafel zu schreiben. Das Kissen darf nicht unmittelbar an den »Absender« zurückgegeben werden (Vermeidung von Retourkutschen!). Vor Abschluss fragen, wer das Kissen noch mal haben möchte. Ein Fokus der Aufarbeitung ist, dass man Kritik auch achselzuckend zur Kenntnis nehmen kann, ohne sich darüber zu grämen oder zu ärgern. *Variante:* Es muss jedesmal etwas Anerkennendes und etwas Kritisches gesagt werden; Aufarbeitung: Mit Anerkennung ist oft noch schwerer umzugehen als mit Kritik.

☞ *Begegnen im Kreis:* Hierbei geht es vor allem um den Mut, sich selbst und seine unterschiedlichen Gefühle gegenüber den verschiedenen Teilnehmern auszudrücken. Die Gruppe bildet einen großen Kreis. Teilnehmer nehmen Blickkontakt auf, überzeugen sich, dass nicht gerade ein anderes Paar »unterwegs ist«, gehen aufeinander zu, sodass sie sich in der Mitte treffen, und »begrüßen« einander *nonverbal* entsprechend ihren Wünschen. Das kann von einer Grimasse oder herausgestreckten Zunge über einen Händedruck oder Hofknicks bis zu herzlicher Umarmung reichen. Dann gehen sie weiter, sodass sie danach auf dem Platz des je anderen stehen (und damit andere Teilnehmer im Blickfeld haben) und ein anderes Paar sich begegnen kann.
In der Aufarbeitung werden z. B. die Vermeidung von Begegnung (Kontakt) durch Vermeidung von Blickkontakt, die aufgetretenen Phantasien und Ängste (einschließlich ihrer Bestätigung oder Widerlegung) oder der Umgang mit den eigenen und fremden Wünschen behandelt. Die Moderatoren sollten sich zumindest anfangs heraushalten, um nicht durch ihre Form der Begegnungen Vorgaben zu machen.

☞ *Zeittorte:* Diese Übung zielt deutlicher in Richtung praktischer Lebensgestaltung. Die Teilnehmer unterteilen eine auf DIN-A4-Blatt vorgegebene Kreisfläche (24 Stunden!), die die Gesamtheit ihrer Zeit darstellt, tortenstückartig in Segmente entsprechend dem jeweiligen Anteil – mit verschiedenen Farben den derzeitigen Ist- und den gewünschten Soll-Zustand. Zwischengespräch: Was wurde vergessen/vernachlässigt, welche Kategorien wurden benutzt? Danach zweiter Durchgang. Aufarbeitung je nach Rahmenthema, meist zunächst in Kleingruppen: Wie könnte die Zeit sinnvoller genutzt werden, was wäre an der Lebensführung dazu zu verändern? Wer sind die »Adressaten« destruktiver Tätigkeiten (Schuldschein-Spiele?), welchen »Gewinn« bringen diese?

5.3 Hilfsmethoden, Übungen, Spiele, Materialien für Gruppen

Als Letztes eine Übung zur Überwindung von Subgruppenbildung, sofern diese nicht bei Klausuren durch völlige Umstrukturierung der Teilgruppen ohnehin gegenstandslos wird:
Segregationsübung: Die Gruppe wird für jeweils fünf bis sieben Minuten zu Diskussionen in immer neue Halbgruppen aufgeteilt. Zweckmäßigerweise erfolgt die Aufteilung nach uneindeutigen Kriterien wie »Ältere«/»Jüngere« – »Schlanke«/»Gewichtige« – »Besser-«/»Schlechterverdienende« o. Ä. Die Teilnehmer müssen selbst entscheiden, welcher dieser Teilgruppen sie sich jeweils zuordnen – schon damit wird die Fragwürdigkeit der Einteilungen (»Subgruppen«) demonstriert. Diskussionsthema (falls überhaupt eins vorgegeben wird) könnte sein »Was bedeuten diese Kriterien für mich?« oder »Was ist für mich in dieser Teilgruppe anders als in den anderen?«
Die letzte Einteilung separiert die anfängliche Subgruppe vom Rest der Gruppe, Thema: »Was haben wir jetzt erlebt?« Der Fokus der anschließenden Plenumsdiskussion ist »Was hat sich verändert? Wo stehen wir jetzt?« Meist ist damit die Subgruppe wieder in die Gesamtgruppe integriert.

5.3.2.5 Sonden in Gruppen

Sonden (siehe auch Seite 198) sind auch in Gruppen anwendbar, obgleich dort kein unmittelbarer Abruf der Reaktionen möglich ist, außer wenn Sie die Sonde lediglich dem Protagonisten geben. Allerdings empfiehlt es sich, die Sonde nach der Arbeit mit dem Protagonisten noch einmal »an alle« zu geben und die ausgelösten Gefühle und Assoziationen abzufragen: »Was haben Sie erlebt?/ Was ist bei Ihnen passiert?« Die Sonde wird reihum von jedem Teilnehmer seinem Nachbarn gegeben, oder Sie sprechen sie nacheinander zu jedem Teilnehmer, ihn mit Namen anredend und mit ausreichenden Zwischenpausen.
In Gruppen sind auch nonverbale Sonden möglich wie: »Was erleben Sie, wenn ich jetzt dem Komoderator (einem/jedem der Teilnehmer) die Hand auf die Schulter lege?/... ihn/sie zu Boden drücke?/... ihn/sie umarme? – ... mich drohend vor ihn/sie stelle?/... ihm/ihr den Rücken kehre?/...« – »Was erleben Sie, wenn der Komoderator das mit mir tut? (Arbeiten Sie mit einem gegen-

geschlechtlichen Komoderator, wie es empfehlenswert ist, kann es einen großen Unterschied machen, wer von Ihnen den anderen berührt/bedrängt/bedroht/stützt/...)»Was erleben Sie, wenn ich mich zusammenrolle wie ein Embryo – mich auf ein Podest stelle – mir den Mund zuhalte – das Gesicht in den Händen berge – ..., wenn einer der anderen Teilnehmer das tut/wenn Sie alle das tun?« Mit dem durch Sonden erbrachten Material arbeiten Sie entsprechend weiter. *Achtung: Besonders bei nonverbalen Sonden kann es leicht zu Durchbrüchen kommen (Zeitplanung!).*

5.3.2.6 Übungen zur Verbesserung der Kommunikation[104]

Wie fragwürdig zwischenmenschliche Kommunikation ist, ist nur wenigen Menschen bewusst. Daher glauben Teilnehmer gelegentlich, ein in ein Seminar eingeschobenes Kommunikationstraining nicht zu brauchen. Sie können sie meist durch folgende Übungen überzeugen:

☞ *Bauanleitung:* Zwei Teilnehmer A und B, beide mit einem identischen Satz von Bauklötzen, sitzen Rücken gegen Rücken in der Mitte der Gruppe. A baut Klotz für Klotz einen Turm und gibt B (der nicht zurückfragen soll) Anleitungen, damit B einen identischen Turm bauen kann. Meist differieren die beiden Bauwerke jedoch beträchtlich, selbst dann, wenn Rückfragen zugelassen sind. Videoaufnahmen sind nützlich. – Einfacher geht es mit den (auf Harold J. Leavitt zurückgehenden) »Brocher-Quadraten[105]«: fünf gleich großen Quadraten, die zu einer einfachen Figur angeordnet sind. Der Protagonist, mit dem Rücken zur Gruppe sitzend, beschreibt die Figur; die Teilnehmer versuchen ohne Rückfragen nach seiner Anleitung die Figur zu zeichnen.

Grundlage aller Übungen zur Verbesserung verbaler Kommuni-
☞ kation ist der *Kontrollierte Dialog* mit seiner Vorstufe, dem aktiven Zuhören. Sie demonstrieren die Unzuverlässigkeit sprachli-

---

[104] Bernd Fittkau u. a., Kommunizieren lernen (und Umlernen), Braunschweig ^{7}1994
[105] Brocher, Tobias, Gruppendynamik und Erwachsenenbildung, Braunschweig 1967

5.3 Hilfsmethoden, Übungen, Spiele, Materialien für Gruppen

cher Verständigung und verdeutlichen Kommunikationsfehler. Ihr Kernstück ist die Rückmeldung des Verstandenen, die es ermöglicht, Missverständnisse und Fehlinterpretationen aufzuklären, ehe es zu Eskalationen kommt.

Die folgenden »Instruktionen«, die Auswahlliste von Fragen für die Diskussion sowie die Liste häufiger Kommunikationsfehler (siehe Seite 286) können Sie schriftlich an die Teilnehmer ausgeben.

INSTRUKTIONEN ZUM AKTIVEN ZUHÖREN

Aktives Zuhören wird durchgeführt in Dreiergruppen mit Rollenrotation (Sprecher, Hörer und Beobachter). Die Aufnahme mit Kassettenrekorder empfiehlt sich. – Der Beobachter achtet auf die Einhaltung von Zeit und Regeln und macht sich nach Wunsch Notizen, mischt sich aber nicht ein. Der Sprecher erzählt etwas und gibt dem Hörer in angemessenen Abständen Gelegenheit, rückzumelden, was er verstanden hat. *Wortgetreue Wiederholungen* erfordern lediglich ein gutes akustisches Gedächtnis, aber kein Verständnis des Gehörten und sind daher *nicht zulässig*.

Der Sprecher darf in seinem Bericht erst fortfahren, wenn der Hörer den Inhalt sinngemäß (!) richtig wiedergegeben hat. Gelingt ihm das auch bei einem zweiten Versuch nicht oder hat der Sprecher eine unstimmige Wiedergabe fälschlich als richtig bezeichnet, muss der Sprecher selbst seine Aussage wiederholen. Gelingt ihm das nicht, so teilt der Beobachter seine Version mit, und das Tonband wird konsultiert.

Nach je sechs Minuten erfolgt ohne zwischengeschaltete Diskussion ein Rollenwechsel. Etwa zwölf Minuten Diskussion in der Kleingruppe schließen nach zweimaligem Rollenwechsel an. Die Kleingruppe formuliert dann ihre wichtigsten Ergebnisse schriftlich für das Plenum. Die folgenden Fragen bieten dabei eine Strukturierungshilfe. Anschließend geht es mit einer Plenumsdiskussion weiter.

- Welche Unterschiede in der Kommunikation gab es zwischen der Übung selbst, der anschließenden Diskussion in der Kleingruppe und der Verhandlung über die Formulierung der Ergebnisse?

5. Hilfsmethoden, Spiele, Übungen und Materialien

- Was machte Ihnen bei der Übung am meisten Schwierigkeiten?
- Womit erschweren Sie sich und Ihren Gesprächspartnern die Kommunikation?
- Was haben Sie getan/hätten Sie tun können, um die Kommunikation zu verbessern? Ggf. – warum taten Sie es nicht?
- Worauf müssten Sie bei der täglichen Kommunikation mehr achten?
- Wie haben Sie sich bei der Übung in jeder der Rollen gefühlt?
- Was ist Ihnen deutlicher/fraglicher geworden?
- Was hat Sie besonders beeindruckt?

* * *

In anderem Kontext, z. B. Selbsterfahrung/Selbstkonfrontation, sind entsprechend andere Fragen zu wählen. – *Achtung! Übungen, die die Störanfälligkeit der Kommunikation demonstrieren, können extreme Verunsicherung bewirken und Durchbrüche auslösen!*
In der Aufarbeitung im Plenum werden die Ergebnisse aus den Kleingruppen zusammengefasst, *ehe* das folgende Informationsblatt ausgegeben und von den Teilnehmern gelesen wird. Erneute Diskussion, erst in den Kleingruppen, dann im Plenum.
Fortsetzung möglichst in einem zweiten Durchgang mit Kleingruppen anderer Zusammensetzung, eventuell auch in rein gleichgeschlechtlichen Gruppen. Gegebenenfalls auch Arbeit in Doppelgruppen (3 + 3), die einander gegenseitig als Beobachter Rückmeldung geben.

☞ Der anschließende *Kontrollierte Dialog* wird von den Teilnehmern oft als gekünstelt erlebt, ist aber unverzichtbar: Die Partner führen nach dem Verfahren des aktiven Zuhörens einen Dialog. Weisen Sie darauf hin, dass im »Ernstfall« ja nicht *alle* Äußerungen des Gesprächspartners »wiederholt« (paraphrasiert) werden, sondern nur die befremdlichen oder die brisanten. Durch die Rückmeldung und die Mitteilung auch der je ausgelösten Interpretationen des Zuhörers wird Fehlkommunikation weitgehend verhindert. Im Dialog wird auch die Zweiteilung der Aufmerksamkeit zwischen Hören und Vorbereitung der eigenen Antwort geübt.
Aufnahme der Dialoge mit Kassettenrekorder. Werden keine Themen vorgegeben, ist die Themenfindung bereits Teil des Dialogs.

5.3 Hilfsmethoden, Übungen, Spiele, Materialien für Gruppen

Es empfehlen sich wieder mehrere Durchgänge in Gruppen unterschiedlicher Zusammensetzung und/oder mit Themen zunehmender Brisanz. Besonders bei kontroversen Themen empfehlen sich Videoaufnahmen und Aufarbeitung im Plenum bzw. Halb-Plenum mit Hilfs-Ichs. – Fragebogen, Liste der Kommunikationsfehler und Durchführung wie beim *aktiven Zuhören*.

INSTRUKTIONEN

Der kontrollierte Dialog wird in Dreiergruppen durchgeführt. Die Rolle des Beobachters geht nach je sechs Minuten – ohne zwischengeschaltete Diskussion – an den Nächsten weiter. Der Beobachter wacht über die Einhaltung von Zeit und Regeln, macht sich nach Wunsch Notizen, mischt sich aber in den Dialog nicht ein.

Die Dialogpartner dürfen ihren Gesprächsbeitrag/ihre Antwort erst äußern, nachdem sie die Aussage des anderen sinngemäß (nicht wortgetreu!) richtig wiederholt haben. Gelingt einem Partner in zwei Versuchen keine als richtig bestätigte Wiedergabe, so muss der Sprecher selbst seine Äußerung wiederholen. Ist er nicht in der Lage (oder hat er eine Wiedergabe fälschlich als »richtig« bezeichnet), teilt der Beobachter seine Version mit, und das Tonband wird konsultiert.

Beantworten Sie bitte nach dem dritten Durchgang zunächst die schriftlichen Fragen und diskutieren Sie anschließend in der Kleingruppe für etwa 10 Minuten die eben gemachte Erfahrung. Formulieren Sie Ihre wichtigsten Ergebnisse schriftlich für das anschließende Plenum.

FRAGEN ZUM KONTROLLIERTEN DIALOG

- Welche Unterschiede in der Kommunikation gab es zwischen der Übung selbst, der anschließenden Diskussion in der Kleingruppe und der Verhandlung über die Formulierung der Ergebnisse?
- Was machte Ihnen bei der Übung am meisten Schwierigkeiten?
- Womit erschweren Sie sich und Ihren Gesprächspartnern die Kommunikation?

5. Hilfsmethoden, Spiele, Übungen und Materialien

- Was haben Sie getan/hätten Sie tun können, um die Kommunikation zu verbessern? Ggf. – warum taten Sie es nicht?
- Worauf müssten Sie bei der täglichen Kommunikation mehr achten?
- Wie haben Sie sich bei der Übung in jeder der Rollen gefühlt?
- Was ist Ihnen deutlicher/fraglicher geworden?
- Was hat Sie besonders beeindruckt?

* * *

Die folgende Liste von Kommunikationsfehlern sollte erst ausgegeben werden, wenn die Diskussion im Plenum bereits eine Weile gelaufen ist und die Teilnehmer von sich aus bereits den Versuch gemacht haben, ihre Kommunikationsschwierigkeiten zu benennen.

WAS KOMMUNIKATION ERSCHWERT/BEHINDERT

Auf der Seite des Sprechenden
- Organisiert/strukturiert seine Gedanken nicht, ehe er spricht (»überstürzter Start«)
- spricht undeutlich/zu schnell/zu laut; drückt sich unklar (ungenau) aus
- bildet zu lange und verschachtelte Sätze
- lässt dem Hörer keine Zeit, das Gesagte aufzunehmen und zu verarbeiten
- reagiert nicht auf Zeichen von Unverständnis/Ermüdung/Interesselosigkeit seitens des Hörers
- wiederholt sich, »um besser verstanden zu werden«
- hält keinen Blickkontakt mit dem Hörer.
- Was sonst fällt Ihnen dazu ein? . . . .
. . . .

Auf der Seite des Hörers
- Hält keinen Blickkontakt mit dem Sprecher
- gibt weder verbal noch nonverbal Rückmeldung über sein Verständnis/Unverständnis/seine Fähigkeit, dem Sprechenden zu folgen
- ist mit den Gedanken woanders/bereitet seine Antwort vor

5.3 Hilfsmethoden, Übungen, Spiele, Materialien für Gruppen

- fragt im Bedarfsfall nicht zurück
- klebt an Details und verliert den Faden
- »hört« mehr/anderes, als gesagt wurde.
- Was sonst fällt Ihnen dazu ein? ....
....

Mögliche Ursachen solcher Verhaltensweisen sind u. a.
- Bei zu schnellem Start, zu schnellem/zu lautem Sprechen: Stammt aus einer Familie, in der es schwierig war, zu Wort zu kommen/sich Gehör zu verschaffen/wo man sich gegenseitig ins Wort fiel
- Bei zu langen und verschachtelten Sätzen: Möchte allen nur möglichen Einwendungen zuvorkommen/die Aussage bis ins letzte Detail präzisieren
- Bei undeutlichem Sprechen und unverständlichen Sätzen: möchte sich nicht mit der klaren Äußerung einer Meinung (speziell einer abweichenden) angreifbar (unbeliebt) machen/ möchte seinen Informationsvorsprung (Machtvorsprung!) nicht aufgeben/möchte imponieren statt informieren
- Ist an Thema und/oder Gesprächspartner nicht interessiert, möchte Thema und/oder Gesprächspartner vermeiden, ohne »unhöflich« zu sein bzw. sich unbeliebt zu machen
- Möchte keine »Schwächen« wie Schwerhörigkeit oder Verständnisschwierigkeiten eingestehen und bittet daher nicht um langsameres/lauteres/deutlicheres Sprechen bzw. um Erklärung ihm unbekannter Wörter.
- Was sonst fällt Ihnen dazu ein? ....
....

Weiter kann eine Tonband-, besser noch Videoaufnahme, einer Auseinandersetzung (möglichst in der Gruppe aufgenommen) im Plenum abgespielt werden. Die Teilnehmer verdeutlichen als »ihre eigenen Hilfs-Ichs« die unterschiedlichen Interpretationen und ausgelösten Assoziationen nach jeder Äußerung. Fokus der Aufarbeitung: Die Verquickung von Wahrnehmung und Interpretation und die Unfähigkeit des Menschen zu »objektiver« Wahrnehmung. Durch diese Übung kann die Bereitschaft (wieder) hergestellt werden, im Zweifelsfall »rückzufragen statt einzuschnappen«.

5. Hilfsmethoden, Spiele, Übungen und Materialien

Die Neigung zu Fehlwahrnehmung/Fehlerinnerung kann weiter demonstriert werden, indem die Teilnehmer eine brisante Diskussion (etwa nach der Übung *Statements* [siehe unten]) aus dem Gedächtnis stichwortartig notieren und ihre »Wahrnehmungen« in Kleingruppen vergleichen. Eine Videoaufnahme belegt den »tatsächlichen« Ablauf.

☞ *Statements:* Ein kurzer Text wird vorgelesen bzw. gedruckt den Teilnehmern zu zweimaligem Lesen ausgehändigt, dann wieder eingesammelt. Die Mitglieder können sich den Inhalt aus dem Gedächtnis notieren, doch werden diese Notizen zunächst nicht benutzt. In einem Fragebogen klassifizieren die Teilnehmer schriftlich ausgegebene »Statements« zum Text als »richtig«, »falsch« oder »offen« (kann nicht entschieden werden). Eine Diskussion in Kleingruppen und/oder Plenum über die Richtigkeit der Statements schließt sich an. Lassen Sie die Diskussion laufen, bis sie sich angeheizt hat (Tonband!), und legen Sie dann den ursprünglichen Text schriftlich vor. Sie können auch Statements benutzen, die uneindeutig (missverständlich) formuliert sind bzw. Wertungen/Normen enthalten. Dies sollte aber in der Aufarbeitung explizit angesprochen werden. *Nebenfokus:* Kommunikation bei Meinungsverschiedenheiten. Text und Statements sind dem Rahmenthema bzw. der Situation des Seminars anzupassen.
Hier ein neutraler Text als Beispiel: Auf einer Kreuzung rammt ein dunkler Opel einen von links kommenden roten VW. Ein dritter Wagen fährt beim Versuch, auszuweichen, einen Fußgänger an. Der Fahrer steigt aus, kümmert sich um den gestürzten Fußgänger und entschuldigt sich bei ihm. Während die Fahrer von VW und Opel sich noch streiten, erscheint ein telefonisch herbeigerufener Streifenwagen. Ein Polizist steigt aus, nimmt die Kreuzung in Augenschein und fordert die Fahrer auf, die Kreuzung freizumachen. Statements: 1) Es werden fünf Personen erwähnt. 2) An dem Unfall sind Wagen dreier Marken beteiligt. 3) Ein Passant hat die Polizei verständigt. 4) Der VW hat die Vorfahrt verletzt. 5) Der Polizist hat sich richtig verhalten (Wertung!). 6) Der angefahrene Fußgänger ist bewusstlos.
Statement 1) ist richtig, Statement 6) ist falsch (man entschuldigt sich nicht bei einem Bewusstlosen!). Über die übrigen Statements kann nicht entschieden werden (zu wenig Information!).

5.3 Hilfsmethoden, Übungen, Spiele, Materialien für Gruppen

Achtung: Die Einsicht in die Störanfälligkeit der Kommunikation kann Durchbrüche auslösen!
Schließlich eine Übung zur berufstypischen Kommunikation in »helfenden Berufen« wie Lehr- und Beratungspersonal, Ärzten, Sozialarbeitern usw.
Hilfe geben – Hilfe nehmen (in Beratertrainings und Supervision anzubieten nach dem kontrollierten Dialog):
Dreiergruppen mit Beobachter und Rollenrotation; möglichst mehrfacher Wechsel der Kleingruppen, schließlich Video-Aufzeichnung mit Freiwilligen im Plenum. Die Aufzeichnung wird anschließend mit Hilfs-Ichs aufgearbeitet. Von anfänglichen sechs Minuten kann die Dauer der Interviews gesteigert werden.
Zunächst sollen sich die Teilnehmer Probleme überlegen, deren Lösung (mit praktischen Konsequenzen!) ihnen z. Zt. wichtig ist und an denen sie in der Übung arbeiten wollen. Dann können die folgenden »Instruktionen« an die Teilnehmer ausgegeben werden:

HILFE GEBEN – HILFE NEHMEN: INSTRUKTIONEN

Die Übung wird durchgeführt in Dreiergruppen mit Rollenrotation und den drei Rollen des »Ratsuchenden«, des »Beraters« und des Beobachters. Nach je sechs Minuten »Interview« Rollenwechsel ohne zwischengeschaltete Diskussion.
- Der Beobachter enthält sich jeder Einmischung. Er notiert sich eventuelle Auffälligkeiten und achtet auf die Einhaltung der Zeit. Eine Minute vor ihrem Ablauf weist er auf das bevorstehende Ende hin.
- Der Ratsuchende trägt dem Berater ein Problem vor, das ihm z. Zt. zu schaffen macht und dessen Lösung ihm wichtig ist.
- Der Berater hört zu und versucht, durch Fragen zur Klärung beizutragen. Er hinterfragt die Lösungsansätze des Ratsuchenden und weist ihn auf Wunschdenken, Katastrophenphantasien und andere Fehleinschätzungen hin. Er assistiert bei der Suche nach Lösungen, soll aber nicht selbst Lösungen suchen und vorschlagen.

Diskutieren Sie Ihre Erfahrung nach dem dritten Durchgang für etwa 10 Minuten in der Kleingruppe und bringen Sie Ihre wichtigs-

5. Hilfsmethoden, Spiele, Übungen und Materialien

ten Ergebnisse als schriftliche Thesen ins Plenum. Vor Beginn der Plenumsdiskussion überdenken Sie die folgenden Fragen (schriftliche Beantwortung empfiehlt sich!):

- Wie haben Sie sich in jeder der Rollen gefühlt, welche fiel Ihnen am schwersten, und warum?
- An welchen Stellen hatten Sie Schwierigkeiten?
- Mit welcher Art von Klienten/Beratern hätten Sie ungern zu tun?
- Was hat Sie überrascht/betroffen gemacht/beeindruckt?
- Wurde das Problem eines Ratsuchenden abgewertet (»Da brauchen Sie doch bloß ...«/»Das ist doch nicht so schlimm!«) – wenn ja, wie reagierte der Ratsuchende?
- Wurde »Rat erteilt« (»Versuchen Sie doch mal ...«) – wenn ja, mit welchem Erfolg? Kam es zu »Ja-aber«-Spielen?
- Wie waren Klima und Kommunikation, wie hätten sie eventuell verbessert werden können?
- Sehen die Ratsuchenden ihr Problem und seine Lösungsmöglichkeiten jetzt klarer?
- Sehen die Teilnehmer andere Probleme, an denen nicht explizit gearbeitet wurde, jetzt klarer?
- Welches Verhalten der Ratsuchenden/der Berater hat Sie geärgert/gekränkt?
- Worauf sollten Sie als Berater besonders achten?

* * *

Durch Variationen der Fragen ist der Fokus der Übung zu verschieben, z. B. zur Gegenübertragung (»Welche Phantasien über Ihren ›Klienten‹ haben Sie? An welche Bezugsperson erinnert er Sie, und was bedeutet das für Sie?« u. Ä.).

Auch kann die Aufnahme einer Beratung gezeigt werden, wonach die Teilnehmer ein Gedächtnisprotokoll schreiben. Anschließend wird die Aufnahme noch einmal gezeigt, sodass die Teilnehmer mit ihren Fehlwahrnehmungen/Fehlerinnerungen konfrontiert werden. Eine nützliche Übung für angehende Berater ist es auch, in Kleingruppen ein »Lehr-Video« »Beratungsgespräch« zu erstellen. Darin sind die wichtigsten Beratungs»fehler« eingebaut (Berater fällt dem Klienten ins Wort, wertet das Problem ab, erteilt Rat-

5.3 Hilfsmethoden, Übungen, Spiele, Materialien für Gruppen

schläge, will ein dem Klienten weniger wichtiges Problem bearbeiten u. a.) – zeitaufwändig, aber äußerst instruktiv[106].

5.3.2.7 Übungen zur Selbstbehauptung, Kooperation und Konfliktfähigkeit

Selbstbehauptung, Kooperation und Konfliktfähigkeit sind unterschiedliche Aspekte der Balance zwischen eigenen und fremden Ansprüchen. Die meisten einschlägigen Übungen können – unter Variation der den Teilnehmern gestellten Aufgaben – in allen drei Bereichen eingesetzt werden. Die Fähigkeit zur Konfliktlösung erfordert auch Phantasie (Kreativitätstraining!), um für alle Beteiligten akzeptable Lösungen finden zu können; sie steigt mit der Fähigkeit zu Selbstbehauptung, Kommunikation und Kooperation.
Allerdings sind nicht alle Konflikte kompromissfähig. Beim »Alles-oder-nichts-Konflikt« geht *zwangsläufig* einer der Partner leer aus. Doch gehören die allerwenigsten Konflikte zu diesem Typ. Meist finden sich über »Kompensationsgeschäfte« Lösungen nach dem Muster »Kuchen aufteilen«, allerdings sind bei der Suche Phantasie und guter Wille nötig. – Gegenüber der Paartherapie bietet die Gruppe den Vorteil, dass Konflikte zunächst mit verringerter Brisanz über »Stellvertreter« bearbeitet werden können.
Mit etwas anderem Fokus der Aufarbeitung sind einige der folgenden Übungen auch in Selbsterfahrungs- und (Sub-)Therapiegruppen zu verwenden.

5.3.2.7.1 Übungen zur Selbstbehauptung

Hintergrund ungenügenden Selbstbewusstseins sind im Allgemeinen frühkindliche tabuartige Ge- und Verbote seitens der Eltern wie »Sei bescheiden!/Sei höflich!/Lerne verzichten!/Was sollen die Leute denken!/So etwas tut man nicht!« sowie Antreiber: »Sei stark!/Sei perfekt!/Mach's allen recht!«, denen kein Mensch genügen kann. Aus Angst vor katastrophalen Folgen eines Tabubruchs

---

[106] »Richtiges« (d. h. zweckmäßiges) Verhalten wird eher aus Fehlern als aus »idealen« Beispielen gelernt!

5. Hilfsmethoden, Spiele, Übungen und Materialien

(in der Kindheit meist Liebesverlust) werden seine tatsächlichen Folgen überschätzt und nie überprüft. In mehr spielerischen Ansätzen in der Gruppe kann der Teilnehmer die Angstschwelle überwinden und so die Erfahrung machen, dass die Gruppe auf seine Selbstbehauptung nicht mit Ablehnung, sondern mit Anerkennung reagiert. – Es empfiehlt sich, die während der Arbeit deutlich werdenden Ge- und Verbote an der Wandtafel aufzulisten und sie durch entsprechende »Erlauber« (»Du darfst dich wehren!/Du darfst auch für dich selbst sorgen!/Du hast ein Recht auf deine Rechte!/Du darfst Nein sagen!« usw.) »außer Kraft zu setzen«.
Klassiker des Selbstbehauptungstrainings, weitgehend mit »Ernstfallcharakter«, sind *Hier stehe ich!* und *Sag ihm was!* (siehe Seite 278), nur für Freiwillige oder reihum für alle (»Wer möchte anfangen?«), gegebenenfalls mit entsprechender Ermutigung: »Was würde Ihnen die Übung erleichtern?« Bei konsequenter Verweigerung drängen Sie jedoch nicht, sondern bieten Sie besser die Übung später noch einmal an. – Auch *Gabentisch* und *Molekülübung* (siehe Seite 272) sind mit entsprechendem Fokus (»Womit haben Sie sich behindert?/Welche ›Verbote‹ sind Ihnen deutlich geworden?/Welche Konsequenzen haben Sie befürchtet und welche sind tatsächlich eingetreten?«) für Selbstbehauptungstrainings geeignet.

☞ Ein weiterer Klassiker ist *Gespräch suchen – Gespräch meiden:* Gearbeitet wird in Dreiergruppen mit Beobachter und Rollenrotation. Nach mehreren Durchgängen von je drei Minuten kann die Dauer zur Intensivierung bis auf fünf Minuten gesteigert werden. Der je »Aktive« sucht den »Passiven« in ein Gespräch zu verwickeln, das dieser verweigern soll. Geben Sie Szenarien vor: Auf der »Parkbank« kann der Angesprochene noch ohne weiteres aufstehen und weggehen, was im Restaurant oder im voll besetzten Eisenbahnabteil schwieriger ist. Weitere Vorgaben: Das Gespräch wird gesucht von einem Fremden; von einem Familienangehörigen oder Freund, der bei Zurückweisung mit Liebesentzug reagieren könnte; von einem Kollegen; von einem Behinderten. Gehen Sie in der Aufarbeitung auf die angewandten Strategien wie auf die deutlich gewordenen Normen/Werte ein (z. B. »Man kann doch nicht

5.3 Hilfsmethoden, Übungen, Spiele, Materialien für Gruppen

so unhöflich sein!«). Typische Situationen können Sie im Plenum mit Hilfs-Ichs durchspielen lassen.
Ebenfalls in Dreiergruppen mit Beobachter und Rollenrotation wird gearbeitet bei *Gib es mir!:* Der je »Aktive« richtet an den »Passiven« eine Bitte, die dieser abschlagen soll; dabei sind beiderseits alle Techniken der Manipulation zugelassen. Lassen Sie die Übung jeweils mehrere Minuten laufen; anschließend mehrere Minuten Diskussion in den Kleingruppen. Hilfreich sind mehrere Durchgänge in je anders zusammengesetzten Gruppen, wobei von anfänglich belanglosen, aber realen Bitten zwischen den Teilnehmern bis zu schließlich durchaus realen Ersuchen gesteigert wird (z. B. den anderen nach Hause zu fahren, ihm den Wagen zu leihen, eine Arbeit für ihn zu übernehmen). Fortsetzung mit Rollenspielen: Situationen der Teilnehmer aus ihrem sozialen Umfeld, vor allem Situationen, mit denen Teilnehmer besondere Schwierigkeiten haben (z. B. Bitten von einem/an einen Familienangehörigen oder Freund), werden durchgespielt, möglichst per Video aufgenommen und im Plenum mit Hilfs-Ichs bearbeitet. Im Verhaltenstraining werden Strategien wie die »Schallplatte mit Sprung« bzw. die »Vernebelung« (beide siehe Smith[107]) eingesetzt. Wechseln Sie zwischen Demonstrationen im Plenum unter Einsatz von Hilfs-Ichs sowie Aufarbeitung der jeweiligen Gefühle und erneutem Training in Kleingruppen. Gehen Sie in der Aufarbeitung auch auf die je persönlichen Normen und Werte ein, die als »Verbieter«/»Erlauber« bestimmten Verhaltens wirken. *Variante:* Der Inhalt der Bitte wird nicht benannt, sodass Manipulationen bei Forderung wie Zurückweisung nicht am Inhalt (Rationalen) ansetzen können – so kommen nur Beziehungsaspekte zum Tragen.
Eine Fülle von Übungsbeispielen zur Selbstbehauptung findet sich bei Smith (l.c.). Die Reklamation einer schlampig ausgeführten Reparatur, einer überhöhten Rechnung oder schadhaften Ware, das Abweisen eines zudringlichen Vertreters, die Reklamation einer längst überfälligen Gehaltserhöhung usw. Dabei beginnt die »Auseinandersetzung« jeweils bereits vor dem ersten gesprochenen Wort mit dem Aufbau einer inneren Einstellung, dass der

---
[107] Manuel J. Smith, Sage Nein ohne Skrupel, Landsberg/Lech ⁵1995

5. Hilfsmethoden, Spiele, Übungen und Materialien

Protagonist ja nicht *mehr* fordern will als sein *Recht*. Erst mit dieser Einstellung, die sich »von selbst« in Haltung, Gestik und Stimme ausdrückt, kann der Protagonist die Auseinandersetzung mit guten Aussichten auf Erfolg »in Angriff« nehmen. Rufen Sie seine Gedanken und Gefühle ab und lassen Sie ihn üben, bis er selbst mit seiner Haltung zufrieden ist (Video-Mitschnitt und Spiegelung durch die Gruppe). Schon in dieser Phase ist auch der Rollentausch mit seinem Antagonisten wichtig, um sich in dessen Ziele und Ängste einzufühlen. Erst nach diesen Vorbereitungen wird die Auseinandersetzung selbst durchgespielt, wobei die anderen Mitglieder als Hilfs-Ichs oder im Rollentausch, auch mit dem Angebot von Varianten und »verbesserten Neuauflagen«, einbezogen werden. Auch die Frage an alle, wer ähnliche Situationen und Skrupel kenne und wie man sich gegebenenfalls in ähnlichen Situationen geholfen hat, bezieht die Restgruppe stärker ein, entlastet den Protagonisten und bringt neue Ideen. – Wichtig ist weiter die rechtzeitige (!) Abklärung möglicher Kompromissangebote, denn wie oft müssen wir schließlich Zugeständnisse machen!
Ein nächster Schritt ist das Üben von »Selbstbehauptung« in Familie und Freundeskreis. Noch durchaus spielerisch ist die Übung, einen Besuch zum Gehen zu bewegen bzw. selbst, vielleicht sogar aus einer etwas größeren Gesellschaft und als Erste(r) aufzubrechen. Hilfreich sind Hilfs-Ichs sowie der Hinweis, dass man weniger von Aufbruch reden als aufstehen und hinausgehen muss. Und: »Was könnte Ihnen schlimmstenfalls passieren?!« (selbst wenn die Freunde den Aufbruch/die Verabschiedung nicht insgeheim sogar begrüßen sollten ...) – Mehr unter die Haut gehen meist Rollenspiele, in denen Abgrenzung innerhalb der Familie geübt wird, in der Zurückweisung einer Bitte/Forderung, im Äußern einer eigenen Bitte oder in der Behauptung eigenen Freiraums. Und immer wieder: »Was könnte Ihnen dabei helfen?/Was könnte es Ihnen erleichtern?« und »Was kann Ihnen schlimmstenfalls passieren?«
Ein wichtiges Übungsfeld ist auch die nachträgliche Rücknahme einer übereilt oder unter einer gewissen Nötigung gegebenen Zusage: »Tut mir leid, aber es hat sich gezeigt, dass ich die Zusage nicht einhalten kann. Sie müssen jemand anderen finden!« Der Rollentausch mit dem Konfliktpartner macht oft bereits deutlich,

5.3 Hilfsmethoden, Übungen, Spiele, Materialien für Gruppen

dass diesem durchaus bewusst ist, den Protagonisten »überfahren« zu haben, sodass er die nachträgliche Absage oft unerwartet leicht akzeptiert. – Bei all diesen Übungen sind (wenn einmal die entsprechende innere Haltung aufgebaut ist) unter anderem die »Vernebelungstaktik« und die »Schallplatte mit Sprung« (beide siehe Smith, l. c.) sehr hilfreich, sowie weiter der Ansatz »Spieß umkehren!«: Aus dem Bewusstsein, dass die zurückzuweisende Forderung ja eigentlich eine beträchtliche Dreistigkeit ist, baut sich die Fähigkeit auf, selbst zum Angriff überzugehen und dem Fordernden seine überzogene Forderung zum Vorwurf zu machen. – Und immer wieder als abschließende Frage nach derartigen Übungen: »Und wie fühlen Sie sich jetzt?«

Während diese Rollenspiele noch immer überwiegend »Spiele« sind, hat die Übung *Konflikt* schon weit mehr Ernstfallcharakter. Zudem bezieht sie die Suche nach einem für alle Beteiligten akzeptablen Kompromiss ein.

Konflikt: Als Protagonisten fungieren zwei Teilnehmer aus der Gruppe, die einen *akuten* Konflikt bearbeiten wollen, bei Paar-Gruppen Ehepartner mit einem realen (!) Streitobjekt. Sie sitzen mit geschlossenen Augen Rücken gegen Rücken (Ehepaare Rücken *an* Rücken) in der Mitte. Nacheinander teilen sie ihre Sicht des Streits der Gruppe mit. Dann sprechen Hilfs-Ichs ihre vermuteten, auf den Streit bezogenen Gedanken und Gefühle aus, wobei die Protagonisten über »stimmt/stimmt nicht« hinaus weder kommentieren noch korrigieren dürfen. Auch während des anschließenden Gesprächs zwischen ihnen verdeutlichen die Hilfs-Ichs immer wieder die Gefühle, sprechen Hoffnungen und Befürchtungen aus und weisen vor allem Missverständnisse auf. Meist werden dabei »geheime Ziele« (oft Überwältigung des Partners aus Angst, sonst von ihm überwältigt zu werden) und Anteile aus projizierten Kindheitskonflikten deutlich.

Lassen Sie möglichst Video-Mitschnitte anfertigen, die Sie anschließend an »kritischen« Stellen anhalten, bei denen die Missverständnisse bzw. Eskalationen durch Aussagen der Hilfs-Ichs vermieden wurden. Fragen Sie, wie sich der Konflikt ohne diese Hinweise weiterentwickelt hätte. Bieten Sie den Konfliktpartnern an, den Streit in einer »verbesserten Neuauflage« noch einmal durchzuspielen. Dabei sollen die zuerst von den Hilfs-Ichs ausgeübten

5. Hilfsmethoden, Spiele, Übungen und Materialien

Funktionen nun von den Protagonisten selbst übernommen werden: Dem Partner mitzuteilen, wie sie seine Äußerungen verstanden haben (Elemente des Kontrollierten Dialogs!) und welche Gedanken und Gefühle dadurch bei ihnen ausgelöst wurden. Auch Übertragungsanteile können Sie herausarbeiten mit Fragen wie »Wem galt dieser Vorwurf ›eigentlich‹? Von wem haben Sie solche Vorwürfe viel früher schon gehört? Erinnert Sie dieser Streit an Situationen Ihrer Kindheit?«

Auch die von den Hilfs-Ichs eingebrachten Interpretationen, Übertragungen und Projektionen sollten angesprochen werden.

Bei dieser Konfliktlösungsübung geht es nicht darum, dass die Konfliktpartner eine Lösung für ihre Differenzen finden, sondern um die Vermeidung der zu Eskalation führenden Mechanismen.

Variante: Die Protagonisten spielen das Gespräch mit vertauschten Rollen durch, wobei sie zugleich als Hilfs-Ich des von ihnen Dargestellten fungieren (»Und dabei denke/fühle ich ...«): »Identifikation mit dem Konfliktpartner«. Es ist darauf zu achten, dass sie nicht aus ihrer Rolle fallen und den »falschen« Text sprechen. Da bei dieser Übung bei Ehepaaren oft Vorurteile in Bezug auf den Partner erschüttert werden, kann es bei den Protagonisten zu Irritationen und emotionalen Durchbrüchen kommen.

Die Konfliktübung ist nicht nur für die unmittelbar Beteiligten strapaziös. Nach der Aufarbeitung sollten der »Haufen«, »Tragen und Wiegen«, »Handkontakt« o. Ä. angeboten werden!

Schon deutlich im Übergangsbereich zwischen Selbstbehauptung und »Kompromiss« steht die Übung *Mangelware*. Sie ist besonders nützlich für Teilnehmer, die zu überzogenen Ansprüchen neigen.

☞ *Mangelware:* Das Grundkonzept der Übung ist die Aufteilung dreier verschiedener Stücke Kuchen unterschiedlicher Attraktivität unter fünf Leuten, sodass alle zufrieden sind. Die aufzuteilende »Ware« ist je nach Kontext zu modifizieren. – *Variante* »Hotelzimmer«: Für eine Reisegesellschaft sind in einem Hotel nicht genügend Einzelzimmer verfügbar. Einige Teilnehmer müssen Mehr-Bett-Zimmer oder Ausweichquartiere akzeptieren. Je nach Ansatz soll jeder versuchen, ein Einzelzimmer zu bekommen; oder es wird auf Kompromiss und Kooperation gezielt. *Variante*: Aufteilen in zwei Teilgruppen, von denen die eine auf

5.3 Hilfsmethoden, Übungen, Spiele, Materialien für Gruppen

»Selbstbehauptung«, die andere auf Einigung aus ist. Ein Vergleich der Zufriedenheit in beiden Teilgruppen (siehe dazu Fragebogen Nr. 20) erfolgt im Plenum. Video-Mitschnitt der Verhandlung in den Teilgruppen ist hilfreich.
Abschließend die Übung Familie Lehmann, spielerisch und recht vergnüglich und je nach Fokus auch stark in Richtung Selbsterfahrung und Selbstkonfrontation gehend. Sie bietet u. a. Gelegenheit, verschiedene Rollen von vermittelnd/versöhnlich bis zu offen provokativ auszuprobieren und zu erfahren, wie viel Spaß es machen kann, einmal (und sei es im Spiel) den eigenen »Schatten« auszuleben.
Familie Lehmann (Fragebogen gegebenenfalls ausgeben zu Beginn der Kleingruppendiskussion, siehe unten): Kleingruppen von fünf oder mehr Personen, die »Mitglieder der Familie«, sollen sich auf eine gemeinsame Unternehmung, etwa einen Theaterbesuch, einen Wochenendausflug oder einen gemeinsamen Urlaub, einigen (eigene Ausgestaltung!). Bei Zeitknappheit werden die Rollen zugeteilt. Sonst wählen die Teilnehmer aus einer Liste: Mindestens ein Elternteil, mindestens ein Kind, gegebenenfalls ein Großelternteil bzw. Onkel/Tante (im Haushalt lebend oder auf Besuch), Verlobte(r) oder Freund(in) eines der Kinder; vielleicht auch der getrennt lebende Vater der Kinder, ein Adoptivkind o. Ä. – Die Einigung über die Verteilung der Rollen und das ungefähre Alter der Dargestellten ist ein Spiel im Spiel und enthält (von den Teilnehmern oft unbemerkt, daher in der Aufarbeitung anzusprechen) das Thema »Einigung« quasi als »*Ernstfall*« (Unterschiede des Verhaltens im »Spiel« und im Ernstfall?!). Nach mehreren Minuten lassen Sie notfalls die noch offenen Rollen zuweisen oder auslosen. Geben Sie 20 Minuten Spieldauer vor, anschließend 10 Minuten Aufarbeitung in den Kleingruppen, entsprechend länger bei »Arbeitsaufträgen«, wie: »Bringen Sie die wichtigsten gewonnenen Einsichten schriftlich als Thesen ins Plenum mit!« (zusätzliche Aufgabe implizit: Einigung auf das gewonnene »Produkt«).
Fokus im anschließenden Plenum je nach Rahmenthema: In der Selbstbehauptung auf die verfolgten Ziele, die eingesetzten Strategien, ihren Erfolg/Misserfolg oder eventuelle Strategie»fehler«. In Selbsterfahrung und Therapie auf Charakter und Ausgestaltung der übernommenen Rolle oder auf die beim Spiel aufgetretenen

Gefühle und Assoziationen. Im Kooperationstraining auf den »Gewinn« von Zugeständnissen (Verbesserung der Beziehungen und des Klimas) oder auf die Einigungsstrategien. Manchmal empfiehlt sich ein zweiter Durchgang mit besonderen Arbeitsaufträgen an die Teilnehmer, z. B. geheimen Rollenanweisungen (nur dem Spieler bekannt!), die erst in der Aufarbeitung angesprochen werden (z. B. jede Einigung zu verhindern, die eigene Position um jeden Preis durchzusetzen, einen bestimmten Mitspieler zu unterstützen oder zu blockieren, Kompromisse vorzuschlagen usw.). Dabei sind auch die je ausgelösten Gefühle wichtig.

Nur in Selbsterfahrung und Therapie ist in der Aufarbeitung zu fragen, wen die Teilnehmer jeweils dargestellt haben – Aspekte ihrer selbst (z. B. ihren »Schatten«), eine Bezugsperson oder einen »Helden« ihrer Phantasie; welche aktuellen bzw. Kindheitskonflikte ihnen beim Spiel einfielen; an wen die Mitspieler sie erinnerten. Im Verhaltenstraining könnten derartige Fragen Therapiewünsche aktualisieren und damit vom Thema ablenken. Im Folgenden Instruktionen für die Teilnehmer sowie eine Auswahl von Fragen für unterschiedlichen Fokus.

FAMILIE LEHMANN
INSTRUKTIONEN für die Teilnehmer

Die Teilnehmer der Kleingruppen stellen Mitglieder bzw. »Anhang« (Freunde, Verlobte) der Familie dar. Die Familie soll eine gemeinsame Unternehmung zum Wochenende unter Beteiligung *aller* planen. Gewonnen hat die Kleingruppe, die sich zuerst auf eine von allen akzeptierte Unternehmung geeinigt hat. Ist nach 15 Minuten Spieldauer noch keine Einigung in Sicht, kann das Spiel bei Zustimmung aller abgebrochen werden.

Nach dem Ausfüllen der Fragebogen hat die Kleingruppe vor Beginn des Plenums 15 Minuten Zeit für eine interne Diskussion.

* * *

- Hat das Spiel Sie an Personen/Situationen aus dem Alltag und/oder Ihrer Kindheit erinnert? Konnten Sie im Spiel anders mit der Situation/den Personen umgehen?
- Welche Beziehung hat der von Ihnen dargestellte »Charakter« zu Ihrem eigenen bzw. zu dem von Bezugspersonen?

5.3 Hilfsmethoden, Übungen, Spiele, Materialien für Gruppen

- Haben Sie sich im Spiel Verhaltensweisen gestattet, die Sie sich in der Realität nicht zugestehen? Wenn ja – wie haben Sie sich dabei gefühlt?
- Welche Gefühle, Erinnerungen und Assoziationen hatten Sie – vor, während und nach dem Spiel?
- Was hat Sie am meisten beeindruckt?
- Welche Vorurteile sind Ihnen aufgefallen?
- Wurde die »Familie« von Mitgliedern (wem?) dominiert bzw. manipuliert? Wie haben Sie darauf reagiert?
- Wurde die Gruppe bei der Verteilung der Rollen und der Festlegung der Lebensumstände der Dargestellten von Mitgliedern dominiert bzw. manipuliert? Wie haben Sie und/oder andere darauf reagiert? Gab es Unterschiede gegenüber entsprechenden Strategien innerhalb des Spiels?
- Haben Sie sich während des Spiels über andere Teilnehmer geärgert? Über welche Verhaltensweisen? Kennen Sie ähnliches Verhalten von sich selbst?

Falls geheime Rollenanweisungen erteilt wurden, wäre auch zu fragen:
- Wie haben Sie sich mit Ihrer Rollenanweisung gefühlt?
- Wie erfolgreich waren Sie bei der Durchsetzung Ihres Auftrages? Woran kann das gelegen haben? Welche Strategien wären zweckmäßiger gewesen? Mit welchen Vorstellungen haben Sie sich behindert?

Ist Kompromissfindung Fokus, sollte auch gefragt werden:
- Sind Sie mit der erreichten Einigung zufrieden oder haben Sie nur um des lieben Friedens willen zugestimmt? Welche Strategien haben Sie verwendet, um Ihre Wünsche durchzusetzen, und mit welchem Erfolg?

Im Plenum kann auch eine Einigung (oder ihr Scheitern) durchgespielt werden, möglichst mit Video-Aufnahme, die dann mit Hilfs-Ichs aufgearbeitet wird. Weitere Durchgänge in anderer »Besetzung« bzw. mit der Erprobung von anderem Verhalten können sich anschließen. Eine aufgenommene (und daher nachträglich überprüfbare) Einigung kann auch benutzt werden, um die unterschiedliche Wahrnehmung und Interpretation durch die verschie-

5. Hilfsmethoden, Spiele, Übungen und Materialien

denen Teilnehmer zu demonstrieren: Die Teilnehmer notieren den von ihnen wahrgenommenen Verlauf, diskutieren die Unterschiede, und vergleichen schließlich ihre Erinnerungen mit der Aufnahme. Eine ausführliche Aufarbeitung danach ist meist angebracht.

5.3.2.7.2 Übungen zur Kooperation und Kompromissfindung

Schon die letzten Übungen konnten je nach Fokus in Richtung Selbstbehauptung oder Kompromissfindung ausgerichtet werden, aber auch die folgenden, deutlich auf Kompromiss zielenden Übungen können schließlich noch zum Training von Durchsetzung und damit Selbstbehauptung eingesetzt werden.

☞ *Einigung:* Kleingruppen von etwa fünf Teilnehmern sollen sich auf eine »allen akzeptable« Interpretation z. B. von Rorschach- oder TAT-Tafeln einigen. Sieger ist die Gruppe, die sich am schnellsten geeinigt hat, doch sollte kein Teilnehmer einem Kompromiss zustimmen, der ihm widerstrebt. – Alle Gruppen bekommen den gleichen Satz Tafeln (hören dieselbe Geschichte, die unterschiedliche Interpretationen/Fortsetzungen gestattet). Kurze Aufarbeitung in den Gruppen, z. B. an Hand von Fragebogen (siehe Nr. 20) oder mit zusätzlichen Arbeitsaufträgen (z. B. Thesen über den Verlauf des »Einigungsprozesses« schriftlich zu formulieren: eine zusätzliche »Einigungsaufgabe«), anschließend Plenum.

Variante: Es wird nur *eine* TAT-Tafel vorgegeben, zu der eine Geschichte unter allgemeiner Beteiligung und Zustimmung zu erfinden ist. *Variante*: Es werden vor der Aufteilung der Gruppen mehrere, möglichst uneindeutige Bilder gezeigt, wobei sich die Gruppen aus dem *Gedächtnis* auf den Inhalt der Bilder einigen sollen. Die Bilder werden im Lauf der Aufarbeitung *im Plenum* noch einmal gezeigt und so die Tendenzen zu Fehlwahrnehmung und Fehlerinnerung verdeutlicht.

Video-Mitschnitt der Kleingruppen-Einigung und anschließende Aufarbeitung der Aufnahme im Plenum mit Hilfs-Ichs tragen zur Intensivierung der Übung bei.

Ausdrücklich dem Training der Kooperationsfähigkeit im Konflikt zwischen Kooperation und Rivalität (Eigen- und Gruppeninteresse) dienen die Übungen *Puzzle zu viert* und *Niesel-Spiel*.

5.3 Hilfsmethoden, Übungen, Spiele, Materialien für Gruppen

Puzzle zu viert (Rivalität vs. Kooperation): Gespielt wird in Vierergruppen, jede an ihrem eigenen, nicht zu kleinen Tisch. Vorbereitend werden pro Vierergruppe die Teile von vier (in Varianten auch fünf oder drei) Dreißig-Teile-Puzzles so auf vier Umschläge verteilt, dass jeder Umschlag Teile aller Puzzles enthält. Die Umschläge sind in der Mitte der Tische bereitgelegt. Ein Nebenfokus entsteht, wenn einzelne Umschläge deutlich mehr oder weniger Teile enthalten als andere (Rivalität/»Geschwisterneid« zwischen den Mitspielern bei der Verteilung der Umschläge). Ein weiterer Nebenfokus (Regeln und Normen/implizite Voraussetzungen) ergibt sich in den Varianten, da die Teilnehmer im Allgemeinen »selbstverständlich« *ein* Puzzle pro Mitspieler erwarten.
Nach der Aufteilung der Teilnehmer in die Vierergruppen soll nicht mehr gesprochen werden. Sieger ist die Gruppe, die als erste ihre Puzzles fertig hat. Zeitdruck (Spiel wird nach zehn Minuten abgebrochen; Kurzzeitwecker läuft sichtbar mit) heizt die Stimmung meist deutlich an. – Die Spielinstruktionen (siehe unten) können mit den Puzzleumschlägen schriftlich ausgegeben werden, desgleichen eventuell strukturierende Fragen (siehe unten) für die anschließende Diskussion. Jede Kleingruppe hat nach der Fertigstellung (Zeitpunkt notieren!) zehn Minuten zur Diskussion der Erfahrung, gegebenenfalls anhand eines Fragebogens. »Thesen« der Gruppe zu den »wichtigsten« Ergebnissen für die anschließende Plenumsdiskussion bieten eine weitere Kooperationsaufgabe mit Ernstfallcharakter.
Wichtig ist eine sorgfältige Aufarbeitung im Plenum, da es bei dieser Übung zu Animositäten zwischen den Teilnehmern kommen kann. Fast immer blockiert einer der Spieler seine Gruppe, da er Teile der Puzzles anderer bei sich eingebaut hat und nicht herausgibt – er »ist ja fertig«! Oft zieht er damit beträchtlichen Zorn auf sich. In der Variante, bei der die Zahl der ausgegebenen Puzzles nicht mit der der Mitspieler übereinstimmt, richten sich Zorn und Vorwürfe eher gegen die Moderatoren.

5. Hilfsmethoden, Spiele, Übungen und Materialien

PUZZLE ZU VIERT
INSTRUKTIONEN für die Mitspieler

Bei diesem Spiel handelt es sich um einen Wettkampf zwischen den Gruppen. Gewonnen hat die Gruppe, die als erste ihre sämtlichen Puzzles fertig hat.
Dabei ist es nicht erlaubt
- zu sprechen oder nonverbal Zeichen zu geben
- in das Puzzle eines Mitspielers einzugreifen
- einem Mitspieler Teile zuzuschieben, sie von ihm zu erbitten, zu fordern oder zu nehmen!

Teile, die ein Spieler für sein eigenes Puzzle nicht benötigt, kann er in die Mitte legen. Jeder Spieler darf Teile aus der Mitte nehmen und für sein Puzzle verwenden.
Nach Spielende (Zeit notieren!) haben Sie 10 Minuten Zeit zur Diskussion der Erfahrung in der Kleingruppe. Lesen Sie bitte vor der Diskussion den folgenden Fragebogen[108]!
- Wie haben Sie das Spiel erlebt?
- Wie wichtig war Ihnen Ihr eigenes gutes Abschneiden?
- Haben die Mitspieler insgesamt eher kooperiert oder rivalisiert?
- Was hätten Sie tun können, um Ihrer Gruppe zum Sieg zu verhelfen?
- Hat jemand die Regeln verletzt? Wie haben Sie das erlebt, wie sind Sie damit umgegangen? Kennen Sie dieses Verhalten?
- Was ist Ihnen aufgefallen, hat Sie beeindruckt, hat Sie überrascht?

* * *

Je nach Arbeitsschwerpunkt können andere Fragen gestellt werden, z. B.
- Wie hat sich die Verteilung der Umschläge an die Mitspieler abgespielt? Gab es dabei Streit (Ärger)? Wie haben Sie, wie haben die anderen das erlebt, wie haben Sie reagiert?

---

[108] Die Fragen sind nicht unbedingt schriftlich zu beantworten!

5.3 Hilfsmethoden, Übungen, Spiele, Materialien für Gruppen

- Wie haben Sie die unterschiedliche Zahl der Teile in den Umschlägen erlebt? Hat Sie das an Erlebnisse aus Ihrer Kindheit oder Ihrem Alltag erinnert?

Auch der Fragebogen Nr. 20 »zur Einigung in Kleingruppen« kann entsprechend adaptiert werden.

Auch beim *Niesel-Kooperationsspiel* konkurrieren die an Tischen sitzenden und schweigend spielenden Gruppen, wobei diesmal je fünf Spieler beteiligt sind. Jede Gruppe erhält ein Spiel mit 48 Karten, mit je einem der Symbole Kreuz, Quadrat, Kreis oder Dreieck in einer der Farben Rot, Grün oder Blau. Die Symbole unterscheiden sich weiter in der Größe (groß/klein) sowie durch einen oder zwei Markierungspunkte. Jeder Spieler erhält fünf offen auszulegende Karten. Der Rest der Karten bleibt als verdeckter Stapel liegen. Gewonnen hat die Gruppe, bei der zuerst jeder der Spieler fünf Karten vor sich liegen hat, die in einem der vier Merkmale übereinstimmen (alle Karten z. B. rot, oder alle mit zwei Punkten, oder alle mit großen Symbolen, oder alle mit der gleichen Figur). Erscheint den Mitspielern eine Lösung mit den ausgegebenen Karten nicht möglich, so werden – bei Zustimmung *aller* – die Karten kassiert und beiseite gelegt und neue vom Stapel ausgegeben. Doch sollte nach Spielende überprüft werden, ob die zuerst ausgegebenen Karten tatsächlich keine Lösung erlaubten.

Wieder darf während des Spiels kein Mitglied sprechen oder nonverbal Zeichen geben, von einem anderen eine Karte erbitten/fordern bzw. einen Tausch anbieten oder einem anderen Lösungsmöglichkeiten signalisieren. Von einem Mitglied nicht benötigte Karten werden in die Mitte gelegt, von wo jeder Karten, die er benötigt, entnehmen kann.

Ein Nebenfokus ergibt sich, wenn (*sehr* manipulativ, sollte unbedingt nachträglich offengelegt werden!) die Unterscheidung des Merkmals klein/groß bei *einigen* der Karten undeutlich gemacht wird. Es kann zu heftigem Streit und Verärgerung kommen. Mit entsprechenden Fragebogen (ähnlich Nr. 20) für die anschließende Kleingruppendiskussion (zehn Minuten für die Kleingruppen, gegebenenfalls mehr für die Formulierung von Thesen für das Plenum) lässt sich die Verärgerung weitgehend abfangen. Auch mit einem skalierten Fragebogen, der Atmosphäre und Resultat der

5. Hilfsmethoden, Spiele, Übungen und Materialien

Übung bewertet und die Resultate mit denen der anderen Mitspieler und der anderen Kleingruppen vergleicht, kann Ärger wieder aufgelöst werden. Geeignete Fragen sind u. a.:
- Sind Sie mit Verlauf und Ergebnis der Übung im Wesentlichen zufrieden? – Wenn nicht – was hat Sie gestört?
- Haben Sie sich über sich selbst und/oder einen Mitspieler geärgert und wenn ja – warum?
- Wurden Sie und/oder andere Teilnehmer ungeduldig? Wie wirkte sich das auf das Klima und auf die Lösung der Aufgabe aus?
- Kamen Verstöße gegen die Regeln vor? Wie haben Sie die erlebt; was haben Sie daraufhin getan?
- Was ist Ihnen deutlich/fraglich geworden?

☞ Schließlich noch eine Demonstration zur Entscheidungsfindung durch Kompromisssuche: *Knappe Mehrheit:* Der Gruppe wird eine Abstimmung ohne lange vorherige Verhandlungen abverlangt, z. B. über das weitere Vorgehen oder über eine Terminverlegung. Danach werden die Gefühle der »Sieger« und der »Unterlegenen« abgerufen. Dann wird die Entscheidung noch einmal diskutiert, diesmal mit der Suche nach einem Kompromiss (z. B.: »Unter welchen Bedingungen könnten die Ablehnenden dem Vorschlag doch zustimmen?«). Nach der Kompromissfindung werden wieder die Gefühle abgerufen, z. B. per Fragebogen (siehe Nr. 14). Weisen Sie in der Aufarbeitung darauf hin, dass auch die *Abstimmungssieger* damit rechnen müssen, bei einer anderen Abstimmung überstimmt zu werden und dann unzufrieden zu sein. Auch für sie ist daher ein guter Kompromiss letztlich günstiger, obgleich er zeitaufwändiger ist. Jede Unzufriedenheit zieht zudem Energie von der Arbeit ab! Der Einstieg in diese Übung (Forderung einer wichtigen Entscheidung zu genau diesem Zeitpunkt) ist manipulativ; auch das sollte in der Aufarbeitung angesprochen werden!

5.3.2.8 *Übungen zum Kreativitätstraining*

Kreativität: Offenheit für Lösungen außerhalb des Gewohnten und Üblichen, Mut zum »Querdenken«, vorurteilsfreies Jonglie-

5.3 Hilfsmethoden, Übungen, Spiele, Materialien für Gruppen

ren mit allen Möglichkeiten – das erfordert die Befreiung von einschränkenden Ge- und Verboten der »Eltern«, Experten und Autoritäten sowie Vertrauen zu den eigenen Fähigkeiten und der eigenen Meinung. Dies sind zentrale Ziele auch in Therapie, Selbsterfahrung und Selbstbehauptungstraining: Die Übungen haben auch in diesen Arbeitsbereichen (mit etwas verändertem Fokus) ihren Platz und können in längeren Klausurseminaren »zur Auflockerung« eingeblendet werden.

Ziel des Kreativitätstrainings ist nicht der unmittelbare Erwerb von Fertigkeiten (die oft langes und intensives Üben erfordern), sondern die Ermutigung zu ihrem Erwerb; nicht die Herstellung vorzeigbarer Produkte (Bilder, Kurzgeschichten usw.), sondern der *Spaß* bei ihrer Produktion.

Entsprechend sind Improvisationen mit einfachsten Hilfsmitteln zu fördern und aufwändige Materialien zu vermeiden. Das »Programm« einer Veranstaltung zum Kreativitätstraining sollte vor allem von den Einfällen der Teilnehmer bestimmt und durch kurze, spielerische Einschübe von Tanz, Pantomime und Bewegungsspielen aufgelockert werden. Immer wieder arbeiten Kleingruppen parallel an unterschiedlichen Projekten. Die Aufarbeitung zentriert sich auf Fragen wie: »Hätten Sie sich das zugetraut? *Hat es Spaß gemacht?* Was sonst könnten Sie mal versuchen?«

Wichtig ist auch die Verdeutlichung von kritiklos übernommenen Ge- und Verboten (einschließlich der Normen- und Wertsysteme) und ihr Ersatz durch »Erlauber«[109]. Am häufigsten stammen Selbstbehinderungen von dem entmutigenden und unsinnigen Vergleich mit den Leistungen von Profis. In Selbsterfahrung und Therapie ist auch der Alibi-Aspekt des »das kann ich doch nicht« anzusprechen. »Kreativitäts«übungen können auch eingesetzt werden, um »Holzbein«-Spiele (siehe Seite 92) aufzudecken.

Womit ich mich behindere (es mir schwer mache): Mal- und Zeichengerät liegen sichtbar (!) bereit. In einem Brainstorming wird gefragt, was Teilnehmer in der Erwartung, gleich zeichnen zu sollen, wohl denken und empfinden. Die erfahrungsgemäß überwie-

---

[109] Siehe auch Seite 307 f., »Zur Demonstration und Überwindung von Selbstbehinderung«.

5. Hilfsmethoden, Spiele, Übungen und Materialien

gend unbehaglich-ängstlichen Beiträge werden nach »Kategorien« geordnet (z. B. »schlechte Vorerfahrungen, Vorurteile, zu hohe Ansprüche«) und bearbeitet auf dem Hintergrund der Entmutigung durch Eltern/ältere Geschwister/Lehrer (»das kannst du nicht/das ist nicht gut genug/so macht man das nicht«).
Fassen Sie die Ergebnisse schließlich in eine Liste von Ge- und Verboten zusammen: »Du musst alles auf Anhieb können!/Spiel nicht herum!/So was tut man nicht!/Du darfst dich (uns) nicht blamieren!/Du darfst keine Arbeit unbeendet lassen!/Du darfst keine Fehler machen!/Was sollen die Leute denken?/...« Setzen Sie die entsprechenden »Erlauber« dagegen: »Du darfst Fehler machen./Du darfst Ungebräuchliches probieren./Du darfst deine Meinung ändern./*Es darf Spaß machen.*« (gegebenenfalls auch als Sonden zu geben). Fragen Sie anschließend: »Was möchten Sie jetzt mal probieren?«/»Wie gut müssen Sie sein, damit es ›gut genug‹ ist?«/»Wie *rasch* müssen Sie so gut sein?« Damit ergibt sich auch der Anschluss an Fragen der Normen, des *eigenen* Urteils und der Eigenverantwortlichkeit.

☞ *Vorträge* (Vorübung zur freien Rede): Die meisten Selbstbehinderungen stammen aus der Vorstellung, »etwas Besonderes« bieten zu müssen. Viele Menschen, die sich in Diskussionen (fast) problemlos äußern können, sind trotzdem überzeugt, »nicht frei sprechen zu können«, und schon gar nicht, Vorträge halten zu können: »Ich wüsste gar nicht, worüber ich reden und was ich sagen sollte.« Diese Vorurteile können mit der Übung *»Vorträge«* erfolgreich bekämpft werden.

Die Teilnehmer notieren im Plenum die ersten drei Sätze, die ihnen einfallen zu der Vorgabe: »Ich soll (will) Euch was erzählen zu/über ...« (Thema vom Moderator vorzugeben). Diese Sätze werden in einem Blitzlicht reihum mitgeteilt. In einem zweiten Durchgang setzt jeweils der Nachbar die drei ihm vorgelegten Sätze mit einigen weiteren fort. Fast immer sind die so gesammelten spontanen Einfälle ansprechend und »gut genug«.
Es geht weiter in Kleingruppen, in denen die Teilnehmer reihum einen kurzen Vortrag halten, wobei es nicht um »sachliche Richtigkeit« geht. Jeder Teilnehmer wählt z. B. aus einer größeren Zahl sehr unterschiedlicher (Kunst-)Postkarten eine aus, zu der er eine

5.3 Hilfsmethoden, Übungen, Spiele, Materialien für Gruppen

Geschichte erfindet. Oder die Themen setzen an eigenen Erfahrungen bzw. Erlebnissen (»Alltagsthemen«) an.

An die Vorträge schließt sich eine kurze Diskussion der in den Kleingruppen gemachten *neuen Erfahrung*. Dann referiert jeder Teilnehmer im Plenum den Vortrag seines Kleingruppen-Nachbarn. Es folgt ein Blitzlicht: »Was hat mich an der Übung am meisten beeindruckt?«
Fokus der Aufarbeitung ist vor allem das problemlose Sprechen bei überwiegendem Sachinteresse. Schwierigkeiten treten auf, sobald dem Sprecher die Selbstdarstellung wichtiger ist.

Gedächtnis (Demonstration der Unterschätzung eigener Fähigkeiten)*:* Sie fragen, wie oft die Teilnehmer glauben, ein Gedicht (drei vierzeilige Strophen) hören zu müssen, um es auswendig zu können. Notieren Sie die Antworten an der Wandtafel. Nach einer ersten *langsamen* Verlesung des Gedichts schreiben die Teilnehmer auf, was sie behalten haben. Lesen Sie den Text erneut vor. Die Teilnehmer notieren auf einem neuen Blatt. Eine dritte Lesung ist oft unnötig und bereinigt im Allgemeinen lediglich einzelne Lücken bzw. Unsicherheiten. Wenn Sie das Gedicht nach ein paar Stunden noch einmal abrufen, können Sie damit zum einen zeigen, dass es noch präsent ist, zum anderen wird es dadurch um so sicherer im Gedächtnis verankert.

5.3.2.8.1 Zur Demonstration von Selbstbehinderung[110]

○ ○ ○

○ ○ ○

○ ○ ○

Viele Menschen behindern sich durch selbst gebastelte Ge- und Verbote, meist internalisierte frühkindliche Einschärfungen, die sie fälschlich als allgemein gültige Verhaltensregeln betrachten. Da-

---
[110] Zweckmäßig als Hausaufgabe zu geben (auch in Einzeltherapie!). In der nächsten Sitzung die bei den Lösungsversuchen aufgetretenen Gefühle erfragen, ehe die Lösung [siehe nächste Seite!] mitgeteilt wird!

5. Hilfsmethoden, Spiele, Übungen und Materialien

mit machen sie sich viele Probleme unlösbar und geraten gegenüber einer weniger eingeschränkten Konkurrenz ins Hintertreffen. Zu einem AHA-Erlebnis kann folgende, auch bei Watzlawick[111] zitierte Aufgabe dienen:
Die neun Punkte der obenstehenden Figur sind durch einen zusammenhängenden, aus vier geraden Teilstücken bestehenden Linienzug zu verbinden. Wer die Lösung nicht kennt, führt fast zwangsläufig implizit die Bedingung ein, der Linienzug dürfe nicht über das Quadrat hinausführen. Damit aber wird die Aufgabe unlösbar, denn dann werden fünf Teilstücke benötigt. Zur Lösung mit vier Teilstücken muss über den durch das Quadrat gegebenen Rahmen hinausgegangen werden (siehe unten). – Tenor der Aufarbeitung: Wenn ein Problem unlösbar erscheint, sind zunächst die implizit gemachten Rahmenbedingungen zu überprüfen.
In der Gruppenarbeit werden Selbstbehinderungen vor allem deutlich beim »Freikämpfen«, wenn ein Protagonist selbst gegenüber einer mehrfachen Übermacht »fair« kämpfen will, sowie bei »Gespräch suchen – Gespräch meiden«, wenn er weder »zudringlich« noch »unfreundlich« sein möchte (»Das kann man doch nicht ...«) und sich daher abweisen bzw. ein Gespräch aufzwingen lässt.

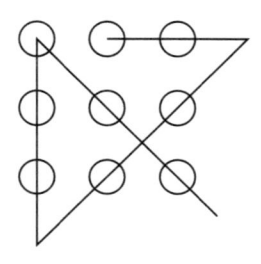

☞ *Geheime Verbote:* Auch diese Kurzübung verdeutlicht die blockierende Wirkung unbewusster Normen. Jeder Teilnehmer notiert alle Einfälle zu der Frage, was man »mit einer Milchflasche alles anfangen könne«. Wenn sich die Ideen erschöpft haben, geht

---
[111] Paul Watzlawick u. a., Lösungen, Bern/Göttingen/Toronto ⁵1992, S. 44

5.3 Hilfsmethoden, Übungen, Spiele, Materialien für Gruppen

es weiter mit der etwas geänderten Frage, was ein »sehr bösartiger, kleiner Junge/Heranwachsender« noch alles mit der Flasche anfangen könnte. Fast ausnahmslos wird damit eine Kette neuer, vorher »verbotener« Ideen ausgelöst, die »der ›Autor‹ nicht selbst zu verantworten braucht«.

Spaß am Schreiben: An Rechtschreibung und Interpunktion sollte bei dieser Übung kein Gedanke verschwendet werden – es treten dadurch nur zusätzliche Selbstbehinderungen auf!
Geben Sie ein Stichwort (z. B. Haus, Jahr, Erde o. Ä.) vor, zu dem jeder Teilnehmer eine Assoziationskette notiert (Ersatzstichwort anbieten, falls jemandem zur Vorlage wirklich gar nichts einfällt!). Die Kette wird mit etwa 20 Worten abgebrochen und ohne Rücksicht auf inhaltliche Unstimmigkeiten oder Brüche zu einem fortlaufenden Text aufgefüllt. Der freie Ideenfluss der Assoziationskette ergibt »von selbst« einen halbwegs sinnvollen Text, und das Vertrauen zu diesem Prozess ermöglicht Schreiben ohne Anstrengung.
Lassen Sie die »Produkte« vorlesen und die Gefühle, die beim Schreiben aufgetreten sind, aufarbeiten. Dann folgt die Themenwahl für die »eigentliche Arbeit«. Mögliche Genres sind etwa Stimmungsbilder, z. B. »Herbstlaub«, »Schlussverkauf«, »im Stau«; oder auf Erfahrungen bzw. Erlebnisse bezogene Kurzgeschichten: »Ulla wünscht sich eine Katze«, »Wenn mein Auto streikt«, »Meine netten Nachbarn«. Es sind auch Geschichten zu TAT-Tafeln möglich. Wieder sollen sich die Teilnehmer vom Fluss der Ideen tragen lassen. Geben Sie knappe Zeitbegrenzungen vor: Die Texte brauchen weder fertig gestellt noch ausgefeilt zu sein.

Kollagen: Für »bildnerisches Gestalten« sind »Kollagen« eine ausgezeichnete Übung, da Korrekturen und Variationen des »Produktes« problemlos möglich sind.
Jeder Teilnehmer erhält mehrere kräftige DIN-A4-Blätter in Weiß-, Grau- und Pastelltönen sowie Schere, Klebstift und Pinzette. Eine einfache geometrische Figur, z. B. ein ungleichseitiges Dreieck, wird ausgeschnitten und seine Wirkung in verschiedenen Lagen auf dem Blatt wahrgenommen (Verschiebungen, Drehungen, Verschiebungen und Drehungen, andere Farbwahl bei gleicher Lage). Weiter wird die Wirkung *wenig* unterschiedlicher Dreiecke in gleicher Lage (zum Vergleich mit zwei Blättern ne-

5. Hilfsmethoden, Spiele, Übungen und Materialien

beneinander arbeiten!), schließlich die von zwei *deutlich* unterschiedlichen Dreiecken erkundet.
Je ein besonders ausdrucksstarkes Blatt wird mit Klebstift fixiert und im Plenum vorgelegt. Wichtiges Thema der Aufarbeitung ist die allgemeine Tendenz zum »Zuviel«. Die Übung hat meditative Züge und lässt Stress und Unruhe abklingen. Sie verbessert die innere Balance und bewirkt einen Zustand von Wachheit (»innere Achtsamkeit«), in dem auch sehr subtile Eindrücke wahrgenommen werden. *Varianten:* In Paargruppen sollen sich die Partner, in Konfliktlösungs- und Selbstbehauptungstrainings die Kleingruppen auf ein gemeinsames Produkt einigen. Fortsetzung der Übung bei Bedarf mit anspruchsvolleren »Motiven«.

☞ *Krug und Tuch:* Auch bei dieser Übung sind Korrekturen und Variationen problemlos möglich. Benötigt werden schlichte Krüge und Schalen; Tücher unterschiedlicher Größe und Farbe, uni und gemustert; Bänder und Kordeln; Muscheln, schöne Kiesel u. Ä.; als Unterlage feste Tischchen, auf denen eine Auswahl dieser Gegenstände anzuordnen ist. Die Teilnehmer erstellen ein Arrangement (wobei sich meist eine Tendenz zeigt, es zu überladen). Gelungene Arrangements werden mit der Polaroidkamera dokumentiert oder dienen als Vorlage für eine Zeichnung. Einzelne, entsprechend zugeschnittene Zweige im Krug bieten einen Übergang zu Ikebana (empfehlenswert für längere Seminare). *Variante*: Die Arrangements werden von Kleingruppen erstellt. Wie gestaltet sich die Zusammenarbeit? Die Aufarbeitung erfolgt entsprechend der Situation und dem jeweiligen Rahmenthema.
Weiter kommen im Kreativitätstraining u. a. Tanz, spontanes Rollenspiel, Pantomime, gespielte Persiflagen auf bekannte Vorgaben in Frage.

5.3.2.9 Übungen für Paargruppen

Auch bei sorgfältiger Vorauswahl der Teilnehmer (nicht jedes Paar ist für eine Gruppe geeignet!) und bei behutsamster Arbeit besteht in Paargruppen immer die Gefahr, einen Eklat auszulösen. Wenn dieser eskaliert, geraten mitunter auch scheinbar unbeteiligte, Einzelne wie Paare, in Schwierigkeiten. Komoderation (möglichst ein männlicher und ein weiblicher Moderator) empfiehlt sich drin-

5.3 Hilfsmethoden, Übungen, Spiele, Materialien für Gruppen

gend, sodass sich gegebenenfalls der eine um »den Notfall«, der andere um die Restgruppe kümmern kann. Zudem sollte ein Moderator nach den Sitzungen für eventuelle Notfallversorgung zur Verfügung stehen.

Wünschenswert sind Gruppen von sechs bzw. acht Paaren für eine Aufteilung in Zwei-Paar-Gruppen, wobei je in zwei Durchgängen gearbeitet wird und jeweils das eine Paar als Beobachter dem anderen Rückmeldung gibt (Fragebogen als Beobachtungshilfe siehe Nr. 21). Dabei ergibt sich für die Teilnehmer leicht die Versuchung, sich pseudotherapeutisch auf die Probleme anderer Paare zu konzentrieren: Achten Sie darauf, die Teilnehmer an den je eigenen Problemen zu halten! Zweckmäßig wird anfangs mehr im rationalen Bereich gearbeitet (Übungen wie *unser Alltag, Ungeklärt, Streit – Wozu?* o. Ä.; s. u.). Emotionale Probleme werden besser erst später in Angriff genommen. Nonverbale Übungen wie *Denkmal* sowie Übungen, bei denen gezeichnet/gemalt wird, können für den Anfang zu viel unbewusstes und emotionales Material hervorbringen. – Fast immer gehen Partnerprobleme mit Kommunikationsproblemen einher, daher gehören Kommunikationsübungen fast immer ins Programm der ersten Sitzungen.

Die meisten Übungen aus Selbsterfahrung, Selbstbehauptung und Konfliktlösung und aus der »normalen« (sub-)therapeutischen Gruppenarbeit können durch den Empathie-Ansatz adaptiert werden für Paargruppen: Zusätzlich zu den je eigenen Gefühlen und Assoziationen der Teilnehmer wird gefragt nach den beim Partner vermuteten (»Ich glaube, mein Partner denkt, dass ich ...« sowie weiter »Ich glaube, mein Partner denkt, dass ich glaube, dass er/sie ...«).

Im »Normalverlauf« einer Übung für Paare wird die Übung zunächst im Plenum beschrieben. Die Teilnehmer notieren ihre eigene und die beim Partner vermutete Reaktion auf das Angebot. Dann wird die Übung in Zwei-Paar-Gruppen in zwei Durchgängen jeweils von einem Paar durchgeführt, während das andere Paar beobachtet. Anschließend tauschen sich die Paare während etwa 10 Minuten über ihre gegenseitigen Beobachtungen aus. Mitunter ist die Formulierung schriftlicher Thesen für das anschließende Plenum und die Aufarbeitung nützlich. Freiwillige oder Paare mit besonderen Problemen können, von Hilfs-Ichs unter-

stützt, im Plenum vertiefend weiterarbeiten. Danach folgen Aufarbeitung und abschließende Diskussion.
Bei sehr irritierten bzw. reizbaren Teilnehmern sind Ehepartner zunächst auf verschiedene Kleingruppen zu verteilen. Oder es arbeitet zunächst Herr A mit Frau B als Partner, ebenso Frau A mit Herrn B. Erst in einem weiteren Durchgang arbeitet Herr A mit Frau A, Herr B mit Frau B. Das andere Paar fungiert jeweils als Beobachter. Dabei ergibt sich ein »Nebenfokus«: »Wie gehen die Teilnehmer in vergleichbaren Situationen mit dem neutralen und wie mit ihrem eigenen Ehepartner um?« (z. B. unterschiedliche Kompromissbereitschaft?).
Mitunter empfiehlt sich auch die Aufteilung in eine männliche und eine weibliche Teilgruppe, z. B. bei Themen wie »Eifersucht«, »Kindererziehung« u. Ä. Dabei beobachtet jeweils eine Halbgruppe die Diskussion der anderen. In einem weiteren Durchgang wird in gemischten Gruppen gearbeitet. Je nach Konzept liegt der Fokus der Aufarbeitung auf der Konfliktbereinigung oder aber auf den in der Ehe verfolgten Zielen und Strategien. Mit einer Korrektur neurotischer Ziele und Strategien der Partner bessert sich das Klima ihrer Ehe »von selbst«.

☞ *Eröffnungen* (gegenseitige Vorstellung der Teilnehmer): Die Partner werden auf unterschiedliche Kleingruppen aufgeteilt. Die Kleingruppen erhalten etwa 12 Minuten zum gegenseitigen Bekanntmachen. Im anschließenden Plenum stellt jeder Teilnehmer ein Mitglied seiner Kleingruppe vor (fühlt dieses sich falsch zitiert, werden die anderen Teilnehmer der Kleingruppe gefragt). Darauf darf der Partner des Vorgestellten ergänzen/korrigieren und seine momentanen Gefühle äußern. Erst wenn alle Teilnehmer vorgestellt sind, dürfen sich die Beschriebenen zur Reaktion ihrer Partner äußern (Durchführung als Blitzlicht verhindert dabei ein Ausufern). Schließlich werden die ausgelösten Gefühle und die gewonnenen Einsichten diskutiert.
Zur Vorstellung empfehlen sich Ansätze wie: »Diese Partner-Probleme möchte ich (möchte mein Partner) lösen ...«; »Ich hoffe/ich wünschte/ich freue mich/ich fürchte, dass mein Partner (dass wir) ...«; »Ich mag (mich stört) an meinem Partner ...; er mag (ihn stört) an mir ...«; »Ich könnte leichter mit meinem Partner auskommen, wenn ich (*ich,* nicht *er*) ..., er könnte leichter mit mir

5.3 Hilfsmethoden, Übungen, Spiele, Materialien für Gruppen

auskommen, wenn ich ...«; »Ich glaube, mein Partner würde mich folgendermaßen beschreiben: ... (der Partner darf im Plenum dies nur bestätigen oder bestreiten und über die bei ihm ausgelösten Gefühle erst nach der Vorstellung aller Teilnehmer im Blitzlicht berichten)«. Oder etwa »So sehe ich mich (meinen Partner) ..., so sieht er mich (sich selbst).«

Werden dabei dem Partner negative Züge zugeschrieben, so ist der Protagonist zu fragen, was genau ihn daran störe (abgelehnte eigene Persönlichkeitsanteile; Verhaltensweisen, die der Protagonist sich nicht gestattet, die jedoch eine Versuchung für ihn darstellen oder die ihn schon an seinen Eltern bzw. seinen Geschwistern störten). Da diese Eigenschaften/Verhaltensweisen bei der Eheschließung oft schon bekannt waren (in Kauf genommen wurden), ist weiter zu fragen, weshalb sie jetzt als so viel störender erlebt werden. Und schließlich bleibt immer wichtig: »Womit (und wozu) fixieren Sie Ihren Partner in diesem Verhalten?« Und immer wieder können Sie die Frage »an alle« geben: »Wo geht es Ihnen mit Ihrem Partner ähnlich?«

Zur Thematisierung von Problemfeldern dient die Übung *Ungeklärt:* Sie bieten im Plenum eine Denkpause an zum Thema »Über welche Ihrer Vereinbarungen (Arrangements) sind Sie/ist Ihr Partner unzufrieden? Über welche Fragen (z. B. Familienplanung, Laufbahnplanung, Freizeitgestaltung, Budget, Sexualität) müssten Vereinbarungen getroffen/geändert werden?« Dann einigt sich jedes Paar auf einen für beide Partner unbefriedigend geregelten Bereich, oder jeder Teilnehmer wählt ein für ihn wichtiges Problem (gegebenenfalls auslosen, mit welchem angefangen wird). Jeder Partner notiert seine »Verhandlungsposition« sowie die vermutete des Partners: »Ich möchte .../Mein Partner möchte wohl .../Mir ist unverzichtbar .../Meinem Partner ist wohl unverzichtbar .../Ich könnte verzichten auf .../Mein Partner würde vielleicht verzichten auf ...«

In Zwei-Paar-Gruppen vergleicht erst das eine, dann das andere Paar, wie weit die jeweiligen Wünsche und Verhandlungsspielräume richtig eingeschätzt wurden. Die Chancen für einen Kompromiss sind meist besser als erwartet. Ziel der Übung ist diese Einsicht, nicht eine Kompromissfindung. Anschließend ist eine Prio-

ritätenliste der zu klärenden Bereiche aufzustellen und zwischen den Partnern zu vergleichen und sie sollen sich auf ein umgehend zu bearbeitendes Problem (Hausaufgabe!) einigen.
Erfahrungsgemäß werden einige wichtige Bereiche, die geklärt werden müssten, oft »vergessen«. Sie sind Gegenstand von »Geheimverträgen« (siehe Seite 104) und müssen daher durch gezielte Fragen explizit thematisiert werden. Wichtige derartige Konfliktbereiche sind u. a.:

- Familienplanung sowie die »strenge« bzw. »liberale« Erziehung der Kinder
- Aufteilung der Arbeiten (u. a. Haushalt, Einkauf, Gartenarbeit, Reparaturen, Behördengänge) und des Einkommens (z. B. auf Ernährung, Garderobe, »Repräsentation«, Rücklagen und Versicherungen, Reisen und Freizeit), auch »Taschengeld« der Partner und Verfügung über eventuelle Konten
- Außenkontakte nach Zahl, Art und Umfang (nicht zuletzt mit den Eltern/Schwiegereltern)
- angezielte Karrieren (Berufstätigkeit der Ehefrau? Hohes Einkommen und Prestige oder lieber geruhsame, bescheidenere Lebensführung?)
- Gestaltung der Freizeit
- Art und Häufigkeit der sexuellen Kontakte (ein immer noch weitgehend tabuiertes Thema)
- Wohnung, Wohnort, Wohnumfeld (sehr wichtig: ein eigenes Zimmer für die Ehefrau?)

Manchmal empfiehlt es sich, anfangs statt an realen Konfliktthemen an fiktiven (aber nicht unwahrscheinlichen) zu arbeiten: »Was würde passieren, wenn ...?« Mögliche Themen sind z. B. die Entscheidung über einen Hauskauf/ein Stellenangebot/eine andere Wohnung/eine Operation/einen Urlaub und anderes, bei der die Partner unterschiedlicher Meinung sind. Wie könnte sich die »Auseinandersetzung«/Einigung bei irgendeinem Paar, bei einem »Idealpaar«, bei den Anwesenden abspielen? – Weitere Vorgaben, bei denen zusätzliche Familienmitglieder einbezogen sind, sind z. B.

- *Die Erbschaft:* Die Familie erhält die Nachricht, dass »er«, »sie«, beide gemeinsam oder ein Kind/die Kinder eine größere

5.3 Hilfsmethoden, Übungen, Spiele, Materialien für Gruppen

Summe (ein Haus o. a.) geerbt haben. Wie wird über die Verwendung der Erbschaft verhandelt und entschieden?
- *Pflegefall:* Ein verwitwetes Eltern-/Schwiegereltern-Teil wird hinfällig und möchte (sollte) in den Haushalt der Familie aufgenommen werden.
- *Teurer Spaß:* Ein Familienmitglied hat mit dem Familienauto einen Unfall gebaut; wie reagiert die Familie?
- *Kind in Not:* Ein Kind ist verhaltensauffällig (straffällig, drogenabhängig, ...) geworden; es müssen Entscheidungen getroffen werden (Fokus u. a.: wer macht wem Vorwürfe?).

Je nach Gegebenheit Arbeit in Kleingruppen (Partner zusammen oder Partner getrennt), die unter Zeitvorgabe (!) aus dem Stegreif verschiedene Varianten durchspielen, die Erfahrung anschließend diskutieren und schließlich im Plenum zur Diskussion stellen; oder aber im Plenum mit Wechsel der Protagonisten, Hilfs-Ichs und Kommentartechniken. – Achten Sie auf Teilnehmer, die sehr betroffen scheinen!

Auch bei der nächsten Übung werden die »echten« Konfliktbereiche nur behutsam angegangen:

Worüber man streitet: Die Vorgabe im Plenum lautet: »Worüber streiten Ehepaare, z. B. Ihre Bekannten oder Ihre Eltern, vielleicht sogar Sie selbst?« Die Teilnehmer notieren ihre Einfälle und diskutieren sie zunächst in Kleingruppen. Bei der Aufarbeitung im Plenum liegt der Fokus auf Auslöser, Verlauf und Konsequenzen des Streits. Freiwillige (nicht notwendig Ehepaare) können mit Hilfs-Ichs einen »typischen« Streit im Rollenspiel darstellen. Wichtig sind dabei vor allem die Gedanken und Gefühle der Kontrahenten *vor* Beginn der »eigentlichen« Auseinandersetzung. Der Fokus der Aufarbeitung liegt auf dem »geheimen Gewinn« – dem eigentlichen, meist nicht bewussten Zweck des Streits.

Um den finalen Aspekt geht es in der Übung

Streit – wozu?: Auch hier ist das zentrale Thema der Unterschied zwischen dem bewussten und dem tatsächlichen Grund/Anlass des Streits. Vorgabe im Plenum: »In welchen Situationen, zu welchen Zeiten, mit welchen Konsequenzen pflegen Sie mit Ihrem Partner einen Streit zu arrangieren (zu inszenieren)?« Die Diskussion erfolgt erst in Kleingruppen, dann im Plenum. U. U. müssen

5. Hilfsmethoden, Spiele, Übungen und Materialien

die Moderatoren mit gezielten Fragen nachhelfen, bis die möglichen »Gratifikationen« von Streit deutlich werden. Streit kann z. B. der Vermeidung von Intimität oder von Entscheidungen dienen oder gerade als Alibi für die bei der anschließenden Versöhnung »fällige« Sexualität. Er kann die letzte, den Partnern noch verbliebene Form von Kommunikation oder intensiver Interaktion sein oder ein Mittel, Kommunikation zu vermeiden. Als »Denkhilfe« für die Teilnehmer dient die Frage: »Was dürfen Sie tun, was brauchen Sie nicht zu tun, wenn/weil Sie sich gestritten haben?« *Streit »passiert« nicht einfach, er wird, wenn auch unbewusst, im Zusammenspiel beider Partner (!) »veranstaltet«,* um bestimmte Ziele zu erreichen. Werden die Ziele deutlich, so können sie korrigiert bzw. (wenn sie sinnvoll sind) durch zweckmäßigere Strategien erreicht werden. – Wichtig ist dabei die Hilfs-Ich-Darstellung der Minuten vor dem offenen Ausbruch des Streits.

Neben dem vordergründigen und dem finalen Aspekt kann Streit schließlich auch tiefenpsychologische Hintergründe haben. Hier kann mit dem »Leeren Stuhl« (siehe Seite 181) gearbeitet werden. Wenn der Partnerproblematik ein alter Streit mit dem gegengeschlechtlichen Elternteil zugrunde liegt, kann der Protagonist per Tonbandaufnahme mit seinen an den »Stuhl« gerichteten Vorwürfen gegen den Elternteil konfrontiert werden (Gefahr von Durchbrüchen!). Von da ist zu den analogen Erlebnisweisen und Verhaltensmustern in der Ehe überzugehen. Die entsprechenden frühkindlichen Konflikte können auch im Rollenspiel herausgearbeitet werden. In der Aufarbeitung empfiehlt sich die Frage »an alle«, wer sich bei der Darstellung wiedererkannt oder angesprochen gefühlt hat.

Nur im Notfall sollten Teilnehmer ihre realen Konflikte in der Gruppe bearbeiten. Dabei ist deutlich zu machen, dass es hier exemplarisch um ein alle angehendes Problem (»Konfliktlösung«) geht. Es ist günstig, den Konflikt unter Rollentausch der Protagonisten durchzuspielen, während die Gruppe mit Hilfs-Ichs assistiert. Dabei muss deutlich sein, ob jeweils der Darsteller oder der Dargestellte kommentiert wird.

Es empfehlen sich mehrere Durchläufe mit Varianten und »verbesserten Neuauflagen«. Oder der Konflikt wird von zwei »Stellvertretern« ausgetragen. Die Protagonisten dürfen erst nach dem

5.3 Hilfsmethoden, Übungen, Spiele, Materialien für Gruppen

ersten Durchgang korrigieren und damit »Regieanweisungen« für den nächsten Durchgang geben. Auch andere Teilnehmer können Varianten vorschlagen bzw. durchspielen (welches persönliche Interesse haben sie an dem jeweiligen Problem?) Schließlich ein Durchgang mit den Protagonisten selbst, Rücken an Rücken in der Mitte sitzend und durch Hilfs-Ichs kommentiert.

Die Austragung von Partner-Konflikten in der Gruppe kann eskalierend zu einem endgültigen Bruch zwischen den Protagonisten führen und so bei allen Anwesenden Angst auslösen. Teilnehmer wie Moderatoren können versucht sein, sich einzumischen – abwiegelnd oder anheizend. Wenn Sie sich Ihrer Interventionen nicht ganz sicher sind, sprechen Sie an, was sie jetzt gern tun oder sagen würden und welche Zweifel Sie dabei haben. Teilnehmer, die sehr betroffen scheinen, könnten Angst vor einer eigenen anstehenden Trennung haben. – Die Sitzung sollte mit einer versöhnlichen Übung wie »Handkontakt« oder »Tragen und Wiegen« abgeschlossen werden.

Undramatisch ist dagegen die folgende Übung, mit der der tägliche Ärger in der Ehe vermindert werden kann.

Ärgernis (»Was wir ändern wollen«): Aus der Liste der gegenseitigen Unzufriedenheiten und Ärgernisse suchen die Paare je zwei Tatbestände heraus, an denen sie etwas ändern wollen. Die Formulierungen sollen konkret und *positiv* sein (z. B. jede Woche mindestens zweimal pünktlich nach Hause zu kommen/mit den Kindern leise und freundlich zu sprechen/das Bad aufgeräumt zu hinterlassen). Wieder lauert dabei der Teufel im Detail (wie pünktlich ist »pünktlich«/was bedeutet »aufgeräumt«?). Geben Sie notfalls entsprechende »Denkanstöße«, wenn Vereinbarungen zu vage sind.

Jeder Teilnehmer führt in einem Kalender Buch über die Erfüllung der Vereinbarungen, der eigenen wie der des Partners. Der Vergleich zwischen den Kalendern erfolgt anfangs in der Gruppe, um differierende Wahrnehmungen/Bewertungen zwischen den Partnern ohne Streit zu klären. Später sollten die Partner dazu allein fähig sein. Ist die Erfüllung einer Vereinbarung zur Regel geworden (bedeutet also kein »Problem« mehr), wird das nächste »Ärgernis« in Angriff genommen. Es empfiehlt sich, immer wieder einmal nachzufragen, welche Erfahrungen die Paare inzwischen mit dieser Übung machen.

Mit dieser Übung werden auch weiterreichende »Arbeitsverträge« zwischen den Partnern vorbereitet, um auch nach Ende der Gruppenarbeit das Zusammenleben zu erleichtern. Eine Abschlussbilanz mit Arbeitsverträgen (siehe Seite 254) zu Ende einer Paar-Gruppe empfiehlt sich in jedem Fall.

Auch die folgende Übung kann zur Entlastung im Ehealltag führen:

☞ *Unser Alltag:* Die Teilnehmer notieren *im Detail* die (durchschnittliche) Zeitbilanz des eigenen Alltags und die (vermutete) des Partners und übertragen sie in zwei »Zeittorten« (siehe Seite 86). Sie werden mit Schraffur bewertet gemäß »erfreulich/erholsam«, »indifferent« und »mühselig/lästig/anstrengend«; der Ist-Zustand wird ergänzt durch den erwünschten »Soll-Zustand« (Aufarbeitung: »Was können *Sie* [nicht der Partner] tun, damit Sie dem gewünschten Zustand näher kommen?«). Ein Ehepaar (Freiwillige) zeichnet kommentarlos seine je zwei Zeittorten an, die meist in der gegenseitigen Einschätzung und Bewertung beträchtlich differieren. Die Gruppe kommentiert per Hilfs-Ichs diese Diskrepanzen, ihre dadurch ausgelösten Gefühle sowie die vermuteten Gefühle und Gedanken der Protagonisten. Dann wird an alle die Frage gestellt: »Wo erkennen Sie sich wieder?« Die Aufarbeitung kann verhaltensorientiert oder therapeutisch erfolgen.

Die folgende Übung fokussiert auf die Fähigkeit zur Kooperation, einer unabdingbaren Voraussetzung für eine erfolgreiche Ehe.

☞ *Kooperatives Malen in Paar-Gruppen:* Von Bernard Fröhlig stammt die folgende Variante des kooperativen Malens: Im ersten Durchgang arbeiten Herr A und Frau B zusammen, Kontakte zwischen den verschiedenen zeichnenden Paaren sind möglichst zu vermeiden. Als Thema kann z. B. »eine Kindheitserinnerung« oder eine in der Ehe nicht erfüllte Erwartung vorgegeben werden. Jedes Paar zeichnet ohne verbale Kommunikation auf einem gemeinsamen DIN-A4-Blatt die Erinnerungen bzw. Erwartungen. Dabei kann es zu Kooperation, zu einer Aufteilung des Blattes oder zu Machtkämpfen kommen.

Ohne Zwischenaufarbeitung und ohne dass die Bilder gezeigt werden, schließt sich ein zweiter Durchgang an, in dem die Ehe-

5.3 Hilfsmethoden, Übungen, Spiele, Materialien für Gruppen

paare zusammen (oder gegeneinander?) arbeiten. Die Bilder werden im Plenum gezeigt, wobei zunächst Fragen (außer zum Verständnis der Darstellungen) und Deutungen nicht zulässig sind. Bei der anschließenden Aufarbeitung liegt der Fokus auf der guten bzw. mangelhaften Kooperation in den zwei Durchgängen, auf den bei der Arbeit aufgetretenen Gefühlen sowie schließlich auch auf den Inhalten der Bilder. Fragen Sie auch nach Querbeziehungen zwischen Kindheitserlebnissen und in der Ehe nicht erfüllten Erwartungen! Mit dieser Übung können u. a. Problembereiche der Partner thematisiert werden.

Die folgenden Übungen sollen unbewusste Aspekte der Beziehung deutlich machen:

Denkmal (siehe auch Seite 223, 244): Aufteilung in 2-Paar-Gruppen. Jeder Teilnehmer konzipiert zunächst »das Denkmal, das man ihm und seinem (Ehe-)Partner (als Paar) setzen könnte« (eine Skulptur »Ehepaar«), eventuell auch skizzenhaft gezeichnet. Das je andere Paar wird zu diesem Denkmal »modelliert«; Dokumentation mit Polaroid- oder Video-Kamera. Sind die vier Versionen gestellt und dokumentiert, versucht jedes Paar, sich auf eine gemeinsame Version zu einigen. Auch diese wird mit dem anderen Paar konstelliert und anschließend dokumentiert. Dann Besprechung in der Kleingruppe: »Was haben wir erlebt, wie haben wir uns in den unterschiedlichen ›Denkmälern‹ gefühlt, welche Einsichten gewonnen?« Dann Präsentation der verschiedenen »Denkmäler« im Plenum. Moderatoren und/oder andere Teilnehmer, eventuell auch die weibliche bzw. männliche Halbgruppe, können Variationen, Hilfs-Ich-Aussagen oder Betrachterkommentare anbieten. Aufarbeitung eventuell erst in Kleingruppen. Auch bei strengen Zeitvorgaben ist die Übung zeitaufwändig. *Achtung, es kann zu Durchbrüchen kommen!*

Du und deine Familie (Einbindung der Teilnehmer in ihre Herkunfts- und derzeitige Familie): Die Herkunftsfamilien haben oft beträchtlichen Anteil an Eheproblemen und -konflikten, was den Betroffenen meist nur teilweise bewusst ist. – Die Teilnehmer zeichnen, ohne gegenseitig ihre Bilder zu sehen, sich selbst in der eigenen Herkunftsfamilie sowie ihre Sicht des Partners in dessen Familie. Bei Bedarf auch weitere Bilder: beide Partner zusammen, in der einen sowie in der anderen Herkunftsfamilie. Beim folgen-

5. Hilfsmethoden, Spiele, Übungen und Materialien

den Vergleich zeigen sich oft beträchtliche Unterschiede in der Sicht beider Partner und oft kommen »Störenfriede« und/oder gegenseitige Vorurteile bildhaft anschaulich heraus. – Bei Zeitknappheit werden die Bilder in Kleingruppen verglichen, ehe die Erfahrung im Plenum aufgearbeitet wird. Eine spätere Wiederholung kann positive Veränderungen anschaulich zeigen.
Zeitaufwändiger, aber sehr lohnend ist die Fortsetzung im Lebenden Bild. Dabei konstelliert der Protagonist jeweils seine Sicht seines Partners in dessen Familie. Der Partner sollte seine momentanen Gefühle ausdrücken, aber nicht kommentieren und schon gar nicht »korrigieren«. Möglichst Erweiterung durch Gebärde und Textzeile zum Minispot. Dann weist die Gruppe dem Protagonisten seinen Platz in dem Bild sowie Gebärde und Textzeile gegenüber den angeheirateten Verwandten zu. Das Bild wird mit der Polaroid- oder Videokamera festgehalten. Schließlich stellt der Partner seine eigene Version von sich in seiner Herkunftsfamilie dar. Die anderen Teilnehmer werden als Hilfs-Ichs einbezogen oder berichten von Entsprechungen aus ihren eigenen Familien.
Schließlich kann Rollenspiel helfen, den Istzustand der Beziehung zu verdeutlichen, wobei das Schwergewicht auf den Äußerungen der Hilfs-Ichs liegt. Dargestellt wird zunächst im Lebenden Bild das »Vorfeld« alltäglicher Situationen: Der eine Partner kommt von der Arbeit (einer Reise) nach Hause, der andere hört ihn die Haustür aufschließen. Was mögen beide in diesem Moment denken und fühlen?/Die Partner kommen zur gemeinsamen Mahlzeit – was denken, was fühlen sie, während sie Platz nehmen?/Was denken und fühlen sie mit Hinblick auf kommenden Sonntag (auf den anstehenden Besuch bei den Schwiegereltern)? – Es kann jeweils ein Protagonist als Hilfs-Ich seiner selbst *und* seines Partners eingesetzt werden, während der Partner in der anderen Halbgruppe ebenfalls als Hilfs-Ich beider fungiert. Möglichst Video- oder zumindest Tonbandaufzeichnung beider Versionen. *Mögliche Erweiterung:* Was vermutet jeder der beiden über die Darstellung des anderen? – Erst danach ein Kurz-Rollenspiel: Wie pflegt sich die Situation tatsächlich zu entwickeln und welche Variationen wären bei verändertem Verhalten möglich? Welche Varianten bieten die anderen Teilnehmer an? Wie erleben die Protagonisten und die anderen Teilnehmer Darstellung und Gegendarstellung?

5.3 Hilfsmethoden, Übungen, Spiele, Materialien für Gruppen

Weisen Sie in der Aufarbeitung auch auf den Einfluss von Fehlwahrnehmung, -interpretation und -kommunikation hin und bieten sie bei Bedarf anschließend ein Kommunikationstraining an.

Die folgende Kurzübung kann »immer mal wieder« zwischendurch eingesetzt werden:

Ärger: Vorgabe im Plenum: »Über welche Ihrer Verhaltensweisen hat sich Ihr Partner in der vergangenen Woche geärgert?« Lassen Sie die Antworten notieren. Fragen Sie weiter, über welche Verhaltensweisen des Partners sich die Teilnehmer selbst geärgert haben. Und schließlich: »Über welches Verhalten Ihres Partners haben Sie sich gefreut; über welches Verhalten Ihrerseits hat sich Ihr Partner gefreut?« Anschließend äußert sich in einem Blitzlicht jeder Teilnehmer zu jeder dieser Fragen, bis nach mehreren Runden der Vorrat an Ideen erschöpft ist. Steht für die Aufarbeitung viel Zeit zur Verfügung, lohnt sich auch die Frage nach dem »wirklichen« Grund des Ärgers; sonst nur »Was ist Ihnen aufgefallen; wie haben Sie die Übung erlebt?«

Für vor oder in der Trennung stehende Paare sollte bei Bedarf in gesonderten Gruppen (zumindest in gesonderten Sitzungen) auf die Überwindung von Groll, Gram, Schuldzuweisungen und Ängsten hingearbeitet werden. Gelingt es Eltern nicht, sich *in Frieden* zu trennen, so zahlen nicht zuletzt die Kinder den Preis. Über den Problemen und Konflikten der Eltern geraten die Bedürfnisse der Kinder leicht in Vergessenheit. Weisen Sie in der Gruppe möglichst früh auf die Situation der Kinder im Spannungsfeld der Familie hin. Helfen können schriftlich zu beantwortende Fragen nach Eigenschaften, Ängsten, Freuden, Vorlieben und Abneigungen der Kinder, nach ihrem Tagesablauf und nach eventuellen Devianzen. Wie würden die Kinder Sätze »Ich wünschte, mein Vater/meine Mutter/meine Eltern würden ...« ergänzen? Wie würden sie die Familie und ihr Leben in der Familie beschreiben (fordern Sie Teilnehmer, die solche Fragen »nicht beantworten können«, auf zu raten!)? Kinderlose Paare können inzwischen überlegen, wie Kinder sich wohl in *ihrer* Familie fühlen würden bzw. wie sie selbst als Kind sich in einer solchen Ehe gefühlt hätten. Die Bearbeitung erfolgt erst in Kleingruppen, dann im Plenum. Dort kann auch gefragt werden nach Satzergänzungen

5. Hilfsmethoden, Spiele, Übungen und Materialien

»Ich wünschte, mein Kind/meine Kinder .../Mein Partner wünscht, dass unsere Kinder ...«.

»Störende« Verhaltensweisen der Kinder werden nach den Beschreibungen der Eltern im Rollenspiel dargestellt und in einem zweiten Durchgang mit Hilfs-Ichs kommentiert. Fokussieren Sie in der Aufarbeitung auf die Fragen »Wozu brauchen Sie ein derartig ›störendes‹/›gestörtes‹ Kind? Was müssten Sie tun, was dürften Sie nicht mehr tun, wenn Sie mit dem Kind keine solchen Probleme hätten? Was können (müssen) Sie tun, damit die Kinder mehr zu ihrem Recht kommen (mehr Freude am Leben, weniger Ängste) haben?« und weiter: »Welche *Ihrer* Probleme liegen wohl dem Verhalten der Kinder zugrunde?«

Für Paar-Gruppen geeignete »Hausaufgaben« und Eutonieübungen siehe Seite 224, 228.

5.4 Fragebogen

Fragebogen können eingesetzt werden, um
- dem Therapeuten (Moderator) Daten/Informationen über den Patienten/die Gruppe/den Verlauf einer Sitzung zu geben
- Daten/Informationen einer Gruppe oder eines Paares zu erheben und an sie zurückzufüttern
- die Aufmerksamkeit einer Gruppe auf bestimmte Aspekte/Gegebenheiten zu richten
- vorbewusste Inhalte/Zusammenhänge bewusst zu machen
- Inhalte/Zusammenhänge stärker im Gedächtnis zu fixieren
- die Arbeit/Diskussionen leiterfreier Gruppen zu strukturieren.

Weiter dienen sie zur
- Beobachtungs- und Strukturierungshilfe, speziell für »Beobachter« bei Übungen
- Vorbereitung von Übungen
- Verdeutlichung erarbeiteter Ergebnisse.

Schließlich erleichtern Fragebogen die Dokumentation und Archivierung von Informationen und die Erstellung von Statistiken, wie sie von Institution bzw. Verwaltung mitunter gefordert werden.

5.4 Fragebogen

Doch ist der Schritt zum Machtmissbrauch bei der Datenerhebung nicht weit, und Fragebogen können die therapeutische Beziehung belasten. Fragen Sie sich bei jeder erbetenen Information, wofür Sie sie brauchen (oder ob Sie sie nur speichern, weil Sie sie vielleicht einmal brauchen *könnten*). Sollten Sie Fragebogen zu Forschungszwecken einsetzen, ist das *unbedingt* offen zu legen! Fragebogen, die zur »Selbstinformation« bei den Patienten/Gruppenteilnehmern verbleiben, dürfen »indiskreter« sein als die für den Therapeuten/Moderator, geschweige denn für die ganze Gruppe bestimmten. Auch können Fragen durch den Vermerk »Denkanstoß – nicht notwendig schriftlich zu beantworten!« ausgeklammert werden. Bei intensiver Selbstkonfrontation per Fragebogen muss ausreichend Zeit zur Aufarbeitung und zu eventueller Notfallversorgung bleiben.

Fragebogen, durch die Teilnehmer sich diskriminiert fühlen könnten (und mancher ist da sehr empfindlich!), bleiben prinzipiell anonym. Auch werden Fragebogen zum Erfolg einer Gruppensitzung, deren Einschätzung andere Teilnehmer oder die Moderatoren verärgern könnten, zunächst blind unter den Teilnehmern ausgetauscht, ehe die Ergebnisse in der Gruppe erhoben und damit publik gemacht werden.

Fragebogen sollten möglichst kurz sein. Für eine Gruppensitzung sind 10 Ja-Nein-Fragen (zirka fünf Minuten Bearbeitungsdauer) schon viel. Vor Beginn einer Therapie ausgegebene anamnestische Fragebogen sollten höchstens 45 Minuten beanspruchen, sonst werden sie (wenn überhaupt) unlustig und ungenau beantwortet. Besser ist es, Daten partieweise bei Bedarf zu erheben. Bei der Ausgabe sollte auf den Zweck des Fragebogens hingewiesen und bei der Rückgabe nach den vor und beim Ausfüllen aufgetretenen Gefühlen und Assoziationen gefragt werden, vor allem nach eventuell befürchteten Sanktionen bei Nicht-Ausfüllen. Übrigens – wie gern füllen *Sie selbst* denn Fragebogen aus?

»Offene Fragen«, vom Befragten in seinen eigenen Worten zu beantworten, liefern mit Wortwahl und Satzbau zusätzliche Information, sind aber meist zeitraubend in der Auswertung. Doch empfiehlt es sich, Fragebogen am Schluss zumindest mit der offenen Frage »Was sonst möchten Sie mir mitteilen?« zu ergänzen. Zeigt sich Widerstand gegen einen Fragebogen, so können Sie die

5. Hilfsmethoden, Spiele, Übungen und Materialien

Hintergründe aufarbeiten, etwa, indem Sie als Hilfs-Ich der Befragten die vermuteten Verärgerungen und/oder Befürchtungen ansprechen. U. U. sollten Sie auf die eine oder andere Frage verzichten.

5.4.1 Fragebogen in der Einzeltherapie und in der Partnerberatung

In der Einzeltherapie können Fragebogen u. a. zur Vorab-Erhebung anamnestischer Daten dienen oder zur Vor- und Nachbereitung der Sitzungen; sie können deren Wirkung intensivieren und dem raschen Vergessen unliebsamer Einsichten entgegenwirken.
Der Vorab-Fragebogen spart Zeit in der Sitzung, kann aber die therapeutische Beziehung belasten, noch ehe sie sich aufgebaut hat. Besser wird er (frühestens) zu Ende des Erstinterviews ausgegeben.
Fast immer möchte ein Patient von Ihnen möglichst baldige »Hilfe« für seine derzeitigen Probleme, und die Erhebung von Daten (besonders solchen aus der Vergangenheit) könnte ihm nicht ganz zu Unrecht als Zeitvergeudung erscheinen. Notfalls können benötigte Informationen immer noch bei Bedarf erhoben werden.

5.4 Fragebogen

Es folgt ein möglichst auf das Minimum beschränkter Fragebogen. Für Gruppenteilnehmer sollte auf die genaueren Fragen nach Partner, Eltern, Kinder und Geschwister, mitunter sogar nach dem Beruf verzichtet werden. Auch ist der Kopf des Fragebogens etwas zu modifizieren.

Für eine »komplette« Erhebung werden auch *Beschreibungen* der Bezugspersonen gebraucht. Weiter können sonstige Bezugspersonen der Kindheit (Freunde, Verwandte, Nachbarn) wichtig sein. Erheben Sie zusätzliche Informationen aber nur nach Bedarf.

Nr. 1

Um in unserer ersten Sitzung nicht Zeit zur Erhebung von Daten zu verbrauchen, werden Sie gebeten, diesen Fragebogen möglichst bald ausgefüllt zurückzusenden.

- Name .... Vorname ....
- Anschrift, Tel.: ....
- Geburtsdatum .... Familienstand ....
- Beruf: ....
- Derzeit tätig als ....
- Name, Geburtsjahr und Beruf des Partners (Lebensgefährten) ....
  ....
- Namen und Geburtsjahr der Kinder ....
- Geburtsjahr und Beruf der Mutter ....
- Geburtsjahr und Beruf des Vaters ....
- Falls Eltern verstorben, wann? ....
- Namen und Geburtsjahr Ihrer Geschwister (auch Totgeborene und früh Verstorbene):
  ....
  ....
- Weswegen suchen Sie Beratung (Therapie)? ....
  ....
  ....
- Was sonst möchten Sie mir mitteilen? ....
  ....
  ....

5. Hilfsmethoden, Spiele, Übungen und Materialien

Bei Beratungen und Kurztherapien kann ein Fragebogen wie der folgende (möglichst auf etwa 12 Fragen gekürzt, eventuell adaptiert und mit dem Zusatz »stimmt – stimmt bedingt (teilweise) – stimmt nicht« grob zu skalieren) den Einstieg erleichtern. Ähnliche Fragebogen für die Partnerberatung mit den Kategorien »wie ich mich/wie ich meinen Partner sehe« und »wie er mich/wie er sich wohl sieht«.

Nr. 2

Bitte kreuzen Sie die Aussagen an, die für Sie ganz oder im Wesentlichen zutreffen:
Patient .... Datum ....

○ Ich mag mich selbst ganz gut leiden
○ Ich bin mit meinen Leistungen zufrieden
○ Ich komme mit meiner Umgebung gut aus
○ Ich habe Freude an meiner Arbeit
○ Ich habe mich mit meinen Unzulänglichkeiten ausgesöhnt
○ Eigentlich leiste ich eine ganze Menge
○ Ich sollte mir wohl mehr Ruhe gönnen
○ Eigentlich müsste ich viel mehr arbeiten
○ Ich fühle mich oft überfordert
○ Ich gehe mit anderen freundlicher um als mit mir selbst
○ Oft weiß ich nicht, was ich eigentlich will
○ Ich bemitleide mich manchmal selbst
○ Andere kommen im Leben besser zurecht als ich
○ Ich bin abhängig von der Meinung anderer
○ Ich habe oft das Gefühl, andere hätten etwas gegen mich
○ Ich neige zu Angst
○ Immer wieder habe ich unverdientes Pech
○ Ich habe an mir so einiges auszusetzen
○ Ich verlange sehr viel von mir
○ Eigentlich sollte ich mir viel mehr gönnen.

Was sonst möchten Sie mir mitteilen? ....
....
....

5.4 Fragebogen

Fragebogen wie Nr. 2 eignen sich auch – mit anschließender Aufarbeitung in Kleingruppen und/oder Plenum – zur Gruppenarbeit.
Eine andere Kategorie von Fragebogen intensiviert die Arbeit durch gezielte Vor- und Nachbereitung der Sitzungen. Am besten trägt der Patient die jeweiligen Antworten sowie die dabei ausgelösten Gedanken und Gefühle fortlaufend in ein Heft (»Therapie-Tagebuch«) ein. Bei der ersten Ausgabe des Fragebogens ist der Sinn der Fragen und der gewünschte Umfang der Antworten mit dem Patienten durchzusprechen.
Ein solcher Fragebogen zur Nachbereitung von Sitzungen ist Nr. 3:

Nr. 3

Patient .... Sitzung (Nr. u. Datum)........
....

1. Was wollten Sie in der Sitzung erreichen? Hätten Sie dabei zweckmäßiger vorgehen können – wenn ja, wie?
2. Welche Gefühle traten in oder nach der Sitzung auf? Aus welchen Situationen von Kindheit, Alltag oder (Tag-)Träumen kennen Sie solche Gefühle?
3. Welche Einsichten haben Sie gewonnen? Was wollen Sie damit anfangen?
4. Wie sind Sie in der Sitzung mit sich und mit dem Therapeuten umgegangen? Wie haben Sie sich und ihn erlebt? An was für Situationen erinnert Sie das?
5. Was hat sich für Sie zwischen den beiden letzten Sitzungen verändert?

Was sonst möchten Sie mir mitteilen?

5. Hilfsmethoden, Spiele, Übungen und Materialien

Die Fragen des vorigen Fragebogens können mit solchen des folgenden gemischt werden, der sich weniger auf die jeweils vorhergegangene Sitzung und mehr auf die erreichten Fortschritte bezieht.

Weitere Fragen sollten sich auf die spezielle Problematik des Patienten erstrecken. Verschleppt ein Patient die Umsetzung seiner Einsichten (bemüht sich z. B. nicht – wie vereinbart – ernstlich um eine Aussöhnung, eine Trennung, eine Arbeitsstelle o. Ä.), so kann auch gefragt werden, was er seit der letzten Sitzung konkret zur Lösung seines Problems versucht, welche Erfahrungen er dabei gemacht und welche Resultate er dabei erzielt hat. Ein derartiger gelinder Druck bedeutet zwar eine gewisse »Bevormundung« des Patienten, ist aber oft im Hinblick auf seine mitbetroffene Familie vertretbar.

Nr. 4

Patient .... Sitzung (Nr. u. Datum).......
....

1. Wie sind Sie seit der letzten Sitzung mit sich und Ihrer Umgebung (Ihrem Partner, Ihren Kindern) umgegangen?
2. Was haben Sie seit der letzten Sitzung gut gemacht?
3. Was fällt Ihnen inzwischen leichter als früher?
4. Welches neue Verhalten haben Sie ausprobiert? Mit welchem Resultat?

Was sonst möchten Sie mir mitteilen?

5.4 Fragebogen

Der folgende Fragebogen dient der Vorbereitung der nächsten Sitzung und richtet den Patienten auf seine Therapieziele aus.
Bei ähnlichen Fragebogen für die Partnerberatung ist je nach der eigenen und nach der vermuteten Antwort des Partners zu fragen. Zusätzliche Fragen dafür sind z. B.:»Worüber hat es mit dem Partner (den Kindern) Ärger/Streit gegeben? Wer hat sich dabei mit welchen Mitteln durchgesetzt? Sind Sie mit dem Ergebnis zufrieden? Was hätten Sie tun können, um den Streit zu vermeiden bzw. ein besseres Resultat zu erzielen?«,»Was hat sich am Verhalten der Kinder geändert? Was wollen Sie diesmal ausprobieren?«.

Nr. 5

Dieser Fragebogen soll Ihnen helfen, sich über Ihre Ziele in der nächsten Sitzung klarzuwerden und die Sitzung bestmöglich zu nutzen. Bitte nehmen Sie sich Zeit, die Fragen zu durchdenken, und beantworten Sie sie möglichst schriftlich!

1. Welches Problem/welchen Konflikt wollen Sie in der nächsten Sitzung bearbeiten?
2. Welche weiteren Personen sind davon betroffen? Wie wirkt es/er sich für diese Personen aus?
3. Was wäre in Ihrem (und in deren) Leben anders, wenn Sie das Problem gelöst hätten? Welche konkreten Veränderungen für Ihr (deren) Leben/Ihren Alltag zielen Sie damit an?
4. Was haben Sie (haben andere) bisher versucht, um das Problem/den Konflikt zu lösen? Mit welchen Resultaten? – Haben Sie (haben andere) ähnliche Probleme schon erfolgreich gelöst? Mit welchen Strategien?
5. Sind Ihnen derartige Probleme (Konflikte) auch sonst vertraut?
6. Welche Hoffnungen und welche Befürchtungen sind für Sie mit diesem Problem (Konflikt) mit der nächsten Sitzung verbunden?
7. Was wollen Sie in dieser Sitzung anders machen (versuchen, anders zu machen) als in der/den vorigen? Welche neuen Strategien möchten Sie z. B. ausprobieren?

5. Hilfsmethoden, Spiele, Übungen und Materialien

Der folgende Fragebogen eignet sich auch als »Hausaufgabe« in der Partnerberatung oder kann in Paar-Gruppen eingesetzt werden. Die Fragen sind möglichst jeweils unter den Rubriken »Ihre Antwort« und »vermutete Antwort Ihres Partners« zu beantworten. Unter Umständen muss zusätzlich eine Auswahlliste »häufiger Konfliktthemen« angeboten werden, wie etwa Familienplanung, Erziehung der Kinder, Aufteilung von Arbeiten, Finanzen, Wohnung, Urlaub und Freizeit, Berufstätigkeit der Ehefrau, gemeinsame Unternehmungen, Art und Häufigkeit sexueller Kontakte.

Nr. 6

1. Worüber (wenn überhaupt) streiten Sie mit Ihrem Partner?
2. Worüber gibt es Ärger mit den Kindern, mit anderen Familienmitgliedern?
3. Worüber sind Sie uneinig, versuchen aber keine Klärung und Einigung herbeizuführen – und warum nicht?
4. Welches Problem ist Ihnen vordringlich?
5. Wie etwa könnte dabei ein Kompromiss aussehen?
6. Wie beurteilen Sie die Chance, einen zufrieden stellenden Kompromiss zu erreichen?

....
....
....
....
....
....
....
....
....
....
....
....
....
....

5.4.2 Fragebogen für die Gruppenarbeit

Auch in der Gruppenarbeit können die Ergebnisse durch regelmäßige »Bilanz-Fragebogen« intensiviert werden. So wäre z. B. das abschließende Blitzlicht »was war heute wichtig?« mit einem Fragebogen vorzubereiten, wobei u. U. die als »Denkanstöße« gemeinten Fragen von Sitzung zu Sitzung modifiziert werden. Im Folgenden einige Fragen zur Auswahl:

Nr. 7

1. Wie haben Sie sich heute in der Gruppe gefühlt?
2. Was hat Sie am meisten beeindruckt?
3. Was war Ihre wichtigste Einsicht? Was können Sie damit anfangen?
4. Wie haben Sie Ihre Möglichkeiten in der Gruppe genutzt? Was hätten Sie vielleicht besser anders gemacht?
5. Was haben Sie unausgesprochen/unversucht gelassen und warum?
6. Wo haben Sie sich in anderen Teilnehmern wiedererkannt? Wie fühlte sich das an?
7. Welches neue Verhalten wollen Sie in der (bis zur) nächsten Sitzung ausprobieren?

5. Hilfsmethoden, Spiele, Übungen und Materialien

Ähnliche (»Bilanz«-)Fragebogen verdeutlichen zu Ende der ambulanten Arbeit das Gesamt-Ergebnis. Die Fragebogen können dabei auch entsprechend der Problematik der einzelnen Teilnehmer variiert werden. Hier Fragen für Therapiegruppen:

Nr. 8

1. Was ist für Sie das wichtigste Ergebnis aus der Gruppe?
2. Was hat sich an Ihrem Alltag geändert?
3. Was hat sich an Ihren Zielen und Ihren Normen/Werten geändert?
4. Was hat sich an Ihren Beziehungen zu anderen verändert?
5. Welche neuen Verhaltensweisen haben Sie erworben, welche alten überwunden?
6. Wie haben andere Menschen auf Ihre Veränderungen reagiert?
7. Welche Vorurteile haben Sie abgelegt?
8. Was wollen Sie weiter an sich und Ihrem Leben verändern? Wie müssten Sie dabei vorgehen? Wer könnte Ihnen dabei helfen?

5.4 Fragebogen

In *Blockseminaren* verhindern tägliche, bei den Teilnehmern verbleibende Fragebogen, daß wichtige Ergebnisse in der Fülle des Erlebens untergehen. Um Routine beim Ausfüllen zu vermeiden, sollten Sie die Fragen von Tag zu Tag variieren. Wenn eine abendliche Kurz-Sitzung dafür zur Verfügung gestellt wird, kann die Bilanz etwas umfangreicher sein. Es stehen unter Anderem die folgenden Fragen zur Auswahl:

Nr. 9

Seminar: .... Gruppe/Teilgruppe: ....
Datum: ....
Besondere Unternehmungen des Tages: ...

Bitte beantworten Sie mindestens fünf der folgenden Fragen:
1. Welche unerwartete Erfahrung haben Sie heute gemacht?
2. Was hat Sie am meisten betroffen gemacht?
3. Was war Ihr erfreulichstes Erlebnis?
4. Was für unerwartete Freundlichkeiten haben Sie heute erlebt?
5. Was haben Sie heute getan, was Sie sich nicht zugetraut hätten?
6. Welche Ihrer Ängste hat sich als unbegründet erwiesen?
7. In welcher Situation waren Sie heute mit sich unzufrieden? Wie hätten Sie sich da zweckmäßiger verhalten?
8. Welchen Groll und welchen Kummer könnten Sie loszulassen versuchen?
9. Was sonst ist Ihnen jetzt wichtig/möchten Sie uns mitteilen?

....
....
....
....
....
....
....
....
....
....

5. Hilfsmethoden, Spiele, Übungen und Materialien

Für die Abschluss-Bilanz einer Klausur (wieder zum Verbleib beim Teilnehmer, gegebenenfalls zur Strukturierung der letzten Sitzungen schon früher auszugeben) eignen sich u. a. untenstehende Fragen.

Auf einem gesonderten Blatt kann dabei auch nach Änderungs- und Verbesserungsvorschlägen für die Arbeit gefragt werden.

Nr. 10

1. Was hat Sie auf diesem Seminar am meisten beeindruckt?
2. Was war Ihre wichtigste Erfahrung?
3. Was wollen Sie an sich und Ihrem Leben ändern? Wie müssten Sie dabei vorgehen? Wer könnte Ihnen dabei helfen? Welche Schwierigkeiten erwarten Sie dabei?
4. Womit sollten Sie gleich anfangen, womit aufhören?
5. Mit wem sollten Sie sich aussöhnen?

5.4 Fragebogen

Der folgende »Bilanz«-Fragebogen dient der Rückmeldung an Veranstalter/Moderatoren, wobei gegebenenfalls auch nach der Zufriedenheit mit Unterbringung und Verpflegung zu fragen ist!

Nr. 11

Mit der Beantwortung dieser Fragen helfen Sie uns, unsere Arbeit zu verbessern. Bitte unterstreichen Sie Zutreffendes oder tragen Sie Fehlendes ein. Für genauere Hinweise am Schluss und für Verbesserungsvorschläge wären wir dankbar.

- Seminar: .... von .... bis ....
- Das Seminar war zu kurz – zu lang – etwa richtig
- Es gab zu viel – zu wenig – gerade ausreichend Freizeit.
- Die Teilnehmer hatten zu viel – zu wenig – gerade richtig Freiraum bei der Gestaltung des Programms
- Die Arbeit war zu gefühlsbetont – zu verstandesbetont – etwa ausgewogen
- Das Gruppenklima war sehr gut – gut – erträglich – ziemlich unerfreulich – belastend – sehr belastend – wechselte sehr stark
- Das Seminar war sehr strapaziös – ziemlich strapaziös – eher erholsam – fast schon langweilig – langweilig – ....
- Das momentane Thema war mir selten – häufig – meist – immer klar
- Die Moderatoren waren zu dominant – ziemlich dominant – zurückhaltend – zu zurückhaltend – uninteressiert – unfreundlich – freundlich – zu freundlich – unausgeglichen – zurückweisend – aggressiv – arrogant – ....
- Die Teilnahme hat sich für mich nicht – kaum – wenig – im Wesentlichen – sehr – über Erwarten gelohnt
- An einer Wiederholung/Fortsetzung bin ich sehr – mit Maßen – nicht interessiert
- Ich bin interessiert an einer Wiederholung, wenn ....
  ....
- Was sonst möchten Sie uns mitteilen? ....
  ....
  ....

5. Hilfsmethoden, Spiele, Übungen und Materialien

Als Abschluss von Wochenend- und ähnlichen Kurz-Seminaren empfehlen sich ebenfalls Multiple-Choice-Fragen, gegebenenfalls gleich mit einer Durchschrift für die Moderatoren. Dieser Fragebogen kann auch gekürzt und mit dem ebenfalls gekürzten vorangehenden kombiniert werden.

Nr. 12

Dieser Fragebogen soll Ihnen helfen, sich über den »Ertrag« des Seminars klarer zu werden und so den Nutzen für Sie zu steigern. Bitte unterstreichen Sie Zutreffendes und machen Sie möglichst Ergänzungen!

Die für mich wichtigsten Ergebnisse dieses Seminars waren:
- Spaß gehabt – interessante Menschen kennen gelernt – neue Seiten an mir entdeckt – neue Verhaltensweisen ausprobiert – mehr Selbstvertrauen gewonnen – neue Erfahrungen gemacht – Einsichten gewonnen – Zusammenhänge begriffen – Vorurteile abgebaut – Gefühle wahrgenommen und geäußert – mehr zu mir selbst gefunden – mir und anderen gegenüber toleranter geworden – mache mir weniger Sorgen – ärgere mich weniger – fühle mich freier – bin ruhiger geworden – setze mich weniger unter Druck – grolle weniger – ....
  ....
- Was sonst ist Ihnen jetzt wichtig/was möchten Sie uns mitteilen?

....
....
....
....
....
....
....

5.4 Fragebogen

Kurz-Fragebogen zur Nachbereitung können einem Protagonisten helfen, die in »seiner« Sitzung gemachten Erfahrungen zu strukturieren und sie so besser zu nutzen. Dabei ist vor allem zu fragen nach neuen Einsichten in unzweckmäßige Lebensziele und -strategien sowie nach den aufgetretenen Gefühlen, Erinnerungen und sonstigen Assoziationen. – Ein »Ziel-Fragebogen« wie der folgende zur Vorbereitung kann bei ambulanter Arbeit eine Woche vorher ausgegeben werden. Er hilft dem Protagonisten, bewusster an das von ihm zu bearbeitende Problem heranzugehen.

Nr. 13

Dieser Fragebogen soll Ihnen helfen, »Ihre« Sitzung als Protagonist zu nutzen. Bitte nehmen Sie sich Zeit, die Fragen zu durchdenken, und beantworten Sie sie möglichst schriftlich.

1. Welches Problem/welchen Konflikt wollen Sie in »Ihrer« Sitzung bearbeiten?
2. Welche Fragen wollen Sie klären?
3. Welche Veränderungen für Ihr Leben/Ihren Alltag zielen Sie an?
4. Welche Strategien wollen Sie dazu anwenden?
5. Welche Befürchtungen/welche Hoffnungen treten dabei auf?
6. Welchen Groll und welchen Kummer müssten Sie loslassen?
7. Mit wem und/oder womit müssten Sie sich aussöhnen?

....
....
....
....
....
....
....
....
....
....
....

5. Hilfsmethoden, Spiele, Übungen und Materialien

Mit Fragebogen wie den zwei folgenden wird latente Unzufriedenheit in einer (Teil-)Gruppe thematisiert. Die Fragen sind nach Bedarf zu adaptieren, z. B. »Ging Zeit mit Machtkämpfen verloren? War das Thema jederzeit klar? Wurde die Gruppe von einzelnen dominiert oder manipuliert? Sind Sie mit dem Niveau zufrieden?«
Nach Ausfüllen der Fragebogen wird (eventuell nach blindem Tausch der Fragebogen zwischen den Teilnehmern) die Zahl der Ja-Voten per Handzeichen ermittelt und zu den Fragen an die Tafel geschrieben. Damit wird das Ausmaß der (Un-)Zufriedenheit deutlich.

Nr. 14

Gruppe .... positive Voten
Sitzung .... geschätzt   tatsächl.
Zahl der Teilnehmer ....

1. Sind Sie mit dem Verlauf der
   Diskussion/dem Vorgehen
   der Gruppe im wesentlichen
   einverstanden?
2. Sind Sie mit den Ergebnissen im
   Wesentlichen einverstanden?
3. Empfanden Sie das Arbeitsklima
   als angenehm?
4. Konnten Sie sich so beteiligen,
   wie Sie wollten?
5. Wurden abweichende Meinungen
   ausreichend berücksichtigt?
6. Blieb die Gruppe am Thema?

Bitte kreuzen Sie die von Ihnen bejahten Fragen an, schätzen Sie zu jeder Frage die wahrscheinliche Zahl der Ja-Voten und vergleichen Sie sie mit der tatsächlichen Anzahl!

5.4 Fragebogen

Der folgende skalierte Fragebogen ist stärker gruppenorientiert. Er wird ausgewertet wie der vorangehende. Fragen Sie gegebenenfalls, warum die Teilnehmer ihre Unzufriedenheit nicht direkt geäußert haben. Sehr aufschlussreich ist auch die Bearbeitung der eventuellen Abweichungen zwischen den tatsächlichen und den von den einzelnen Gruppenmitgliedern geschätzten Werten (Unzufriedene überschätzen oft die Unzufriedenheit der Gruppe!).

Nr. 15

Gruppe: .... Sitzung: ....
Zahl der Teilnehmer:.........

Bewertungsschema:
+2 »sehr gut, sehr viel«/+1 »zufrieden stellend«/0 »mittelmäßig, teils-teils, wechselnd«/–1 »schlecht, kaum«/–2 »sehr schlecht, gar nicht«.

	Ihr Wert	Mittelwert gesch.	tatsächl.
1) Wie haben Sie sich in der Gruppe gefühlt?	....	....	....
2) Wie war die Kommunikation in der Gruppe?	....	....	....
3) Ist die Gruppe zu guten Ergebnissen gekommen?	....	....	....
4) War der Moderator hilfreich?	....	....	....
5) Hat die Gruppe ihre Möglichkeiten gut genutzt?	....	....	....

Bitte schreiben Sie zu jeder Frage Ihre Bewertung sowie den von Ihnen geschätzten Mittelwert der Bewertung durch die Gruppe. Wie groß ist die Abweichung zum tatsächlichen Mittelwert? Woran könnte Ihre (eventuelle) Fehleinschätzung liegen?
....
....

5. Hilfsmethoden, Spiele, Übungen und Materialien

Sind Sie sich über mögliche Hintergründe einer latenten Unzufriedenheit nicht klar, kann der folgende Fragebogen helfen. Die Zahl der Fragen sollte möglichst auf 10 vermindert werden.

Nr. 16

Bitte kreuzen Sie die Gründe (maximal drei Gründe) an, die für Ihre Zurückhaltung in dieser Sitzung (bei dieser Übung) wichtig waren!
Sitzung: .... Zahl der Teilnehmer:..........

1. Schlechtes Gruppenklima – ich mochte mich nicht Angriffen aussetzen oder mich auslachen lassen
2. Ein nicht offen gelegter Konflikt in der Gruppe
3. Teilnehmer sind mehr an einer Selbstdarstellung als an der Sache (der Gruppe) interessiert
4. Unlust, nachdem auf deutliche Unzufriedenheit nicht reagiert wurde
5. Mehrfach vergeblich versucht, zu Wort zu kommen
6. Thema/Übung war unklar und ich mochte nicht nachfragen
7. Thema/Übung sind mir zu emotional
8. Die Gruppe hätte weit dringlichere Themen!
9. Die vorangegangene Übung/das vorangegangene Thema war noch nicht abgeschlossen
10. Ich hatte kein Interesse am Thema/keine Lust zu der Übung
11. Die Gruppe gefällt mir nicht/ist uninteressant
12. Verärgerung über Moderator(en) und/oder andere Teilnehmer
13. Die Moderatoren sollten bessere Angebote machen!
14. Gründe außerhalb von Thema, Gruppe oder Moderator
Sonstige Gründe: ...
Es hätte mir geholfen, wenn ...

....
....
....
....
....

5.4 Fragebogen

Wieder wird die Zahl der Voten für jedes Item per Handzeichen ermittelt. Meist ergibt sich eine deutliche Häufung bei einem oder wenigen Items, den tatsächlichen Ursachen der Unzufriedenheit. –
Bei unlustiger *Diskussion* sind einige der Items zu ersetzen durch:
- andere sind kompetenter/können besser formulieren
- einzelne Teilnehmer dominierten das Gespräch und ließen andere nicht zu Wort kommen
- Diskussion war zu theoretisch/zu allgemein/unsachlich/drehte sich im Kreis
- Niveau war mir zu hoch/zu niedrig
- Thema war für mich erschöpft
- Sorge, daß Äußerungen weitergetragen würden.

Weitere, mitunter wichtige Gründe sind Einschüchterung durch Moderatoren oder andere Teilnehmer, die Sorge, einen Konflikt auszulösen oder die, sich mit einer abweichenden Meinung unbeliebt zu machen/Angriffen auszusetzen. Bei sehr ängstlichen bzw. zurückhaltenden Gruppen empfiehlt es sich, im Kopf des Bogens allgemeiner zu fragen nach »Gründen, die für die Zurückhaltung von Teilnehmern wichtig sein könnten«.

Sind mit Hilfe des Fragebogens die Ursachen der Zurückhaltung geklärt, werden sie zur Diskussion gestellt mit Fragen wie »Was fangen wir jetzt damit an?«. Es ist günstig, dieser Diskussion eine »Denkpause« vorzuschalten, in der die Teilnehmer das weitere Vorgehen »bedenken und besprechen« können (möglichst in Abwesenheit der Moderatoren).

5. Hilfsmethoden, Spiele, Übungen und Materialien

Ein Spezialfall der vorigen Fragebogen ist der folgende zur zögerlichen Aufteilung in Kleingruppen bei Beginn eines Seminars. Ausfüllen und Bearbeitung des Fragebogens bringt die Gruppenaufteilung meist schließlich doch in Gang. Nach der Kleingruppenphase sollten Sie fragen, wie weit sich Befürchtungen als Katastrophenphantasien erwiesen hätten.

Nr. 17

Bitte kreuzen/geben Sie Gründe an, derentwegen die Teilnehmer die Zuordnung zu Kleingruppen lieber den Moderatoren überlassen würden:

- Sorge, von einem anderen zurückgewiesen zu werden
- Sorge, einen anderen unter Druck zu setzen
- Sorge, einen »nicht Gewählten« zu verärgern/zu enttäuschen
- Sorge, nicht gewählt zu werden und als Mauerblümchen übrigzubleiben
- Sorge, was die anderen von der Wahl denken könnten
- Sorge, in einer unsympathischen oder »schwierigen« Gruppe zu landen
- »Entscheidungsschwierigkeiten«, Zeitpunkt verpasst
- Vorbehalte gegen Aufteilung überhaupt/gegen Aufteilung zum jetzigen Zeitpunkt
- Unzufriedenheit mit der gesamten Situation/den Teilnehmern/den Moderatoren
- Gründe außerhalb von Situation, Teilnehmern und Moderatoren
- Sonstige Gründe (welche?)
  ....
  ....
  ....
  ....

Nicht notwendig schriftlich zu beantworten: Welche Ihrer Verhaltensgewohnheiten haben Sie bei der Aufteilung in Kleingruppen wiederkannt?

5.4 Fragebogen

Wird ein Seminar mit einer Kleingruppendiskussion zu den Cohnschen Regeln eröffnet, kann die anschließende Plenumsdiskussion mit einem Fragebogen wie Nr. 18 strukturiert werden.
Generell können Fragebogen dieser Art als »Denkanstoß« ausgegeben werden--zu bedenken, doch nicht notwendig schriftlich zu beantworten.

Nr. 18

1. Was war für Sie die eindrucksvollste Erfahrung beim Versuch, die Cohn-Regeln anzuwenden?
2. Was war für Sie das wichtigste Ergebnis der Kleingruppe?
3. Wurde die Gruppe von Einzelnen dominiert? Wie haben Sie sich dabei verhalten? Was hätten Sie vielleicht anders machen können? Mit welchen Vorstellungen haben Sie sich dabei vielleicht behindert?
4. Was hätte Ihnen helfen können, sich in der Gruppe wohler zu fühlen?
5. Wie fühlen Sie sich jetzt?

5. Hilfsmethoden, Spiele, Übungen und Materialien

Eine Auswahl der folgenden Fragen kann bei Kommunikationsübungen als Strukturierungs- und Bewertungshilfe dienen. Durch Umformulierung »Wie gut .../wie häufig ...« und Skalierung, etwa von »sehr gut« bis »sehr schlecht« für die Fragen 1 – 11 ergibt sich ein Fragebogen, bei dem die Teilnehmer ihre eigene Bewertung mit der der Gruppe (Mittelwert aller Teilnehmer/ Beobachter) vergleichen können. (s. Fragebogen Nr. 15)

Nr. 19

1. Was hat Ihnen bei der Übung Mühe gemacht?
2. Fühlten Sie sich von dem (den) Gesprächspartner(n) verstanden?
3. Haben Sie den (die) Gesprächspartner verstanden?
4. Hörten die Teilnehmer einander zu?
5. Schien es eher ein Dialog (Gespräch) oder eine Serie von Monologen?
6. Wurden schweigsamere Teilnehmer zum Reden ermutigt?
7. Wurden Teilnehmer an den Rand/aus dem Gespräch gedrängt?
8. Wie häufig gab es Missverständnisse? Wurden sie geklärt?
9. Wurden auch abweichende Meinungen frei geäußert?
10. Fielen Teilnehmer einander ins Wort?
11. Waren die Teilnehmer eher daran interessiert, ihre eigene Meinung zu äußern, als die des/der anderen zu erfahren?
12. Wie haben Sie sich bei der Übung gefühlt?
13. Falls Sie besondere Schwierigkeiten im Gespräch mit bestimmten Teilnehmern hatten – was für Schwierigkeiten und mit was für Teilnehmern?
14. Was taten Sie, um die Kommunikation zu verbessern? Was hätten Sie tun können und warum taten Sie es nicht?

....
....
....
....
....
....

5.4 Fragebogen

Der folgende Fragebogen bezieht sich auf Einigung/Kompromissfindung in Gruppen, speziell in Paar-Gruppen. Etwas modifiziert bietet er Beobachtern eine Strukturierungshilfe. Durch eine Skalierung von +2 bis -2 oder von »völlig« bis »absolut nicht« kann er (grob) »quantifiziert« werden.

Nr. 20

1. Sind Sie zufrieden mit dem Resultat, auf das sich Ihre (Teil-) Gruppe (das beobachtete Paar) geeinigt hat/auf das Sie sich mit Ihrem Partner geeinigt haben?
2. Sind Sie zufrieden mit der Art, wie die Entscheidung zustande kam?
3. Wie war das Klima während des Gesprächs? (An welcher Stelle schlug es eventuell um? Was löste den Umschwung/ die Veränderung aus, wie wurde darauf reagiert?)
4. Wurde die Gruppe (hat einer der Partner den anderen) manipuliert/majorisiert, oder den Versuch dazu gemacht?
5. Wurde ein fauler Kompromiss geschlossen?

....

Die an der Entscheidungsfindung Beteiligten können weiter z. B. gefragt werden:
1. Wie weit haben Sie Ihre Meinung/Ihr Anliegen durchgesetzt? Sind Sie damit zufrieden? Wenn nicht, warum haben Sie zugestimmt, statt weiter zu verhandeln?
2. Wie würden Sie Ihre Rolle bei der Entscheidungsfindung beschreiben (z. B. »eher passiv – sehr aktiv – ausgleichend – dominant – ›Sand im Getriebe‹ – ...«)?
3. Haben Sie sich über das Verhalten anderer Teilnehmer geärgert? Wenn ja – über welches und warum? Was haben Sie daraufhin unternommen? Kennen Sie solches Verhalten auch sonst von sich?
4. Was hätten Sie tun bzw. unterlassen können, um zu einer besseren Einigung zu kommen/der Gruppe zu einer besseren Einigung zu helfen?

....
....

5. Hilfsmethoden, Spiele, Übungen und Materialien

Schließlich noch eine Beobachtungshilfe für Übungen in Zwei-Paar-Gruppen:

Nr. 21

1. Wie gingen die Partner in der Übung miteinander um?
2. Kam es zu Machtkämpfen, zu »Opfer-Verfolger«-Spielen, zu Vorwürfen und Schuldzuweisungen? Wer »siegte« – und um welchen Preis?
3. Wie war die Kommunikation zwischen den Partnern? Wann und wodurch kam es zu einer Änderung in der Qualität der Kommunikation?
4. Was fiel Ihnen am Verhalten der Partner besonders auf?
5. Was hat Sie daran berührt/betroffen gemacht?
6. Waren Sie in Versuchung, sich einzumischen? Wenn ja – wann und warum?
7. Welche eigenen Verhaltensweisen haben Sie wiedererkannt? Wie fühlte sich das an?
8. Was ist Ihnen deutlich/fraglich geworden?

5.4 Fragebogen

Entsprechend für das die Übung durchführende Paar, möglichst (zeitaufwändig!) zusätzlich mit den vermuteten Antworten des Partners:

Nr. 22

- Wie gingen Sie in der Übung mit sich und miteinander um?
- Welche Bedeutung hatte für Sie die Anwesenheit von Beobachtern? Gab es Unterschiede gegenüber Ihrem/Ihres Partners sonstigem Verhalten?
- Was hat Sie am meisten berührt, erfreut, erschreckt, geärgert?
- Was ist Ihnen klar/klarer geworden?
- Was möchten Sie daraufhin in Zukunft anders machen?
- Wie fühlen Sie sich jetzt?

6. Zu guter Letzt

6.1 Dem Therapeuten ins Stammbuch

- Wer »im eigenen Laden« (Freundschaft, Familie) therapiert, braucht sich über Komplikationen nicht zu wundern.
- Das Symptom ist nur selten ein sinnvolles Thema.
- Auch der Patient kann (im besten Fall) nur sagen, was er für wahr hält ...
- »Zeitpolster« im Terminkalender bewahren vor Stress!
- Wenn die Arbeit mit Patienten oder Gruppen sehr anstrengt, läuft wahrscheinlich etwas sehr schief (oder ist gelaufen!).
- Der Patient bzw. die Gruppe haben ihre eigenen Ziele – der Versuch, ihnen andere Ziele überzustülpen, dürfte zu endlosen Schwierigkeiten führen.
- Die Versuchung, Rat zu erteilen, Lösungen vorzuschlagen, Trauernde zu trösten oder Zornige zu begütigen, ist manchmal groß. Es lohnt sich, ihr zu widerstehen.
- Flirt, geschweige denn Sex mit den PatientInnen kann katastrophale Folgen haben.
- Die psychiatrische Diagnose »Psychose« mag beunruhigend sein – aber selbst der Psychiater könnte sich geirrt haben.
- Es zahlt sich aus, authentisch zu sein und bei der Wahrheit zu bleiben (was nicht heißt, immer die ganze Wahrheit zu sagen!).
- Sich geirrt zu haben ist weder ausgeschlossen noch beschämend – es kann alles auch ganz anders sein. Besonders wenn das Ganze sonst keinen Sinn ergibt.

6.2 Eine Liste von »Erlaubern«

Von Smith[112] stammt die folgende Liste von »Rechten« (»Erlaubern« für Angefochtene und Selbstunsichere):

---

[112] Manuel J. Smith, Sag Nein ohne Skrupel, Landsberg am Lech ⁵1995

Jeder hat das Recht,
- das eigene Verhalten und seine Gedanken und Gefühle zu beurteilen und die Verantwortung für ihre Entstehung und ihre Folgen zu übernehmen (»jeder ist der höchste Richter für seine Gefühle, Gedanken, Handlungen und Unterlassungen«)
- keine Gründe oder Entschuldigungen zur Rechtfertigung seines Verhaltens vorzubringen
- seine Meinung zu ändern
- Fehler zu begehen und die Verantwortung dafür zu übernehmen
- unlogische Entscheidungen zu treffen
- zu sagen »Das verstehe ich nicht!«
- zu sagen »Das ist mir gleichgültig!«

Diese »Rechte« können teilweise auch als Sonden angeboten werden, z. B.:
- Es ist o. k., seine Meinung zu ändern.
- Du darfst Ungebräuchliches probieren.
- *Es darf Spaß machen.*

6.3 »Wer die Wahrheit sagt ...«

»Wer die Wahrheit sagt, begeht keine Sünde, aber er verursacht Unannehmlichkeiten«, daher empfiehlt es sich oft, unbequeme Wahrheiten als Sprichwort oder in einer ähnlich eindringlichen (»rechts-hemisphärischen«) Form zu sagen. – Im Folgenden eine Auswahl, vor allem von Sprichworten, mit denen sich manches sagen lässt, was sich anders nicht sagen ließe:
- Herr Gott, gib mir Geduld – aber SOFORT!
- Wer ständig über seinen Sorgen brütet, dem schlüpfen sie aus.
- Besser, ein kleines Licht anzuzünden, als über die Dunkelheit zu klagen/zu fluchen.
- Nimm es als Glück, und es *ist* ein Glück – nimm es als Unglück, und es ist ein Unglück.
- Fliehe vor dem Gespenst, und es wird dir folgen; bleib stehen und sieh ihm ins Gesicht, und es wird fliehen.
- Es ist nicht nötig, sich Läuse in den Pelz zu setzen – sie kriechen von alleine hinein.

6. Zu guter Letzt

- Jedes Pferd glaubt, *seine* Last sei die schwerste.
- Die beste Arznei gegen Unrecht ist, es zu vergessen.
- Man sorgt um ein Brot und hat genug an einer Schnitte
- Wer sein Herz dem Ehrgeiz öffnet, verschließt es der Ruhe.
- Der Fehler liegt in der Eile.
- Der Fisch, den man nicht fing, war immer groß.
- Zwinge mich, sagte die Jungfrau, so begehe ich keine Sünde.
- Glück und Unglück kommen nicht von selber, sondern nur gerufen.
- Wer sagt, er wolle eine Axt verschlucken, dem halte sie hin!
- Wer andere jagt, muss selber laufen.
- Nicht viel *wissen*, sondern viel *tun* ist wohlgetan.
- Wer weiter will, als sein Pferd kann, der steige ab und gehe zu Fuß!
- Wer ein Pferd und eine Frau ohne Fehler sucht, der behelfe sich ohne dieselben! (Soll auch für *Männer* ohne Fehler gelten!)
- Wer fürchtet, er tue zu viel, der tut immer zu wenig.
- Wunder kommen nur zu dem, der daran glaubt.
- Du bist längst nicht so sehr Opfer, wie du glaubst.
- Was die Menschen ihr Schicksal nennen, ist eigentlich nur die Folge ihrer eigenen Unvernunft.
- Hinfallen ist keine Schande, aber Liegenbleiben!

* * *

Die folgenden Texte eignen sich als Vorgabe einer Meditation und/oder Diskussion in Gruppen:
- Gönne dir einen Augenblick der Ruhe, und du begreifst, wie närrisch du herumgehastet bist. Lerne zu schweigen, und du merkst, dass du viel zu viel geredet hast. Sei gütig, und du siehst ein, dass dein Urteil über andere allzu hart war (Chen Chuji).
- Für das, was ich sehe, bin ich verantwortlich, und ich wähle meine Gefühle, und ich entscheide, welches Ziel ich erreichen will. Was immer mir zuzustoßen scheint, geschah nicht ohne mein Zutun – und mir geschieht, was ich angezielt habe.

6.3 »Wer die Wahrheit sagt ...«

- Gib mir Kraft, zu ändern, was ich verändern kann, Geduld, zu ertragen, was sich nicht ändern lässt, und Weisheit, zwischen beidem wohl zu unterscheiden!
- Alles, wovor du Angst hast, hast du schon längst überholt.
- Der Sinn, der sich nennen lässt, ist nicht der ewige Sinn (Laotse).

Die folgenden Sätze stammen von Sheldon B. Kopp[113]:
- Du kannst nichts haben, solange du es nicht loslässt.
- Du kannst nur behalten, was du weggibst.
- Du kannst nicht alles bekommen, was du haben willst.
- Die Welt ist nicht unbedingt gerecht ... und es gibt keine Entschädigung für Unglück.
- Die wichtigsten Dinge muss jeder für sich selbst tun.
- Alle wichtigen Schlachten trägst du in dir selbst aus.
- Entschuldigungen werden nicht angenommen.
- Du bist frei, zu tun, was immer du willst. du musst nur bereit sein, die Konsequenzen zu tragen.
- Lerne, dir selbst zu vergeben, wieder und wieder und wieder und wieder ...

Der Herr sei vor dir, um dir den rechten Weg zu zeigen,
Der Herr sei unter dir, um dich aufzufangen, wenn du fällst,
Der Herr sei in dir, um dich zu trösten, wenn du traurig bist,
Der Herr sei über dir, um dich zu segnen.

(Aus einem altkirchlichen Segen aus dem vierten Jahrhundert)

---

[113] Sheldon B. Kopp, Triffst Du Buddha unterwegs, Fischer-Taschenbuch 3374

7. Anhang

1. Verzeichnis der Übungen

A

Abklopfen, 264
Aktive Bewegung, 191
Ärger, 320
Ärgernis, 317
Assoziationen, 277
Assoziationskette, 277
Ausfall, 195

B

Begegnen im Kreis, 280
Bienenkorb, 239
Blind Gehen, 270
Blindenführen, 271

D

Denkmal, 223, 244
Denkmal, in Paargruppen, 319
Der Haufen, 268
Du und Deine Familie, 319

E

Eigenlob, 275
Einigung, 300
Empathieübungen (Partnerberatung), 208 ff.
Eröffnungen, 249ff.
Es fällt mir schwer, 276

F

Familie Lehmann, 297
Familienbild, 276
Fishbowl, 239
Freikämpfen, 267

G

Gabentisch, 272
Gedächtnis, 307
Gedränge, 269
Geheime Verbote, 308
Gespräch suchen, Gespräch meiden, 292
Gib es mir!, 293
Gruppenpräsentation, 251

H

Handkontakt, 268
Haus, Baum, Hund, 222, 252
Heißer Stuhl, 279
Hier stehe ich, 278
Hilfe geben, Hilfe nehmen, 289

I

Ich hatte erwartet, 232
Ich stelle mich dar, 250
Ich wüsste gern, 251
In den Kreis/aus dem Kreis, 266
Indirekte Selbstdarstellung, 252

J

Jazz-Summen, 265

K

»Kissenübungen«, 241
Kissenschlacht, 221
Knappe Mehrheit, 304
Kollagen, 309
Konflikt, 295
Kontrollierter Dialog, 284
Kooperatives Malen in Paar-Gruppen, 273
Krug und Tuch, 310

Verzeichnis der Übungen

L
Lebenslinie, 262
Leerer Stuhl, 181
Leerer Stuhl, in Gruppen, 278

M
Mangelware, 296
Marktplatz, 255
Marsnamen, 262
Mein Name, 274
Mein Ort im Raum, 270
Molekülübung, 272

N
Nähe-Distanz, 225
Nähe-Distanz, in Gruppen, 270
»Nieselspiel«, 303

P
Parallele Hände, 221
Passive Bewegung, 189
Puzzle zu viert, 301

R
Rock 'n' Roll, 266
Rückfront, 191

S
Sag ihm was!, 278
Segregationsübung, 281
Schattenseite, 276
Schmerz lass nach, 192
Spaß am Schreiben, 309
Spit Back, 279
Statements, 288
Streit wozu?, 315
Sturz, 196
Stützen und Auffangen, 190

T
Tanz, 196
Tanz, in Gruppen, 271
Tauschbörse, 257
Tauschhandel, 273
Tragen und Wiegen, 268

U
Ungeklärt, 313
Unser Alltag, 318
Unten durch, 196
Urlaubsausflug, 258

V
Viele Bilder, 262
Vorträge, 306

W
Wegdrücken, 194
Wen ich bewundere, 275
Wer bist Du?, 275
Womit ich mich behindere, 305
Worüber man streitet, 315

Z
Zeittorte, 86, 280
Zwei Kisten, 257

2. Verzeichnis der Phantasiereisen

B
Bühnenaufruf, 261

D
Der Garten der Begegnungen, 259
Der Schlüssel, 257
Der Verirrte, 258
Der Wettstreit, 260
Der Zug, 259
Die Party, 258
Drachenhöhle, 261
Drei Lose, 257
Drei Wünsche, 257

F
Flucht aus dem Gefängnis, 260

G
Gang zum Totemtier, 261
Gerichtsverhandlung, 227, 259

H
Hälfte des Weges, 260
Heiligtum im Gebirge, 261
Hotelhalle, 81

I
Im Boot, 258
Im Thronsaal, 258

J
Jahrmarkt, 258

K
Kreuzweg, 260

M
Magischer Spiegel, 262

S
Strandspaziergang, 258
Straßenkreuzung, 258

U
Urlaubsausflug, 258

V
Viele Bilder, 262

W
Wappen, 261

Literaturverzeichnis

1. Anderson, Bob, Stretching, München 1996
2. Axline, Virginia M., Dibs, Bern 1964
3. Bateson, Gregory, Jackson, Don D., u. a., Schizophrenie und Familie, Frankfurt/Main 1969.
4. Berne, Eric, Spiele der Erwachsenen, Reinbek bei Hamburg 1964/1994
5. Brand, Ulrich, Eutonie, München ³1994
6. Brocher, Tobias, Gruppendynamik und Erwachsenenbildung, Braunschweig 1967
7. Buber, Martin, Die Erzählungen der Chassidim, Zürich 1949
8. Dieckmann, Hans, Methoden der Analytischen Psychologie, Olten 1979
9. Dieckmann, Hans, Gelebte Märchen, Hildesheim ²1991
10. Elrod, Norman, Kriterien der Besserung in der Psychotherapie, München ²1974
11. Fensterheim, Herbert, Baer, Jean, Sag nicht Ja wenn Du Nein sagen willst, München 1979
12. Fittkau, Bernd, u.a., Kommunizieren lernen (und Umlernen), Braunschweig ⁷1994
13. Gendlin, Eugene T., Wiltschko, Johannes, Focussing in der Praxis, Stuttgart 1999
14. Gordon, Thomas, Familienkonferenz, Hamburg ¹⁴1994
15. Hark, Helmut, Träume als Ratgeber, Reinbek bei Hamburg 1986
16. Hellinger, Bert, Ordnungen der Liebe, Heidelberg ⁵1998
17. Hellinger, Bert, Familienstellen mit Kranken, Heidelberg ³1998
18. Hoffsümmer, Willi, Kurzgeschichten, Mainz 1983
19. Kahn, Sandra S., Das Ex-Frau-Syndrom, München 1991
20. Kjellrup, Mariann, Bewußt mit dem Körper leben, München ²1987
21. Kopp, Sheldon B., Triffst Du Buddha unterwegs, Fischer-Taschenbuch, Frankfurt ¹¹1999
22. Kraiker, Christoph, Burkhard, Peter, (Hg.), Psychotherapieführer, München ⁴1994

23. Kurtz, Ron, Hakomi, Eine körperorientierte Psychotherapie, München 1994

24. Kurtz, Ron, Körperzentrierte Psychotherapie: die Hakomi-Methode, Essen 1985

25. Lachauer, R., Der Fokus in der Psychotherapie, Stuttgart [2]1999

26. Le Shan, Lawrence, Psychotherapie gegen den Krebs, Stuttgart 1982

27. Lerner, Harriet G., Wohin mit meiner Wut?, Frankfurt/Main 1990

28. Lowen, Alexander, Bioenergetik, Reinbek bei Hamburg [2]1988

29. Metzner, Klaus, Shiatsu - Heilsame Berührung, München [4]1994

30. Napier, Augustus Y., Whitaker, Carl A., Die Bergers, Reinbek bei Hamburg 1994

31. Partner, Peter, Den andern verlieren, sich selbst finden, München 1987

32. Peseschkian, Nossrath, Der Kaufmann und der Papagei, Frankfurt/Main [21]1997

33. Ploeger, Andreas, Tiefenpsychologisch fundierte Psychodrama-Therapie, Stuttgart 1983

34. Rogoll, Rüdiger, Nimm dich wie du bist, Freiburg/Breisgau [6]1999

35. Sammer, Ulrike, Entspannung erfolgreich vermitteln (Progressive Muskelentspannung und andere Verfahren), Stuttgart 1999

36. Schmeer, Gisela, Das Ich im Bild, München 1992

37. Schulz von Thun, Friedemann, Miteinander reden: Störungen und Klärungen, Reinbek bei Hamburg 1981/1988

38. Schulz von Thun, Friedemann, in Fittkau, Bernd, u.a. Kommunizieren lernen (und umlernen), Braunschweig [7]1994

39. Siems, Martin, Dein Körper weiß die Antwort (Focusing als Methode der Selbsterfahrung), Reinbek bei Hamburg 1986/1995

40. Smith, Manuel J., Sage Nein ohne Skrupel, Landsberg /Lech [5]1995

41. Staemmler, Frank-M., »Der leere Stuhl«, München 1995

42. Talmon, Moshe, Schluß mit den endlosen Sitzungen, München 1996

43. Tausch, Anne-Marie, Tausch, Reinhard, Sanftes Sterben, Reinbek bei Hamburg, 1991

44. Wahlroos, Sven, Familienglück kann jeder lernen, Frankfurt/Main 1980

45. Wang, Robert, Jungianisches Tarot-Set, Urania-Verlags-AG, Neuhausen 1988

46. Watzlawick, Paul, Beavin, Janet H., Jackson, Don D., Menschliche Kommunikation, Bern ⁹1996
47. Watzlawick, Paul, Münchhausens Zopf, München 1992
48. Watzlawick, Paul, Die Möglichkeit des Andersseins, Bern/Stuttgart/Toronto ⁴1991
49. Watzlawick, Paul, u.a., Lösungen, Bern/Göttingen/Toronto ⁵1992
50. Weber, Gunthard, (Hrsg.) Zweierlei Glück, Heidelberg ¹¹1998
51. Weinberg, George, Praktische Psychotherapie heute, Rüschlikon-Zürich 1987
52. Weiss, Thomas, Haertel-Weiss, Gabriele, Familientherapie ohne Familie, München/Zürich ³1995
53. Wolf, Doris, Merkle, Rolf, Verschreibungen zum Glücklichsein, Mannheim ⁵1989

Sachregister

A

Abschlussbilanz, 47 f., 254, (siehe auch Fragebogen 10, 11, 12
Abwehrstrategien, 27
Adoleszenz, 56 f.
Achtsamkeit, innere, 197 f.
Aggression, 193
Aggressionsstau, 193 ff.
Aktives Zuhören, 283 ff.
Alpha-Aspirant, 143
Alpha-Position, 143
Ambulante Gruppe für »Kopatienten«, 159
Ambulante Gruppe »Nach der Trennung«, 166
Ambulante Gruppe »Umgang mit Verlusten«, 161
Ambulante Gruppen, 133
Anfall, manipulativer, 41
Angebot, sexuelles, 62 ff.
Angst, 95 ff., 185
Angst des Therapeuten, 15
Angst vor dem Alter, 94
Angsttraum, 83 f.
»Antithesen«, 93
Arbeitsverträge, 86, 93, 254
Ausagieren von Gefühlen, 193 f.
Ausbruch, aggressiver, in Gruppen, 152 f.
Außenseiter in Gruppen, 144
Aussagen durch das Gegenteil, 66

B

Behandlungsfehler, 27
Beobachter, ständiger in Gruppen, 144 f.
Beobachtungshilfe (Fragebogen für Paargruppen), Nr. 21
Berührung, 197
Besserung, 44

Bewegung, aktive, 191
Bewegung, passive 189
Beziehungen, außereheliche, 213 f.
Bienenkorb, 239
Bilanz, 86 ff.
Bilanz, Abschluss- (Einzeltherapie), 48
Bilanz, Abschluss- (Gruppe), 254
Bilanz, Lebens-, 86
Bilanz, Partnertherapie, 119
Bilanz, tägliche, 206
Bilanz-Fragebogen (für Gruppen), Nr. 7, 8, 10, 12
Bildthemen, 184
Blitzlicht, 240 f.
Blockseminar, 139
Borderline-Patienten, Gruppengröße für, 26
Brainstorming, 241

C

Cohn, Kommunikationsregeln, 240
Cohn, Einstieg über die Kommunikationsregeln, 253

D

Dauer der Sitzungen, 26
Dauer der Sitzungen (Gruppe), 23 f.
Denkmal (Übung), 223, 244
Denkmal (in Paargruppen), 319
Diagnose, 44
Dialog, kontrollierter, 285 ff.
Dilemma der Triade, 209
»Drama«, 93
Du-Botschaften, 216
Durchbruch, 194
Durchbruch, in Gruppen, 154 f., 267

Sachregister

Dyadische Sitzungen, parallele, 123 ff.

E

Ehetherapie, 98 ff.
Ei-Küken-Konflikt, 219
Einstieg über die Cohn-Regeln, 253
Einstiegshilfen (Übungen für Gruppen), 173, 250, 252
Einzeltherapie in der Gruppe, 135
Einzeltherapie in der triadischen Sitzung, 112
Eisbrecher, 173, 252
Elektra, 70
Eltern-Ich, 89, 216
Eltern-Ich-Botschaften, 74, 216
Empathie-Übungen, 208 ff.
Entscheidungsprobleme, 55, 76
Entthronungs-Erlebnis, 70
Erlauber, 53
Eröffnung (Einzeltherapie), 40 ff.
Eröffnung (Gruppen), 249 ff.
Eröffnung (Partnertherapie), 110
Ersatzeltern, 69 f.
Erstinterview (Einzeltherapie), 40 ff.
Erstinterview (Paartherapie), 110 ff.
Erstsitzung (Einzeltherapie), 40 ff.
Erstsitzung (Paartherapie), 110 ff.
Erwachsenen-Ich, 89, 216
Eutonie, 187 ff., 263 ff., 322

F

Familienaufstellung nach Hellinger, 245
Familienkonferenz, 121
Familienkonstellation, 69 f.
Familientradition, 104
Fehlerinnerung, Übung zur Demonstration von, 300
Fishbowl, 239

Fokaltherapie, 21, 24 f.
Fragebogen, 322 ff.
Fragebogen, Bilanz- (Einzeltherapie), Nr. 3
Fragebogen, Bilanz- (Gruppe), Nr. 7, 8
Fragebogen, Partnerberatung, Nr. 6
Fragebogen, Zur Bildung von Kleingruppen, Nr. 17
Fragebogen für die Gruppenarbeit, Nr. 7
Fragebogen in der Einzeltherapie, 324
Freikämpfen, 195
Führungsstile in Gruppen, 136

G

Gefühlsduselei, 61 f.
Gegenübertragung, 26 f.
Geheimverträge, 104
Gerichtsverhandlung (Phantasiereise), 227, 259
Geschwätz, 60
Geschwister, 70
Geschwisterposition, 69 f.
Geschwisterrolle, 71
Gesprächsleitung, 238 f.
Großgruppe, Gesprächsstrukturierung, 238 f.
Gruppen, 132 ff.
Gruppen, ambulante, 133
Gruppen, Arbeitsphase, 141 f.
Gruppen, geschlossene, 134
Gruppen, offene, 134
Gruppen, Orientierungsphase, 141
Gruppen, permanente, 142
Gruppen, strukturierte, 134
Gruppen, unstrukturierte, 134
Gruppen, unterstrukturierte, 136 f.
Gruppen, Zeitvorgaben, 139
Gruppenangst, 145

Gruppenarbeit, 132 ff.
Gruppenfähigkeit, 145
Gruppengröße, 23, 132
Gruppenphasen, 141 f.
Gruppenrollen, 141 f.

H

Haus, Baum, Hund (Übung) 222 f., 252
Hausaufgaben (Einzeltherapie), 202 ff.
Hausaufgaben für Paare, 228 ff.
Hauaufgabe »Unternehmungen mit den Kindern«, 236
Heißer Stuhl, 244, 279
»Helfer« 92
Hilfs-Ich, 243
»Holzbein«, 92
Holzklötzchen, 37, 180
Honorar, 33 f.
Honorar, Anerkennungs-, 34
Honorar, Ausfall-, 34
»Hotelhalle« (Phantasiereise), 81 ff.

I

Ich-Botschaften, 216
Ich-Zustände, 89
Imagination, aktive, 80
Innere Achtsamkeit, 198
Intervention, paradoxe, 206 f.
»Interview-Techniken«, Workshop, 176 f.

J

Jargon, psychologischer, 41

K

Kämpfe, ritualisierte (Einzeltherapie), 193
Kämpfe, ritualisierte (Gruppe) 266
Kämpfe, ritualisierte (Partnerberatung), 220
Kämpfen, kreatives (Einzeltherapie), 193
Kämpfen, kreatives (Gruppe), 266
Kämpfen, kreatives (Paare), 220
Kampfspiele, siehe Kämpfen, kreatives
katathymes Bilderleben, 256
Kind, schwieriges, 106
Kind-Ich, 89
Kindheitserinnerungen, 67 ff.
»Kissen-Übung«, 251
»Klötzchen«, 180
Koalkoholiker, 159
Kommentar-Techniken, 244, 247
Kommunikation, verbale, 63 f.
Kommunikationsregeln (nach Ruth Cohn), 240
Kommunikationsregeln, als Hausaufgabe, 231
Kommunikationstraining (Wochenend-Seminar), 170
Komoderation, 137 f.
Kompromissfähigkeit, Verbesserung der, 216 ff.
Konflikt, in Gruppen, 153
Konflikt, Ei-Küken-, 219
Konfliktbereiche, in Familien, 313
Konfliktbereinigung, 217 ff., 295
Konfliktfähigkeit, Verbesserung der, 54 f.
Konfliktverdeckung, 22
Kontaktgespräch (Einzeltherapie), 39
Kontaktgespräch (Paarberatung), 110 f.
Kontrollierter Dialog, 285 ff.
Kooperation, Übungen zur Verbesserung der, 301
Kopatient, 159
Körperarbeit (Einzeltherapie), 186 ff.
Körperarbeit (Gruppen), 263 ff.
Körperarbeit (Partnerberatung), 220 ff.

Sachregister

Körperhaltungen, 197
Krankheitsgewinn, 51 f.
Kreativitätstraining, 304 ff.
Kurztherapie, 24 ff., 50 ff., 90 ff.
Kurzzeit-Therapie, 26

L

Laissez-faire-Stil, 136
Lebendes Bild, 244
Lebensbilanz, 86
Lebenskrise, 93 f.
Lebenslauf, 72 ff.
Lebenslauf des Partners, 235
Lebenslinie (Übung), 262
Lebensmitte, 56
Lebensroman, 73
Leerer Stuhl, 181 ff.

M

Machtkampf, 219
Machtkampfphase, in Gruppen, 141 f.
Malen, kooperatives in Paar-Gruppen, 318
Märchen, 78 ff.
mauern (in Gruppen), 146
Mehrheitsentscheidungen, 150, 303
Minderheiten, in Gruppen, 140
Minispot, 243
Modellieren, 186
»Muss-Kind«, 106

N

Nähe-Distanz (Übung), 225
Neuauflage, verbesserte, 247, 295
Notfallversorgung, in Gruppen, 155, 267

O

Ödipus, 70
Opfer, 92, 267
Orientierungsphase, in Gruppen, 141

P

Partnerberatung, 98 ff.
Partnerberatung, dyadische, 123 ff.
Partnerberatung, triadische, 110 ff.
Partnerwahl und Herkunftsfamilie, 72
Patienten, »schwierige«, 57 ff.
Phantasien, sexuelle, 84
Phantasiereisen, siehe separate Liste, 353
Phantasiereisen, 80, 255 ff.
Phantasiereisen, große, 260 ff.
Phantasiereisen, größere, 259
Phantasiereisen, Kurzformen, 257
Phantasiereisen, Partnerberatung, 127, 226 f.
psychosomatische Störungen, 51

R

»Rabattmarken«, 93
Rat erteilen, 54
Reklamationen, verspätete, 254
»Rock 'n' Roll«, 266
Rollenangebote, 70
Rollenspiel, 251 ff.
Rollenspiel, in der Einzelsitzung, 245
Rollenspiel, »Die Erbschaft«, 314
Rollenspiel, »Kind in Not«, 314 f.
Rollenspiel, »Pflegefall«, 315
Rollenspiel, »Teurer Spaß«, 315
Rollentausch, 135, 228
Rückfront (Übung), 191
Rückkehr-Techniken, 81

S

Satzergänzungen, 13, 17, 29, 99, 113, 312 f., 321
Schuldschein, 93
Schwätzer, in der Einzeltherapie, 60
Schweiger, in Einzeltherapie, 57 ff.

Anhang

Schweiger, in Gruppen, 144
Schwiegermutter, 107
Segregationsübung, 281
Selbstbehauptungstraining, 169, 291 ff.
Selbstbehinderung, 305 f.
Selbstbild, 87, 91
Selbstdarstellung, des Therapeuten, 31 ff.
Selbsthilfegruppen, 133
Selbstmitleid, 56, 197
sexuelle Angebote, 62 f.
Sitzordnung in Gruppen, 138
Sitzungen, Dauer, 26
Sitzungen, Häufigkeit, 26, 42
Sitzungen, Zahl, 24
Sitzungsabstand, 26, 42
Sonden, 198 ff.
Sonden, in Gruppen, 281 ff.
Sonden, inverse, 199 ff.
Sonden, nonverbale, 200
Spiegel-Konfrontation, 243
»Spiele«, 89, 92 f.
Sprachgewohnheiten, 63 ff.
Sprichworte, Auswahl von, 349 f.
»Starrollen«, 92
Stellvertreter, im Rollenspiel, 243
Störungen, psychosomatische, 51
Streithahn, in Gruppen, 144
Stresskrankheiten, 51
Strukturierung von Gruppengesprächen, 240 f.
»Sturz« (Übung), 196
Sündenbock, in Gruppen, 143
Symptomverschreibung, 207
Systemische Therapie, 25, 207

T

Tagebuch, 88, 212
Tagebuch, imaginiertes, 247
Tagtraum, 84 ff.
Tagträumen, zwanghaftes, 85

Tarotkarten (Partnertherapie), 209
TAT-Tafeln, 37
Teilgruppe, störende, 149
Teilnehmer, »schwierige« in Gruppen, 145 ff.
Themen, angstbesetzte, tabuierte, 66
Therapie, aufdeckende, 21 f.
Therapie, aufdeckende (Partnertherapie), 126
Therapie, Dauer, 24
Therapie, große, 25
Therapie, Kurz-, 24 ff.
Therapie, Systemische, 25, 207
Therapie, Wochenend-, 49 f.
Therapie-Tagebuch, 205
Therapien, Gratis-, 33 f.
Therapieplan, 46, 52
Therapieziel, 25, 44 f.
Therapieziel (Partnerberatung), 98 ff.
Tragen und Wiegen (Übung), 268
Trainer, verweigernder, 134
Training berufsbezogener sozialer Fertigkeiten, 176 ff.
Transaktionsanalyse, 89, 92
Tränenausbruch, im Erstinterview, 41
Tränenausbruch, in Gruppen, 155
Trauerreaktionen, abnorme, 20
Traum-Workshop, 167 f.
Traum-»deutung«, 84
Träume, 82 ff.
Traumserie, 167 ff.
Trennung, 106, 120 ff., 127
Trennung auf Zeit, 118
Trennung, Auswirkung auf die Kinder, 121
Trennungshilfe, 120 ff.
Triadische Partnerberatung, 110 ff.
triadische Sitzung, 102

Sachregister

U
Überlastung, 87
Übernehmen, aktives, 194
Überstrukturierung, Gruppe, 136, 142
Übertragung, 26 f.
Übung, 134
Übungen, siehe separate Liste, 352
Übungen, Balance-, 191
Übungen zur Demonstration von Fehlwahrnehmung/Fehlerinnerung, 300
Übungen zur Kommunikation und Konfliktlösung, 215 ff., 285 ff.
Übungen, für Gruppen, 132 ff.
Übungen, imaginative/meditative für Gruppen, 255 ff., siehe auch Phantasiereisen
Übungen, imaginative für Partnertherapie, 126, 226 f.
Übungen, körperbezogene (Einzeltherapie), 186 ff., 224, 263 ff.
Übungen, körperbezogene (Gruppen), 263 ff.
Übungen, nonverbale, 248
Übungen für Paargruppen, 310 ff.
Übungen zum Einstieg und zum Kennenlernen, 249 ff.
Übungen zum Kommunikationstraining, 282
Übungen zum Kreativitätstraining, 304 f.
Übungen zur Kooperation, 300 f.
Übungen zur Selbstbehauptung, 291 ff.
Übungen zur Selbstkonfrontation, 261 ff
Umdeutung, 65
»Umgang mit Verlusten«, ambulante Gruppe, 161 f.
»Umgang mit Verlusten«, Klausur-Wochenende, 170
Unglaubwürdige, 59
Unterstrukturierung, Gruppe, 136

V
verbesserte Neuauflage, 247, 295
Vereinsamung, 56, 94
Verhaltensbeobachtung, 207
Verhaltenstraining, 169 ff.
Verhaltensverschreibung, 85 f., 206
Verluste, »Umgang mit Verlusten«, ambulante Gruppe, 161 f.
Verluste, »Umgang mit Verlusten«, Klausurwochenende, 164 f.
Vermeidungsstrategie, 27, 60, siehe auch Abwehrstrategie
verspätete Reklamationen, 254
Vertreter, im Rollenspiel, 243
Verweigerung, in Gruppen, 147
Video-Konfrontation, 182 f.
Vielredner, in Gruppen, 146
Vorbereitung von Sitzungen, Fragebogen zur, Nr. 5
Vorurteile, des Therapeuten, 29

W
Wechsel des Protagonisten, fließender, 247
Wegdrücken (Übung), 194 f.
Widersacher, 143
Widerstand, 26 ff.
Wochenendtherapie, 49 f.
Wünsche, 72

Z
Zahlungsmodi, 33 f.
Zeichnungen (Einzeltherapie), 183 ff.
Zeichnungen (Paarberatungen), 225 ff.
Zeichnungen, Themen, 184
Zeittorte, 86, 280
Ziel-Analyse, 86 f.

Jörg Fengler:
Helfen macht müde
Zur Analyse und Bewältigung von Burnout und
beruflicher Deformation
283 Seiten, broschiert, ISBN 978-3-608-89626-8
Leben Lernen 77

Das Buch handelt von Helfern und ihren Klienten. Es unterstützt Psychotherapeuten, Ärzte, Lehrer, Pflegepersonal, aber auch Familienmitglieder, die kranke oder behinderte Angehörige pflegen, darin, ihre Helfersituation zu klären.
So wird die Beziehung von Burnout und Stress thematisiert, Burnout als diagnostisches Problem untersucht. Programme und Seminare zur Burnout-Prophylaxe werden vorgestellt. Darüber hinaus werden viele Beispiele zu Burnout-Schlüsselerlebnissen und beruflicher Deformation in verschiedenen Berufsfeldern aufgegriffen.

Irvin D. Yalom:
Theorie und Praxis der Gruppenpsychotherapie
Ein Lehrbuch
Aus dem Amerikanischen von Gudrun Theusner-Stampa und
Teresa Junek
614 Seiten, broschiert, ISBN 978-3-608-89624-4
Leben Lernen 66

Irvin Yaloms Buch gilt als Standardwerk moderner Gruppenpsychotherapie. Es ist eine praktische Anleitung für Psychotherapeuten, die mit Gruppen arbeiten, reflektiert aber zugleich die wissenschaftlichen Grundlagen des Fachs. Der Fülle der Gruppentherapien wird Yalom gerecht, indem er sie nach ihren Methoden und »therapeutischen Faktoren« ordnet. Fallbeispiele aus nahezu 2000 Gruppensitzungen konkretisieren den Text.

LV Leben Lernen
Klett-Cotta

Hansruedi Ambühl / Barbara Meier / Ulrike Willutzki:
Soziale Angst verstehen und behandeln
Ein kognitiv-verhaltenstherapeutischer Zugang
315 Seiten, broschiert, ISBN 978-3-608-89692-3
Leben Lernen 145

Schüchternheit und Gehemmtheit im Umgang mit anderen, geringes Selbstwertgefühl und mangelnde Durchsetzungsfähigkeit schränken die Lebensqualität der Betroffenen stark ein. Sozial ängstliche Menschen können sich meist weder im Berufsleben durchsetzen noch sich in einer Partnerschaft behaupten. Nicht selten steigert sich die Sozialangst zur sozialen Phobie – der Kontakt zu anderen Menschen wird dann möglichst vollständig vermieden. Für diese recht zahlreichen Klienten hat die Verhaltenstherapie bereits erste Behandlungsansätze vorgestellt, die in diesem Buch nach den neuesten verhaltenstherapeutischen Erkenntnissen und ergänzenden Methoden weiterentwickelt werden.

Wenn Therapien nicht helfen
Zur Psychodynamik der »negativen therapeutischen Reaktion«
Herausgegeben von Ursula Mayr
Mit Beiträgen von: Ute Auhagen-Stephanos, Rolf Behrends, Günther da Coll, Rudolf Freiberger, Eckhard Frick, Matthias Hirsch, Ursula Mayr, Heide Schulze-Schlutius, Helga Torhorst.
281 Seiten, broschiert, ISBN 978-3-608-89698-5
Leben Lernen 147

Nicht immer verläuft eine psychotherapeutische Behandlung erfolgreich; manchmal verschlechtert sich der Zustand des Patienten sogar. Die Autoren zeigen mögliche Ursachen auf und erweitern so den Handlungsspielraum des Therapeuten.

Leben Lernen
Klett-Cotta